KB054356

극한직업
건물주

백만장자 라이프

극한직업

건물주

김경만 지음

**전업 투자자, 부동산 경매의 전설,
《부동산 경매 비법》의 저자가
'건물주'로 돌아왔다.**

매일경제신문사

프롤로그

1966년 5월 중순.

기한은 영산강 어귀에 묶어 둔 목선에 만삭의 아내 옥자를 태워 산부인과 병원이 있는 씨엔투에고스 항구를 향해 노를 저었다. 그렇게 얻은 아들을 '오뽕이'라고 불렀는데, 글의 주인공 마이클이다.

마이클은 첫 저서 《부동산 경매 비법(2009. 4. 매일경제 刊)》에서 "나는"이라고 표현했다. 그러나 이후의 글에서는 '마이클'로 적고, 지명조차 산티아고, 씨엔투에고스, 아르헨티나, 크레타, 자카르타 따위의 전 세계 지명을 뻔뻔하게 갖다 붙였다.

소설을 쓸 역량이나 창의력이 없다는 사실은 일찍이 알았다.

그럼에도 전업 경매 투자자로 살아가는 자신의 삶이 '은근 소설 같지 않은가?'라는 결론에 도달했고, 일기로 기록하자고 다짐했다. 마흔한 살이 되던 새해 아침이었다. 그 후로 새벽이면 빨간 네스프레소 캡슐 커피머신을 작동시켜 커피를 내리고, 아카시아 원목 책상이 있는 서재로 가 컴퓨터를 켜고 어제의 일과를 적었다. 그렇게 부동산 경매 투자를 기록한 《부동산 경매 비법》이 세상에 나올 수 있었고, 이번 《극한직업 건물주》도 그랬으며, 뒤이어 출간될 저서 또한 그러했다.

쓴 글을 블로그나 인터넷 카페에 연재하기도 했다.

그러면 꼭 "무슨 소설 같아요!"라는 '댓글'이 달리고는 했는데 매우 좋아하는 '댓글'이었다. 독자에게 자신의 진실한 삶이 '소설'처럼 읽히는 것은 즐거운 일이었으며, 소설처럼 살아가는 자신의 하루가 재미있기 때문이기도 했다. 그러하기에 힘든 일이 닥치면 역경에 대처하는 주인공, 잘되면 잘 노는 주인공으로 살아올 수 있었고, 차마 스스로 자신을 칭찬할 수 없기에 '마이클'이라는 주인공을 등장시킨 3인칭 일기를 쓰게 되었다. 지명 또한 번역 서적 같은 느낌이 들도록 세상의 지명들을 마음대로 붙였다. 물론 그렇다고 아무렇게나 붙이진 않았다. 서쪽에 위치한 인천은 아르헨티나, 남쪽 항구도시 목포는 씨엔투에고스, 그 외 안양은 울란바토르, 용인은 자카르타 하는 식으로 나름의 규칙이 있으나 중요한 것은 아니다.

《극한직업 건물주》의 글은 실화다.

'조물주 아래 건물주'라는 농담이 있으나, '건물주' 마이클의 인생은 수년을 삭제당하는 고통이었다. 그럼에도 귀한 나무를 베어 책으로 엮는 이유는 이 또한 인생이며, 누구도 말하지 않는 건물주의 속사정을 말하기 때문이며, 12년 전, 《부동산 경매 비법》을 읽은 독자들에게 '나 아직 살아 있습니다?'라고 생존 신고를 하는 것이기도 하다.

아울러, 《극한직업 건물주》에 등장하는 인물 모두 더 건강하고 행복하기를 바라며, 마이클의 오늘이 있기까지 무한 응원을 해준 여러분 모두에게도 감사의 인사를 보낸다. 또한 어려운 출판 환경 속에서도 《극한직업 건물주》를 기꺼이 발행해준 (주)두드림미디어 한성주 대표, 편집자 등 관계자들에게도 감사를 드린다. 모두의 건투를 빈다.

버뱅크 서재에서 마이클

참치

목차

제1장 부동산 경매 절차

제2장 건물 구조보강 및 리모델링

제3장 수익률 높이기

제4장 출구전략

제5장 홀리데이

제1장
부동산 경매 절차

1

동부지방법원 부동산 경매 법정

2012년 11월 26일 화요일 맑음

일어나자마자 K은행 홈페이지에 접속했다.

입찰 대상 물건인 피렌체 근린빌딩 입찰보증금을 맞춰 보니 700만 원이 부족했다. 제법 매서운 공기를 느끼며 은행으로 가 현금을 입금하고 다시 빨간색 수표 한 장으로 인출했다.

'2억 5,396만 2천1백 원.'

크레타역 카페에서 카페라테를 주문해 받아들고 지하철에 올랐다. 목적지는 동부지방법원이었다.

"회장님 오셨습니까?"

제임스가 먼저 도착해 인사를 했다. 오랜만의 만남이었다.

마이클이 "일찍 왔네? 입찰보증금이 맞나 확인하러 가자!"라고 말하며, 빽빽하게 주차된 자동차 사이를 지나 법원 게시판 앞으로 갔다. 입찰보증금과 인출한 수표 금액과 일치함을 확인하고 법정으로 들어가 입찰 봉투를 챙겼다. 그런 후 출력해 간 입찰표와 입찰보증금을 입찰함에 넣었고, 개찰 시간까지 종합민원실 복도를 서성거렸다.

"아, 선생님! 브랜트입니다. 입찰 오셨군요?"

'브랜트'를 만났다.

예쁜 여자만 기억하는 후진 기억력이므로 알 수 없었으나, "강의도 듣고 블로

그도 잘 보고 있습니다"라고 소개하기에 '댓글'을 기억해내고 "아, 그렇군요? 오늘 어떻게, 좋은 물건?"이라고 말하며 오른손을 내밀었다. 브랜튼이 "송 사무장과 야생화 님의 강의도 듣고 다닙니다. 야생화 님이 선생님께 강의 요청을 하겠다고 했는데 너무 조용해서 잠수 탄 것 같다고 걱정했어요?"라고 말했다. 마이클이 "하하, 내가 휴대폰을 없애서 그런 소문이 났나 보군요"라고 말하며 웃었다.

작년 12월, 눈이 내리던 날 밤.

광장동 어느 골목에서 하늘로 힘껏 휴대폰을 던져버렸다.

'내 주변에는 왜 아름다운 사람들이 없는가? 이런 인연이 뭐가 중요한가!'

채무자, 채권자, 경매 어쩌고 하는 인연은 모두 끊고 자연인의 인간관계를 원했다. 그런 이유로 그 후로는 개인 전화기가 아닌, 출판사 (주)북인사이드 명의의 폰을 사용하고 있다.

개찰 시간이 되었다.

"2011타경19212 응찰자분 앞으로 나오세요. 세 분입니다."

집행관의 안내방송에 마이클이 법대 앞으로 나갔고, 2명의 중년 여성이 뒤를 따랐다. 입찰표를 확인한 집행관이 "이 사건 최고 입찰 가격은 29억 6천만 원에 응찰한 크레타에 거주하는 마이클 씨가 최고가 매수신고인이 되셨습니다…"라고 말했다. 그러니 공동 입찰서를 제출한 여인들은 '패찰'이었다. 입찰보증금 영수증을 받아들고, 최고가매수신고인의 지위로 낙찰받은 빌딩을 보기 위해 지하철 2호선에 올랐다.

2012년 11월 30일 금요일 오후에 진눈깨비 |

투두둑- 투둑--

크레타 아파트 지하 주차장을 빠져나온 은색 볼보 S-60 유리창에 빗방울이 떨어졌다.

비는 다시 진눈깨비로 바뀌어 유리창에 달라붙었다. 피렌체로 향하는 도로 사정은 불타는 금요일답게 정체되었다.

낙찰받은 근린빌딩에 도착했다.

주차장 셔터는 자동차가 밀었는지 찌그러져 있고, 앞에는 침대 매트리스가 3개나 버려져 있으며, 커다란 화분, 빈 병까지 동네의 쓰레기란 쓰레기는 모두 모여들고 있었다.

'주인이 없으면 이렇게 당한다니까….'

불 꺼진 상가 앞에는 불법주차 승용차가 늘어서 있었다. 주인이면서, 주인 행세를 하기에는 무척 난관이 많을 듯했다. 채무자 겸 소유자가 운영한 부동산 사무실도 책상과 컴퓨터가 모두 빠져나가 비어 있고 4층도 비어 있어, 건물 전체가 을씨년스러웠다. 다행히 맞은편 식당은 손님이 붐볐고 골목을 빠져나오니 인파 또한 넘쳐났다. 대한민국 20대 상권 중 하나인 피렌체였다.

2012년 12월 4일 화요일 맑음

다시 동부지방법원을 찾았다.

'올해 들어 최고 추운 날씨'라는 일기예보에 내복까지 챙겨 입고 지하철을 이용해 도착했다. 민사신청과에 "최고가매수신고인증명서를 발급해주세요"라고 접수한 후, 사건 담당인 경매2계로 향했다.

1차 경매가 지난 후 직권으로 '정지'시키고 보정명령을 내려 3개월이나 늦춰지게 한 계장을 볼 수 있었다. 서른 후반쯤 되어 보이는 여자였다. 계장의 늦은 경매 진행은 선순위 농협의 채권 연체액을 불어나게 했고, 그로 인해 후순위 근저당권자인 마이클의 배당금이 줄어들게 되었다. 그러니 곱게 보일 리 없었다.

경매 계장은 사건에 대해 동료들과 목소리를 높여 이야기하고 있었는데 톤이 높았다. 잠시 대화를 들어보니 약간 '조증' 증세가 있다는 판단이 들었다.

대화를 듣던 마이클이 더는 들을 수 없다는 듯이 "최고가매수신청증명을 해주세요"라고 말하며 '최고가매수신청증명서'를 들이밀자 "어디에 쓰실 거예요?"라고 되물었다.

"임대사업자 신청을 위해 필요합니다!"

"이건 아무런 법적 효력이 없는 건데…."

이런 스타일이다.

모든 것을 다 아는 듯하며 경매 사건을 진행하는 이런 행동. 경매 절차가 늦게 진행될수록 채무자가 부담해야 할 연체이자가 늘어나는 독이 되는 행동인 줄 모르고 있었다. 마이클이 말했다.

"그건 내가 알아서 할게요!"

동부지방법원을 나와 피렌체 세무서로 향했다.

아산병원 근처로 강동 세무서와 같이 있었다. 세무서는 사업자등록을 신청할 때 기본적인 인적사항을 입력하면 바로 담당자 전산으로 연결되어 있었다. 여성 공무원이 "입찰보증금 영수증 사본 가져오셨어요?"라고 물었다.

"아니 없습니다. 블로그에 업로드한 영수증 사진이 있는데 다운로드할까요?"

"네. 그렇게 해주세요."

민원인용 컴퓨터를 이용해 블로그에 접속해 업로드한 사진을 다운로드해 제출했더니 '사업자등록 접수증'을 교부하며 "처리기한인 7일 이내에 담당자가 전화합니다"라고 말했다.

피렌체로 돌아와 베드로와 마주했다.

이번 사건 근린빌딩 소유자를 연결해준 사람이 베드로였다. 그래서 "사장님. 이번 낙찰받은 물건 힘들면 던져보죠?"라고 위로인지 뭔지 모를 말을 했다. 마이클이 "저야, 빌려준 원금 손해 보지 않으려고 낙찰받았지만, 소유권 이전을 해야 하므로 취득세를 포함한다면 32억 원은 받아야 할 겁니다"라고 말했다.

"부동산 실장인데 전화 한번 걸어 보겠습니다."

마이클의 말이 떨어지기가 무섭게 어디론가 전화를 걸었는데 전화기 너머에서 "수수료 얼마 주실 건데요?"라는 말이 들렸다. 이에 마이클이 내려놨던 젓가락을 다시 집으며 말했다.

"거, 전화 끊으세요. 하여간 부동산 업자들은 남의 물건을 뜯어먹을 생각부터 한다니까. 큰 부담이 없으니 끌고 가겠습니다."

2

29억 원만 빌리자

2012년 12월 10일 월요일 맑음

숨쉬고 살아가는 이 세상은 자본주의다.

마르크스, 레닌이 분석한 자본주의 가장 첨단인 대한민국 자본주의 심장인 서울, 그것도 강남에서 돈을 자신의 노예로 부리며 살기 시작한 단계에 진입했다. 그리고 더 폭발적으로 자본의 심장을 향해, 자본에 의해 부를 부풀리기로 했다.

크레타 아파트를 나선 시각은 9시였다.

피렌체 세무서에 도착해 부동산 임대사업자등록증을 받고 K은행 하남지점으로 향했다.

'박진만 과장이랬나?'

명패를 찾았다.

젊은 직원이 있다. 점장도 아니고, 프라잇뱅킹 담당자도 아니고, 과장과 대출 상담을 하려니 적지 않게 속이 상했다.

'이런 닝기리…!'

그래도 한때 지점장과 같이 밥도 먹었고, 수개월 동안 토지보상금 10억 원을 박아도 줬는데, 이제 본격적으로 돈을 당기려고 하니 사발을 돌린다는 생각에 서운함이 밀려왔다. 뭐, 그렇다고 크게 상처 입지 않았다. 은행을 믿지 않기 때문이었다. 이곳에서 대출이 거절된다고 해도 다른 곳에서 얼마든지 당길 수 있다. 그저 금리가 낮은 곳을 찾아왔을 뿐이었다.

"대출이 필요한 금액은 24억 원입니다!"

피렌체 근린빌딩 낙찰 잔금으로 24억 원을 대출해 달라고 했다.

젊은 과장은 놀라는 표정을 감추지 못하며 "대출금은 21억 5,000만 원 정도 될 것 같습니다"라고 말하기에, "그러면 공동담보로 하나 더 넣을까? 내 아파트가 시세가 한 8억 원 하는데, 5억 원 더 대출해주시오"라고 말하며 도봉구 도봉동 대지와 경기도 시흥시 시흥동 대지 주소도 적어주며 "이것까지 담보로 하고 29억 원을 대출해주든지…"라고 말했다. 과장이 "알겠습니다. 우선 여기에 사인을…"이라고 말하며 서류를 내밀었다. 마이클이 몽블랑 마이스터튁 149 만년필로 사인을 빨리 날리고 은행을 나서는데 팀장이 "사장님, 달력이라도 가져가세요"라며 멈추게 했다. 그러면서 종이봉투를 가져와 "여기 수첩도 있고"라고 말했다.

"허, 애정이 많이 식었구만… 예전에는 이름 석 자 따악 찍어서 주던데…."

봉투를 받아든 마이클의 지적질에 당황한 팀장이 "이름 적히면 싫어하는 고객분들도 있어서요"라고 얼버무렸다. 그럼에도 마이클은 "무슨 소리. 은행 수첩에 이름 석 자 딱 찍혀야 가오가 살지. 가. 오!"라고 우겼다. 마이클의 농담에 당황해하며 프라이빗뱅킹 담당자를 불러 "마이클 사장님 수첩 있어요?"라고 물었다. 다행히 그 이름도 찬란한 마. 이. 클 이름 석 자 적힌 수첩이 있었다. 기분 좋게 받아 나왔다. 날씨는 매우 추웠다.

이번에는 인민은행 남논현 지점장으로 향했다.

'가는 날이 장날'이라더니 지점장은 휴가였다. 부지점장에게 낙찰 자료를 건네주고 대충 설명을 했더니 "지점장님이 금요일까지 휴가입니다. 월요일쯤 연락드리겠습니다"라고 말했다.

'29억 원은 힘들 것이다….'

그렇게 생각하고 은행 문을 나서며 경락잔금대출을 알선하는 순애에게 문자를 보냈더니 곧 '임대소득 어쩌고' 하며 난해한 문자를 보내기에, 직접 전화를 걸어 "내가 임대소득이 어디 있어? 난 아무것도 없어!"라고 일갈했더니, "아니, 재산이 많잖아요?"라고 되레 역정을 냈다. 마이클이 "그러면 재산 목록 보내주면 돼?"라고 되물었고, 크레타 아파트로 돌아와 브리핑 자료와 자산 목록을 작성하고 인동초에게 전화를 걸었다.

"동초야, 한 29억 원쯤 필요한데, 어디 대출해줄 은행 없어?"

그러자 특유의 느릿한 어조로 "에, 뭐… 바다 지점장을 직접 만납시다?"라고 말하며 "낙찰 잔금의 90%를 해주는데 1년 후 10% 상환 조건입니다"라고 덧붙였다.

"알았어. 콜! 미팅 주선해라!"

그렇게 말하고 전화를 끊었는데, 경매 대출계의 여왕벌 상임이 말한 그런 조건인 듯했다.

'이것들이 이런 조건으로 낙찰자 눈탱이 치는 작업을 하고 있어….'

역시나 정보가 돈인 세상이다.

한쪽에서는 돈이 필요한 채무자가 돈을 빌려줄 채권자를 찾고, 또 다른 한쪽에서는 돈을 빌려주고 싶은 채권자가 신용이 좋은 채무자를 찾는다. 그러니 양쪽 정보를 가진 자는 그 과정에서 수수료를 챙길 수 있다.

마이클은 직접 바다 지점장을 만나 담판을 짓기로 하고 K은행에서 받은 다이어리에 2013년 행동지침(1. Study Life, 2. Money Life, 3. Healing Life)을 적었다.

2012년 12월 20일 목요일 맑음

"선거의 여왕, 마침내 대통령이 되다!"

새벽에 현관문을 열고 나가자 배달된 〈매일경제신문〉의 톱기사 제목이다. 갈비탕을 사러 가던 길이었다.

'대한민국이 그나마 5년은 굴러갈 수 있겠다.'

텔레비전은 삼성동에서 당선자로 첫 아침을 맞고, 국립현충원으로 참배를 가는 박 당선자의 모습을 생중계했다. 주택의 필지가 200평은 되어 보였다. 당선자도, 주택도 멋졌다.

지하철 2호선을 타고 동부지방법원으로 향했다.

점심시간이었기에 근처 식당에서 복매운탕으로 식사를 한 후, 법원으로 가

사건서류 복사를 시작했다.

"이거 선생님에게 물어봐야겠네…."

70세가 넘어 보이는 노부부가 쩔쩔매며 사건서류를 열람하다가, 복사기 앞에서 절도 있는 자세로 복사를 하는 마이클을 발견하고 뭔가를 물어보고자 했다. 그래서 한없이 자비롭고 온화한 경매의 전설이 "낙찰받으셨어요?"라고 먼저 물었더니 "네, 그런데 옥상 방 하나에 여러 사람이 전입되어 있는데 얼마를 물어줘야 하는지 몰라서요?"라고 말했다. 마이클이 "그러세요? 제가 복사 끝내고 봐드릴게요"라고 말했고, 그렇게 되어 남의 경매 사건에 끼어들게 되었다. 노부부로부터 서류철을 건네받아 감정평가서 부분을 펼쳤다. 근린주택이었다. 할머니가 "내가 경매 학원을 다녔고, 첫 낙찰이에요"라고 수줍게 말했다. 마이클이 감정평가서의 사진을 보며 "큰 거 받으셨네요? 뭐가 궁금하세요?"라고 되물었다.

"세입자요…."

그 말에 마이클이 두꺼운 서류를 넘겨 가며 세입자의 배당요구서와 계약서를 보여주었다. "학원에서 낙찰해준다고 한 5,000만 원 달라고 했겠는데요?"라고 물었더니, 할아버지가 "6,000만 원 달라고 하대요? 그래서 직접 낙찰받아 버렸어요. 하! 하!" 하고 웃었다. 마이클이 유쾌하게 "흐하하하. 6,000만 원 버셨네요?"라고 장단을 맞췄다. 이에 할머니는 한술 더 떴다.

"촉탁등기도 직접 해보려구요."

이에 마이클이 "대출받으면 대출은행의 법무사가 촉탁등기를 하는데요?"라고 말하자 할머니가 대답했다.

"대출 안 받고 현금 낼 거예요…."

낙찰가가 꽤 높을 것 같은 물건을 현금으로 낸다기에, 호기심에 맨 뒷장의 입찰 조서를 들여다봤다.

'뜨억!'

입찰 가격은 25억 원이었다.

3

명도

부동산 경매로 낙찰받은 건물에서 임차인들을 퇴거시키는 행위

동부지방법원에서 사건서류 열람을 한 후 낙찰받은 근린빌딩으로 향했다.

낙찰받은 근린빌딩은 대지면적 240.7㎡, 건축면적 118.32㎡, 건폐율 49.16%, 지하 1층 91.04㎡, 지상 4층(각 층당 117.32㎡), 옥탑방이 있는 건물로, 엘리베이터는 없다.

지하와 1층은 '참치식당'으로 운영되었고, 2층부터는 원룸으로 개조된 상태였다. 4층은 원룸 1개와 주인세대가 살았다. 원룸의 보증금은 전세 6,000만 원이었다. 그러나 마이클에게는 소유자 공 씨가 제시한 '보증금 1,000만 원 월세 50만 원'의 계약서가 있었기에, 배당 임차인 전원에게 "사문서위조 및 동행사 혐의로 고발 조치한다"라는 내용증명을 보냈다. 3일 전이었는데, 내용증명을 받은 임차인 몇 명이 전화를 했다.

"사장님, 우리는 위조한 사실이 없습니다…."

이에 마이클이 "그래요? 그러면 어디 한번 만나 봅시다!"라고 말했고, 오늘 당사자 중 두 명을 만나게 되었다. '개인택시를 한다'는 사내와 '아들 방을 얻어주었다'는 나이가 좀 있는 사내였다. 이들은 이구동성으로 "우리가 속았어요. 우린 모두 전세입니다"라고 주장하며 계약서를 보여주었다. 채무자 겸 소유자였던 공씨 또는 임차인 중 누군가는 거짓말을 하고 있는데, 진실은 알 수 없었다.

근린빌딩 근처 부동산 중개사무소로 들어갔다.

"1층에 참치집 있는 건물 낙찰받은 사람입니다. 1층 임대료는 얼마를 받을 수 있을까요?”

그러자 안경을 쓴 40대 후반으로 보이는 여자 실장이 “사장님이 받으셨구나. 350만 원 정도는 받을 수 있습니다”라고 말했다. 이에 마이클이 “1층을 통으로 세를 주는데 그것밖에 못 받아요? 너무하네”라고 말하자, “얼마를 생각하세요. 맞춰 드릴게요”라고 되물었다. 마이클이 “보증금 1억 5,000만 원에 월 600만 원이요. 권리금도 없잖아요?”라고 말하자, 그제야 여실장이 “맞춰 보겠습니다!”라고 대답하며 연락처를 묻고 메모했다. 이에 마이클이 다시 물었다.

“얼마에 팔아줄 수 있어요?”

여실장이 “29억 원에 낙찰받았으니 한 장은 봐야 하잖아요?”라고 말했다. 그래서 다시 “37억 원에 팔 수 있겠어요?”라고 되물었더니 “좀 높네요? 35억은 가능합니다!”라고 대답했다. 되든 안 되든 기분 좋은 말이었다. “명도를 하고 나서 다시 오겠습니다”라는 말을 남기고 사무실을 나서는데, 옆에서 전화통화를 하던 남자가 뛰어나오며 말했다.

“사장님, 리모델링하시려구요?”

“네. 그래야 세를 놓지요?”

“안 해도 됩니다. 세입자가 다 알아서 해요. 2, 3, 4층 전체를 세놓으실 생각 없으세요?”

전체 층을 통으로 얻을 임차인이 있다면 업종은 ‘고시원’이라는 생각이 들었다. 그래서 “누가 고시원을 한대요?”라고 넘겨짚었더니, “네. 인테리어로 2억 원 정도 들여야 하거든요. 임대 기간도 길게 해줘야 하고요. 임대료는 450만 원 정도 어떻습니까?”라고 말했다.

갈등이 되었다.

임대 맞추고 35억 원에 날리면 깔끔하긴 했다. 그러나 제임스가 서울로 상경하기에 일을 시켜야 하는데, 임대로 돌리면 또 작전에 차질이 생길 수 있었다. 제임스에게 일거리를 주려면 직영을 해야 했기 때문이었다. 그런 이유로 쉬이 결정할 수 없기에, “음. 다음에 한 번 더 이야기하시죠?”라고 끝맺었다.

‘임대? 직영?’

흔들리는 지하철 2호선에서 이런저런 궁리를 했는데, '세입자도 세를 얻어 고시원을 하려고 하는데, 직접 해볼까?'라는 생각으로 살짝 기울었다. 그래서 집으로 돌아오자마자 컴퓨터를 켜고 '고시원'을 검색했더니, 오늘 피렌체에서 봤던 고시원 홈페이지가 검색되었다. 약 40평 규모에 룸은 11개였다.

낙찰받은 근린빌딩 또한 건축면적이 비슷할 것이므로, 각 층당 룸을 11개씩 만든다면 33개의 룸을 만들 수 있다고 보았다. 룸 1개당 월 40만 원의 임대료를 받을 수 있다면 월 1,200만 원의 매출을 올릴 수 있다. 약간의 부대비용을 뺀다고 해도 월 800만 원 정도는 수입을 올릴 수 있을 것 같았다. 여기에 1층 상가 임대료를 600만 원까지 맞춘다면 월 1,400만 원. 그렇게 된다면 대출 이자를 내더라도 약 400만 원의 임대소득이 생기고, 관리자 제임스의 일자리도 생기는 셈이었다.

'마포 바다가 낙찰 가격의 90%를 대출해주고 이자는 6.5%라고 했지?'

생각이 여기에 다다르자 '자산목록'을 팩스로 마포 바다에 보내며, '다시 한 번 전투적으로 살아보자'라고 다짐했다.

2012년 12월 21일 금요일 눈 내린 날

체온이 낮았다.

밤새 체온이 떨어진 듯했다. 온몸이 무거웠다. 반신욕으로 체온을 끌어 올리고 업무를 시작했다. 낙찰받은 근린빌딩 임차인들에 대한 '배당배제 신청서'를 작성하기 위한 기초 조사였다.

무작정 전화를 걸던 방식에서 탈피해, 큰 그림을 그리자는 생각으로 '방배동에 아들이 산다'는 301호 노인부터 추적하기 시작했다. 노인은 수시로 전입, 전출이 이뤄졌기에 해당 부동산의 등기부등본을 출력했더니 아내의 이름과 아들 이름으로 주상복합 아파트도 소유하고 있다는 사실을 알 수 있었다. 다만 그 주소의 주상복합 아파트에는 전세권이 설정되어 있었다. 즉, 이 사람들은 자신들의 편의로 주소를 옮기며 주민등록법을 위반하고 있다는 이야기였다. 임차보증금이 전 재산인 사람들이 아니라, 부동산 투기를 위해 전입, 전출을 반복하는 채무자와 파트너라는 의심이 들었다.

두 번째 조사자인 택시기사의 계약서를 들여다보았다.

상대방 중개사의 도장이 찍히지 않은 것을 발견했다. 그래서 계약서에 적힌 부동산에 계약서를 팩스로 보내고 전화를 걸어 “중개 사실 확인을 부탁합니다”라고 말했더니, 돌아오는 대답은 “사무실을 인수해서 알 수 없습니다”였다. 그러니 소송을 할 때는 임차인의 입금통장을 제시하게 할 필요가 있었다. 특히 401호 임차인은 오금동에 대지 200평의 5층 건물을 소유한 건물주였다. 그런 자산가가 원룸에 전입해 거주한다고 주장하는 자체가 거짓이었다.

그래서 채무자 겸 소유자 영순이 마이클에게 제시한 계약서(비록 영순이 스스로 위조한 가짜 계약서일지라도)를 근거로 임차인들을 모조리 배당배제 신청을 한 후, 그들이 스스로 입금 내역을 증명하도록 하기로 했다.

‘임차인들을 모조리 배당배제 신청을 하자!’

피렌체 명도 전쟁의 서막이 오르고 있었다.

2012년 12월 22일 토요일 맑음

마이클은 100여 건이 넘는 경매 물건을 낙찰받아온 전업 투자자다.

그런데 이번 사건은 왠지 힘겨워했다. 그저 서류로 왔다 갔다 하는 선에서 명도를 마무리 짓고 싶은 욕구가 꿈틀거렸다. 편해진 것이었다. 방전된 배터리라는 생각이 들었다.

전투력이 되살아나지 않았다.

놀아도 너무 놀았던 것이었다. 게다가 사건에 달린 인간들이 주렁주렁해, 생각만 해도 귀찮아 죽을 지경이었다. 단칼에 싹둑 잘라내 버리고 싶은 마음이 간절하지만 그건 낙찰자 마이클의 생각일 뿐이었다. 적들은 어설픈 진지를 구축하고 스스로 싸움을 만들어 기다렸다. 비록 낙찰자 마이클이 수백 번의 싸움을 한 전사일지라도, 그들에게는 첫 상대였다.

그르르릉—

2,776cc 디젤 엔진 은색 랭글러 루비콘의 심장을 깨워 피렌체로 향했다.

영하의 아침 공기를 가르며 근린빌딩에 도착했다. 상가 출입문 틈에는 일수 광고 전단지가 가득 들어가 있고, 배당신고를 한 전입자들이 드나들어야 할 출입문에도 광고지가 탑을 쌓듯이 쌓여 있었다. 2013년 신년 벽두부터 멋진 그림 하나 만들어야 하는데 짜증이 앞섰다. 배부르게 너무 놀아 전투 모드에 적응이 되지 않았다.

'이 잡것들을 싸악 쓸어 내고… 1층은 빵빵한 프렌차이즈 본점을 넣고, 지하는 사무실 겸 놀이터로 만들고 2, 3, 4층은 고시원로 리모델링하고….'

다짐과 함께 전투 준비에 돌입했다.

4

건물주

2012년 12월 26일 수요일 맑음

오후 2시에 충무로 법무사 사무실에 가기로 되어 있다.

소설책을 타이핑하고 K은행 박진만 과장이 보내라는 자금 내역서를 작성해 팩스로 보냈다. 그랬더니 "K은행 운전자금 3억 원은 낙찰 잔금에 넣으면 안 되니 다른 자금으로 해주십시오"라는 요청이 왔다. 하는 수 없이 근저당권 하나를 적어 다시 보냈다.

날씨가 영하 14도 어쩌고 하길래 든든하게 차려입고 지하철을 이용해 충무로역에 내렸다. 제일은행 옆 건물 4층의 법무사 사무로 올라갔다. 인동초는 마이클이 들어온 줄도 모르고 일에 열중해 있었는데 '귀가 약간 어두워졌다'고 했다. 법무사는 인동초의 고등학교 선배로, 마이클보다 3살 연상이었다. 인상은 선했고 부지런한 스타일로 보였다.

법무사의 에쿠스 승용차에 함께 타고 바다은행 연남동지점으로 갔다.

지점장도 젊었다. 마이클이 자금 사용 목적에 대해 말하자 "대출 이자를 어떻게 지급할 것인지요?"라고 물었다. 마이클이 "내가 고정적인 수입이 없는 전업 투자자입니다. 현금 20억 원 정도를 운영하고 있기에 1년 이자 2억 원 정도는 아무것도 아닙니다! 국세완납증명서 등 서류는 팩스로 보내주겠습니다"라고 대답했는데, 대출 가능 금액은 26억 5,000만 원이었다. 대출 이율은 K은행이 "5% 후반대"였는데 바다은행은 이보다 약간 높았다. 하지만 크레타 아파트 후순위 담보까지 제공하고 24억 원을 대출받는 K은행보다, 낙찰물건 담보만으로 대출해 주는 조건이어서 마음의 결정을 마쳤다. 이때 제임스가 소개한 인테리어 업자의 전화를 받았다.

"피렌체에 도착했습니다."

전화하고 방문할 줄 알았는데 현장에 도착했다는 전화였다.

부랴부랴 지하철에 올랐는데 피렌체 방향으로 탄다는 것이 거꾸로 탔다. 이대역에서 내려 다시 타다 보니 1시간 정도 늦었다.

인테리어 업자는 '제임스보다 두 살 아래'라고 말했는데 성실해보였다. 근린빌딩 건물을 보여주고 리모델링 콘셉트를 설명한 후 식사를 위해 식당으로 이동했다. 뒤따르던 업자가 "제가 룸 100개짜리 고시원도 작업했으며 고시원에 대해서는 잘 압니다"라고 주장했다.

2012년 12월 31일 월요일 맑음

아침을 먹고 9시에 집을 나섰다.

동사무소로 가는 길에 K은행에 들려, 가지고 다닌 수표를 마이너스 통장에 입금하고 한 장은 오만 원 권으로 바꾸어 루이비통 장지갑에 넣었다. 그리고 동사무소로 가 등초본, 인감증명서, 지방세완납증명서를 발급받고, 세무서에 들려 국세완납증명서를 발급받은 후, 이수역 구산타워 건강보험공단에 가서 1년간 보험 납부영수증을 발급받았다. 보험료는 월 32만 원 정도였는데, 이 자료들은 피렌체 근린빌딩 낙찰 잔금대출을 위한 신용정보 자료로 쓰일 것이었다.

2013년 1월 8일 화요일

사냥의 후유증은 며칠을 갔다.

그러나 육체적 고통은 마음의 고통에 비하면 아무것도 아니었다. 지금 당면한 현실은 피렌체 근린빌딩 낙찰 잔금대출이었다. 바다은행에서 26억 5,000만 원을 대출해주기로 했으나 연락이 없기에 대출담당자에게 전화를 걸었더니 "미안합니다. 승인거부 되었습니다!"라고 말했다.

낙찰대금 납부기일이 6일 후로 다가왔는데 '승인거부'라는 단 한마디 말만 들을 수 있었다. 이러려고 국세완납증명, 지방세완납증명, 재산내역 공개 등 수고를 했단 말인가? 마치 빤스까지 보여준 수치심 비슷한 분노가 일었다. 그러면서도 다행이었다. 아직 K은행이 있기 때문이었다.

'내가 금융기관을 믿었다면 지금 여기까지 오지 못했지….'

다행히 K은행에서는 "대출이 결정되었습니다. 오셔서 자서하면 되십니다"라고 연락이 왔다. 그럼에도 좀 더 좋은 조건의 다른 금융기관을 한 곳 더 찾아보기로 했고, 경락잔금대출 여왕벌 상임을 통해 의정부에 위치한 마을금고를 소개받았다.

전화를 걸었더니, 대출 담당 직원이 이것저것 묻기에 "내가 알고 싶은 것은 대출이 되는 것인지, 아닌지 궁금합니다"라고 말을 끊었다. 그러자 "26억 3,000만 원까지 되는데 직원이 현장에 나가봐야 합니다"라고 말했다. 그래서 다시 "금리는?"이라고 물었더니 "4.9% 정도 됩니다"라고 대답했다. 그래서 "그렇다면 내가 내일 아침에 은행으로 갈 테니, 그때 직원을 현장으로 보내 오전 중으로 가부 결정을 내도록 합시다!"라고 말했다. 대출금액과 대출 이자가 상당히 유리했기 때문이었다. 시간을 벌기 위해 K은행 대출담당자에게 전화를 걸어 "내일 오후에 자서를 합시다"라고 말했다.

2013년 1월 9일 수요일 맑음

계획대로라면 오늘 아침 9시에 의정부 마을금고에서 대출 자서를 해야 했다.

그러나 어제 오후에 전화가 왔는데 "23억 원이 대출될 것 같습니다"라며 대출금액을 조정했다. 마이클이 "K은행에서도 24억 원이 대출된다고 했는데, 금액도 적은데 굳이 대출할 이유가 없습니다"라고 자신만만하게 대출을 거부했다.

K은행으로 향했다.

과장이 한 뭉치의 대출 설정 서류를 내놓으며 "여기에 경영자금 3억 원을 한글로 써 주십시오. 여기에는 부동산 낙찰 잔금대출 21억 원을 써 주시고요. 대출 승인은 떨어졌습니다"라고 말했다. 마이클이 검정색 몽블랑 마이스터스튁 149 만년필을 꺼내 이름, 주소와 대출금액을 쓰기 시작했다.

2013년 1월 14일 월요일 맑음

피렌체 근린빌딩 낙찰대금을 납부하는 날이다.

물론 낙찰자는 할 일이 딱히 없다. 은행과 소유권 및 근저당 설정을 할 법무사가 낙찰자의 통장에서 필요한 돈을 인출하고, 그때마다 문자로 "고객님의 통장에서 무통장 이체가 되었습니다"라는 안내가 발송되는 것으로 끝이었다. 그런데 낙찰대금 납부 및 소유권 이전절차를 진행하는 법무사 사무장이 전화를 걸어와 "돈 사장님, 도장을 찍어야 합니다"라고 말했다. 그래서 이수역 하나은행에서 만나기로 약속했고, 잠시 후 만났다. 나이가 좀 있는 사무장이었다. 마이클이 인감도장을 내밀자 "등본도 한 통 필요합니다"라고 말했다. "등본이 필요하면 미리 이야기하지 그랬어요. 집에 다 있단 말입니다"라고 한소리 해주고 사당동사무소까지 걸어가 등본을 발급받아 건넨 후, 지하철을 타고 피렌체 근린빌딩으로 향했다.

*

오후 5시.

골목에는 아직도 잔설이 남아 있고 군데군데 눈들이 뭉쳐 있다. 효탄참치 사장도 장사를 위해 출근했는데 뒷좌석에 탄 아들이 "아빠, 저기 누가 차를 주차해 놨어?"라고 말했다.

장사는 주차 전쟁이다.

특히 참치집은 객단가가 높은 것에서 알 수 있듯이 고객들은 주로 자동차를 이용한다. 그러니 가게 주위로 되도록 많은 주차공간을 확보하려고 하는데, 골목에서 나만 장사하는 것이 아니니 전쟁 아닌 전쟁이다. 손님을 위해 점포 앞 주차공간을 비워두고 옆 건물 주차장 입구에 내 차를 비켜 놓곤 하는데 오늘은 누가 그곳에 주차해놓았다.

은색 랭글러 루비콘 지프다. 유리창은 진하게 선팅되었기에 두 손으로 햇볕을 가리고 안을 들여다보았다. 운전자는 없었다. 조수석 유리창에 차주의 전화번호가 보인다. 이때 뒤에서 "내 차에 무슨 일 있습니까?"라는 말소리가 들렸다. 돌아보니 베이지색 바지에 흰 운동화, 야전상의를 입은 사내가 걸어왔다. 차주로 생각되었기에 "아이, 여기에 차 세우면 안 되죠"라고 말했다.

나는 안다. 이런 사람들에게 '차를 빼주세요, 여기에 세우면 장사하기 어려워요'라고 부드럽게 나갔다가는 계속 호구되어 주차 자리를 내줘야 한다는 것을. 그러지 않으려면 초반에 확실하게 진상임을 보여줘야 다음부터는 이 자리에 주차하지 못한다. 세상살이가 다 이렇듯 전쟁이고, 전쟁터에서는 수시로 전술이라는 이름의 잔머리를 써야 한다. 아마 이 남자는 다음부터는 이 자리에 주차하지 않을 것이다.

부드러운 음성에 내 호통이 통했다고 생각하던 찰나, 이어진 말이 뒤통수를 때렸다. 얼마나 세게 때렸냐 하면, 연말 31일 자정에 보신각 종을 타종하던 나무 기둥 같은 거였다.

"아, 예. 제가 거기 건물주입니다."

건물은 1년 넘게 주인 없이 방치되어 있었다. 빚이 너무 많아 매매를 포기했고, 야반도주하듯 어디론가 떠나버렸다고 했다. 그리고 경매로 새로운 주인이 나타났다고 하더니 이 남자인가 보다. 남자가 "앞으로 자주 보게 될 겁니다"라고 말했다. 차로 돌아오자 뒷좌석에 탄 어머니가 "젊은데 돈 많이 벌었는갑다"라고 부러운 듯 말했다.

5

노마드와 트럼프

2013년 1월 15일 화요일 맑음

추웠나 보다. 감기 기운이 있는 것 같더니 괜찮아졌다.

인테리어 강 부장이 전화하지 않았다면 더 늦어졌을지도 모를 일이었다. 설계상 문제가 발견되어 만나자고 하기에 크레타 아파트로 오라고 했다.

잠시 후 도착한 강 부장이 "주차장 면적과 계단 변경은 안 된다고 합니다. 그리고 고시원은 각각의 방마다 창문이 있어야 하고… 규정이 바뀌었다고 합니다"라고 말했다. 마이클이 "그러면 규정에 맞추면 될 거 아닙니까?"라고 말했는데, 건물 개보수 부분에 대해서는 아는 것이 별로 없다는 생각이 들었다.

강 부장을 보내고 고시원 리모델링과 관련해서 전문적으로 공사를 하는 '무빙텔'이라는 사업자 대표와 통화를 했다. 대표가 "도면 좀 보내주실 수 있습니까?"라고 묻기에, "그거야 뭐 어렵나요? 이메일로 보내면 되죠?"라고 말하고 내부 도면을 이메일로 보내주고, "시간을 내서 현장에서 한번 만납시다"라고 덧붙였다.

'소방 설비를 한다'는 지인의 남편도 소개받았다.

전체 건물 리모델링보다 부분 공사를 하는 사람이었는데, 맡겨주면 '잘 해낼 것 같다'는 느낌은 받았다.

부동산 중개사무소에서도 임대 문의를 해왔다.

"1층, 월세 400만 원에 내놓으시죠?"라는 중개사의 말에 "그거 받느니 내가 직영하겠네요"라고 돌려보냈다. 그런 후, 낙찰받은 건물과 옆 건물 사이에 허접하게 만들어진 창고의 사연이 궁금해서, 1층 식당으로 들어가 여종업원에게 "저기 창고는 누가 사용합니까?"라고 물었다. 여종업원이 "여기 건물주가 사용하세요"라고 대답했다. 이에, "나, 옆 건물주인인데요. 연락처 좀 알려주세요"라고 말해 건물주의 전화번호를 알아내고 전화를 걸었다. 중년 여성이 받았다. 마이클이 "불법 건축물을 왜 만들어 놓으셨죠?"라고 물었다. 그러자 "구청 지적사항인가요? 당신 생각인가요?"라고 되물었다.

"그게 중요한 게 아니죠? 불법 건축물 철거할 거예요? 말 거예요?"

마이클이 언성을 높이자 중년 여성이 "아니 무슨 말씀을 그렇게 막 하세요? 남편 들어오면 상의할게요"라고 대답했다.

2013년 1월 16일 수요일 새벽에 눈, 오후 맑음

도널드 트럼프(Donald Trump)의 자서전 《거래의 기술》을 모두 읽었다.

마이클의 삶의 방향은 리먼 브라더스 파산 사건을 겪으며 상당 부분 바뀌었다. 쭉 뻗은 이탈리아 종마 앞에 철판 붙이고 적진을 향해 저돌적으로 달리던 삶에서, 말리부 호숫가에서 저녁거리를 장만하는 어부처럼 그저 끼니를 이을 만한 수익에 만족하기로 했다. 결과적으로 마음과 몸이 편했으며 현금 흐름은 더없이 좋아 모든 것이 즐거웠었다.

그러나 이제부터는 아니었다.

1분당 410원의 이자를 내야 하는 쫄깃한 채무자의 삶으로 변했다. 말리부 어부의 삶이 어쩌다 이렇게 급박한 삶으로 바뀌었을까? 삶은 참으로 아이러니하다. 때로는 자신이 예상하지 못한 결과와 맞닥뜨리기도 한다. 예상하지 못한 결과 앞에서 어떤 결정이든 스스로 선택해야 한다.

아지랑이가 나른하게 피어오르는 봄날, 은행나무에 매단 해먹에서 흔들거리며 유유자적하던 삶이 시한폭탄의 초침 소리와 같은 대출 이자 발생 소리에 달리기 시작했을 때 《거래의 기술》을 집어 들었다. 추천한 사람은 얼마 전 양평대첩

모임을 주최한 '노마드'라는 50대 여자다. 노마드가 왜 이 책을 추천했는지는 알 수 없으나, 아마 마이클의 상태에 대해 어렴풋하게 알고 추천했다는 생각이 들었다.

'저 인간이 에너지가 있는데 왜 방전하고 있지?'

《거래의 기술》은 미국 부동산 개발의 신 도널드 트럼프의 자서전이다.

부동산 거래 방식이 우리와 사뭇 다른 조건이지만, 거래의 방식, 사람을 움직이는 기술은 같았다. 아니 어쩌면 저들이 더 합리적이었다. 그렇게 책을 읽었고 한 줄을 건졌다.

"최고 일류의 선수들과 작업한다."

트럼프는 호텔을 리모델링하거나 주상복합 아파트를 건축하며, 마이클이 넘겨볼 수 없는 저 높은 곳에서 80년대를 즐겼다. 그에 비해 독자인 마이클은 손바닥만 한 대지를 쓸모 있게 만들어 보려고 노력하는 것이지만, 그럼에도 기술과 공식은 같다.

책을 추천한 노마드가 "마이클 님은 다음에 뭘 하고 싶으세요?"라고 물었다. 내 대답은 트럼프의 대답과 소름 끼치도록 똑같았다.

"다행스럽게도 나는 이 질문의 대답을 알지 못한다. 대답을 안다면 흥미가 오히려 반감될 것이다. 그러나 이것만은 알고 있다. 즉 장래가 과거와 같지는 않을 것이란 점이다." – 도널드 트럼프 (물론 영어로 했겠지?)

내일은 머니투데이 기자와 인터뷰 약속이 있다.

언론에 노출하지 않고 3년을 살아왔는데, 멋진 거래를 할 수 있는 멋진 투자가가 되는 것도 좋겠다는 생각에 허락했다. 이 또한 트럼프의 영향이다.

은행 업무를 마치고 집으로 오는 길에 소시지와 생굴을 샀다.

2013년 1월 17일 목요일 맑음

술 마시고 자다 이불을 걷어찼는지 새벽에 추웠다.

일어나 냉수 한 잔을 마시고 다시 잠들었다가 9시가 되어 일어났다. 오전 10시에 머니투데이 기자와 인터뷰 약속이 있어 외출준비를 하는데 전화가 왔다.

"오늘 시청에 들어갈 일이 있어서 인터뷰를 다음 주로 연기했으면 합니다."

그렇게 되어 아침 시간이 비었다. 인터뷰는 다음 주 화요일로 연기했다. 기자가 "월요일에 하고 싶다"고 했으나 아르헨티나지방법원 입찰 사건이 있어 그렇게 했다. 이때 K은행에서 '신용카드 및 소유권 이전된 근린빌딩 등기권리증을 찾아가라'는 전화가 왔다. 가는 길에 철물점에 들려 강화도어 잠금용 열쇠를 구입했다. 날씨가 영하로 떨어져 상당히 추웠다.

피렌체에 도착해 건물 뒤편으로 들어가 1층 상가 열쇠를 교환하려고 하니 기존 장착한 구멍에 맞지 않았다. 하는 수 없이 다음으로 미루고 지하층 출입구 도어락만 교체했고, 부동산 중개사무실로 사용되던 출입문 열쇠도 교체가 불가능해서 뒷문 도어락만 교체하는 것으로 끝냈는데, 내부의 변화가 있는 것이 누군가 들락거린다는 느낌을 받았다. 여러 개의 문짝과 씨름하던 이때, 뒤에서 "사장님, 안녕하세요?"라는 말소리가 들렸다.

"인테리어를 하는 인동초 친구입니다."

키가 크고 마른 체격의 사내로 구면이었는데, 7년 전, 장위동 단독주택 철거를 한 사내였다. 그런 생각을 하는 사이 "살이 많이 빠지셨네요?"라고 덧붙였다. 당시 마이클의 몸무게는 74Kg이었고, 지금은 67Kg이었다. 뒤에는 두 명의 사내가 더 있었는데, 벙거지 모자를 쓴 키가 작은 사내가 계단 철거 및 주차장 확보, 내력벽에 대한 실무적인 공사에 대해 잘 알고 있는지, "뭐, 대충 도면을 그려 오겠습니다"라고 자신 있게 대답했다.

그러는 사이 303호 임차인의 전화도 받았다.

이사가 배당기일보다 며칠 더 늦어진다는 말이었다. 마이클이 "월세는 받지 않을 테니 이사 준비나 잘하세요?"라고 말하고, K은행으로 가기 위해 은색 랭글러 루비콘에 올랐다.

채무자 마이클이 K은행 지점장실에서 커피를 마시며 "분당 410원의 이자가 발생합니다"라며 낙찰 물건의 대출 이자에 대해 말하자, 지점장은 "분당 이자를 계산하는 분은 처음 봤습니다"라고 말하며 웃으면서 "은행에서 대출 감정을 했는데 39억 원이 나왔습니다"라고 덧붙였다.

똑! 똑!

과장이 등기권리증과 법무사비 내역서를 들고 지점장실로 들어왔다.

임대사업자용 신용카드도 있었는데, 첫 번째로 그어진 곳은 크레타 풍천장어 식당이었다. 돌아오는 길에 잠원동 서비스센터에서 랭글러 루비콘 헤드라이트 포지션 램프도 수리했다. 정비사가 "주행거리가 33,000Km여서 엔진오일 교환을 하셔야 할 것 같습니다"라고 말하기에 "그렇게 하세요"라고 승낙했다. 비용은 25만 원이었고, 다음 엔진오일 교환주기는 48,000Km였다.

6

숨은 고수를 찾아서

2013년 1월 18일 금요일 맑음

세무서로 향했다.

부동산 임대사업자의 회사명은 무명인 경우가 많다. 그러나 마이클은 근린빌딩 임대사업자 명의를 '피렌체'로, 고시원은 '피렌체하우스'로 하기로 했다. 발급받은 사업자등록증에는 '피렌체'로 기록되어 있었다.

2013년 1월 21일 월요일 비

일정을 보니 오후 5시에 강 부장을 만나기로 되어 있었다.

강 부장을 만나며 느낀 점은 '피렌체 근린빌딩 리모델링 공사는 인테리어 차원에서 접근할 수 없다'는 것이었다. 즉, 종합공사 전문가가 접근해야 한다는 판단이 들어 그 부분을 설명하고 "기름값이라도 하시라고 보내드릴 테니 계좌번호 주세요"라며 강 부장을 정리했다. 강 부장은 "괜찮습니다"라고 거절하더니, 곧 "휴대폰 문자로 계좌를 보내주겠습니다"라고 말했다.

택시기사인 201호 임차인이 이사를 나간 것도 확인했다.

내부는 가재도구도 전혀 없었는데, 살림했는지 안 했는지 모를 지경이었다. 또한, 곰팡이가 화려하게 산수화를 그리고 있었다. 사진을 찍은 뒤 출입문에 '경고문'을 붙이고, 4층, 1층 참치횟집에도 차례로 붙였다. 비는 계속 내렸다.

2013년 1월 22일 화요일 오전에 비 | 흐림

일류, 프로, 이런 단어가 생각나는 하루였다.

오전 11시에 삼성역에 도착했다. 인터넷 경제 신문 〈머니투데이〉의 이재윤 기자와 인터뷰가 약속되어 있었다. 이 기자는 부동산 〈숨은 고수를 찾아서〉라는 기사를 연재하는 중이었다. 코엑스몰 이벤트 홀에서 만나 커피숍으로 이동했다.

마이클은 늦잠을 잔 탓에 아무것도 먹지 않은 상태였기에 던킨 도너츠에 들어가려고 했으나 음악 소리가 너무 커 집중이 되지 않을 것 같아 샌드위치를 파는 곳으로 옮겼다. 샌드위치와 커피를 시켰고 이 기자도 점심이 될 만한 것을 시켰다. 결제는 이 기자가 했다.

이미 머니투데이 연재 기사를 읽었기에, 보도 방향에 대해 정리를 하면서 2시간 정도 대화했고, 말미에 보도하지 말아야 할 것과 보도해도 될 것을 정리했다. 이 기자가 "기사는 2주 후쯤 나올 것 같습니다"라고 말했다.

오후 3시.

지하철 2호선을 타고 피렌체역에 내렸다.

원룸텔 공사를 전문적으로 하는 '무빙디자인'이라는 회사 직원을 만나기 위해서였다. 남자와 여자가 승용차에서 기다리고 있었는데, 남자는 대표이고 여자는 디자인 실장이라고 소개했다. 마이클이 "셔터를 올리고 주차장에 주차하면 됩니다"라고 안내하고, 공실 상태인 201호와 4층을 보여주었다.

남자 대표는 레이저 거리 측정기로 측정하며 거리를 쟀고, 여 실장은 곧바로 스케치했다. 마이클은 이들의 움직임을 보면서 '프로라 편하다'는 생각을 했는데, 건물 내, 외측 사이즈를 모두 재더니 "건축물 현황도면이 필요합니다"라고 말했다. 이에 곧장 택시를 타고 구청으로 가 건축물 도면을 발급받은 후 팩스로 전송해주었다.

2013년 1월 23일 수요일 오전 이슬비 | 오후 흐림

부슬부슬 비가 내리기 시작했다.

피렌체 근린빌딩 전 소유자 겸 채무자 영순은 골목에서 남의 눈에 뜨이지 않도록 조심하며 마이클을 기다렸다. 영순을 발견한 마이클이 "점심 드셨어요?"라고 인사를 건네자 머뭇거렸다. 이에, "커피값이 밥값이니 밥이나 먹읍시다. 얼큰한 해물찜 어때요?"라고 말하자, "저기, 아는 집이에요"라고 주저했다.

몰락한 채무자 영순은 정든 동네에서 죄인이었다.

부대찌개 식당으로 들어갔다. 영순이 옆에 있는 사내를 "남동생이에요"라고 소개하며, "참치 횟집을 우리가 장사하도록 해주세요"라고 말했다. 이삿짐이나 빼내 가도록 부탁할 줄 알았는데 뜻밖의 제안에 약간 당황하며 "그러면 보증금은 있습니까?"라고 물었더니, "없습니다"라고 대답하며, "그러나 남동생이 책임지고 장사를 하겠습니다"라고 힘주어 말했다. 이에 마이클이 말했다.

"나는 경매로 맺은 인연은 되도록 다시 연을 맺지 않으려고 합니다. 몇 년 전 수원 단독주택을 낙찰받고 채무자 겸 소유자인 고 사장을 서초동 반지하에 살게 했는데 3년간 월세를 못 받았죠. 그래서 그 이후로 만든 원칙입니다. 한번 생각은 해보겠습니다."

'돈이 한 푼도 없다? 믿기 어려운데?'

채무자 영순 남매와 헤어진 후 혼자 참치 횟집 테이블에 앉아 이런저런 생각을 하던 중, 펀비어킹 영업부장의 전화를 받았다. 영업부장은 "사장님, 1층에 고깃집 할 사람이 있습니다. 1억 원, 월세 550만 원. 어떠세요?"라고 하며 은근히 보증금과 월세를 낮췄다. 결정은 뒤로 미루었다.

2013년 1월 24일 목요일 오전 비 흐림

새벽 2시가 넘어 잠들었었다.

배당사건을 위해 명도확인서와 명도 합의서를 만들어야 하고, 채권계산서를 제출해야 하고, 인도명령 신청서도 작성해야 한다. 인도명령은 빌딩답게 피신청인이 9명이나 되었다. 오랜만에 하는 일이라 과거의 자료를 찾거나 네이버 검색을 해야 했다. 사람들은 이런 일은 그저 척척 하는 줄 알 거다. 게다가 한때 변호사 사무장을 할 때 여사무원이던 미스 김포(순전히 자기주장이지만 확인하지 않았다) 강 대리가 '아파트를 사야 한다'며 계약금을 빌려달라고 했기에 은행에 들러, 수표로 인출해야 한다.

어제 영순으로부터 제의받은 참치 횟집 직영에 대해서도 정리했다.

"직영은 하지 않겠습니다"라고 문자로 알렸더니 "보증금은 얼마까지 해주실 수 있으세요?"라는 답이 왔다. 이 무슨 황당한 상황인가? 채무자 겸 소유자가 뭔 돈이 있어서 '보증금' 협상을 할까? 마이클은 더 고수인 영순에게 '간보기'와 '뇌수술'에 버금가는 상황을 겪고 있는 것이 확실했다.

고시원 설계를 진행하는 무빙디자인 대표 재훈의 전화도 받았다.

방 크기에 대해 "피렌체는 고시원 방 가로를 2,400mm로 한답니다"라고 말했다. 이에 마이클이 "그러면 방 개수가 줄어드는데? 내가 같이 가서 중대한 사유재산권 침해를 주장할 테니 도면을 권고 사항용과 당신이 좋은 도면 두 장을 그리세요?"라고 말하며, 남의 재산을 가지고 어쭙잖게 사회복지를 하려고 한다는 생각에 "내가 행정소송까지 불사하겠다"라고 힘을 실어주었다.

2013년 1월 29일 화요일 흐리고 약간의 비

모직 차이나 정장을 입고 지하철을 이용해 동부지방법원으로 갔다.

해야 할 일은 피렌체 근린빌딩 점유자에 대한 인도명령 신청을 각자 하는 것, 기존의 인도명령을 취하하는 것이었다. 인도명령 대상자가 9명이나 되어 송달료 납부영수증을 쓰는 데에도 30분 정도 걸렸다. 그런 후 경매 사건 서류열람을 신청해, 선순위 농협의 채권신고서를 복사했다. 채권 최고액은 18억 원이었으나 배당 요구한 채권 금액은 17억 원이었다.

고시원 설계를 담당한 설계사와 오후에 만나기로 했는데, 연락이 없어 전화를 걸어 "오늘 도면 나오나요?"라고 물었다. 설계사가 "내일 오전에 도면이 나올 것입니다"라고 대답하며 "2, 3, 4층 통로는 베란다로 되어 있어서 건축 면적에 들어갈 수 없습니다"라는 말도 덧붙였다.

2013년 1월 30일 수요일 흐림

마흔여덟 수컷의 아침.

두꺼운 모직 차이나 양복을 입고 집을 나섰다.

첫 번째 일은 K은행에 들려서 통장을 개설하고 용돈을 인출하는 일이었다. 자금을 용도별로 구분하려고 통장을 만들다 보니 '대포통장으로 팔아먹지 않을까 하는 우려'로 각서까지 받았다.

'걱정 말아라. 나는 앞으로 폼나게, 세금 칼같이 내면서, 염장질하며 소비할 거다….'

피렌체에 있는 낙찰받은 근린빌딩에 도착했다.

지하 1층, 지상 4층 건물을 '피렌체 빌딩'으로 명하고, 사업자등록증에도 그렇게 정정했다. '피렌체'라는 이름으로 거대한 그림을 그리고 싶었다. 휴대폰도 새로 개통했다.

7

건물 내부 철거

2013년 2월 1일 금요일 비

피렌체 구청 건축과 담당 공무원과 10시 30분에 만나기로 되어 있는데 시간이 빠듯했다.

부랴부랴 샤워하고 차이나 슈트 차림으로 랭글러 루비콘에 오른 시간은 9시 45분이었다.

후두두둑, 후두두–

랭글러 루비콘 천장에 빗방울이 부딪쳐 부서지는 소리가 난다.

랭글러 자동차의 천장은 세 조각으로 나눠서 분리해 떼어낼 수 있다. 소재는 F.R.P(섬유강화프라스틱)로 만들어져 빗소리가 유난히 잘 들린다. 마이클은 이 빗소리를 좋아한다. 집을 지으면 한쪽은 양철지붕을 해야 한다고 주장할 정도로 좋아한다. 지나가던 차들이 물살을 뿌리면 빗물이 "좌아악" 소리를 내며 차체에 부딪쳤다.

구청 사거리 지하 공용주차장에 주차하고 구청으로 올라갔다.

건축과는 7층이고 담당 공무원은 미모의 여성 공무원이었다. 콧볼이 푸르뎅뎅한 것으로 보아 코를 세운 것은 아닌지 살짝 의심했는데 "감기가 들어 마스크를 쓰고 있습니다"라고 주장하며, 고시원 도면을 보고 문의 위치, 창문의 유무, 심의의 순서 등 설명한 후 "건축설계사무소의 설계와 3층 이상은 내진설계도 해야 합니다"라고 말했다.

"내진이요? 이미 지어진 건물인데 내진설계까지 다시 해야 한다고요?"

마이클은 적지 않게 놀랐다.

'아니, 구형 건물이 그런 거지. 내진에 약하면 다시 신축할 건가? 참 규정 까다롭게 만들어 놓았다. 이런 규정들이 많을수록 민원인의 재정적 부담이 늘어난다고.'

생각지도 못한 건축설계사의 도면을 요구하니 갈 길이 제법 멀어 보였다.

그래서 되도록 빨리 가기 위해 담당 공무원에게 "관내, 최근에 고시원 설계를 넣은 사무소 하나 알려 주십시오"라고 말했다. 동행한 무빙디자인 회사는 서초구 양재동에 있어, 까다롭다는 피렌체 구청 규정을 알고 있는 유경험자가 필요했기 때문이었다.

담당 공무원이 심의를 통과한 도면 하나를 보여주었다.

마이클이 건축사무소 전화번호를 적고 구청을 나왔다. 그리고 주차장 원상복구와 불법 증축건물 철거 작업을 하기 위해 인동초 친구라는 철거 업자에게 전화를 걸었더니 "사장님 지금 구로동에 있습니다"라고 대답했다. 마이클이 "그래요? 철거 견적 한번 넣어 보세요"라고 말했다.

비는 계속 내렸다.

피렌체 빌딩에는 두 명의 사내가 기다리고 있었다. 마이클이 앞장서 걸어가며 "여기서부터 여기까지 잘라 내고"라고 철거할 부분을 설명하고 에어컨은 떼어 두도록 했다. 모두 10대였다. 나머지 식당 집기들은 그리 돈이 될 것 같지 않았다.

지하 칸막이 룸도 모두 털어내는 것으로 견적을 넣어 보라고 했다. 그런 후, "그런데 지하 입구를 어떻게 하면 좋을까요?"라고 의견을 구했다. 현재는 1층 중앙을 통해 지하로 내려갔으나 공간을 분리해야 하므로 출입구를 따로 내어야 했기 때문이었다. 이에 키가 작은 사내가 "부동산 저쪽을 입구로 하면 간단할 것 같은데요? 돈이 문제지"라고 대답했다. 해법은 간단했는데, 비용은 '500만 원 정도 든다'고 했다.

2013년 2월 4일 월요일 폭설

밤사이 혁명으로 세상이 뒤집힌다고 하더니 소담스러운 눈꽃이 만발했다.

학생들의 등교 시간도 늦추었으니 내린 눈이 상당했다. 랭글러의 심장을 깨워 지하주차장에서 나오자 경비 아저씨들이 눈을 치우느라 몸을 움직이는 모습이 보였다.

텅텅, 우지직-

피렌체 빌딩에 도착하니 천막과 조립식 칸막이들이 뜯겨나가고 있었다.

지하실에도 서너 명의 남자들이 나무나 합판을 조각으로 쪼개 끌어내고 있었는데, 일하는 인부들은 족히 열 명은 넘었다. 동초철거가 "사장님, 오셨어요. 어제 매트리스니 뭐니 치웠으니 다행이지, 안 치웠으면 눈 때문에 엄청 고생할 뻔했지 뭡니까?"라고 상황을 설명했다.

이에, 마이클이 "사진 찍으셨어요?"라고 물었다. 동초철거가 "아차차…"라고 호들갑을 떨었다. 마이클이 "거봐요. 그래서 내가 찍으러 왔어요. 철거 전, 철거 과정, 철거 후를 찍어 구청 주차관리과에 제출해야 한다고 했잖아요"라고 말했는데, 눈이 내린다고 했으니 동초철거는 마음이 급했다. 그래서 일요일에도 부랴부랴 쓰레기를 몇 차 실어냈다.

주차장엔 주변 사람들이 몰래 내다 버린 침대 매트리스, 화분 항아리, 술병, 음식물 쓰레기, 책상과 의자 등이 가득했다. 그걸 다 치우고 오늘은 본격적으로 구조물 철거와 지하 인테리어 철거를 하고 있다. 그러다 보니 정작 사진을 찍어야 한다는 사실을 까맣게 잊고 있었다.

1층 홀에서 지하로 이어진 나무계단을 따라 내려갔다.

방을 만들기 위해 높인 마루 속에는 쓰레기가 넣어져 있었다. 압축 스티로폼을 사용해 높이를 올리고 마루를 만들어야 철거하기 수월한데, 인테리어 업자는 공사 쓰레기를 넣고 바닥을 높여 마루를 만들었다. 때문에 꺼내야 할 폐기물은 더 늘어나게 되었다. 천장이 낮은 것도 흠이었다. 잠시 생각에 잠겼는데 동초철거가 "화장실은 어떻게 할까요?"라고 물었다. 마이클이 "그건 필요할 것 같으니 놔두세요. 아, 그리고 간판도 다 떼어버리세요"라고 말했다. 그러자 동초철거가 "아이, 간판은 장비를 불러야 하는데"라며 비용이 든다는 표정으로 난색을 표했다. 마이클이 "뭐, 간판 고물값이 장비값보다 더 나올 텐데 엄살은… 장위동보다는 몇 배 낫잖아요?"라고 말했다. 동초철거도 "하하, 사실 그렇습니다"라며 부인하지 않았다.

7년 전. 마이클이 낙찰받은 장위동의 단독주택 철거를 동초철거가 했었다. 그러니 이 이상 공사 애로사항을 꺼내지 못했다. 다만 "철거 견적만 700만 원이나 나왔습니다. 쓰레기 버리는 비용은 전액 현금이고, 잡부 일당도 줘야 합니다. 우선 350만 원을 먼저 지급해주십시오"라고만 말했다.

마이클이 "잠깐만요, 세무사와 통화 좀 하고요"라고 말하며 동초철거의 말을 끊고, 신방수 세무사 최 과장에게 전화를 걸어 "공사비 입금과 세금계산서 날짜가 달라도 됩니까?"라고 물었더니, "세금계산서 일자와 입금 일자가 같아야 합니다"라는 대답이 돌아왔다. 그래서 동초철거에게 "사장, 계산서 끊어! 입금 날짜가 일치해야 한다네? 오늘은 안 되겠지?"라고 말하자 "사장님, 사업자등록증이 있어야 하는데요?"라고 되물었다.

마이클이 랭글러 루비콘 조수석 문을 열고 가방에서 사업자등록증을 꺼내 보였다. 그러자 동초철거가 "사장님이 나와 동갑이네요. 난 1월생"이라고 말했다. 마이클이 "거, 나이, 고향 그런 거 묻지도 따지지도 말라고 했지 않습니까? 페어플레이…"라고 윽박질렀다.

마이클은 언제부터인지 나이, 학력, 종교, 고향 따위에 연연하지 않고 따지지 않았다. 인간 대 인간으로 만남을 이어갈 뿐이었다. 그렇기에 어떻게든 공통분모를 찾아서, 어떻게든 인연을 엮으려는 처사는 마이클에게 구박 맞는다. 오직 실력으로 살아야 한다고 말한다.

시간은 점심때를 훌쩍 넘겼다.

허기를 느끼고 아들 솔 군에게 전화를 걸었다. 솔 군은 이직할 직장을 구하지 못한 상태에서 다니던 직장을 그만두자 마이클이 피렌체 빌딩 근처 고시원으로 추방해버렸다. 때문에 스무날이 넘게 건물 근처 고시원에서 생활하며 아르바이트 자리를 구하기 위해 왔다 갔다 하고 있다.

동초철거가 솔 군을 보고 "아들 잘생겼네?"라고 넉살을 늘어놓고 "저기 운정식당이 깔끔하게 나옵니다"라고 밥집을 추천해주었다.

내린 눈은 물기를 많이 머금었고 미끄러웠다.

조심스레 '운정'이라는 밥집을 향해 부자가 앞서거니 뒤서거니 걷는다. 솔 군이 "아빠, 저런 아저씨들을 지시하는 모습을 보니 멋있어요?"라고 말했다. 이에 마이클이 "그래? 아빠가 멋진 게 아니고 돈이 깡패라서 그런다. 아빠가 공사비를 줘야 하잖니!"라고 말했다.

"흐흐흐, 그래도…."

밥상은 시래기국에 구운 김, 시금치나물, 김치 등으로 정갈하게 나왔다.

밥값을 현금으로 지불하고 식당을 나서는데 "사업자용 카드로 해야 비용처리 됩니다"라는 세무법인 '정상'의 최 과장 말이 생각났다. 사업비용 처리 습관이 되지 않은 탓이었다.

8

가문(家門)

2013년 2월 5일 오전에 흐리고 오후에 비

"사장님, 오늘은 피렌체에 안 오세요?"

동초철거가 전화를 걸어와 일정을 물었다.

마이클이 "난 업자 전화 받으면 무서워, 왜 전화했습니까?"라고 되물었다. 작업을 하다 견적이 낮아서 부를 일은 절대 없다는 것을 알기 때문이었다. 현장에 문제가 발생한 것은 공사비의 상승요인이니 업자 전화를 싫어하는 것은 당연했다. 동초철거가 "와서 봐야 할 사항이 있어서요. 일단 봐야 해요"라고 말했다.

눈발이 거칠어지기 시작했다.

이내 진눈깨비가 되어 은색 랭글러 루비콘 유리창으로 달려들었다. 그렇게 도착한 피렌체 근린빌딩은 철거 작업이 한창이었다. 동초철거가 현장을 안내하며 뒤쪽 주차장 벽을 철거하는 것에 대해 물어왔다.

마이클이 "이쪽을 깨라고 한 것은 약간의 폭으로 차가 2대를 댈 수 없어서 그런 것입니다. 그러니 한쪽만 깨면 됩니다. 주차 2대의 폭이 얼마인가요?"라고 되물었다. 동초철거가 "4m 60입니다"라고 대답했다. 이에 마이클이 "그렇다면 한 대 길이만큼만 깨면 됩니다"라고 말했다.

철거 작업은 다시 순조롭게 진행되었다.

1층과 지하의 집기들도 마이클이 일괄처리하고, 100만 원을 채무자 겸 전 소유자인 영순에게 주기로 했다. 룸에 있던 작은 에어컨 10개는 사용할 곳이 있을 것 같아 위층 주택으로 올려 두었다. 냉장고 등 집기값으로 업자에게 35만 원을 받았다. 그러니 65만 원을 더해 채무자에게 주어야 했다.

2013년 2월 6일 수요일 맑음

"등기 왔습니다."

집배원이 법원의 빨간색 봉투를 한 움큼 안겨 주었다.

아무리 멘탈이 강한 마이클이라도 이 정도 봉투 개수에는 살짝 지린다. 채무자이며 전 소유자인 영순에 대한 인도명령 신청만 결정되었을 뿐, 나머지 임차인들에 대해서는 모두 '보정명령'이 나왔다. '기분 더러운데 법원까지 도와주지 않는다'고 화를 내며 보정명령서 한 통을 뜯었다.

"이 사건 건물의 일부에 대한 부동산인도명령신청이므로 그 대상이 되는 부분을 정확하게 특정해서 신청취지를 정리하고 그 도면을 작성한 후 제출해주시기 바랍니다."

구분건물이 아닌지라 내부 도면에 점유자의 위치를 특정하라는 내용이었다. 당연히 종일 도면을 그려대며 '오랜만에 이 짓 하려니 어리바리하구만' 하고 투덜거렸으나 시간은 흘러갔다. 그러니 종국에는 승리한다는 것도 안다.

다만 피를 적게 흘리며 싸우고 싶을 뿐이었다. 송달료 1회분씩도 더 납부해야 했다. 배당을 받고 나간다는 임차인도 있으나, 아직 연락이 없는 임차인도 있기에 '이사 가지 않는 임차인들에게는 월세 폭탄을 던져 줄 거다!'라고 다짐했다.

어제 동초철거에게 피렌체 빌딩 지하 출입구를 새로운 방향에서 뚫기 위한 견적을 요청했다. 아울러 1층 철거와 내벽 철거도 같이 공사비를 산출하라고 했다. 이에 동초철거가 전화를 걸어와 "사장님, 지하 계단 만드는 데 500, 벽 철거 100, 간판 떼어내는 데 100, 공과잡비 100, 1층 철거 300… 그렇게 해서 작업해온 것 포함해 1,300만 원입니다"라고 말했다. 마이클은 수화기 너머로 들려오는 지폐 다발 세는 소리를 듣고 크게 호흡을 들이켰다.

벌써 700만 원짜리 철거공사를 했다.

여기에 1,300만 원을 더 들인다면 2층 단독주택 철거비가 된다. 이것은 5만 원짜리도 아니고, 100만 원짜리 자기앞수표를 발 앞에 뿌리며 목표를 향해 전진하는 지경의 견적이었다. 그래서 '이렇게 사업을 진행하다가는 도날드 트럼프도 부도 날 거다'라고 생각했다.

주차장 불법증축은 불법이므로 철거가 당연하지만, 내부 철거와 지하층 계단 만드는 것은 전체적인 리모델링 공사와 함께하는 것이 비용적 측면에서 유리할 것 같다는 생각을 했다. 동초철거가 "언제 오십니까?"라고 재촉했다. 마이클이 "우선 기존에 철거할 것만 해주세요. 나머지 부분은 제가 조급하게 서두른 것 같습니다. 그 부분은 전체적으로 리모델링할 때 견적을 받아 작업할 생각입니다"라고 말하며 전화를 끊고, 커피포트의 스위치를 넣었다. 베트남 현장에 있던 H건설 박 부장이 한국에 올 때 선물로 가져다준 G7 카푸치노 커피를 탔다. 알싸한 계피와 초콜릿 향이 스멀스멀 올라왔다. 풍부한 거품을 일으키고 커피를 들이키며 생각했다.

'귀를 너무 열어 둔 듯하다. 잠시 귀를 닫고 혼자 걸어갈 필요가 있다.'

2013년 2월 12일 화요일 맑음

동부지방법원을 가기 위해 정장을 차려입었다.

겨울 슈트는 없고, 차이나 정장만 한 벌 있다는 것을 알게 된 아침이었다. 한 건 낙찰받으면 겨울용 슈트 한 벌 맞춰줘야 할 것 같았다.

법원의 인도명령 보정명령에 따라 각 호실 점유자의 점유를 도면에 특정해 그렸다.

계약서상 호실로 표시해서 신청했으나 구분건물이 아닌 관계로 "도면 표시 중 ㄱ, ㄴ, ㄷ, ㄹ, ㅁ, ㄱ 각 점들을 연결한 선내 (가)부분을 특정합니다"라는 내용을 써넣으라고 했기 때문이었다. 인도명령 신청서 7개를 그렇게 썼고 각 3부씩 복사해 별첨하고 마무리했다.

법원을 나와 피렌체 빌딩으로 향했다.

주차장 셔터가 걸려 올라가지 않아 수리했고, 전력계량기 설치 여부를 확인한 후 '학사부동산'에 들려 상가 임대차계약에 대해, "임차인이 적극적이고 건물을 살릴 수 있다면 임대료는 조정해줄 수 있습니다"라고 말했다. 건물을 살리는 것은 1층 임차인의 역할도 크기에 그렇게 해줄 생각이었다.

2013년 2월 15일 금요일 맑음

오후 4시.

무빙디자인 대표와 함께 건축설계사 사무실을 찾았다.

방이동에 위치한 건축사 사무실은 허가만 내는 일로 생업을 유지하는 속칭 '허가방' 수준으로, 2명의 남자가 한 사무실에서 일하고 있었다. 이들은 허가까지 500만 원을 요구했고, 구조감리비용은 300만 원이라고 했다. 그리고 "구조 안전진단에서 불안전 진단이 나오면 철근 등으로 보강공사를 해야 한다"고도 말했다. 첫걸음이라 돈이 많이 들어간다는 생각을 했다.

오후 6시.

'무사' 프렌차이즈 영업부장이 이수역에 오픈한 매장에 초대했다. 영업부장은 무사 이수점에 대해 "월세가 1,200만 원이며, 기존 임차인이 '무사' 가맹점주에게 영업권을 넘기고 공동사업을 하는 형태로 운영된다고 말하며, "사장님 빌딩 1, 2층을 이렇게 해보시는 것이 어떻겠습니까?"라고 제안했다. 이에 마이클이 실내를 둘러보며 "음, 뭐 나쁘지 않네요"라고 대답하며 "제안서를 한번 내보세요"라고 대답했다.

2013년 2월 16일 토요일

사냥을 갔어야 했다. 이유는 없다.

그저 걷고, 힘들면 쉬고, 보이면 쏘고 하는 고난의 행군을 해야 몸 안의 에너지, 분노 등을 제거할 수 있기 때문이다. 사냥이 여의치 않으면 유흥으로라도 소진시켜야 하는데 수도승처럼 살아가고 있는 나날이었다.

피.렌.체.

부동산 임대사업의 첫 상호를 이탈리아 토스카니 지방의 도시 이름 '피렌체'로 정했다. 그리고 일관되게 고시원도 '피렌체하우스'로 하기로 했다. 이렇게 하는 이유는 '로스차일드 가문'처럼 일가를 이루겠다는 목표를 반영한 것이었다. 그래서 앞으로 하는 모든 사업은 '피렌체'로 통할 것이었다.

하지만 마음이 병들어 있었다. 조울증도 있었다. 조울증은 성장 동력이며 불황기에 손절을 쉽게 해 사업을 지키는 긍정적인 면도 있으나, 주위 사람들을 힘들게 하는 양면성이 있다. 사람들은 그런 마이클을 이해할 수 없기에 상처를 받는다. 마이클도 그래서 거리를 둬야 했다.

'나를 알려면 김정운 교수 정도는 되어야 알지….'

새로운 명함이 필요했다.

앞으로 많은 사업을 동시에 진행해야 하므로 더욱 힘들어질 것을 알았고, 넘지 못하면 큰 사람이 되지 못한다는 것을 인정해야 했다. 내일 아침에는 사냥을 가야겠다고 마음먹었다.

9

삽질과 문화

2013년 2월 19일 화요일 맑음

새벽 5시 30분.

오디오가 작동을 시작했다. 세콤 보안장치를 해제한 후 배달된 매일경제와 한국일보 신문 2개를 가지고 들어와 기사를 훑어본다. 그리고 식탁에 앉아 노트북을 펼치고 성석재의 소설 《위풍당당》의 '장벽은 무너지고 강물은 풀려' 단원을 타이핑했다. 그제야 주방 베란다 너머로 아침 햇살이 들어오기 시작했다.

'피렌체 빌딩에 눈을 치우러 가야겠다.'

경매 진행 중인 건물은 주인 없는 섬이나 다름없기에 '공유지의 비극'이 연출된다. 동네의 온갖 쓰레기가 모여든다. 부동산 사무실 앞과 주차장 입구에는 주위에서 밀어낸 눈이 쌓여 얼음산을 이루었고, 이 얼음산은 늦봄이 되어야 녹을 것이었다.

마이클은 경매 투자로 번 돈을 죄다 피렌체 건물에 쏟아부었기에 사소한 부분이라도 신경 쓰지 않으면 안 되었다. 그래서 이름 없는 건물을 '피렌체 빌딩'이라고 명명하고 '피렌체 가문'으로 만들겠다는 생각으로 세무 공무원의 "임대사업은 이름이 없어도 됩니다"라는 만류에도 극구 사업자명을 표기, 정정해 재발급받은 것이다.

피렌체 빌딩에 도착했다.

랭글러 루비콘 트렁크를 열고, 사냥터에서 동물의 사체를 묻을 때 사용하기 위해 싣고 다니던 군용 야전삽을 꺼냈다.

퍽! 퍽!

주차장 우측에 쌓인 눈 탑부터 찍기 시작했다.

옆 건물과 공유하는 곳으로, 영업하는 처지에서 보면 손님들에게 좋은 인상을 주지 못하기에 치울 법한데도 방치되어 있었다.

"저리 부지런하니 돈 벌었지…."

군용 야전삽으로 눈을 찍어내는 마이클을 보고 맞은편 건물주 할머니가 말했다.

옛말에 '발 없는 말이 천리를 간다'고 했다.

마이클은 골목에서 서서히 존재감을 드러내고 있었다. 소문은 이미 반경 500m를 넘어가고 있었다. 그도 그럴 것이, 10년 동안 이 동네의 근린빌딩은 경매시장에 나오지 않았고, 그나마도 겨우 한 건이 나왔는데 마이클이 낙찰받아 '이슈'가 되었다.

눈덩이를 한참 찍은 다음 부동산 사무실 앞으로 이동했다.

그곳은 훨씬 더 많은 눈이 쌓여 있었다. 얼음 조각가의 심정으로 서서히 얼음을 찍어내기 시작했다. 그렇게 삽질하는 자신이 하도 기막혀 셀카를 찍지 않을 수 없었다. 그렇게 몇 시간의 노동으로 얼음산은 무너졌다.

주차장으로 돌아와 장비를 정리하다 옆 건물 서예학원 원장과 마주쳤다.

"쓰레기가 다 옆으로 날라 와서 내가 치웠어요."

60세 조금 못 되었을 여인이었다.

그동안 옆 건물이 관리되지 않아 고생했을 것은 알기에 그쪽 얼음도 깨기 시작하며 "얘들에게 서예를 가르치나요?"라고 물었더니, "수묵화, 국선 심사위원입니다"라고 말했다. 이때부터 어깨 근육이 아파 왔다.

"물이라도 한잔…."

삽질을 끝낸 마이클이 서예학원 구경에 나섰다.

나이 지긋한 두 사람이 하얀 한지에 커다란 붓으로 글을 그려가고 있었는데 참으로 고요하고 보기 좋았다.

마이클의 요즘 화두는 '문화'다.

부동산 경매를 한 원죄, 《부동산 경매 비법》을 쓴 죄로 엮인 인연들이 대추나무에 걸린 572,654,394개의 연보다 많았었다. 돈, 원한, 경매, 명도 등 아름답지 못한 이야기는 지겨웠다. 그래서 2년 전 12월, 눈 내리는 날 새벽에 광장동 노래방에서 유흥을 마치고 나오면서 하늘로 전화기를 던져버렸다.

내가 화가였다면 나에게 걸려온 전화는 "선생님, 이번 밀라노에 다녀오는 길에 노란 물감이 너무 예뻐서 사왔어요"라는 전화가 올 것이고, 내가 시인이었다면 "선생님 철쭉이 벌써 부끄럽게 봉우리를 피는데 내 마음이 물들까 봐 부끄러워요"라는 전화를 받을 것이다.

그러나 현실은 남의 돈을 빌려 쓴 채무자나 채권자가 채권을 회수하려고 담보 물건을 경매 진행하면 마이클을 찾아와 "어떻게 하면 손해를 덜 볼 수 있습니까?"라고 조언을 구하는가 하면, "선생님 경매로 돈 벌고 싶은데 어떻게 하면 돼요?"라고 묻는다든지, "돈 선생, 내가 25억 원 현금이 있는데 어떻게 하면 돈 벌 수 있어?"라는 이야기만 하는 족속들뿐이었다.

그런 이유로 이런 철학도 없고 인생도 없이 그저 '돈'이라는 것만 좇는 악귀 같은 사연들을 멀리하고 싶었다. 인생이란 게 돈만 좇기에는 너무 아름답다는 것을 알았기 때문이다. 사람들은 마이클이 피도 눈물도 없는 경매꾼이라고 생각하지만 그런 평가에는 연연하지 않고 '내가 좋아하는 일인가?'만 생각하며 살아왔고, 앞으로도 그럴 것이었다. 그래서 세상의 평판 따위는 마이클에게 의미가 없었다.

"내가 서예를 1년 반 배웠는데, 3년을 채울랍니다. 그러나 출품은 하지 않을 것입니다."

엄지발가락만큼 굵은 붓으로 글씨를 써 내려가던 일흔 살쯤 되어 보이는 사내가 말했다.

마이클도 '출품'이니, '대회'이니 하는 것들은 유치원 학예회와 같은 것이라는 것을 안다. 그러나 "3년을 채울랍니다"라는 말에는 한마디 해주었다.

"선생님, 꼭 3년을 하고 그만두어야 하나요? 그냥 평생 연습하면 되는 거지요? 전 뭘 배우면 10년을 해야 한다고 생각합니다. 우리는 한 가지를 끝내고 다른 것을 배우는 것에 익숙해져 있는데, 그러면 평생 한 가지도 제대로 못 할 수도 있습니다. 그러니 한 가지 배웠다면 그것을 계속하면서 다른 한 가지를 추가하는 것입니다."

마이클은 '버터플라이'를 하고 싶어서 수영을 배웠다.

드럼 치는 영감이 되고 싶어서 드럼도 배운다. 게다가 이제 늦게나마 사진을 더 배우고 영화도 만들고 싶어서 학교에 간다. 마이클은 세상을 배우려고 살아간다. 그렇다고 배운 것으로 누구 위에 군림하고 기만하는 삶을 살고 싶지는 않다. 그래서 마이클의 삽질은 자신이 쓰러질 때까지 고단하게 계속될 것이었다.

다시 어깨 근육에 통증이 전해져 왔다.

몸이 나태해져서 노동에 익숙하지 않은 탓이었다. 근육들은 다시 노동에 익숙해져야 했다. 사회복지관 오른편에 있는 약국에서 파스를 샀다.

2013년 2월 20일 수요일 맑음

날씨가 다시 쌀쌀해졌다.

마이클이 피렌체에 도착한 시각은 오전 11시가 다 되었을 때였다. 건물을 돌아 부는 바람이 귓전을 시리게 스쳤다. 어제 삽질로 깼던 얼음은 녹지 않고 바닥에 얼어붙어 있었다. 휑하니 철거된 주차장에서 건물을 올려다보며 여러 가지 생각에 잠겼다. 시간은 정오를 넘어갔다. 전화기가 떨었다.

"예 저는 황치운이라고 합니다만…."

"네, 알고 있습니다!"

황치운. 주민등록상으로 4층에 전입된 남자다.

법원의 배당신청 서류에 전세세입자 및 상가 임차인으로 계약서 등을 제출해 놓은 상태였다. 그러나 배당순위가 밀려 배당액은 '0'원이고, 혹여 배당이 된다고 해도 마이클이 배당배제신청을 할 것이었다. 조사한 것에 의하면 황치운은 세입자도 아니고 상가 임차인도 아니었다. 전 채무자 영순의 채권자로 얼마만큼의 돈이라도 받아보려고 노력하는 과정에서 주민등록지도 옮기고 허위 계약서도 작성해 법원에 제출하는 수고를 했다.

"법원의 서류를 만들려면 선생님의 도장도 필요하고 해서 만나 뵀으면 합니다."

치훈의 말에 마이클이 흔쾌히 "그러세요"라고 하고 전화를 끊었다.

그러나 끊고 나서 생각해보니 '만날 필요가 있는가?' 하는 자문을 하고 다시 전화를 걸었다.

"선생님, 제가 선생님을 만나서 드릴 말씀이 없는데요. 선생님은 허위 임차인이고 상가 임차인도 아닌 것을 제가 다 알고 있거든요. 그걸 알면서도 '명도확인서' 등 서류를 해줄 수는 없습니다."

"아니, 그렇더라도 이런저런 이야기를 드리고 싶으니… 만나주시면 좋겠습니다."

"정 그러시다면 그렇게 하세요."

그렇게 전화를 끊고 중화요리집 동천홍으로 향했다. 동천홍은 2, 3층을 사용하고 있었다.

10

채권자와 채무자

2013년 2월 20일 수요일 맑음

식사를 마치고 건물로 돌아오니 멋지게 차려입은 중년 사내가 서성거렸다.

그 사람이 황치운이라는 것을 알 리 없는 마이클은 시간이 지났으므로 주차장에서 랭글러를 꺼내고 셔터를 내렸다. 이때 마이클의 야전 상의 주머니에 있던 휴대폰이 울렸고 만나게 되었다. 나이는 72세, 부인을 동반했는데 계단을 오르는 것이 불편했다. 4층 주택의 식탁에 앉아 이야기를 들었다.

"제가 젊었을 때 이 동네에서 목재소를 했습니다. 여기가 버스 종점이었지요. 그때 번 돈으로 내가 살겠다고 건물을 지었는데 그 건물이 요 아래 '쭈꾸미나라'가 있는 건물입니다. 파이프도 스텐, 동파이프를 썼지요. 그런데 다른 건물을 소개해준다면서 내 건물을 팔라고 합니다."

그때 부인이 대화에 끼어들어 "제가 고향이 홍성인데, 여기 부동산도 홍성 부동산이잖아요? 그때부터 이곳만 알고 지냈지요"라고 눈물을 글썽거렸다. 치운도 "글쎄 집사람이 나도 모르게 돈을 빌려주다 보니 이 사달이 났습니다. 공증받을 때 차라리 가압류를 했어야 했는데, 사람 믿은 죄지요"라고 후회를 했다. 이에 마이클이 "지금 가지고 있는 거여동 빌딩도 채무자가 소개시켜서 샀다면서요?"라고 물었다. 그러자 치운이 "아니, 어떻게 그런 것까지 다 아세요?"라고 놀랐다. 마이클이 "모든 조사를 끝냈습니다. 그래서 더는 법원에 위조 서류 내지 말라는 겁니다. 저는 선생님을 고발할 생각이 없거든요?"라고 안심시켰다.

사실 그랬다.

마이클은 자기 자신에게 직접적인 피해가 오지 않으면 모른 척하고 넘어가곤 했다. 그러나 배당이 된다면 그건 안 될 일이었다. 노부부가 6억 원이라고 했다. 처음에는 몇천만 원씩 빌려 갔단다. 이자는 잘 줬단다. 그 맛에 피 묻은 칼을 핥아먹다 혀가 잘리는 시베리아 늑대처럼 그렇게 6억 원을 빨린 것이었다.

그럼에도 한 푼도 배당을 받지 못한다니 얼마나 울화가 터지고 죽고 싶겠는가. 그래도 '권리 위에 잠자는 자는 구제하지 않는다'는 명제처럼 어쩔 수 없는 일이기도 했다. 황치운 부부의 이야기를 모두 들은 마이클이 말했다.

"지금 하실 일은 마음을 비우고 건강을 지키는 일입니다. 제가 서류를 해준다고 해도 선생님은 배당을 받으실 수 없습니다. 그 이유는 첫째, 소액임대차보호법을 받는 임차인의 범위를 넘었습니다. 2억 1,000만 원의 전세계약서를 제출하셨기 때문입니다. 차라리 4,000만 원짜리 계약서를 제출했다면 얼마라도 받습니다. 그러나 그 돈도 실은 제가 받아야 할 돈을 못 받기에 배당배제를 할 것입니다. 둘째는, 점유하고 있지 않기 때문입니다. 선생님이 살고 있다는 곳에 지금 우리가 이렇게 앉아 대화하고 있지 않습니까? 그러니 큰돈이지만 잊으시고 건강 챙겨야 합니다. 돈을 떼이는 것은 '잉여자본' 즉, 먹고살고 남는 돈이기 때문에 남을 빌려주고 결국 떼이는 것입니다. 그러니 여기서 그만하는 것이 남은 여생을 건강하게 보내는 방법입니다."

그러자 부인이 "선생님은 전 소유자 전화번호를 알지요?"라고 물었다.

마이클이 "네, 알고 있습니다. 그러나 전화한들, 미안하다는 말밖에 더하겠습니까? 또 나도 망했는데 어쩌란 말이냐고 도리어 큰소리라도 친다면 더 상처 입으니, 나중에 정 필요하다면 알려드리겠습니다"라고 말했다. 그러자 치운이 "맞아요. 전에도 도리어 큰소리 쳤습니다…"라고 말꼬리를 흐렸다. 마이클이 다시 말을 이었다.

"경매 절차가 채무자와 채권자 모두를 살리는 마지막 절차랍니다. 만일 경매 절차가 없다면 저나, 선생님이 채무자를 만나 죽이네 살리네 할 것이고, 그렇다고 돈을 못 갚는 채무자는 죽든지 죽이든지 하는 지옥 같은 하루하루가 연명될 것입니다. 그러나 경매 절차를 통해 목숨 다음으로 귀하게 여기는 부동산을 내놓고 갔으니 그것으로 채무의 인연은 정리하라는 것이지요. 그러니 이제부터라도 받지 못하는 돈 잊으시고 정신건강을 챙기라는 말씀입니다."

마이클의 말에 부인의 눈이 다시 한번 적셔졌다.

그러고는 "그래도 우리 처지를 봐서 어떻게 안 될까요?"라고 말했다. 마이클이 "어쩔 수 없습니다. 옥탑방 할아버지도 힘드신데 700만 원 못 받으세요. 그걸 제가 드릴 수는 없답니다"라고 대답했다. 그러자 노부부는 더는 어찌하지 못하고 "시간 내주셔서 감사합니다"라는 말을 남기고 힘겹게 계단을 내려갔다. 뒤에서 조용히 따라 내려가던 마이클이 랭글러의 시동을 걸었다.

2013년 2월 21일 목요일 맑음

피렌체 빌딩 앞 눈덩이를 깨뜨려 길거리로 뿌렸더니 추운 날씨에 다시 얼어 빙판길이 되었고 행인들은 건너편으로 걸어 다녔다. 휑하니 뚫린 건물 벽면은 을씨년스럽다. 건물의 구석구석을 들여다보았고, 그때마다 한 가지씩 새로운 것들이 보였다. 4층 원룸 문을 열기 위해 열쇠업자를 불렀다.

문을 열고 들어가자 하수구 냄새가 올라왔다. 부엌을 지나 방으로 연결되고, 방을 지나 화장실로 연결된 원룸이었다. 엉망이긴 하지만 수리를 한다면 근사한 풀옵션 원룸이 탄생할 것 같았다. 주차장 이용권과 패키지로 묶는다면 보증금 1,000만 원에 월 100만 원은 받을 수 있을 것 같았다. 이마트에서 13,000원을 주고 산 현관 도어락으로 교체했다.

무빙디자인 대표와 현장소장, 디자인 실장까지 우르르 몰려왔다.

이들을 다시 부른 이유는 외관 디자인뿐 아니라 지하층과 1층까지 전체적으로 리모델링을 하겠다고 판단했기 때문이었다. 지하층 출입계단을 옮기고 입구를 산뜻하게 하는 것, 창문을 새로 만들고 '눈썹'이라는 것을 붙이는 것, 대리석으로 할 것인지 드라이비트로 할 것인지 등등. 주차장에 있는 환기용 턱도 없애버리자고 했더니 "방습 기능 때문에 없애면 안 됩니다"라고 반대하기에 보완하기로 했다.

"사장님, 동사무소 근처로 오시면 안 될까요?"

채무자 영순의 전화를 받은 시각은, 거리에 어둠이 내리기 시작할 때였다.

채무자는 10여 년 살아왔던 골목에 나타날 수 없는 처지가 되었다. 경제 전쟁에서 패하고 자신의 '성(城)'인 건물을 넘겨준 패자이기 때문이다. 게다가 변제받지 못한 채권자들까지 있어 더더욱 그랬다. 그런 채무자의 처지를 알기에 마이클은 기꺼이 솔 군과 함께 어둠 속을 걸어 동사무소 앞으로 갔다.

"조용히 말씀드리고 싶은데요?"

영순이 옆에 선 솔 군을 보며 말을 아꼈다.

마이클이 "솔이야, 태평양 나이트 맞은편에 이자카야가 있다는데 거기가 있어라!"라고 말하는 사이 영순이 '행운부동산'이라는 작은 중개사무소 사무실 문을 밀고 들어갔다. 그러면서 "제 동생이 하는 사무실이에요"라고 말하고 지도가 인쇄된 블라인드를 내려 밖에서 들여다보이지 않게 했다.

마이클은 책상 위에서 하얀 A4용지 한 장을 집어 영순 앞으로 볼펜과 같이 내밀었다.

영순이 "이게 뭐예요?"라고 물었다. 마이클이 "명도 합의서입니다. 집기 및 비품처리, 에어컨 등 비용으로 제가 100만 원 드리기로 했기에 받는 것입니다"라고 대답했다. 이에 영순이 "우선 제 말씀 좀 들어보세요?"라고 말을 막고, "시누이가 위암 말기로 가족들이 대기 중이에요. 게다가 남편은 췌장 쪽이 아파서 큰 병원에 가보라고 소견서까지 받았는데 누나의 임종을 지켜야 한다면서 입원을 보류하고 있구요? 엄마도 독감으로 입원해 계셔서 혼자서 감당하기 너무도 힘드네요. 전에 누가 내일 아침이 오지 않았으면 좋겠다는 말을 해서 그땐 몰랐는데, 제가 지금 아침에 눈을 안 떴으면 좋겠다는 생각을 하네요"라고 말했다. 눈에서 눈물이 주르륵 흘러내렸다.

마이클은 생각했다.

이번 사건은 상당히 복잡한 사건으로 굳이 발을 들여놓지 않을 수도 있었다. 그러나 운명의 수레바퀴는 마이클을 끌어들였고, 끌려왔든 뛰어들었든 수레

바퀴의 방향을 돌리는 중이었다. 채무자의 눈물을 보며 '마타하리' 여인이 생각났는데, 생각을 멈추게 한 것은 영순의 말이었다. "어떻게 가게라도 하나 하게 도와주시면 안 될까요?"라는 말에 가슴이 턱 하고 막혔다.

사람이란 것들은 자기만 생각한다. 그래서 '검은 머리 짐승은 구해주지 말라고 했던가?' 영순의 거짓 임대차계약서에 속아 돈을 빌려주고, 어쩔 수 없이 방어 입찰을 해 빌딩을 낙찰받았다. 그 결과로 1분당 410원의 이자가 발생하는 마이클에게 채무자는 잔인하게 부탁, 아니 아예 애원했다. 영순의 사연을 더 들어야 할 이유가 없었다.

마이클이 "왜 모든 것을 다 잡으려고 하십니까? 다 내려놓으세요. 저는 5년 동안 다니던 직장에서 노동조합 활동을 하다가 국가보안법 위반으로 2년을 수배 생활했고, 감옥도 다녀왔고, 해고도 되었지요. 저는 버리는 법을 압니다. 버려야 비로소 얻을 수 있지요. 장롱이니 침대니 저런 것 어디다 쌓아 놓을 겁니까? 저도 서울로 왔을 때 단칸방에서 살아야 했으므로 장롱 등을 큰 동서네 공장 한쪽에 비닐로 덮어 놓았었지요. 그런 거 다 필요 없습니다. 없을 때는 비키니 옷장을 쓰면 되고, 지금 현실로부터 시작하면 되는 것이지, 예전으로 돌아갈 수는 없는 것입니다. 저는 제 인생도 복잡한 놈입니다. 사장님의 인생 이야기까지 들어줄 수 없습니다"라고 말하며 일어나 블라인드를 말아 올리더니, "미안합니다. 가구를 싣고 갈 화물차가 오면 전국 어디로 가든지 용달 비용은 드리겠습니다"라고 덧붙였다. 그러고는 중개사무소를 나와 어둠 속으로 걸어갔다.

11

낙찰받은 빌딩 청소

2013년 2월 26일 화요일 오후에 흐림

은색 랭글러 루비콘에 올랐다.

목적지는 피렌체 빌딩이었다. 소유자 겸 채무자 영순이 가재도구 등 짐을 뺀다는 약속을 했기에 현장 확인을 가는 길이다.

띠디디디-

디지털 번호키를 눌러 문을 열었다.

상황이 별로 달라진 것은 없었다. 안방에 있던 장롱과 거실의 장식장, 간단한 헬스기구와 옷가지 정도만 줄어들었을 뿐, 뒤통수가 튀어나온 아남전자 나쇼날 브라운관 텔레비전, 매트리스 두 장이 겹친 침대, 작은방의 싱글침대와 협탁, 손잡이가 망가진 냉장고 등은 그대로 있었다. 마이클이 잔존물을 대형 비닐 봉투에 담기 시작했다. 청년의 군대 시절 사진, 비망록 비슷한 노트, 전설 속의 카세트. 물건들을 확인하고 '청년의 마음은 얼마나 상할 것인가…'라고 서글퍼하며 쓸어 담았다. 앞으로 많은 날을 어떻게 견디며 성장할지 우울했다.

이때 채무자 영순에게 6억 원의 돈을 떼인 채권자 황치운의 전화를 받았다.

마이클이 "피렌체 현장입니다. 4층으로 오시죠?"라고 말한 후 하던 일을 계속했고, 작은 컴퓨터용 책상은 내일부터 작업 모드로 세팅할 생각에 안방으로 옮겼다.

30분쯤 후 치운 부부가 들어섰다. 아내는 벌써 울고 있었다.

치운이 “사장님, 너무 억울해서 그래요. 법원에 서류라도 내게 협조를 해주세요”라고 말했다. 이에 마이클이 “명도확인서를 써서 줘봐야 배당도 되지 않을 뿐만 아니라, 가짜 서류를 해줄 수는 없습니다. 그럴 리 없겠지만 사모님께 배당이 된다면 제가 그 자리에서 ‘명도확인서’를 발급해드려 배당받게 해줄 테니 배당기일에 법정에 나오세요. 그러면 됐지요? 그때 해도 늦지 않습니다. 그러나 지금 배당을 받게 해주는 것은 내 돈을 주는 일이니 서류는 해줄 수 없답니다”라고 말했다.

그러자 이번에는 아내가 “그래도 200만 원이라도 해주시면 안 될까요?”라고 말했다. 한 푼의 돈이라도 아끼려고 목장갑을 끼고 쓰레기 분리수거를 하던 마이클이 스스로 불쌍하다는 생각을 하며 “민법에서도 권리 위에 잠자는 자는 구제하지 않는다고 했듯이, 법에서는 몰랐다고 되는 게 아닙니다. 그리고 주지 않아도 되는 돈을 준다면 제가 이곳에 있을 이유가 없지요? 형편이야 잘 알지만 제가 드릴 돈이 아닙니다. 나중에 좋은 일이 생긴다면 오늘 일은 기억하겠습니다”라고 야무지게 말하고, 부부를 돌려보냈다.

작은방의 매트 위에 엉덩이를 걸쳤다.

마음이 아팠다. 마이클도 많이 약해진 듯싶었다. 술을 한잔 마시려고 문을 닫고 계단을 내려가다, 손수레에 종이를 싣고 가는 할머니에게 “할머니, 책 가져가실래요?”라고 말하며 불러세웠다. 그리고 앞장서 4층으로 올라가 풍경을 보여주었다. 할머니가 “옷과 텔레비전은 가져가도, 장롱과 침대는 못 가져가요”라고 말했다. 살 때는 돈을 줬지만 버릴 때도 돈 주고 버려야 하는 것들이었다. 마이클이 “여기 있는 것 다 가져가세요. 문은 닫고 가세요”라고 가져갈 것들을 특정해 알려주었다. 할머니가 “고마워요. 큰 리어카 가지고 올게요”라고 말했다.

피렌체 골목에 어스름한 어둠이 내리기 시작했다.

종일 아무것도 먹지 않았다. 그렇다고 허기가 진 것도 아니었다. 누구를 불러내자니 그 사람의 시간을 뺏는 것 같아 그만두고, 고개를 들어 거리의 간판을 훑어보며 술안주 겸 식사를 찾다 그것도 그만두고, ‘코끝이 알싸하게 겨자나 풀어 먹겠다’며 육쌈냉면 식당으로 들어가 물냉면을 시켰다.

같은 시각.

할머니는 거칠게 고물을 수거했다. 냉장고 문짝이 떨어져 있고 싱크대 문짝도 죄다 열려 있고 사용해야 할 주전자도 가져갔다. 마이클이 '여기 있는 것'은 거실 공간에 국한되었는데 주방도 모두 털어버렸다. 4층 바닥에 침낭을 깔고 자려다가 확 우울해졌다.

'난 왜 이리 지랄 같은 삶을 사는 걸까, 나도 나를 위해 화려한 사무실을 가져야겠다. 이곳을 나만을 위한 사무실로 꾸며 이 삶의 고통을 보상받아야겠다.'

2013년 2월 28일 목요일 맑음

솔 군과 피렌체 빌딩 청소를 하기로 했다.

철물점에 들려 마대자루 10개와 현관 도어락을 구매하고, 이전에 구매한 도어락은 반품했다. 현관 도어락 가격은 이마트보다 훨씬 저렴했다. 동신철물이 왜 크레타에서 살아남았는지 알 것 같았다. 부부가 평생을 바쳐 성실과 신뢰로 이룬 가게라는 생각이 들었다.

늦은 아침을 먹었기에 두 남자의 노동은 길게 이어졌다. 그렇다고 해서 노동의 결과가 나오는 것은 아니었다. 주방 싱크대를 담당한 솔 군은 분리수거에 애를 먹었고, 마이클은 작은 장롱 하나 부수고 모았던 쓰레기를 분리수거하는 것이 전부였다. 육체노동이라는 것이 무조건 빨리한다고 능률이 높은 것은 아니다. 지치지 않고 느긋하게 임무를 완수해야 한다. 그러던 중 전 소유자 겸 채무자 영순의 전화를 받았다.

"어른들 사진과 제사용품, 전자레인지도 없어졌어요. 사진 찍어놓으셨다는데 사진을 받을 수 없을까요?"

이에 마이클이 "내가 이런 것을 사용할 와꾸로 보입니까? 죄다 쓰레기만 남겨두었구만? 이제 와서 뭘 어쩌자는 거요? 금송아지가 있다면 당신이 입증을 해야 하는 것이지 내가 입증할 필요는 없지요? 언제까지 이런 전화를 받아야 합니까?"라고 말했는데, 아주 불쾌했다.

'이것들이 아주 이사비 삥뜯는 것에 재미를 붙였구만. 분명히 돈을 좀 챙긴 것 같아! 나중에 또 한 번 걸리면 아주 가압류를 해주겠어….'

분을 삭이지 못하고 씩씩거리며 다시 쓰레기를 치우기 시작했다.

석사 부동산 중개사가 건물로 올라온 때도 이때였다. "고깃집을 하려는 사람입니다. 지하까지 쓰겠다는데 보증금 1억 원에 월 600만 원 정도 하면 안 될까요?"라고 물었다. 아마, NBC 부동산과 조율하던 같은 사람일 것 같았다. 마이클이 "지하까지 써야 한다면 보증금 1억 5,000만 원에 월 700만 원 정도는 해야 할 것 같은데요?"라고 말했는데, 마음이 건물 리모델링으로 기울고 있었다.

변호사 사무실에서 함께 근무했던 순배의 전화도 받았다.

"팀장님, 네이버 메인에 사진 나왔어요."

〈머니투데이〉의 '숨은 고수를 찾아서'란 기획기사였다.

이미 인터뷰가 끝났었는데 이제야 기사가 나왔다. 세상 밖으로 나오는 첫 프로젝트가 시작된 것이었다.

2013년 3월 6일 수요일 맑음

피곤이 누적되었는지 일어나기 힘들었다.

첫 번째 할 일은, 10시에 방이동 건축설계사 사무소에 들려 건물 외벽에 대해 이야기를 나누는 것이었다. 8시부터 컴퓨터를 켜 모레 있을 경매 배당에 대비해 명도확인서와 명도합의를 위한 합의각서도 만들었다. 당사자들이 많아 시간이 꽤 걸렸다.

뭉그적거리는 솔 군을 랭글러 루비콘에 태우고 방이동 건축설계사 사무실을 방문했다.

설계사가 "사장님, 외벽 드라이비트는 안 된다고 합니다"라고 구청의 규정을 말했다. 마이클이 "뭔, 내 건물을 내 맘대로 하겠다는데. 이거 사유재산 침해이니 내가 싸우겠습니다"라고 주먹을 불끈 쥐었다. 설계사가 "크하하하… 성질만 내시지 말고 내 말 들어보세요"라고 말하며 건축 마감재에 대해 설명했다.

"드라이비트가 화재에 취약해서 그래요. 지금 하려는 마감재는 철망 위에 도료를 뿌리는 방식인데 작업은 드라이비트와 비슷합니다. 그건 된다고 하니 그걸로 가시죠?"

"그래요? 그렇다면 뭐… 그러면 무빙디자인에게 외벽과 리모델링 견적을 내보라고 해야겠네요?"

5시, 피렌체 석사 부동산중개사무소에서 임차인과 만났다.

임차인은 '갈비집을 25년 정도 했다'는 50대 중반의 부부로, "저희는 고기의 양도 속이지 않고, 재료도 직접 사서 레시피를 만들고 주방장도 쓰지 않습니다"라고 말했다. 그래서 정직한 장사를 할 것 같았는데, 문제는 "임대료가 좀 세다"는 것이었다. 그래서 보증금 1억 3,000만 원에 월세 580만 원, 관리비 10만 원으로 조정했으나, 임차를 희망하는 사람들이 원하는 임대료는 550만 원이었다.

임차를 희망하는 부부와 함께 피렌체 건물로 왔다.

뒤따르던 남자가 "사장님, 사진 찍으십니까?"라고 물었다. 사진에 관심이 있어 카메라 가방을 알아본 것이었다. 마이클이 "좀 찍습니다. 여기서 장사를 하게 되면 내가 도와줄 수 있는 것은 도와드리겠습니다"라고 대답했는데, 부부가 장사하면 잘될 것 같다는 생각을 했다. 그러나 부부는 "좀 더 생각해보겠습니다"라고 말했다.

12

배당기일

2013년 3월 8일 약간 흐리나 맑음

부동산 경매 사건에서 낙찰자는 낙찰대금을 지정된 날짜에 입찰 시 제출한 보증금을 제외한 나머지 금액을 납부해야 한다. 법원은 그 돈을 채권자와 임차인들에게 나누어 주는데 이것을 '배당'이라고 한다. '배당'에 참여하는 사람들을 '이해관계인'이라고 부른다.

마이클이 낙찰받은 피렌체 빌딩의 배당이 동부지방법원 7호 법정에서 있었다.

임차보증금을 돌려받을 임차인들은 모두 7명이었으나 채무자에게 돈 떼인 가압류권자들도 참여해 배당은 대흥행이었다. 마이클이 입찰금액을 후하게 쓴 탓에 눈물 나는 임차인들은 한 명도 없는 화기애애한 법정 풍경이 연출되었다. 700만 원을 못 받는 옥탑방의 할아버지도, 전입을 늦게 해 7,000만 원 중 2,600만 원 정도 손해를 예상했던 개인택시 기사도 배당을 받게 되었다.

사실 임차인 중 누가 가짜이고, 누가 진정한 임차인인지 가려내기는 힘들다.

그저 진실은 저 너머에 있을 것이었다. 채무자 영순이 워낙 여러 사람을 골탕 먹여 이해관계인들이 서로를 의심하고 있었다.

법원으로 향하기 전에 임차인들에게 줄 명도확인서와 '합의각서'를 작성해 출력했다.

임차인(세입자)들이 법원으로부터 임차보증금을 배당받으려면 낙찰자의 '명도확인서'와 '인감증명서'를 제출해야 한다. '명도확인서'란 "위 사건에서 위 임차인은 임차보증금에 따른 배당금을 받기 위해 매수인에게 목적부동산을 명도하였음을 확인합니다"라는 내용이다.

임차인들은 돈이 없기에 먼저 이사 갈 형편들이 아니다. 그렇다고 믿는 사회, 아름다운 사회라고 믿고 '명도확인서'를 해줘서 법원으로부터 전세보증금을 받았음에도 이사 가지 않고 눌러 앉아버린다면 어떨까? 반대로 '명도확인서'를 해주지 않으면 보증금을 돌려받지 못해 이사를 못 가니 이러지도 저러지도 못한다. 이 경우, 낙찰자인 마이클은 임차인에게 "일단 보증금 100만 원을 저에게 맡기면 '명도확인서'를 먼저 해드립니다. 그리고 맡긴 100만 원은 이사 나가는 날 확인하고 돌려 드리겠습니다"라고 해 아름답게 마무리한다. 하지만 이번 사건은 임차인이 7명이나 되고, 각자 만나서 보증금 조로 수금하기도 번거롭기에 한 방에 정리하기로 했다.

"배당기일 날 10시까지 법원에 오세요. 합의각서 받고 명도확인서를 드리겠습니다."

그렇게 이해관계인들을 조율하고 홀로 법정으로 출두했다.

법원에 도착하니 303호에 거주하는 벨루치 여사가 대표로 전화를 걸어왔다.

마이클이 "종합 민원실로 오세요"라고 말해, 종합 민원실에서 단체로 줄을 세워 '합의각서'에 서명, 날인을 받고 '명도확인서'를 내주는데 301호 임차인이 "일전에는 쌈닭 같더니 오늘 보니 멋지시구만. 일도 척척 잘하시고?"라고 말을 건넸다. 마이클이 "싸울 때는 싸우지만 싸울 필요가 없을 때는 싸울 필요가 없지요"라고 말하며 합의각서를 읽어주고 서명하거나 도장을 찍게 했는데 내용은 다음과 같았다.

합의각서

갑: 마이클

을: 모니카 벨루치

1. '을'은 2013년 3월 oo일 17:00분까지 점유하고 있는 부동산을 '갑'에게 명

도하기로 하며 제세공과금(수도, 전기, 도시가스, 가구 등 쓰레기 처리비용 포함)을 지불한다(단, 영수증 제출 시 지불하지 않아도 된다).

2. '을'은 위 1항의 기일을 이행하지 않을 경우 2013년 1월 14일 이후부터 발생한 임대료 상당의 부당이득금(월 250만 원) 및 손해배상금으로 1,000만 원을 '갑'이 청구(전화, 서면, 소송, 지급명령 등)하면 즉시 지급하기로 한다.

3. '갑'은 '을'이 합의각서에 서명(또는 날인)하면 '명도확인서'를 '을'에게 교부한다.

4. 합의각서는 2부를 작성해 각각 교환한다.

배당이 시작되었다.

마이클이 낙찰가를 퍽 쓰는 바람에 세입자들은 전액 다 받아가서 축제 분위기다. 그런데 문제가 생겼다. 전혀 배당금을 못 받는 가압류권자들이 202호의 임대차 보증금 6,000만 원은 가짜라고 이의신청을 했다. 아주머니 한 분이 가압류권자 대표자처럼 "202호는 몇 달째 비어 있었고 나도 가서 봤어요. 이 돈은 배당해주면 안 됩니다!"라고 이의신청을 했다. 이에, 당연히 202호 임차인은 망연자실했다. 스물여덟의 곱상한 얼굴의 청년으로, 말수가 없어서 한 번 만났을 뿐 내막은 몰랐다. 청년의 어머니가 펄쩍 뛰며 "집주인 그년이 애가 지방에 있을 때 문 따고 들어와서 그랬지? 비어 있긴 뭘 비어 있었다고 그래. 너네 외삼촌 불러라!"라고 소리쳤다. 법정 안이 소란스러워졌다. 가만히 지켜보던 마이클이 청년과 어머니를 불러 "오늘 못 받는다고 그 돈이 어디 가는 것이 아니라 법원에 보관되어 있습니다. 그러니 아들이 진짜 세입자라면 비어 있는 기간에 어디에서 일했는지, 그때 같이 일한 사람들의 확인서 등을 준비하세요"라고 말해 소란을 정리했다.

사실 낙찰자인 마이클도 이 사건의 전모를 그리지는 못했다. 누가 아군이고 누가 적군인지도 파악하지 못했다. 진실은 저 너머에 있고 안개 자욱한 전장에서 총을 쏘고 있지만 그게 팀킬이 아니기를 바랄 뿐이었다. 그렇게 되어 이의신청 당사자는 배당이 중지되었고, 나머지 이해관계인들은 배당금 출금지시서를 받고 공탁계로 향했다.

마이클이 121번 번호표를 뽑았을 때 점심시간에 딱 걸렸다.

공탁계 공무원이 "12시부터는 담당관님이 식사를 하므로 1시부터 업무를 합니다!"라고 말하자 뒤에서 불평불만이 쏟아져 나왔다. 마이클이 "세상살이가 그런 거지요. 맛있게 점심 먹고 만납시다"라고 대사를 날리며 아들 솔 군과 함께 법원 앞 횡단보도를 건넜다.

마이클은 솔 군과 있을 때는 되도록 멋진 음식을 먹으려고 했다.

혼자 활동할 때는 점심을 거의 먹지 않으나, 아들에게는 근면함, 성실함, 절약보다는 문화와 세상을 누리는 여유를 가르쳐주고 싶었기에 맛있는 음식, 멋진 식당에 가기를 주저하지 않는다. 그렇게 장어집을 발견하고 들어갔더니, 벽면에 가수 현철 사진과 주인장이 같이 찍은 연예인들의 사진이 걸려 있었다.

"가수 현철 씨가 여기 식당과 관계 있나요? 주인인가?"

마이클이 여사장에게 묻자, 웃으며 "현철 씨가 여기 건물주예요"라고 말했다. 마이클이 "하하. 그렇군요. 현철 씨가 여기 살진 않을 텐데 자주 오시나 봐요?"라고 되물었더니, "사장님이 화장실에서 나오다가 마주친 여사님이 사모님이세요"라고 대답했다.

"네? 그럼 현철 씨가 이 건물에 거주한다고요?"

"그럼요? 4층에 사세요."

"에헤? 소박하다고 해야 하나? 연예인이 임대용 건물에 살긴 힘든데…."

건물주가 '갑' 임차인이 '을'이라는 것도 사람 나름이다.

유명인의 건물에 세들어 사는 임차인 중 약은 사람들은 오히려 더 임대인을 괴롭힌다. 그래서 가수 현철이 건물에 거주한다기에 상당히 의외라고 생각하며 "그러면 후배들 많이 데려와 팔아 줍니까?"라고 물었더니, "그럼요. 그리고 손님 없다 싶으면 고개 흔들며 지나가고, 손님 많으면 정말 즐거워하세요. 그 덕분에 우리도 자리 잡았어요. 장어라는 게 단가가 있어서 뜨네기 손님은 없잖아요?"라고 자랑스럽게 대답했다.

건물주는 임차인의 임대료가 주 수입원이기에 영업에 도움이 되고자 하는 것은 인지상정이다. 가수 현철도 그런 것 같았다. 물론 임대인(건물주) 중에는 임차인의 사정은 아랑곳하지 않고 임대료만 올리려는 사람도 적지는 않다.

마이클에게도 그런 경험이 있었다.

1994년. 신사동에서 시작한 모터사이클 수리업소가 번창했다. 북으로는 영동대교, 남으로는 교대 사거리까지가 구역이었다. 영동시장 골목에 논현동에 지점을 냈을 때였다. 임차를 한 상가는 빌딩 세 개를 가진 건물주의 건물 중 한 곳이었는데, 임대차계약 당시 "주차장이 필요하니 사용하도록 해주십시오"라는 조건에 "그렇게 하겠다"라고 해서 믿고 계약을 했었다. 그러나 다음 달 건물주가 "주차장을 쓰고 있으니 월세를 2배 줘야겠어. 아니면 비우고?"라고 말을 바꾸었다.

그래서 어떻게 되었을까?"

마이클은 곧바로 임대인에게 내용증명을 보낸 후, 불법 건축물 고발을 해 원상 복구하게 하고, 보증금도 고스란히 돌려받고 지점을 철수했다. 그런 사연이 있기에 지금 임대인의 지위에 있어도 임차인의 궁박함을 이용하지 않고 있으며, 연예인인 가수 현철의 마음이 이해가 되어 웃을 수 있었다. 임대인, 건물주라고 모두 임대료 상승에만 눈이 먼 사람만 있는 것은 아니다. 임차인이 성실하게 노력해 부자가 되기를 바라며 또 도와주려고 하는 임대인도 있다. 그런 사람이 많은지는 모르겠다.

식사를 마치고 법원으로 향했다.

'보관금 출급 지시서'를 발급받아 신한은행으로 가서 제출하고 수표로 인출했다. 오늘 일정은 이것으로 끝이었다. 지하철을 타고 크레타 아파트로 돌아오는데 "법원 은행입니다. 고객님의 신분증을 돌려드리지 못했습니다"라는 전화를 받았다. 그러고는 등기우편으로 보낸다기에 "그렇게 하세요"라고 말하고, 친구들을 만나러 간다며 서두르는 솔 군에게도 5만 원 지폐 한 장을 건넸다. 솔 군은 "어흐, 일당이에요?"라고 좋아했다.

13

프랜차이즈 본점 입점 추진

2013년 3월 10일 일요일 맑음

상업공간 임대에 관한 협의를 하기 위해 피렌체로 향했다.

커피숍 커핀GURUNARU에는 무한 사케 '무사' 오픈 행사에서 만난 부장 운철과 이사 직함을 가진 사내가 먼저 와 기다리고 있었다. 이사 직함의 사내가 "이번에 고기 프랜차이즈를 기획합니다. 그 첫 직영점으로 어떨지요? 좋으시다면 저희 회사 대표와 약속을 잡겠습니다"라고 제안했다. 이에 마이클이 "그러면 약속 잡으세요"라고 승낙해, 화요일 11시에 양재동에 위치한 해피코리아 본사에서 만나기로 했다.

2013년 3월 12일 화요일 오후에 약간의 비

11시에 해피코리아 김철진 대표와 만나기로 약속이 되어 있다.

'해피코리아'는 펀비어, 이객주 등을 만든 프랜차이즈 회사다. 피렌체 빌딩 1층에 입점을 논의하기 위해 만나기로 했고 그날이 오늘 11시였다. 회사에 도착하니 영업부장이 미리 나와 주차 자리를 안내하고 이어 3층으로 안내했다. 그렇게 만난 대표 김철진은 자신이 겪어온 사업의 부침을 솔직하게 이야기하며 지금 준비하는 아이템에 대해서도 말했다.

"삼겹살 전문 브랜드를 계획하고 있습니다. 용기제작까지 끝냈습니다. 사장님이 점포를 대고 저희 회사가 영업하는 '공투' 형식으로 하면 어떨까 합니다. 이미 공투 사례는 많이 있으며 성공하게 되면 생각하시는 임대료보다 60% 정도 더 수익을 올릴 수 있습니다…."

철진은 이미 많은 영업을 해봐서 어느 정도 데이터를 가지고 있는 듯 확신에 찬 어조로 말을 이었다. 마이클은 대사보다 얼굴과 눈빛을 읽으려고 애를 썼고, 자신의 이익을 위해 마이클의 이익을 침해하는 것(차입 부식비를 높이거나, 매출을 속이는 행위)은 철진의 '가오'가 용납하지 않을 듯해 기분이 좋았다. 거의 자신과 같은 성격이라고 판단했다.

'남에게 싫은 소리 듣지 않고자 하는 완벽주의자!'

1시간 정도 대화를 했고 "한 번 더 연락을 드리겠습니다"라며 일어섰다.

2013년 3월 13일 수요일 맑음

무빙디자인 대표 재훈이 현장소장까지 대동하고 빌딩으로 찾아왔다.

마이클이 옥상으로 올라가 방수 공사와 옆 빌딩 소유자의 불법 건축물에 대해서도 이야기했다. 재훈이 "좋은 게 좋은 건데, 이게 자리를 잡으면 안 될 텐데요?"라고 훈수했다. 마이클도 "호의가 계속되면 권리인 줄 압니다. 이 사람들은 자기 토지가 넘어왔다고 주장하며 이런 짓을 하는데 불법이 장난 아닙니다. 이리와 보세요"라고 말하며 일행에게 옆 빌딩 옥상을 보여주며 "3층도 주택입니다"라고 덧붙였다. 재훈이 "큰일 나겠네요"라고 동의했다. 마이클이 "그냥 부술 거고 지랄하면 고발조치 해버리겠습니다"라고 말했다. 그리고 리모델링 견적은 다음 주 수요일까지 내기로 했다. 다만 철거공사 견적은 '동초철거'에서도 받기로 했다.

2013년 3월 15일 금요일 맑음

1시에 '해피코리아' 김철진 대표와 공동 투자 계약서를 쓰기로 했다.

택시를 타고 움직였고 시간이 20분 정도 남았기에 된장찌개로 점심을 먹고 3

층으로 올라갔다. 이 자리에서 관계자들을 소개받고 계약서도 "인테리어 및 운영은 해피코리아에서 투자하는 것으로 계약 기간은 6년, 투자 수익은 5 : 5…"라는 식으로 작성했다. 그러고는 "인테리어는 '해피코리아'에서 하므로 리모델링 공사에서는 뼈대만 남겨 두시면 됩니다"라고 덧붙였다.

2013년 3월 18일 월요일 맑음 오후 늦게 비

어제 사냥터에서 햇살이 좋아 매트를 깔고 낮잠을 청했었다.

그게 살짝 추웠는지 아침 몸 상태가 좋지 않아 반신욕을 했고, 일어난 김에 피렌체 빌딩으로 향했다. 새벽 미명이 채 가시지 않은 시각이었다.

건물 3층으로 올라갔다.

302호 보조키가 철거된 것으로 보아 이사를 간 듯했는데, 문을 열어보니 역시 비어 있었다. 그러다 복도에서 옥탑방 영감과 마주쳤다. 영감이 "이사 박스 싸고 있습니다"라고 말했다. 마이클이 "그러시군요?"라고 대답하고 옥탑방 입구 계단을 사진 찍었다.

4층을 사무실로, 옥탑방을 놀이 공간으로 사용하려고 했으나, 지금 재무 상태로는 '오버질'이라는 생각에, 옥탑방만 사무실로 사용하고 나머지 공간은 임대하기로 했다. 그러나 옥탑방 출입구가 낮아 허리를 숙이고 들락거려야 했기에 '가오'가 떨어지므로 높이를 높이고 내부 시설 또한 풀옵션 형태로 개조할 필요가 있었다.

2013년 3월 19일 화요일 맑음

감기 기운으로 편안한 잠을 자기가 힘들었으나 수면 리듬을 위해 억지로 잠을 청했다.

7시에 일어나 건축사에게 내부 도면을 보내 달라는 메일을 보내고, 무빙디자인에게는 건물 현관 입구 디자인 사진을 보냈다.

11시에는 '해피코리아' 인테리어 팀이 1층 상가 실측을 나왔다.

청바지를 입은 두 명의 여성이 오가며 움직였는데 그 모습이 매우 섹시해보였다. 마이클이 "어째 일하는 사람들이 죄다 여자네요?"라고 묻자, 리더로 보이는 여자가 "네. 맞아요. 저희 회사는 이사님을 비롯해 모두 여자들이에요"라고 대답했다. 마이클이 "호오, 그렇군요?"라고 고개를 끄덕이고 "여기 중앙 계단은 콘크리트로 막을 것입니다. 더 필요한 것 있으세요?"라고 친절하게 물었다. 이에 일행 중 한 명이 벽체와 기둥을 가리키며 "철거할 때, 면이 거칠면 안 됩니다. 또 품이 들어가니 매끄럽게 작업해달라고 하세요"라고 말하며 "공사는 말일부터 시작하게 될 겁니다"라고 덧붙였다.

오후 늦게 철거업체의 견적서를 받았다.

안전바 설치비용까지 한 총 견적 금액은 3,200만 원이며, "안전바는 한 달 기준"이라고 했다. 다른 곳을 한 번 더 알아보기 위해 인터넷을 검색하다 '번개철거'라는 업체를 찾아냈다. 운영하는 블로그 글을 상당히 재미있게 쓰기에 마음에 들어 전화를 걸어 "철거 견적을 받을까 합니다"라고 말했더니 "내일 당장 찾아뵙겠습니다"라고 대답했다. 번개였다.

2013년 3월 20일 수요일 맑음

감기는 심해졌다.

사냥터에서 잠시 낮잠을 잔 것이 후회되긴 하지만 돌이키기에는 늦어버렸다.

은색 랭글러 루비콘의 심장을 깨워 피렌체 빌딩으로 향했다. 주차장에는 그 사이 쓰레기가 늘어났다.

"번개철거 임광택입니다."

오늘 만나기로 한 철거업자였다.

마이클이 따뜻한 캔 커피 하나를 건넸다. 번개철거는 어젯밤 늦게 검색으로 알아낸 업체로, 젊은 친구들이 블로그를 운영하며 재미있게 사업하는 것 같아 불렀기에 "홈페이지를 누가 관리합니까?"라고 물었다. 광택이 "마흔 서넛 형님이 하십니다. 그 형님도 랭글러를 탑니다"라고 말했다. 자신을 부장으로 소개하는 광택은(사실은 본인이 대표라고 했다) 그렇게 대화를 시작했다. 앞장선 마이클은 지하층부터 철거해야 할 작업내용을 설명하며 옥상까지 올라갔다. 그러면서는 중간중간 스마트폰으로 사진을 찍었다. 광택이 의욕에 찬 목소리로 "모레까지 견적을 보내드리겠습니다!"라고 말했다.

40대로 보이는 사내도 "401호 영순 씨를 찾아왔습니다"라며 전 소유자를 찾았다.

사내는 자신을 크레타경찰서 경찰관이라고 신분을 밝히며 "조사 나왔습니다"라고 말했다. 고소장이 접수된 모양이었는데, 당연히 만날 수 없었으므로 마이클이 현관에 붙여 둔 '출입금지' 경고문을 휴대폰으로 사진을 찍은 후 "선생님, 명함 있으면 한 장 주십시오"라고 말했다. 이에 마이클이 명함을 건네며 "경찰관도 명함을 주셔야죠"라고 말하자 "명함을 가져오지 않았습니다"라고 대답했다. 그래서 의심이 들어, 따라 내려가 사내의 차량번호를 적어 두었다. 그러는 사이 무빙디자인팀이 도착했다.

마이클이 "여기는 험하니 아름다운 곳으로 갑시다"라며 커피숍으로 자리를 옮겼다.

무빙디자인 대표가 함께 온 여성을 실장으로 소개하며 "견적은 저희 실장님이 설명을 해드릴 것입니다"라고 말했다. 외장, 창호, 고시원 인테리어까지 금액은 3억 2,690만 원. 부분 철거 및 도시가스 인입 비용은 별도였다.

"3억 원에 합시다."

마이클의 말에 무빙디자인 대표는 "아이구, 그렇게는 안 됩니다, 사장님!"이라고 매달렸다. 결국 관대한 마이클이 3억 1,500만 원에 합의했고, 계약서는 내일 점심 식사하며 쓰기로 했다.

MONTH
17

제2장
건물 구조보강 및 리모델링

1

건물 리모델링 및 고시원 공사 계약서

2013년 3월 21일 목요일 맑음

흔한 질병이 감기라지만 걸릴 때마다 힘든 것은 매한가지다.

힘겨운 아침을 맞았고 11시에 있을 무빙디자인과 건물 리모델링 및 고시원 공사 계약을 위해 피렌체로 향했다. 그동안 업자들과의 미팅은 전쟁이 휩쓸고 간 듯 황량한 폐허 빌딩 안에서 이뤄졌으나 오늘부터는 봄 햇살이 가득한 커피숍 창가에 앉아 이뤄진다.

공사 계약, 쉽고도 어렵다. '갑'과 '을'의 생각의 차이가 꽤 멀기 때문이다.

법원 민사법정에 가면 사건의 절반은 건축과 관련된 소송이다. 공사비를 줬네, 안 줬네. 돈은 받고 공사를 덜 했네, 계약 이외의 공사를 요구하네 등등 이렇게 되어서는 안 되기에 공사업체의 성실도도 봐야 한다. 신뢰란 것이 하루아침에 쌓이는 것은 아니지만 최소한의 검증은 가능하다. 그것은 과거의 행적을 찾는 것이다.

또한 자주 만나 대화를 통해 같은 곳을 바라보는 공감대가 필요하다. 마이클도 디자인부터 색감까지 공유하기 위해 참고하라는 의미로 사진을 수시로 보내고, 디자인에 대해서도 설명하고는 했는데, 1월부터 그런 과정의 연속이었다.

포털사이트에서 리모델링 공사 관련 회사를 검색했다.

많은 업체가 검색되었다. 이들 업체 홈페이지에 접속해 성실하게 공사를 하는지 파악했다. 이를테면, 음식점 간판에 "성실과 맛으로 최선을 다하겠습니다"

라고 쓰여 있다. 주인장이 영업 원칙으로 그렇게 써넣은 집은 그럴 것이나, 간판 업자가 알아서 썼다면 그렇지 않은 것처럼, 홈페이지도 그런 식으로 훑어갔다. 웹 디자인업체가 디자인하거나 운영하는 홈페이지가 아니라, 본인들이 시공한 사진이 많이 실려 있는 업체를 찾아야 한다.

그렇게 찾아낸 무빙디자인과, 찬바람 불어오는 공간에서 만나, 근 3개월에 걸쳐, 건축심사, 허가를 받고, 건물 전체 리모델링 공사를 맡겼다. 그 과정에서 지인들의 소개로 공사를 할 만한 사람들을 소개받기도 했는데, 원하는 수준의 업자들이 아니어서 배제되었다. 공사의 한 부분의 전문가가 아니라 전체를 아우르고 만들어 내는 업자여야 했기 때문이었다.

봄 햇살이 가득한 커피숍 창가에서 최종 계약이 이뤄졌다.

사냥터에서 잠시 낮잠을 잔 것이 감기로 발전해, 체온 보호를 위해 스웨터를 입은 마이클이 커피숍 커핀GURUNARU에 나타난 시각은 11시였다. 늘 하늘색 다운 재킷을 입고 나타나던 무빙디자인 대표도 정장을 입었고, 디자인 실장도 한껏 멋을 부렸다. 이들은 상호 신뢰로 멋진 건축물을 만들어보자고 의기투합하고, 디자인 실장의 탄식 속에 마이클이 몽블랑 마이스터튁 149로 서명을 했다.

"아, 나도 만년필이 있었는데…."

무빙딩자인 대표 재훈이 "사장님, 견적 여러 군데 받아보셨죠? 우린 지난 1주일 동안 굉장히 긴장했습니다"라고 물었다. 마이클이 웃으며 "하하, 그랬을 것 같지요?"라고 되묻자 "네!"라고 대답했다. 마이클이 "사실 전혀 그렇지 않았습니다. 철거업자들은 만났고 지금도 만나고 있습니다. 그러나 디자인과 리모델링은 무빙디자인과 하고 싶었습니다. 하지만 업체의 성격을 모르니 성실한 견적을 원했기에 오늘까지 결정하지 않고 여러 군데 견적을 받는 것처럼 분위기를 냈을 뿐입니다. 저도 같이 일하게 되어 기쁩니다. 이제부터 잘못된다고 해도 그것은 무빙디자인의 잘못이 아닙니다. 사람 잘못 본 내 책임이기 때문입니다. 그러니 알아서 하세요"라고 말했다.

이에 재훈이 "그래서 고민을 많이 했습니다"라고 말했다. 마이클이 "그랬으면 다행이군요"라고 말하자, 이번에는 디자인 실장이 "역시 사장님은 사람을 다루는 법을 아시는 것 같아요"라고 말했다. 마이클이 "그건 아니구요. 경매를 오래 하다 보면 사람을 믿지 못해서 그래요. 직업병이죠"라고 대답하자 모두 "하하…" 하고 웃음을 터트렸는데, 그랬다. 실제로 여러 군데 견적을 받지 않았다.

물론 업체가 견적과 공사에 대해 불성실하다면 다른 업체를 찾을 생각은 있었으나 전문가 집단답게 잘했기에 굳이 다른 업체를 찾는 수고를 할 필요가 없었다. 마이클에겐 주문하면 스스로 알아서 만들어 내는 프로가 필요할 뿐이었다!

계약서 작성 후 기념사진을 찍었다.

공사가 잘 되면 '공로패'를 만들어 건물에 박아준다는 약속도 했다. 그러고는 "이제는 대충 장사하고 사는 시대는 갔습니다. 자기 이름 석 자가 브랜드인 시대죠. 서로가 서로에게 신뢰의 이름이 되는 시대가 도래했으니 도망가지 말고 잘 하자는 그런 의미에서 기념사진을 찍은 겁니다"라고 말했다.

2013년 3월 22일 금요일

오후가 다 되어 번개철거에서 견적서를 메일로 넣었다는 문자를 받았다.

컴퓨터를 켜 열어보니 견적 금액은 1,600만 원이었다. 반면 피렌체의 철거업자는 3,200만 원이었다. 무엇이 이렇게 차이가 나는지 모르겠으나, 하룻밤 사이에 1,600만 원을 절약했다. 파이를 크게 굴리면 떨어지는 것도 많다더니 이를 두고 하는 말이었다. 무빙디자인도 '철거업체와 함께 현장 방문하겠다'고 연락해왔다. 그러니 늦어도 내일쯤엔 철거업자가 선정될 것이었다.

2013년 3월 23일 토요일 맑음

감기바이러스가 약해졌음을 느끼고 샤워를 하면서 삶에 대한 전의를 불태웠다.

초인종 소리에 현관문을 열었더니 양복을 말끔하게 차려입은 노신사 한 분이 "아침 일찍 죄송합니다. 마이클 사장님을 뵈러 왔습니다"라고 말했는데, 손에는 서류봉투가 들려 있었다. 마이클이 "들어오세요"라고 말하고 거실로 안내했다.

노신사는 남평종합건설㈜ 부사장이라는 명함을 건네더니 "어제 선생님 건물 앞 푸른목장에서 아는 사람들과 식사를 했습니다. 그 와중에 부동산 건물 이야기가 나왔는데 소유권이 바뀐 듯해서 리모델링이나 건축을 해보시라고 찾아뵈었습니다"라고 말했다. 명함을 바라보던 마이클이 "네, 잘 오셨습니다. 그렇지 않아도 그 건물은 리모델링 설계와 업자 선정이 마무리되었습니다. 좀 늦으셨네요. 그래도 오셨으니 제가 울란바토르의 물건 하나 드리겠습니다. 가설계나 한번 부탁드립니다"라고 말했다. 그러는 과정에서 노신사는 그간 사업의 부침과 충주 등 지역의 개발업자 이야기를 들려줬는데 허풍선이로는 보이지 않았다.

2013년 3월 28일 목요일 흐림

시계를 보니 8시였다,

철거를 위해 현장에 도착한 무빙디자인 대표 재훈이 전화를 걸어와 "사장님, 201호와 202호 비밀번호가 어떻게 됩니까?"라고 물었다. 비밀번호를 알려주고 다시 잠들었다가 일어났을 때는 11시가 조금 넘은 시각이었다.

은색 랭글러 루비콘이 철거 중인 건물 앞에 정차했다.

마스크를 쓰고 작업을 하던 철거 인부가 다가왔다. 자동차에서 내리던 마이클이 "관계자입니다"라고 말하자 알았다는 듯 작업 위치로 돌아갔고, 잠시 후 공구를 사러 철물점에 간 무빙디자인 대표 재훈이 돌아왔다. 마이클이 지하실과 4층 복도 등 치워야 할 곳들을 한 번 더 알려주었다.

1층 상가에 입점할 프렌차이즈 매장 인테리어를 담당한 팀도 도착했다.

함께 커피숍으로 가서 마주 앉았다. 팀장이라는 여자가 테이블에 도면을 펼치고 "어디서 어디까지 철거를 해주실 것인지 알아야 해서 뵙자고 했습니다"라고 물었다. 마이클이 "건물 입구 양쪽 두 개의 기둥은 사용할 수 없습니다. 지하 출입구 쪽도 한쪽 20cm는 사용할 수 없습니다. 그 외에는 사용할 수 있으며 깨끗이 철거를 해드립니다"라고 말했다. 이에 "지하계단실과 뒷면 조적은 언제쯤 완성되나요?"라고 되물었다.

마이클이 "그것은 철거하는 업체에 물어봐야 합니다. 명함 주시면 철거업체 사장님이 직접 전화할 것입니다"라고 대답했다. 그러자 이번에는 '가맹점 영업을 담당한다'는 부장이 A4 종이를 한 장 내밀며 말했다.

"제2종 소매점과 부동산 중개사무소를 음식점으로 용도변경을 해주셔야 하고요. 또 하나는 참치집 사업자등록을 직권말소를 해주셔야 합니다. 구청 건축과와 위생과에 가시면 됩니다."

이에 마이클이 "용도변경이나 직권말소는 알고 있습니다. 오늘 바로 구청에 들어가서 정리해드리겠습니다"라고 대답하고 구청으로 향했다.

건축과는 7층이었다.

1층 전체를 제2종 근린시설(음식점)로 변경신고를 했다. 그런 후 이번에는 보건소 4층 위생과로 올라가 참치식당의 영업허가를 직권말소 신청했다. 담당자가 "우리가 임차인의 주소지로 우편을 보내서 도달이 안 되면 공시송달을 합니다. 늦어도 한 달 이내에는 정리됩니다"라고 안내했다.

2

공사 소음에 대한 민원

2013년 3월 30일 토요일 흐림

"사장님, 한 가지 문제가 생겼습니다."

무빙디자인 대표 재훈의 전화를 받았다.

업자로부터 전화가 오면 건물주 가슴은 쫄린다. 업자 쪽에서 괜히 심심해서 밥 먹자고, 술 마시자고 전화하지는 않는다. 공사가 난관에 봉착했거나 비용이 추가 발생되는 등의 내용으로 전화할 뿐이었다.

재훈이 "앞집 건물주인지 식당 사장님인지는 모르겠는데 시끄러워 잠을 못 자겠다며 공사를 중지하도록 구청에 민원을 넣겠다고 합니다. 그러면서 다짜고짜 건물주 오라고 하네요. 오늘 인부도 여섯 명이나 불렀는데 공사를 못 하고 있습니다"라고 말했다.

이에 마이클이, "뭐요? 이런 미친놈을 봤나. 정상적으로 용도변경 및 건축허가를 받고 하는 공사로, 신축도 아니고 내부 리모델링에 불과한 소음을 가지고 공사중단 협박을 하다니. 내가 당장 달려갈 테니 기다리세요"라고 말했는데, 어제 마신 술의 숙취가 한꺼번에 달아나는 것 같은 기분이었다.

쏴아아—

물줄기를 맞으면서 '진상을 어떤 콘셉트로 처리를 할 것인가'에 대해 생각했다. 그렇게 샤워를 마치고 검은색 차이나 정장을 차려입으며 컴퓨터를 부팅시켰다. 그러고는 대법원 인터넷 등기소를 접속해 앞 건물의 지번 '피렌체 188–4'를 입력하고 토지 등기부 등본을 출력했다. 그렇게 출력한 등기부 등본은 3장이었는데, 이력을 들여다보니 1980년에 소유권을 취득한 이후 소유권에 대한 변동은 없었고, '을구'의 근저당 내역에는 채권최고액 5,800만 원이 기록되어 있었다.

"이런."

시세 30억 원이 넘는 근린빌딩 건물에 대출이 거의 없다는 사실에 사뭇 놀라며 소유자 이름을 확인했다. 전투력 레벨 게이지도 급속도로 상승하기 시작했다.

부으아아앙~

크레타 아파트 지하주차장에서 랭글러 루비콘을 타고 지상으로 나왔을 때도 분노 게이지는 전혀 내려가지 않았다.

"가리봉동도 아니고 피렌체에서 건물을 가진 부르주아가 길 건너 건물주를 불러? 공사 중지했다가 손해배상 청구를 당해봐야 정신 차리지."

운전하면서도 화가 나 미칠 지경이었다.

그럼에도 피렌체 건물 근처 마트에서 주스 한 박스를 사 뒷좌석에 싣고 현장에 도착하니 외부 간판이 철거되었고, 1층 식당 바닥 콘크리트를 제거하는 중이었다.

"사장님 오셨어요?"

무빙디자인 대표 재훈의 인사도 받는 둥 마는 둥 하고 "어디 있어요. 그 사람"이라고 바로 본론을 꺼냈더니, "지금은 전화를 받지 않아요"라고 대답했다. 마이클이 "내가 올라가 보겠습니다. 등기부 등본에 보니 이 건물로 주소가 되어 있어요. 건물주라면 4층에 살 겁니다"라고 말하고 1층이 닭갈비 식당인 건물 계단을 오르기 시작했다. 4층 건물 중 2층엔 '실내포차' 간판이 걸려 있고 이곳도 내부 인테리어 중이었다. 그러니 당연히 이 건물도 소음이 발생하고 있었다.

4층의 초인종을 눌렀다.

덜컥!

전자식 개폐기가 둔탁한 소리를 들으며 철문을 밀어제쳤다.

그리고 현관 중문이 옆으로 밀리더니 60대 후반으로 짐작되는 여자가 나왔다.

"이 선생님 댁입니까?"

마이클의 말에 여자가 "네. 무슨 일로 오셨나요?"라고 되물었다.

"예, 저는 이 앞 건물 소유자입니다."

"아, 젊으신 분이네. 이야기는 들었는데 잘 되셨네요?"

"예, 감사합니다. 그동안 지저분하게 방치되었지만 공사해 깨끗해질 것입니다."

"골목이 깨끗해지면 저희야 좋지요. 그런데 아빠가 아침부터 종친회에 나가셨는데 어쩌지요?"

건물주인은 아침부터 종친회에 갔다고 했다.

그렇다면 11시경 "공사를 중지시키겠다"고 협박한 사람은 다른 사람이라는 말이 되었다.

'그럼 그렇지. 건물주가 이런 것 이해 못 하고 진상 부리진 않을 것인데.'

마이클도 이상하다고 생각하며 찾아온 길이었다.

그러니 "예, 그럼 다음에 들리겠습니다. 빈손으로 오기 뭐해서 음료수를 가져왔습니다"라고 돌아 나올 수밖에 없었다.

건물을 나와 NBC부동산으로 갔다.

중개사 성기가 혼자 모니터 앞을 지키고 있다가 "사장님, 이쪽으로 앉으세요"라고 자리를 권했다. 마이클이 "아뇨, 뭐 하나 여쭤볼려구요. 우리 건물 맞은편 닭갈비집 식당 사장을 아세요?"라고 물었다. 성기가 "네. 그분 성격 좋으신데. 장사 시작한 지 1년쯤 되었죠. 왜요?"라고 되물었다.

"소음 난다고 공사중지 민원 넣겠다 어쩌겠다고 해서 내가 쫓아왔어요. 이유 없이 공사중지 민원 넣으면 손해배상으로 아주 조져버릴려구요. 보증금 얼마에 있어요?"

"보증금은 얼마 안 돼요. 근데 그 사장님 그럴 분 아닌데…."

"일단 알았습니다."

공사 현장으로 돌아와 작업을 계속하라고 지시하고, 휴대폰을 꺼내 재훈으로부터 받은 닭갈비집 식당 사장 번호로 통화를 시도했다. 그러나 전화는 연결되지 않았고 가게 전화번호로 전화를 걸어도 휴대폰으로 연결해놓지 않았는지 연결되지 않았다. 재훈이 "바쁘실 텐데 들어가세요. 제가 만나면 이야기해보겠습니다"라고 말했다. 이에 마이클이 "예. 아무튼 유혈사태 나지 않도록 이야기 잘 하세요"라고 말했는데, 그 뒤로도 전화는 걸려오지 않았다.

2013년 4월 1일 화요일 오전 흐리고 오후에 비

일한다는 것은 즐거움이다.

일요일을 지나 새로운 날이 시작되었음에 기쁜 나머지 일찍 일어났다. 배달된 신문을 집어오고 커피 물도 끓였다. 그리고 얼마 후 피렌체 빌딩에 도착했다. 7시가 채 안 된 시각이었다.

1층 상가는 깔끔하게 철거가 되어 있었는데 공사는 진행하지 않고 있었다.

옥탑방으로 올라가 바닥에 노트를 펼치고 줄자로 가로세로 거리를 재가며 평면도를 그렸고 벽체는 사진으로 기록했다. 인테리어에 대해 고민할 필요가 있어서였다. 4층 또한 싱글 침대 사이즈를 쟀고 책상과 책꽂이 위치를 눈으로 찍어두었다. 그렇게 그림을 그리며 밖으로 나오다 맞은편 닭갈비 식당 건물주와 인사를 하게 되었다.

"이 동네가 좀 예민해. 나도 건축하는데 민원이 들어왔어. 구청장이 민원을 해결하고 오라고 그러더라고."

이에 마이클이 "저도 건물을 멋지게 만들고 동네를 예쁘게 하려고 합니다. 또 다른 사람에게 피해 입히고 싶지도 않습니다. 그러나 통상 용인할 수 있는 문제를 가지고 민원 운운한다면 '손해배상청구'를 해버릴 것입니다. 나도 당하고는 못 사는 사람이거든요"라고 말했다.

그때 얼굴이 선하게 생긴 중년 사내가 지나갔다. 닭갈비식당 건물주가 마이클에게 "여기 같은 성당에 다니는 옆 건물 사장"이라고 소개했다. 마이클이 "제 연락처입니다. 부동산 경매 투자를 합니다"라며 두 사람에게 명함을 건넸다.

"경매하시는구나. 궁금한 것이 있으면 물어봐야겠네. 허! 허!"

3

건물 구조 안전진단

2013년 4월 2일 화요일 흐리고 이슬비

서울시는 "시내 일반 건물 62만8325채(2009년 기준) 중 내진 설계가 된 것으로 확인된 건물은 9.85%인 6만1919채로 집계됐다"고 19일 밝혔다. 내진 설계를 하지 않은 건물이 많은 것은 건축법에 당초 내진 설계 규정이 없었기 때문이다. 건축법은 1988년에야 3층 이상 또는 전체 면적 1000㎡ 이상 건물은 반드시 내진 설계를 해야 한다는 조항을 신설했다. 따라서 내진 설계가 되지 않은 건물은 1988년 이전 건립됐거나 1988년 이후 지어진 2층 이하 또는 총면적 1000㎡ 미만의 건물들이 대부분이다. 또 오래된 건물이 많은 강북지역이 지진 위험에 더 노출된 것으로 나타났다. 내진 설계 건물 비율은 용산구가 6.4%, 종로구 6.2%, 중구 6.0% 등이었다. 반면 신축 건물이 많은 강남지역은 강남구가 24.0%, 크레타구 22.0%, 서초구 19.9% 등으로 내진 설계 건물 비율이 비교적 높았다.

[2010. 01. 20. 조선일보 김성모 기자]

옛날 신문기사를 찾아본 이유는 오늘 건물 구조 안전진단을 받고 나서였다.

진도 5.0의 지진이 발생한다면 서울 시내 5층 이하 건물 중 50% 이상은 파괴된다. 그런데 사실 이 정도 규모의 지진이 일어난다고 누가 확신할 수 있는가? 학자들이야 늘 현실을 부풀려서 자신의 지식을 내보이려 하지만 말이다.

구청은 마이클이 건축물 '용도변경'을 신청하자 내진에 대한 구조진단을 요구했다. 이 요구가 웃기는 것은 '용도변경'하려는 건물에 대해서만 그렇게 한다는 것이다. 정말 내진 설계가 안 되어 위험하다면 모든 건물에 대해 구조 안전진단을 실시하고 보강을 요구하는 것이 맞는 것 아닌가? 그래서 건축과를 방문해서 말했다.

"건축한 지 10년 넘은 건물 중 내진 설계한 건물이 어디 있습니까? 그리고 지진이 발생하면 모두 무너지는데 '용도변경'한 건축물에 대해 내진 구조진단을 요구하는 것은 '신축'하라는 것 아닌가요?"

마이클은 구청에 불만이 많다. 내부 용도변경을 한다고 했더니 건축사 설계를 받아오라고 해서 500만 원 들어가고, 내진 설계에 또 몇백만 원 들어간단다. 박근혜 대통령이 '손톱 밑 가시를 빼야 한다'고 했는데 이런 게 손톱 밑 가시가 아닌가? 구조 안전진단 비용이나 건축설계비용이 아까워서 그런 건 아니다. 건물 주인 자신도 건물 무너지는 꼴을 보고 싶지 않고, 안전하게 후대에 물려주고 싶은 마음은 담당 공무원보다 더 있다. 그러나 현실적으로 아무런 도움이 되지 않는 규제를 만들어 민원인이 지출하지 않아도 될 지출을 하게 만드는 것이 짜증날 뿐이었다.

비가 부슬부슬 내리고 있었다.

건물 구조 안전진단 작업자들이 기계를 벽에 대고 조작 버튼을 눌렀다.

"뭐 하는 것입니까?"

궁금해서 질문하는 마이클에게 소장은 "사람 엑스레이 촬영하듯이 건물의 철골과 구조를 확인하는 기계입니다"라고 알려 주었다. 그러고 보니 두 사람은 건축물 면에 기계를 대고 검사를 하는 것이 엑스레이를 찍는 것과 비슷했다. 그런 후 건물의 상태에 대한 설명을 들었다.

"리모델링 허가를 넣은 것이 걱정이네요. 건물이 조적입니다. 벽돌을 쌓았어요. 개축을 하는 편이 더 나을지도…."

외벽과 기둥은 철근 콘크리트 구조였으나 내부는 벽돌을 쌓아 지은 조적 방식이었다. 마이클도 어쩌면 개축이 나을지도 모른다고 생각하며 무빙디자인 대표 재훈에게 말했더니 "걱정 안 하셔도 돼요. 별거 아니에요"라고 가볍게 흘리며 "내일, 모레쯤 설계사를 만나시죠?"라고 말했다.

2013년 4월 10일 수요일 맑으나 바람 추움

'피렌체'

1월 14일 경매 낙찰 잔금을 납부하고 3개월이 되어 간다. 그동안 한 일은 세입자들을 내보내고(보증금을 죄다 배당받았으니 즐겁게 나갔다), 철거업체를 두 번이나 불러 철거를 했으며, 용도변경신고를 하고 공사에 앞서 건물 구조 안전진단을 받았다. 마음은 갈 길이 바쁜데 현실은 더디게 진행되었다.

오후 3시엔 구조 안전진단 소장과 건축 설계사, 무빙디자인까지 관련자들이 모두 모였다. 구조 안전진단 결과는 3권의 소책자로 만들어졌고 각자 나눠 가졌다. 그리고 구조보강에 대한 설명은 현장에서 직접 이뤄졌는데, 결론은 1층 기둥은 철판을 덧대 보강을 하는 것이고, 2, 3층은 철골 등으로 보강을 하는 것이었다. 그래서 보강과 철거를 같이 진행해야 하는 어려운 작업이 되었고 비용 또한 더 추가되었다. 보강 공사는 두 군데 견적을 받은 후 빠르게 진행하기로 했는데, 날씨가 매우 추워 모두 몸을 덜덜 떨었다.

2013년 4월 13일 토요일 맑음

이틀 전 갑자기 생각이 났다.

리모델링 중인 피렌체 빌딩이 비어 있는데 잠금장치도 하지 않았다는 것을. 빈 건물이니 보안이 필요한 이유는 없지만, 그래도 사고가 일어난다면 소유자의 관리 소홀 책임이 있기 때문이었다.

햇살은 따스했으나 바람이 세차게 부는 날씨였다.

늦잠에서 일어나 피렌체로 가서 빌딩 입구를 와이어 열쇠로 잠그고 서점으로 향했다. 사야 할 책은 사토 도미오의 《지금 당장 롤렉스 시계를 사라》였다. 부자가 되려면 최고의 물건을 사용하라는 뜻 같아 읽어보기로 했다. 책의 두께는 얇았다. 내용은 '돈을 모으는 데 급급하지 말고 돈이 행복해하는 소비를 하라'고 적고 있었다.

작년부터 동력을 상실하고 느린 삶을 살다, 근린빌딩을 낙찰받으면서 다시 동력을 살리고 있다. 그러나 쉽지 않은 일이었기에 지칠 때마다 할리데이비슨 모터사이클 매장이나 포르쉐 매장을 찾아가 기분 전환을 했었다. 고가의 모터사이클과 포르쉐 자동차를 보면서 '좀 더 돈을 벌어야겠다'는 생각을 했기 때문이다.

책은 그런 마음이 부자로 만들어 준다고 적었다. 적당한 것에 만족하면 그 이상의 부자가 되지 못하듯이, 좋아하는 롤렉스 시계를 사려고 하면 더 많은 돈이 온다고 주장한다. 또한 "난 할 수 있다"라거나, "부자가 될 거야!"라고 입으로 말하라고 하며, 마지막 책장엔 부자가 되려는 사람들이 글을 쓰게 하는 것을 계획하고 있다고 했다. 이 부분에서 마이클은 놀랐다.

이미 마이클 자신은 〈백만장자 라이프〉 블로그에서 자신이 부자로 가는 과정을 자세하게 적고 있기 때문이다. 자신도 모르게 부자가 될 수밖에 없는 습관을 만들어가고 있었다. 그러니 앞으로 더 많은 부를 부르기 위해 가격과 타협하지 않고, 자신을 위한 최고의 두근거리는 소비를 하겠다고 다짐하며, 피렌체 빌딩의 구조보강 견적 6,200만 원과 지긋지긋한 진흙탕 전쟁을 승리로 이끈 자신에게 무엇을 선물할 것인지 고민하며 일기에는 다음과 같이 적었다.

"크리스탈 와인잔과 80인치 LED 텔레비전, 홈 오디오, 프로젝터, 원목으로 된 책장과 책상, 옷장, 그리고 수많은 종류의 넥타이, 두 종의 롤렉스 시계, 가죽 필통, 새로 갖춘 내의와 셔츠, 형형색색의 조리기구, 원목 가든 테이블, 촬영용 조명, 천장 조명, 개인 스튜디오를 꾸미고, 피렌체 빌딩을 45억 원에 매매하면 무조건 마린랜드로 가 씨레이 24피트 파워보트를 살 것이며, 울란바토르 피렌체를 준공하면 빨간 포르쉐 박스터 s를 살 것이고, 도봉동과 시흥의 대지가 매각되면 한남동으로 달려가 할리데이비슨 로드킹을 사겠다. 난 그날을 위해 달린다."

2013년 4월 15일 월요일 맑음

무빙디자인 대표 재훈의 전화에, 곧바로 인터넷으로 구조보강 회사를 검색해 내일 10시 30분에 현장에서 만나기로 했다. 싸움은 소유자인 자신이 하는 것인데, 그동안 너무 전세를 파악하지 않은 것 같아 반성하는 시간이었다.

4

제자리걸음

2013년 4월 16일 화요일 맑음

주택 취득세가 낮아졌고 1월 1일 이후 취득한 주택분에 대한 취득세를 감면해주는 정책이 시행되었다. 마이클도 근린빌딩 낙찰 잔금 일이 1월 14일이었으므로 취득세 환급 대상자였다. 그래서 '환급금으로 할리데이비슨 로드킹 모터사이클 한 대를 지르자'고 기다리던 참이었다. 그러나 구청이 마이클의 통장 계좌로 반환해준 취득세 환급금은 로드킹 뒷바퀴나 살 수 있는 금액에 불과했다.

그래서 구청 세무과에 전화를 걸어 "세무과죠? 세입과오납금 지급 통지서가 왔는데 금액이 9,590,000원입니다. 취득세를 1억 2,000만 원 넘게 냈는데 반환 금액이 이렇게 적게 나온 이유를 알고 싶습니다"라고 물었다. 전화를 받은 공무원이 "담당자가 전화통화로 연결이 되지 않습니다. 연락처 알려주시면 통화하도록 해드리겠습니다"라고 말하며 마이클의 전화번호를 받아 적었다. 9시가 조금 넘은 시각이었다.

가나 종합건설 대표의 전화도 받았다.

가나 종합건설은 건물 구조보강업체로 어젯밤 블로그 검색으로 찾아내고, 오늘 10시 30분에 피렌체 빌딩에서 만나 의견을 나누기로 했었다. 잠시 후 피렌체 빌딩 주차장으로 은색 SUV 모하비가 들어왔다. 당당한 체구의 가나 종합건설 대표 종익이었다.

종익의 명함을 받고 마이클도 연둣빛이 도는 '피렌체하우스' 명함을 건네며 구조보강 설계도를 펼쳤다. 이에 종익이 설계도를 보며 "보강 철판은 ㄷ자로 붙여야 합니다. 2층 바닥 H빔은 일렬로 설치를 해야 하고요… 그리 큰 공사는 아닙니다. 우리에게 공사를 맡기지 않아도 이 부분은 모두 철거한 후 보강을 해야 합니다…"라고 말했다. 마이클이 "견적은 복수로 받고 있습니다. 그러니 견적을 금요일까지 내주실 수 있습니까?"라고 물었다. 종익이 "도면을 스캔해서 보내주시면 그리 하도록 하겠습니다"라고 대답하자, "그러면 도면을 사진 찍어 메일로 보내겠습니다"라고 말하며 미팅을 마쳤는데, 이때 구청 세무과 공무원의 전화를 받았다.

마이클이 "네. 환급액이 적은 것 같아 설명해주셨으면 합니다"라고 말하자, 공무원은 "근린빌딩 중 일부가 주거 면적이고, 주거 면적이 기준 면적을 초과합니다. 그래서 취득세 감액은 25%인데 농특세가 추가되어 농특세를 공제하고 지급한 금액이 9,590,000원입니다"라고 설명했다. 마이클이 "그렇다면 규정대로 정확하게 환급되었다는 말입니까?"라고 묻자, "그렇습니다. 환급을 얼마쯤 생각하셨나요?"라고 되물었다. 마이클이 "못해도 3, 4천만 원은 생각했지요. 하여간 설명 잘 들었습니다. 감사합니다"라고 전화를 끊었다.

2013년 4월 17일 수요일 맑음

구조설계업체에 설계비 50%인 165만 원을 송금했더니 소장이 전화를 걸어왔다.

"사장님이 돈(공사비)을 내므로 잘 알아서 하십시오?"

의미심장한 대사였다.

마이클은 생애 최고의 큰 건물을 낙찰받고 리모델링을 진행하면서 많이 배우고 있었다. 앞으로도 자신의 소신대로 작업을 진행하기로 했다. 아무도 믿을 수 없는 것이 이 바닥이었고, 자칫 잘못하면 수백만 원이 깨지는 곳도 이 바닥이었다. 트럼프가 말했듯이 '모두가 내 돈을 먹으려고 기다리는 악어들'이었다.

2013년 4월 18일 목요일 맑음

늦잠을 잤다.

그냥 잔 것은 아니고, 일정을 보면서 충분한 휴식을 위해 일부러 잤다. 그렇게 눈을 뜬 시각은 9시 10분 전이었다.

피렌체 빌딩 구조보강업체 견적과 관련해 정 사장이 "사장님, 내일 만나시죠?"라고 말했다. 다른 업체의 견적을 받고 있다는 것을 알기에 더 빨리 결정하고 싶어 전화한 것이었다. 정 사장은 마이클이 대출 이자에 '마음이 급하다'는 것을 이용해 부당한 견적을 넣었다가 브레이크가 걸렸었다.

구조보강공사를 하려면 철거업체를 불러 디테일한 마감철거를 해야 했는데, '철거업체'는 "그 일은 보강업체가 한다"고 말했다. 그래서, "그렇다면 철거업체는 그만큼 일이 줄어드는 것 아닙니까?"라고 물었더니 "그건 철거가 하는 일이 아닙니다"라고 말했다.

철거란 것이 리모델링을 원활하게 하는 것인데 그게 안 된다면 무엇 때문에 철거가 필요할까? 참, 지하로 내려가는 계단과 음식용 엘리베이터 구멍도 메우라고 '동초철거'에게 전화했다. 작업은 월요일에 하기로 했고 비용은 100만 원을 요구했다.

직접 일을 진행하다 보니 어느 정도 그림은 그려졌다.

그래서 '직접 해도 되겠다'는 자신감도 생겼는데, 정작 공사 관계자들은 '마이클은 부자이니 공사는 모를 것이다'라고 생각하는 것 같았다. 그래서 리모델링 공사와 관련해서도 무빙디자인과 업무영역을 다시 재정립하기로 했고, 여의치 않으면 계약파기도 염두에 두었다.

2013년 4월 19일 금요일 맑음

피렌체 빌딩 리모델링 공사는 별 진척이 없이 시간만 지나고 있었다.

마이클은 피렌체성당 맞은편 커피전문점 2층에서 무빙디자인 대표 재훈과 여실장을 만났다. 이 자리에서 마이클은 "우리 모두 피로감에 지쳐 있는 듯합니다. 빗자루로 쓰레기 쓸어낸 것밖에 더 없는 같습니다"라고 말하며, 어디서부터 잘못되었는지 원인을 파악하고자 했다.

건물의 구조가 리모델링을 하기에는 튼튼하지 못해 구조보강공사를 진행하기 위해 여러 곳으로부터 견적을 받았다. 견적 금액은 심하면 2배까지 차이가 났다. 또, 구조보강공사를 하려면 깔끔한 철거를 해야 하는데, 현재 철거면은 거칠기에 추가 작업을 해야 한다는 것도 문제였다. 철거업체를 선정해 건물 전체 철거를 맡긴 상태임에도, 무빙디자인 대표 재훈은 "추가 공사금이 들어갑니다"라고 말했다. 이에 마이클이 말했다.

"구조보강공사 업자가 공사할 때, 철거할 곳과 컷팅할 곳을 스프레이로 표시를 하면 되고, 철거업체는 철거만 하면 되는 것 아닙니까? 그런데 이것은 견적에 없다 하고? 이것은 추가공사비를 달라고 한다면? 뭐하러 업자를 선정합니까? 그냥 직원 둘 둬서 뿌레카와 컷팅기로 절단 작업을 하라고 하는 게 더 저렴하지요? 또 망치질 한 번 할 때마다 돈을 달라고 하면 견적은 뭐하러 넣습니까? 차라리 내가 회사를 차리고 말지요?

내가 아는 부동산 투자자가 있습니다. 5년 전까지 구청 청소차 운전사를 했습니다. 집 한 칸 없던 그가 6평짜리 빌라를 샀다가 팔았는데 1년 치 연봉을 벌었어요. 그 길로 빌라 투자만 해서 4년 만에 100억 원을 벌었답니다. 책도 썼어요. 그 후, 그 사람은 계속 빌라를 지었는데 시공사를 잘못 만났어요. 공사를 하다가 계속 추가공사비를 요구하고 애를 먹여 결국 40억 원을 손해 봤습니다. 제가 이 말을 왜 하는지 아십니까? 계약 따로, 공사비 따로 하는 이런 사기는 나에게는 안 통한다 이겁니다. 견적대로 공사하지 않을 거면 다 나가떨어지라고 하세요. 그냥 내가 지어 버릴랍니다. 제가 여기까지 왔을 때 무슨 나이롱 뽕으로 돈 벌어 온 줄 아세요? 사람 여럿 죽이며 왔습니다. 어설픈 업자 따위에 내 멱살 잡힐 일 없습니다."

이쯤에서 군기를 잡고 가려고 작심하고 말을 쏟아냈다.

물론 이 문제는 무빙디자인 재훈의 책임은 아니었다. 재훈도 마이클을 도와 멋진 건물을 만들려고 1월부터 매달리고 있었다. 그러나 부분공사 견적과 공사

진척속도가 느려 심기가 불편한 것도 사실이었기에 이번 기회에 싸잡아 짚고 넘어가려는 것이었다. 여실장이 구조보강 견적서 4개를 놓고 설명했다.

"사장님, 견적서 중에 빠진 부분들이 있어요. 그런 것들이 견적의 차이로 나오고 있구요. 추가 비용이 발생할지 모릅니다. 어떻게 할까요?"

업체로부터 받은 견적 금액은 천차만별이었으나 견적 금액의 비교가 가능해서 어느 정도 공사비 산정에는 도움이 되었다. 공사업체 중 마이클이 개인적으로 받은 가나건설 견적이 제일 저렴했으나 "다른 곳을 공사하고 있어서 빠른 시일 내 공사를 들어가기는 어렵습니다"라고 의견을 냈기에 공사계약 대상에서는 제외되었다.

마이클이 "무조건 계약금액은 2,500만 원으로 하며, 구조기술사 합격 도장이 찍히는 조건으로 공사를 하려면 하라고 하십시오? 공사비는 바로바로 지급하는 조건입니다. 그게 싫다면 대나무를 엮든 철사를 엮든 직접 하겠습니다. 업자들에게 전화하세요. 힘들다면 제가 하겠습니다"라고 각오를 비추자, 재훈이 "아닙니다. 제가 그렇게 연락해보겠습니다"라며 각 업체에 공사 의향을 묻기로 했다.

5

건물 구조보강공사계약

2013년 4월 20일 토요일 비

오전에는 빌라왕 최선달의 흥망을 연구했다.

그래서 '이 친구에 대해서는 논문을 써도 될 정도가 되었다'라고 생각할 즈음, 피렌체 빌딩 1층 식당에서 지하로 내려가는 계단을 막는 공사를 100만 원에 하기로 한 인동초 친구인 '동초철거'의 전화를 받았다.

"건물이 전기도 들어오지 않고 출입구도 잠겨 있고…."

이에 마이클이 "전기는 차단기에서 끌어다 쓰면 되고, 출입구 잠금장치는 비밀번호를 알려주면 되는데 뭐가 문제란 말입니까?"라고 되물었다. 그러자 "공사를 하는 김에 계단공사도 하고… 솔직히 서운합니다"라고 속내를 말했다. 큰 공사는 무빙디자인이 하고 자기들은 작은 공사만 해서 서운하다는 뜻이었다. 그러나 그런 감정이 마이클에게 통할 리 없었다. 마이클이 "지금 훼방 놓는 겁니까? 공사를 하기 싫으면 안 하면 되는 거지, 공사를 하기로 했는데 안 한다면 그게 뭐 하는 겁니까? 공사를 하고 말고는 그쪽의 자유지만 공사 기간이 늘어져 입은 직접적인 손해에 대해서는 절대 그냥 넘어가지 않을 테니 그리 아세요"라고 화난 음성으로 목소리를 높였다. '동초철거'가 "알았습니다"라고 전화를 끊었다.

'하기 싫으면 다른 놈 시키면 되는거지….'

마이클은 화가 풀리지 않았다.

그런데 정작 중요한, 공사를 한다는 것인지 안 한다는 것인지 정리하지 못했기에 '어디 공사를 착실히 하는 놈을 알아봐야겠다'라고 생각했다.

2013년 4월 22일 월요일 맑음

주차장 셔터를 올렸다.

주차장 입구를 검은색 쏘나타 승용차가 가로막고 있어서 차주에게 전화했더니 "예, 미안합니다. 옆 건물주인인데 식당에 밥 먹으러 왔습니다. 빨리 가도록 하겠습니다"라고 대답했다. 하는 수 없이 랭글러를 맞은편 건물 주차장에 주차하고 건물을 둘러보았다.

1층 상가에서 지하로 내려가는 계단을 철거했고, 그 공간을 콘크리트로 메우는 공사를 '동초철거'에서 하기로 했는데 변한 것은 없었다. '동초철거'와는 몇 번의 공사를 했기에 토요일에 언성을 높였어도 공사는 하고 있을 줄 알았는데 그것은 착각이었다. 마이클이 전화를 걸었다. 그러나 전화를 받지 않았고 세 번째 전화를 걸었을 때 겨우 받았다. 하지만 공사에 대해 딱 부러지게 답을 하지 않았다. 마이클도 아직은 시간이 있기에 두고 볼 참이었다. 그렇게 1층 내부를 둘러보고 주차장으로 나오니 건물 한쪽 벽면에 쓰레기를 담은 마대자루가 즐비했다.

랭글러 루비콘에서 장갑과 카메라를 꺼낸 후 10여 개의 자루 중 종이가 들어있는 자루를 끌어내 주차장 바닥에 부었다. 설계도와 명함, 노트 등이 쏟아졌다. 증거가 될 만한 것들을 찾으려고 쓰레기 더미를 뒤졌다. 명함이 나왔다. 한 장짜리 명함은 어디서나 받을 수 있기에 증거가 될 수 없는데 수십 장의 명함은 소유자를 밝혀주는 단서가 된다. 그런 명함이 두 통이나 나왔다.

이때 무빙디자인 대표 재훈이 쭈구려 앉은 마이클을 발견하고 "뭐 하세요?"라고 물었다. 구조보강공사업체와 계약서를 쓰는 날이어서 온 것이었다. 뒤이어 공사를 할 '나우건설' 전상철 대표가 정장 차림으로 도착했다.

무빙디자인 대표 재훈이 "현장을 둘러보고 계약서를 쓸까요? 아니면…"이라고 말을 꺼내자, 나우건설 대표 상철이 "이미 도면을 봤으니 바로 이야기를 해도 되겠습니다"라고 말했다. 그래서 일행은 커피전문점으로 자리를 옮겼는데, 여실장과 현장소장이라는 서른이 채 되지 않아 보이는 남자도 함께였다.

공사 금액도 이미 결정대로 합의된 상태였다. 그러니 계약 조건만 합의하면 되었다. 나우건설 대표 상철이 계약서 3부를 내밀었고, 무빙디자인 여실장이 구조보강 설계도 뒤에 첨부했다. 그리고 곧 상철이 "계약금은 공사비의 50%를 주시고요"라고 공사비 지급조건에 대해 언급했다. 그러자 무빙디자인 대표 재훈이 말을 끊고, "여기 건축주분의 공사비 지급에 대해서는 전혀 걱정할 필요는 없습니다. 그래서 계약금은 총공사비의 10%가 맞을 것 같구요. 기성금 청구는 자재가 들어오면 바로 결제를 하는 조건으로 계속 계약을 하셨습니다. 그러니 나우건설도 그런 조건으로 하시죠?"라고 말했다. 이에 상철이 당황해하자 건축주 마이클이 나섰다.

"나는 먼저 업자의 자금으로 공사를 하게 한 후 공사비를 지급합니다. 그동안 공사비를 선입금하면 공사도 하지 않고 도망가는 경우를 너무 많이 봤으며, 민사소송의 절반은 이런 건축 관련 소송이기에 내 계약 조건은 늘 후불식입니다. 그러나 공사비를 못 받을 일은 절대 없습니다. 그것은 보장합니다."

이에 나우건설 대표 상철이 "난 이런 계약을 한 번도 한 적이 없는데… 알겠습니다. 이번 공사는 이윤이 거의 없습니다. 다음을 보고 계약을 하는 것입니다"라고 말했다. 마이클도 "저처럼 건축을 하고자 하는 사람들은 정직한 업자를 찾고 있습니다. 정직한 업자를 찾는 것은 그럴듯한 회사 홈페이지가 아니라 실제로 공사를 한 사실을 보고 결정할 것입니다. 나는 이번 공사를 모두 오픈하고 있으며, 이 과정에 참여한 업체들의 실명을 공개하고 사업 확장에 도움이 되고자 합니다. 그러니 믿고 함께 일해서 손해될 일은 없을 것입니다"라고 말했다.

현대의 소비자들은 소비자의 사용 후기를 더 신뢰할 뿐 회사의 광고, 회사의 홈페이지를 믿지 않는다. 마이클과 공사를 한 업체는 검증되었으니 건축을 할 소비자들은 그 업체를 이용할 것이고 그것은 업체로서도 좋은 일이었다. 마이클 같은 공개주의자 때문에 소비자와 신뢰를 저버리는 업체는 생존할 수 없고, 신뢰하는 업체는 성공하게 될 것이었다.

마이클이 "그럼 계약금은 공사비의 10%이고, 세금계산서는 공사 완결 후 발행하는 것으로 하고, 잔금은 공사 완료 후 즉시 지급한다로 하죠? 참, 특약이 있습니다"라고 말했다. 이에 상철이 "특약이요?"라고 말꼬리를 높였다. 마이클이 "네, 제가 소송을 많이 해봐서 걱정되어 특약을 넣고 싶습니다"라고 말하며 "1. 공사비는 증액할 수 없다. 2. 구조 안전진단에 의거(도면 첨부) 시공할 것. 3. 공시기일은 엄수하며, 통상적인 기간 변동이 아닐 때 1일 100만 원의 지체 손해금을 지급한다는 내용입니다"라고 덧붙였다. 상철이, "사장님. 다른 것은 이해하겠는데 공사기일이 늦어지면 1일 100만 원의 손해배상은 좀 그런데요. 계약서 7항에 지체상금율이 있습니다"라고 말했다. 그래서 마이클이 계약서 7항의 지체상금률을 찾더니 "1000분의 1이군요. 그럼 1일에 얼만가요?"라고 되묻자, 젊은 소장이 "1일 4만 5천 원인데요."라고 대답했다. 마이클이 상철을 쳐다보며, "거봐요, 사장님. 그럴 리는 없겠지만 공사 절반쯤 하다가 못하겠다고 몰디브로 도망가 놀고 있으면 나는 뭐가 되나요? 그러니 지연손해금은 1일 100만 원은 받아야지요?"라고 말했다.

"그래도 너무 센데요?"

"전 사장님, 공사 안 하실 거예요? 기간 내에 공사를 끝내면 되잖아요?"

"하지만 자제수급이 늦어질 수도 있는데 그때를 생각한다면 너무 금액이 크다는 말입니다."

나우건설 대표 상철의 주장도 틀린 말은 아니었으나, 마이클이 "그래서 고의적으로 공사를 연기한 것이 아닌 통상적인 기간이라고 적었지 않습니까?"라고 말하자, "그럼 플라스 마이너스 5일로 하시죠?"라고 제안했다. 그렇게 하여 '+- 5일'이라는 문구가 삽입되어 계약서가 작성되었고, 인증사진을 찍은 후 현장으로 돌아왔다.

"이거 우리가 사용하는 마대자루 같은데요?"

이때 무빙디자인 대표 재훈이 불법 투기되었다고 마대자루를 조사하고 있는 마이클을 향해 말하더니 어디론가 전화를 걸어 "사장님 혹시, 피렌체 건물 철거할 때 일부 마대를 놓고 가지 않았나요? 건물주께서 불법 투기된 폐기물이라고 신고하려는데 마대자루가 우리가 쓰는 것 같아서요?"라고 물었다.

그러는 사이 주차장을 가로막았던 검은색 쏘나타 승용차 차주도 나타났다. 50대 후반의 남자로 검은색 바람막이 재킷을 입고 있었다. 마이클이 버려진 명함의 주인공과 통화를 하다 돌아서며 "어디 건물 사장님이세요?"라고 물었다. 남자가 "여기 건물입니다"라며 옆 건물을 가리켰다.

재훈도 마대자루 쓰레기에 대해 "사장님. 철거업체 사장이 다음 철거 때 치우려고 잠시 내려놓은 거라는대요?"라고 말해, 더는 범인을 찾는 수고는 하지 않아도 되었다.

나우건설 계좌로 계약금 10%를 입금했다.

막 입금했을 때 무빙디자인 대표 재훈이 전화를 걸어와 "보의 크랙 접착제 비용은 견적에 넣지 않았다고 전화 왔는데 계약금 넣으셨어요?"라고 물었다. 당연히 "네, 넣었구요? 구조보강 설계에 의해 작업한다고 계약서 썼으니 계약서대로 하자고 하면 될 겁니다"라고 말하자, "저도 그건 알고 있는데, 일단 내일 현장 보자고 해서 만나기로 했구요. 큰 문제 없으면 진행할 겁니다"라고 추측했다. 마이클도 "크랙이라고 해봐야 큰 금액도 아니니 그냥 해도 될 것입니다"라고 말했다.

6

롤렉스 시계

2013년 4월 26일 금요일

요즘 살짝 멘탈이 붕괴 상태다.

억제된 소비 욕구가 꿈틀거렸다. 조금씩 아껴 재산을 모았는데, 리모델링 공사에 뭉텅이 돈이 들어가서 그렇게 되었다. 돈이란 게 벌기는 어려운데 줄어드는 것은 펑펑이다. 그렇다고 안 할 수도 없다. 끝을 보고야 말겠다는 생각이 있지만 그래도 맨붕은 사실이고 씀씀이도 커졌다. 감기 증상은 계속 남아 있다.

구조보강자제 구경도 하고 작업 현황도 궁금하기에 피렌체로 향했다.

건물 외관은 낙하물 방지 그물이 설치되고, 내부는 깔끔하게 철거가 되어있었다. 바닥에는 천정을 지지해주는 서포트 등 자제들이 옆으로 누워 있었다. 마이클은 전력선이 건물과 너무 바짝 붙어 있어 공사에 위험이 될 것 같아 한전과 통화를 하고 "현장을 방문하겠습니다"라는 답변을 받아냈다. 그리고 구조보강업체에 1,000만 원을 송금해주었다.

2013년 4월 27일 토요일 흐리고 지역에 따라 비

피렌체 빌딩 리모델링 현장소장의 전화를 받았다.

"사장님, 닭갈비 집 사장이 다시 전화했어요."

'할매닭갈비' 점주가 공사 소음에 대해 다시 항의했다는 것이었다. 일전에도 그래서 부랴부랴 쫓아갔더니 전화도 받지 않던 놈이다. 마이클이 "전화번호 줘봐. 내가 통화해볼게!"라고 말해 전화번호를 받아 직접 전화를 걸었더니, "내가 새벽 5시까지 장사해서 지금은 자야 하거든요?"라고 말했다.

그러나 마이클은 "당신의 라이프스타일에 대해 이해하지만 지금 전화를 좀 해야겠습니다"라며 말을 이었다. 당연히 녹음기를 켜놓고 통화를 했는데 연결이 끊겼고 다시 전화했더니 받지 않았다. 그래서 "11시에 도착합니다"라는 문자를 보내고 또 통화를 시도했다. 그랬더니 결국 전화를 받았고 "건물주 바꿔드리겠습니다"라고 말했다.

'아니, 제 놈이 시끄러워서 잠을 못 자겠다고(그것도 오전 10시에 말이다) 해놓고 건물주를 뭐하러 바꿔주나.'

건물주와는 일전에 대화해 면식이 있는 사이였기에 "전에도 그 사람이 민원을 제기해서 업자가 나가떨어져 한 달 동안 공사를 못 했습니다. 그런데 또 공사에 대해 뭐라고 하니 손해배상을 청구할 판입니다"라고 강하게 밀고 나갔다. 결국 닭갈비 건물주의 중재로 "소음 공사는 10시부터 한다"로 마무리되었다.

봄 양복을 꺼내 입고 피렌체 현장으로 갔다.

바닥에는 건물 구조보강에 쓸 H빔과 서포트 등 자재들이 가득했고, 무빙디자인 사장 재훈과 소장은 배관업자와 미팅하던 중이었다.

재훈이 "제가 닭갈비집 사장님과 1시간 정도 대화를 했어요. 그 사람도 특별히 원하는 것은 없는데 인사… 뭐 그런 거죠. 사장님이 손해배상을 한다고 해서 기분이 나쁘다고 했어요. 이야기는 잘 되었고요, 지금은 자기가 만날 기분이 아니라며 며칠 있다가 만나자고 하네요. 그러니 그냥 가셔도 됩니다"라고 말했다. 마이클이 "그건 알겠는데, 나도 장사를 해봤어. 세상 먹이사슬에서 '을' 중 '을'이 장사꾼이야. 서럽지. 난 그걸 아는데 이놈은 아직 그걸 모르고 '갑'인 건물주를 엿 먹이려고 하네? 뭘 몰라도 한참 모르는 놈이야. 그래서 어떤 놈인지 한번 만나보고 싶다!"라고 말했다.

2013년 5월 4일 토요일 맑음

좀 늦게 일어났다.

피렌체 빌딩 리모델링 현장은 조용했다. 모두 식사를 하러 간 것 같았는데 철판을 붙여 용접하거나 볼트에 커버를 씌우는 작업을 하다 만 듯했다. 눈으로 현장을 확인했으니 하루는 마음 편하게 놀 수 있겠다 싶어 놀거리를 생각하다 랭글러 루비콘 핸들을 압구정동 방향으로 돌렸다.

"이니셜을 새겨 주세요."

현대백화점 1층 루이비통 매장에 들러 장지갑에 이니셜 작업을 부탁하고 2층 롤렉스 매장으로 올라갔다. 딱히 생각한 모델은 없었으나 온통 금으로 된 모델은 나이가 든 느낌이었기에 옐로우 골드 데이저스트 콤비를 선택하고, 그사이 다른 손님과 상담하던 점원에게 가격을 물었더니 "1,600만 원입니다!"라는 대답이 돌아왔다. 이에 마이클이 "안 깎아줘? 현금인데?"라고 말했다. 그럼에도 "저희는 똑같습니다"라고 협상을 거부했다.

롤렉스 데이져스트. 12시 인덱스에는 왕관 무늬가, 나머지 11개 인덱스에는 다이아몬드가 장식된 시계는 팔목이 움직일 때마다 조명 빛을 반사했고 무게감 또한 상당했다.

'내 손목에 롤렉스 시계를 채우는 날이 오다니….'

2013년 5월 6일 월요일 맑음

지하철을 이용해 피렌체 빌딩 공사 현장에 도착했다.

구조보강공사가 막바지에 이르렀는데 H빔과 천정의 틈새는 에폭시라는 수용성 물질을 호스에 넣어 밀어 넣는 작업을 하고 있었다. 나우건설 대표 상철이 "오후 3시에 작업이 끝납니다. 현장에서 뵙지요"라고 전화를 했기에, 구조사 소장 시형에게도 "3시까지 현장에 오세요"라고 연락해두고 커핀GURUNARU로 가서 카푸치노 커피를 시켜놓고 무빙디자인 대표 재훈을 기다리며 휴식을 취하고 있었다.

3시. 건물 구조보강 관계자들이 현장에 모였다.

무빙디자인 대표 재훈이 "철거 때문에 구조사에게 서포트 설치를 하고 일시에 털어내도 되지 않느냐고 의견을 물었더니 그래도 된다고 했습니다"라고 말했다. 그래서 처음부터 구조는 그리 큰 문제는 아니었다는 인상을 받았다. 그저 공사를 해야 돈이 된다는 것일 수도 있었는데, 하여간 그렇게 건물 구조보강공사는 마무리되었다.

2013년 5월 8일 수요일 맑음

피렌체에서 점심 약속이 있었다.

아버지의 사업을 물려받은 '까르페디엠'이 만나자는 약속을 해왔다. 주차장에 랭글러를 세우고 이런 생각, 저런 생각으로 건물을 돌고 있는데, 옆 건물 고시원에 거주하는 사내가 말을 걸어왔다. 나이가 상당하고 허리가 굽은 사내는 "사장님, 청소는 내가 하겠습니다"라고 말했다.

마이클은 이게 무슨 말인지 이해하지 못했다.

그저 건물을 청소하고 몇 푼 얻으려는 수작으로 생각했다. 그래서 "지금 철거 중인데 무슨 청소를 합니까?" 하고 되물었더니, "건물 관리를 하겠습니다"라고 말하며 "사장님이 젊어서 좋다고 봤는데 여기저기서 말이 나옵니다"라고 덧붙였다. 건물 청소 오더를 따 보겠다고 은근한 압력을 넣는 것이었다.

"어떤 놈이 그래요? 내 앞에서 그 소리 해보라고 하세요. 확 쑤셔버릴라니까? 나 경매하는 놈입니다. 저 위 사람을 3일 만에 다 내쫓은 거 모르시군요?"

그러자 사내가 "나도 수유리에서 건달 짓 좀 했고, 동생이 크레타에서 30억원짜리 건물이 있는데…"라고 귀엽게 저항했다.

'아, 닝기리. 내가 나이롱 뽕으로 보이나. 이런 개 시파리까지 꼬이다니….'

기가 막혔지만, 성질을 억누르고 차분하게 "이 건물 수리하면 4층을 사무실로 씁니다. 내 동생들이 와서 건물 관리를 할 것인데 그래도 일손이 부족하면 생각해보겠습니다"라고 말했다. 그럼에도 "청소도 해본 사람이 합니다"라고 말하며 물러서지 않기에 한 방 더 때렸다.

"내 동생 놈들은 뒤지라면 뒤지고, 하수구 청소하라고 하면 하는 놈들입니다."

그제야 사내는 확실히 쫄았다. 그러면서도 "고물은 알아서 챙겨가겠습니다"라고 하기에, "안 됩니다. 내가 생각해서 할머니에게 종이 좀 가져가라고 했더니 수저까지 챙겨갔더군요? 그러니 공사 끝날 때까지 손대지 마세요"라고 마무리 지었다.

까르페디엠과의 식사는 태풍횟집이었다.

식사 후 커핀GURUNARU로 가서 커피를 마시며 본론을 들었다. 점심 밥값이었다. 까르페디엠이 "차순위 매수신고인이 매각불허가 신청을 했는데 어떻게 막으면 될까요?"라고 물었다. 이 사건은 당사자가 차순위 신고인에게 스스로 너무 많은 정보를 오픈해서 화를 키운 사건이었다. 매사에 조심하고 정보보안을 생명으로 삼아야 하는 이유이기도 했다.

"일이 이렇게 된 거, 그냥 채무자 처지에서 '불허가' 사유가 안 됨을 밝혀야지? 당당하게!"

7

왜 이 고생을 하지?

2013년 5월 13일 월요일 맑음

피렌체 빌딩은 부분 철거가 시작되었다.

철거업체에 하청을 준 것이 아니라 무빙디자인 재훈이 직접 인부를 불러 철거를 하는 형식이었다.

"사장님 커피 한잔하시죠?"

현장을 둘러보는 마이클을 부른 사람은 옆 건물 1층 참치집 사장이었다. 전남 영광이 고향으로 아이는 둘이었고, 성실하게 장사한다는 하는 점이 마음에 들었다.

2013년 5월 14일 화요일 맑음

2시간 일하고 4시간은 배우고, 나머지 시간엔 친구들과 교분을 나누는 시간을 살고자 했다. 작년까지는 노는 것은 그러했으나 장소나 시간이 아름답지 못해 시간만 죽이는 꼴이라고 후회했다. 올해엔 재물운이 가득한지 하는 일마다 잘 되고 있었다. 그냥 스스로 잘 되는 것이 아니라 잘못된 것조차 운명으로 알고 묵묵히 하다 보니 안목이 높아지고 간덩이도 커져 빅맨으로 훈련되어 가는 것을 느꼈다. 낙찰받은 피렌체 근린빌딩 리모델링 공사가 더욱 그렇게 했다.

무빙디자인 재훈은 인건비를 아끼기 위해 최소한의 인력을 투입하고 있다.

그로 인해 건축주 마이클은 1일 60만 원의 이자와 공사 소음 민원에 시달리고 있다. 오늘도 쌈닭 같은 전화를 받았는데 맞은편 2층 미용실 원장이었다. 무조건 '미안하다'고 했더니 그쪽의 분노가 사그라졌다. 결과를 무빙디자인 대표 재훈에게 알렸다.

"통화했어. 괜찮아!"

전화를 끊고 보니 자신도 주민들과 소통을 게을리했다는 생각이 들었다.

공사 기간을 안내하는 멋진 현수막이라도 걸어야겠다는 생각이 들 때도 이때였다.

떨리는 가슴 때문에 운전할 기분이 아니었다.

지하철 2호선을 타고 피렌체로 향했다. 곧장 미용실로 올라갔다. 전화할 때는 쌈닭이던 원장이 바로 꼬리를 내렸다. 하여간 그렇다. 인간사 소통의 문제였다. 그러니 지금 마이클에게 필요한 것은 현수막이었다.

2013년 5월 15일 수요일 맑음

"사장님, 다시 민원이 들어와서 공사는 중지되었습니다."

차분하게 무빙디자인 대표 재훈의 전화를 받았는데, 아무래도 뭔가 특단의 조치를 취해야 할 것 같다는 생각을 했다. 그래서 "일단 내가 2시간 이내로 가겠습니다!"라고 대답하고 끊었더니 다시 전화를 걸어와 "일단 공사는 다시 하고 있는데 한번 주민들을 만나긴 해야 할 것 같습니다"라고 말했다. 마이클이 "알았어. 참, 언제부터 장사하는 세입자들이 갑인지 모르겠네!"라고 대답했고, 잠시 후 은색 랭글러 루비콘이 피렌체 빌딩 주차장에 도착했다. 1층에 입점할 프랜차이즈 업체 인테리어팀의 전화를 받은 때도 이때였다.

"사장님, 계단 부분이 빠지는 등 내부 면적이 좁아져서 곤란한데요?"

마이클이 "내가 현장에 있으니 오세요"라고 말한 후, 가장 악질적으로 공사를 방해하는 닭갈비집을 먼저 찾았다. 그리고 그답지 않게 차분하게 이야기를 들었다. 결론은 "당분간 방을 얻어 조용히 잠을 자고 싶다"는 것이었다. 그러면서 "내가 반을 내고 사장님이 반을 내시면 어떨까요?"라고 의향을 물어왔다. 그제야 마이클도 닭갈비집 점주의 고충을 이해했다.

"그러세요?"

편의점에서 편지봉투를 사, 5만 원권 열 장을 넣어 무빙디자인 대표 재훈에게 "이거 닭갈비 사장 드리세요"라고 건넸다. 그리고 음료수 두 박스를 사 들고 맞은편 1층 늘푸른목장 식당으로 들어갔다. 형제가 고기를 손질하고 있었다.

"4층이 수리되면 나도 술을 좋아해서 자주 들릴 텐데 그러지 못했습니다."

마이클의 인사에 형제가 "우리도 이해합니다"라고 말하고 하던 일을 계속했다. 길 건너 양꼬치구이 식당도 마찬가지였다. 그저 '우리도 장사 좀 되니 무시하지 말라'는 투정 정도로 반응했다. 그렇게 동네를 한 바퀴를 돌고 오니, 무빙디자인 여실장이 마이클을 안쓰러운 눈으로 쳐다보며 "고생하셨어요. 잘하신 거예요"라고 말했다. 어쨌거나 마이클도 슬슬 업자가 되어가고 있었다.

1층 프랜차이즈는 '삼국지'로 결정되었다.

도착한 인테리어팀과 이야기한 끝에, 지하로 내려가는 계단 폭을 좁혀주고 일부는 막아 주기로 했다. 그로 인해 지하 계단이 약간 돌아가긴 하는데, 별 무리가 없다니 그리 해줄 생각이다. 간판은 '작게 붙이라'고 말했더니 극구 반대했다. 마이클도 동업하는 형편인지라 디자인대로 하라고 양보했다.

'삼국지'의 계약서 초안이 메일로 도착해 있었다.

최저임대료를 200만 원으로 책정해서 수정했고, 최저임대료가 6개월 이상 지속되면 '임대차계약은 해지'라는 조항을 삽입했다.

2013년 5월 16일 목요일 정말 맑고 푸르른 날

일정을 생각한다.

아무것도 없었다. 무한정 놀아도 된다는 뜻이었다. 그러나 일정이 없다고 해서 놀 수는 없었다. 재산 전부가 투여된 피렌체 빌딩 리모델링 공사를 관리해야 하기 때문이다. 전쟁에 나가는 기사가 갑옷을 챙기듯, 은색 차이나 양복을 꺼내 입고 롤렉스 시계를 찬다.

현장에 도착하니 젊은 소장이 맞이했다.

2층 철거를 하며 폐기물을 아래로 투하하고 있었다. 편의점에 들려 주스 한 박스를 들고 이틀 전 진상을 친 미용실을 향했다.

"사장님. 이것으로는 안 되는데…."

원장의 말에 '이건 뭐, 이것들은 도대체 뭘 생각한 것인가? 건축주의 궁박한 사정을 압박해 삥 뜯으면 부자가 되는 줄 아나? 내가 언제 느그들과 말 섞어가며 이야기한 적이 있던가'라는 생각과 함께 가슴 저 밑바닥에서 성질이 확 불타오르는데, 꽉 참고 "커피 한잔 얻어 마시러 왔어요"라고 말했다.

미용실 원장은 '실비보험 환급을 위해 진료확인서를 해달라'며 아산병원 원무과와 전화를 하는 중이었다. 병원 측이 자꾸 '접수 후 방문하라'고 해서 땍땍거리는 목소리로 항의했다. 목소리에서 이미 복은 저만치 달아나고 있었는데 대화 내용으로 상황을 스캔해보니, '5년 동안 빈 2층 상가에 들어와 3년 동안 적자 행진을 하는 그림'이었다. 그러니 세상사 짜증이 날 법했고, 하필 그때 앞 건물이 리모델링 어쩌고 하며 먼지까지 날렸으니 쌈하고 싶었던 것이다. 내 인생이 행복하면 남과 싸우지 않는다. 장사도 못 하는 것들이 꼭 쌈질한다. 하여간 그렇게 진단 때리고 미용실을 나왔다.

1층 '삼국지'는 인테리어를 시작했다.

목수와 자재들이 도착했다. 80평형 에어컨 실외기 배치 문제를 묻기에 "H빔을 사용해 주차에 문제없도록 2m 위로 올리세요"라고 말했다. 아무리 동업 관계라고 하지만 무작정 들어줄 수는 없었다. 주차장은 오로지 주차 공간으로 사용하고, 건물도 단정하게 유지할 생각이기에 그렇게 했다. 임대차계약서 임대료도 '다운'을 하지 않고 합법적으로 계약하기로 했다.

피렌체에서 크레타 아파트로 오는 동안 자신에게 화두를 던졌었다.

'왜 리모델링을 한다고 하면서 이 고생을 하지?'

'돈을 벌려고 하는 거야? 무엇 때문에 이 길을 가는 거야?'

돈 때문도 아니고 명망도 아닌 아무런 목적도 없이 험한 길을 가고 있다는 생각이 들었다. 빌려준 원금을 회수하기 위한 노력치고는 매우 난이도가 있는 노력이었다. 다시는 목적 없이 이런 사업을 하지 않겠다고 생각했고, 투자와 삶에 대해 좀 더 고민이 필요한 시점이었다.

8

생일파티

2013년 5월 17일 금요일 맑음

오랜만의 숙면이었다.

늘어지게 잠을 자고 일어난 것이 11시가 넘었다.

피렌체 빌딩에 도착했더니 한전 직원들이 건물을 끼고 도는 전선을 철거하고 있었다. 고마운 일이었다. 이때 잠을 못 잔다면서 피 같은 돈 50만 원을 삥 뜯은 '할매닭갈비' 점주가 다가와 "사장님, 휴일날 공사한다고 말들이 많아요"라고 말했다. 당연히 마이클이 "너무 하는 거 아니요? 상업지역에서 인테리어도 못한단 말이요?"라고 역정을 냈다. '할매닭갈비' 점주가 "우리도 휴일에는 인테리어를 안 했거든요…"라며 말꼬리를 흐렸다.

신경이 날카로워진 마이클은, '이놈들이 나를 아주 호구로 아네, 하여간 너네들은 내가 공사를 끝내는 순간 다 아웃이야'라고 속으로만 이빨을 갈고, 지금은 발톱을 숨길 때라고 생각하며 "인테리어는 내가 하는 것이 아니라 뭐라 말할 수 없습니다. 다만 휴일에는 공사를 하지 말라고 말은 하겠습니다"라고 대답했다.

그러고는 공사 중인 상가 인테리어 직원에게 가서 물으니 "일요일은 쉽니다"라는 대답이 돌아왔는데, 오늘은 석가 탄신일이어서 작업을 한 듯했다. 또 작업한다고 해서 문제될 것도 없었다. 해서, 이들이 뭔가 심기가 뒤틀린 것은 확실한데 그것이 무엇인지는 찾지 못했다. 그러다 문득 스치는 생각이 있었다.

임대료였다. 마이클이 주장하는 1층 상가 임대료는 월 750만 원이었다. 그리고 지금 인테리어를 하는 것으로 보아 그렇게 임대료가 책정된 것으로 생각한 듯했다.

‘하긴, 너희들이 아무리 지랄해도 임대료 폭풍은 비켜 갈 수 없을 것이다. 건물주의 명도소송도 내가 죄다 해줄 것이다.’

마이클은 복수 콘셉트를 이것으로 잡기로 했는데, “음료수나 한잔하시죠?”라는 ‘할매닭갈비’ 점주의 말에 생각이 끊어졌다. ‘할매닭갈비’ 테이블에 마주 앉았다. 점주가 “저도 대기업에서 회사생활을 했었습니다”라고 이야기를 꺼냈다. 마이클도 슬슬 패를 보여주었다.

2013년 5월 18일 토요일 흐리고 오후에 비

사랑도 명예도 이름도 남김없이 한평생 나가자던 뜨거운 맹세
동지는 간데없고 깃발만 나부껴 새날이 올 때까지 흔들리지 말자
세월은 흘러가도 산천은 안다 깨어나서 외치는 뜨거운 함성

5.18 광주 민중항쟁 기념일이다.

벌써 33년이 되었다. 중학교 2학년 때였다. 전두환 정권이 정국 안정을 위해 전국 시위 중 광주를 타깃으로 진압했다고 의식화 교육을 받을 때 배웠다. 노동해방문학은 《윤상원 평전》을 써 열사로 끌어올리기도 했다. 그러나 지금은 그때의 선전, 선동에 대해 모두 믿을 수 없다는 관점이 생겼다. 당시 노동자의 처지는 그저 대학 운동권들에게는 선전, 선동의 대상이었을 뿐이었기 때문이다.

“탕! 탕!”

중학교는 광주–목포 간 고속국도에 인접해 있었는데 지나가는 무장 시위대가 총을 쏘는 바람에 휴교에 들어갔었다.

그와 다른 문제로 1966년 오늘은 마이클이 태어난 날이기도 했다.

음력으로 생일을 기억하는 것이 보통인데, 마이클은 양력으로 기념을 하고 싶어 계산했더니 5월 18일이었다. 그래서 작년부터 5월 18일을 생일로 기념, 거룩하게 지키고 있다. 슬픈 일이지만 광주항쟁과 같은 날이어서 잊어버릴 일은 없겠다.

늘어지게 편안한 늦잠으로 아침을 맞았다.

그러다가 전화를 받았는데 자신을 '피렌체 빌딩 옆 건물 소유주'라고 밝혔다. 그래서 "1시간 내에 도착하겠습니다"라고 정확하게 말하고, 은갈치 차이나 슈트를 입고 랭글러 루비콘에 올랐다.

전화한 사내는 고도비만으로 당뇨 증세가 있는 것으로 보였다.

부인도 건강이 좋지 않아 '남양주에서 휴양을 하고 있다'고 말했는데, 구형 NF소나타 운전석에 타고 있었다. 이 사내가 마이클의 빌딩과 자신의 빌딩 사이에 볼썽사나운 창고를 지은 범인이다. 사내가, "내 토지가 그쪽으로 좀 넘어가 있어요. 그래서 옆 건물이 낙찰되어 신축되면 떨어져 신축하라는 의미로 창고를 지었습니다"라고 목적을 밝혔다. 젊은 시절 방이동 골목에서 여관, 식당 등 네 곳을 운영했고, 중개사무소도 운영한 '역전의 용사'였다.

"이해합니다. 그러나 건물주는 자기 건물을 깨끗하게 관리를 해 도시를 아름답게 하는 데 도움이 되어야 한다고 생각합니다. 세상에 태어나 내 건물을 갖는다는 것은 복 받은 일이기 때문입니다. 그래서 되도록 깨끗하게 건물과 주변을 관리해야 한다고 믿기에 나도 리모델링을 하고 주변을 늘 청소하는 것입니다…."

마이클은 최대한 비위를 거스르지 않도록 예의 바르게 설득해 볼썽사나운 불법 건축물의 창고 열쇠를 넘겨받는 데 성공했다. 물론 열쇠를 받는 조건에는 "건물 리모델링이 끝나면 주변과 어울리도록 다시 예쁘게 지어 주겠습니다"라는 약속도 한몫했다. 당연히 피렌체 빌딩의 외관 콘셉트에 맞게 예쁘게 불법 건축물을 지어 줄 생각이다.

작은 승리를 쟁취했음에도 마이클의 정신 상태는 엉망이었다.

그래서 낙찰받아 리모델링 공사 중인 피렌체 빌딩을 '소유해야 할 것인지'에 대해 깊은 고민을 하고 있었다. 그런 이유로, 생일임에도 즐겁지 않았고 알 수 없는 우울함이 감정을 짓눌렀다.

오후가 되어 비가 내리었다.

친구들을 접대하느라 바쁜 유진참치 주인장에게 “친구들 왔다고 단골 관리 엉망이야?”라고 구박하자 맛있는 참치 부위를 내어왔다. 덕분에 기분 좋게 취했는데 그만, 해서는 안 될 전화를 하고 말았다.

“이 아름다운 삶을 살게 해줘서 고맙습니다!”

아버지 기한에게 감사의 전화를 했더니 “네 엄마 다리가 아프다… 오른쪽 눈이 좋아지지 않는다…”라는 고통스러운 대사가 나왔고, 결국 인내심을 발휘하지 못하고 쌈박질을 했다. 이에 아버지 기한도 화가 나 “그래 끊자!”라며 전화를 끊었다. 마이클이 “아, 이 지울 수 없는 출생의 천박함이란”이라고 탄식하며 소주가 담긴 술잔을 들이켰다. 그렇게 생일날의 밤이 지나가고 있었다.

2013년 5월 20일 월요일 흐림

피렌체로 향했다.

건물 1층 상가 ‘삼국지’ 인테리어가 한창이다. 현관을 잠근 와이어락을 회수하려고 했더니 쇠사슬로 바뀌어 있었다. 무빙디자인 사장 재훈에게 전화했더니 “열쇠 가지고 있습니다”고 말했는데, 현장소장은 “도난당했습니다”라고 말했다. 주차장에는 내부 벽체를 쌓는 데 사용될 벽돌이 가득했고 2, 3층엔 먹줄작업이 한창이었다. 1층은 일부 인테리어가 수정되긴 했으나 나름대로 열심히 작업하고 있었다.

“실외기, 환풍기 모터는 건물에 붙이면 안 됩니다.”

마이클은 환풍기 모터 소음이 건물 벽을 타고 들어오는 것을 막기 위해 한 번 더 일러두었다. 그런 후 주차장에서 피렌체 빌딩을 올려다보았다. 제법 웅장했다. 한국전력 미납요금 20여만 원을 납부하고 이마트에서 열쇠와 와이어를 구매했다.

2013년 5월 22일 수요일 맑음

한국전력 요금담당의 직책은 과장이었고 성은 하씨였다.

체납요금이 120만 원 정도 되었는데 '15Kw를 써야 하므로 체납요금을 납부하고 가져오는 것이 경제적'이라고 하기에 그렇게 하기로 하고 납부를 위한 계좌번호를 문자로 받았다. 그러나 계약자 명의변경 서류에 서명하지 않고 오는 바람에 한 번 더 방문해야 했다.

2013년 5월 23일 목요일 맑음

피렌체 빌딩에 도착했다.

외관 목공 작업은 마무리되었고 2층 내부 조적 벽돌도 쌓였으며 3층을 작업하고 있었다. 벽돌과 천장 사이 틈은 에폭시 시공을 한다고 했다. 꼼꼼하게 작업한다는 생각은 들었다. 디자인 실장과 만나 옥탑 방바닥 타일, 도배, 에어컨 실외기와 창문 위치에 대해서도 정리했다. 그런 후 건물 밖에서 공사 현장을 보고 있으니 '할매닭갈비' 점주가 다가와 "100만 원짜리 방을 얻었습니다"라고 말했다. 그래서인지 얼굴을 보니 덜 피곤해보였다. 내친김에 4층으로 끌고 올라가 원룸을 보여주며 "여길 풀옵션 원룸으로 할 건데 100만 원 받겠습니까?"라고 물었다. 그러자 '할매닭갈비' 점주가 "다른 곳 100만 원짜리 방은 좋아요"라고 말하며 "가게에 가서 음료수라도 한잔하시죠?"라고 말했다.

잠시 후, 점주가 얼음 잔에 콜라를 부어 내왔다.

9

벤츠 SLK 로드스터

2013년 5월 25일 토요일 맑음

상추쌈으로 아침 식사를 해결하고 피렌체로 향했다.

딱히 갈 이유는 없었으나 현장에 있는 것이 마음이 편했기 때문이다. 망가진 노트북의 하드 디스크를 분해하려고 했으나 맞는 드라이버가 없어서 그냥 두었다.

쿵궁궁궁–

은색 랭글러 루비콘의 유리창은 모두 내렸다.

스피커가 찢어지도록 볼륨을 높이고 가속페달을 밟았다. 1층 삼국지 인테리어 직원과 배수관에 대해 의견을 나누고 무빙디자인 대표 재훈과 공사 진척상황도 공유했다. 이때 마이클이 "어제 3,500만 원 입금했어!"라고 말했는데, 뭐 이미 문자로 전달되었을 것이다. 업자란 수금이 제일이니까.

부아아앙–

답답한 마음에 경부고속도를 달려 화성에 위치한 경기도종합사격장에 도착했다.

클레이 사격을 하는 총소리가 귓전을 때렸다. 마이클도 신분증을 제시하고 엽탄 4박스(1백 발) 받았다.

2013년 5월 30일 목요일 맑음

피렌체로 향했다.

45억 원의 가치로 변신시키려는 피렌체 빌딩은 배관 파이프가 깔리고 바닥 콘크리트 타설 준비작업을 했고, 하수 배관작업을 위해 주차장 바닥이 잘렸으며, 옥탑방으로 가려면 고개를 숙여야 했던 문제를 해결하기 위해 옥상 슬라브도 일부 절단했다.

주택 부분의 화장실과 싱크대도 철거되어 있었는데 정말 돈이 깡패였다. 또 NBC부동산 실장이 "원룸은 벽을 밀어야 환하죠?"라고 조언을 한 까닭에 귀가 얇은 마이클이 그렇게 하기로 했다. 그렇게 되면 계단 쪽 창문을 막아도 채광에 문제가 없었다. 무빙디자인 대표 재훈이 벽을 터는 것에 대해 우려를 했으나 탑층이어서 하중이 없으므로 문제가 되지 않을 것이었다. 하지만 조금은 걱정되었기에 일부는 남겨 두기로 했다.

2013년 5월 31일 금요일 맑음

'오늘을 삶의 마지막 날처럼' 치열하게 살아가자고 다짐했고 그렇게 살아왔는데 어느새 내일을 기다리는 삶을 사는 자신을 발견했다. 제일 싫어하는 인지부조화였다. 벤츠도 "돈 벌어서 사겠다"며 내일, 내일 했는데 그러다 못 지르고 세월만 갈 것 같아서 지르기로 했다.

벤츠 SLK 로드스터!

뚜껑 열리는 푸조 206에 반한 것이 10년 전이었다. 3,000만 원짜리였는데 못 샀다. 이번에도 못 사면 그렇게 죽을 것 같았다. 그래서 사기로 마음을 먹었는데 한성자동차 방배동 본사의 젊은 과장은 연락이 없어서 팔아주지 않을 생각으로, SLK 카페에 "열심히 일하는 딜러 소개시켜주세요"라는 질문을 올렸더니 '유사무엘'이라는 운영자가 추천해주었다. 그렇게 추천된 딜러를 찾아 대치동에 있는 벤츠 삼성전시장으로 향했다.

소개받은 딜러 김정원 차장을 찾아 물었다. 남자인 줄 알고 갔더니 여자여서 약간 당황하며 “SLK 사려면 어떻게 하면 됩니까?”라고 묻고 “빨강색은 국내에 없다면서요?”라고 덧붙였다. 딜러 정원이 “네. 그렇습니다”라고 대답했다. 다행이다 싶었다. 지금 수중에는 돈이 없기 때문이다. 그럼에도 빨간색 벤츠가 독일에서 출발해 한국에 도착하려면 몇 달이 걸릴 것이므로, 그 사이 뭔 일이라도 일어나 목돈이 굴러올 것이라 믿고, 100만 원짜리 수표 한 장을 계약금으로 건네며 “차장님, 그런데 말입니다. 어쩌다가 내가 차를 인수하지 못할 경우에는 어쩌죠?” 라고 물었다. 이에 정원이 “계약금은 반환해드립니다. 벤츠 영업맨들의 영업력이 워낙 뛰어나서 말입니다. 호! 호!”라고 안심시켰다.

“그래요? 그거 좋네. 계약합시다."

”차는 밖에 준비했는데 시승이라도 하셔야죠?"

“아뇨, 자동차가 거기서 거기죠. 그냥 SLK를 사러 왔잖아요?”

말은 그렇게 했으나 한번 앉아 보기로 했다.

시승차는 검정색이었고 시트 높이는 낮았다. 왼쪽 문짝의 시트 조정 버튼을 위로 올려 보았다. 딜러 정원이 “상당히 많이 올라갑니다”라고 말했는데 정말 그랬다.

그러나 정작 운전자는 과속을 즐기지 않기에 무게 중심 따위는 고려 대상이 아니었다. 오랫동안 꿈꿔왔던 하드탑 로드스터를 소유하고 싶을 뿐이었다. 시승차에서 내려 다시 매장으로 들어왔더니 계약서를 가지고 어디로 갔던 정원이 돌아와 “사장님. 빨간색은 스페셜 오더를 넣어야 합니다. 그래서 계약금을 더 주셔야 하는데…”라고 말했다. 마이클이 “아, 돈이 없는데”라고 말하자, “카드 됩니다”라고 알려주었다. 그렇게 200만 원은 카드로 긁었다. 그러니 이제부터 4개월 안에 7,000만 원을 벌어야 한다. 그래야 대한민국에 한 대뿐인 2013년식 빨간색 벤츠 SLK를 소유할 수 있다.

벤츠 삼성전시장에서 피렌체는 매우 가까웠다.

빌딩 리모델링이 끝나면 사무실을 옮겨야 했는데 벤츠 매장과도 가까워 모든 것이 딱딱 맞아 떨어진다는 생각을 했다.

‘피렌체 시대가 열리고 있다!’

리모델링 중인 공사 현장도 조금씩 모습을 갖춰가고 있었다.

주차장 실외기를 놓는 철 구조물을, 옆 건축주가 "벽과 떨어뜨리라"라고 했다는 전화를 받고 "그렇게 해주세요"라고 말했다.

2013년 8월 31일 토요일 소나기 | 다른 지역은 멀쩡

택시를 잡아탔다.

흰색 바지에 하늘색 줄무늬 셔츠, 청색 운동화 차림의 마이클이 벤츠 매장에 들어선 시각은 11시 무렵이었다.

'뜨-악!'

모든 효용 가치는, 마치 남자가 여자를 작업해 사정하기 직전처럼 자동차 또한 구입 직전, 흥분은 극대화된다. 그리고 곧 일상으로 돌아간다. 파워 보트도 그랬다. 벤츠 SLK 로드스터 또한 1,000만 원짜리 수표 일곱 장 건넬 때는 이미 흥분은 봄볕에 고사리가 말라가듯 사그라지는 것이 당연했다.

아, 그러나 아니었다!

저 붉은 벤츠는, 이탈리아 태양이 녹인 붉은색이었다. 감격의 눈물이 날 정도로 울컥했다. 어찌 그리 예쁜 빨간색일까? 당연히 휘발유가 들어갈 줄 알았으나, 배기량도 몰랐고 후륜 구동이라는 것도 몰랐다. 그저 빨간색 오픈카여서 소유해 버린 것이었다.

"아, 멋진 인생이다."

9Km에 불과한 퇴근길은 멀었다.

올림픽 도로를 달리는 검붉은 색깔의 벤츠 SLK 로드스터 위로 8월 마지막 밤하늘의 별들이 쏟아져 내렸다.

부아아악-

스포츠카는 영종도를 지나 송도로 향했다!

10

오늘을 삶의 마지막 날처럼

2013년 6월 2일 일요일 맑음

노인의 하루는 새벽 일찍 시작되었다.

운전기사가 운전하는 벤츠 S-500 뒷좌석에 앉아 건물들을 차례로 돌았다. 이렇게 다섯 채의 빌딩을 둘러보는 일이 하루의 시작이며 끝이었다. 누군가에게 들었던 노인의 새벽이 이해가 되는 아침이었다. 날씨가 너무도 좋아 피렌체 빌딩 공사 현장으로 외출했다. 9시가 조금 넘은 시각이었다.

"아니, 여기서 어제 하수관 공사를 했는데 우리 건물 지하로 물이 들어왔어. 책임을 묻자는 것은 아니고… 공사 인부가 시멘트를 구하러 갔는데 철물점이 문을 열지 않았다네. 나에게 몇 포대 팔어…."

참치식당이 입점해 있는 건물주가 반기는 이유는 이것이었다.

함께 건물 지하를 둘러보았다. 화장실과 외벽에서 물이 들어왔기에 미장으로 메우는 공사를 하고 있었다.

마이클이 "대지가 흙속으로는 연결되어 있군요? 그래서 우리 주차장 바닥 콘크리트를 걷어내니 물이 이쪽으로 샌 거고요? 하수관 공사가 끝나면 전혀 문제없을 것 같습니다. 시멘트는 몇 포대가 필요한가요?"라고 말하고 미장하고 있는 작업자에게 다시 물었더니, "다섯 포 정도"라고 대답했다. 마이클이 "그냥 가져다 쓰세요"라고 말했다.

주차장은 하수관로를 묻기 위해 넓은 간격으로 잘려져 있었다.

지하실로 내려가는 계단의 화장실도 멋지게 작업되고 있었다. 깔끔한 실력을 보니 '역시 돈이 깡패다'라는 생각이 들었다. 옆 건물주가 궁금해하기에 기꺼이 공사 현장을 보여주었더니 "멋지네. 욕심나네"라고 말했다. 그렇다면 잘하고 있는 것이었다. 건물주가 욕심내는 건물이면 매각에 승산이 있다고 생각했다.

올림픽 도로를 이용해 한강 반포지구로 향했다.

캠핑 트레일러에서 꼬마가 인사를 했다. 반갑게 맞아주며 습기 제거를 위해 벗겨놓은 파워 보트 커버를 덮었다.

2013년 6월 3일 월요일 맑음

아침에 일어나는 것이 매우 힘들었다.

평온하게 수면한 것이 언제쯤인지 기억이 없다. 창밖으로 보이는 날씨는 매우 맑았는데 그냥 있기에는 억울했다.

한국전력에서 1층 계량기를 부착하려고 전화를 했다.

아무 곳에나 부착해도 되는 줄 알았는데 인테리어업체의 배선에 따라서 해야 한다기에 업자 연락처를 문자로 보내주고 피렌체로 향했다. 현장은 주차할 공간을 찾을 수 없을 정도로 인부들의 자동차가 점령했다. 공사는 조금 변한 것은 있지만, 특별할 것은 없었다. 사진만 몇 장 찍었다.

2013년 6월 4일 화요일 맑음

거침없이 랭글러 루비콘의 가속페달을 밟으며 피렌체로 향했다.

옥탑 바닥과 4층 바닥도 온돌 파이프를 깔기 위해 철망이 깔려 있었다. 무빙디자인 대표 재훈이 "금요일에 콘크리트 타설합니다"라고 일정을 알렸다. 마이클이 "커피나 마시러 갑시다"라고 앞장섰다. 공사비 3,500만 원을 지급했고, 9,000만 원은 금요일 이후에 지급하기로 했다. 신뢰 관계가 구축되어 가는 것 같았다.

2013년 6월 6일 목요일 맑음

좀 늦게 일어났다.

그러다 보니 오전 시간을 흘려보냈다. 일기도 다 쓰지 못했다. 갑자기 일거리가 늘어난 느낌이었다. 2시간 정도 인터넷 수업 강의를 듣고 피렌체하우스 카페를 만들 생각을 했다. 건물을 홍보하고 고시원의 임차인을 구하려면 그게 좋을 것 같다는 판단이 들어, 포털사이트 〈DAUM〉에서 '피렌체하우스'를 검색했더니 카페가 있었다.

휴면 카페이긴 하지만 피렌체에서 민박집을 하는 사람이 먼저 개설을 해놓은 상태였다. 그래서 이번에는 〈NAVER〉를 검색했다. 검색엔진 1위인 〈NAVER〉에 카페를 만드는 것도 나쁘진 않다는 생각에서 그랬는데 다행히 이곳은 아무도 선점하지 않았다. 바로 피렌체하우스로 카페를 개설하고 대문 사진을 올렸다. 카페 콘셉트는 결정하지 못했지만, 피렌체 가문의 문화를 만들어가는 공간으로 만들 생각이다. 고급, 럭셔리, 깨끗함, 모두가 들어가 살고 싶지만 아무나 들어올 수 없는 고시원, 그것이 마이클이 추구하는 고시원의 개념이기도 했다.

한강에 파워 보트 영프린스호를 띄웠다.

오늘따라 여러 척의 파워 보트가 놀았다. 수상 레저를 즐기는 사람들이 늘어가고 있다는 뜻이기도 했다. 피렌체 선착장까지 다녀온 후 슬로프에 정박하고 아이스박스에서 캔 맥주 하나를 꺼냈다. 태양이 구름 사이로 들어갔고 석양 노을이 시작될 무렵이었다.

'아, 이대로 죽어도 여한이 없다'

늘어뜨린 왼손에 지나가는 파워 보트가 일으킨 물보라와 물방울이 튀었다. 그때 드는 생각이었다. 정말 '이대로 죽어도 좋다'는 생각을 했다. 사랑도, 명예도, 이름도 필요 없이 지금 이대로, 이대로 죽어도 좋은 날. 예전의 마이클로 돌아온 시간이었다.

2013년 6월 7일 금요일

피렌체 빌딩 리모델링 공사 담당인 한 소장의 전화를 받았다.

"사장님 안 오세요? 콘크리트 붓는데…."

금요일쯤 한다고 해서 기다렸는데 오늘이라고 알려왔다. 캐논 5D 카메라를 챙겨 2호선 지하철에 몸을 실었다. 현장에 도착하니, 주차장을 비롯해 각 층에 레미콘을 붓고 수평을 잡는 미장을 하고 있었다.

찰칵!

사진을 찍었으나 그리 잘 나오진 않았다.

1층도 실내 타일 작업을 준비하느라 분주했고, 간판 아래 4색의 현수막이 붙어 있어 인테리어팀에게 물었더니 "천막 색깔을 선택하려고 붙여 놓았습니다"라고 대답했다. 마이클이 "호오" 하고 감탄했는데, 전문가답게 뭔가 달랐다. 그중 한 직원이 음료수를 내밀었다.

2013년 6월 8일 토요일

경제 전쟁은 혼자 하고 있었다. 외로운 전사였다.

잠이 오지 않았다. 몸을 뒤척이다 몽블랑 만년필 마이스터튁 149를 꺼내 스케치북에 뭔가를 끄적였는데 결과적으로 좋지 않은 결정이었다. 그럼에도 불구하고 당장 해야 할 사업으로는

1. 피렌체 빌딩 정상화, 2. 울란바토르 건축허가와 함께 매매 진행, 3. 매매 불발 시 하반기부터 건축공사를 한다는 결정이었다.

물론 가장 괜찮은 방법은 리모델링을 진행하고 있는 피렌체 빌딩이 매각되는 것이고, 이 매매 자금으로 또 다른 사업을 시작하는 것이다. 그렇게 된다면 닻을 한곳에 내리지 않고 항해를 계속하게 되는, 유목민처럼 투자 여행을 계속하며 자유를 얻을 수 있다. 다만 도봉동 토지는 매각보다 '안가'의 성격으로 보유하기

로 했다. 자신만을 위한 공간은 꼭 필요하기 때문이었다.

당장 매각할 수 있는 것들은 매각해 현금화하기로 했다. 한강을 달리던 파워 보트 영프린스호도 중고매매 사이트에 등록했다. 또 캐논 5D 카메라와 200mm렌즈도 그렇게 했는데, 매우 헐값이었다. 다시 태어날 것처럼 모든 것을 매각하고 다시 시작하기로 했다. 앞으로의 삶을 스케치북에 적었다.

"앞으로 내가 소유할 것은, 자동차는 벤츠 SLK 빨강색과 튜닝이 된 2인승 랭글러 루비콘, 주거지는 도봉동 힐링캠프, 현금 30억 원의 통장, 멋스럽게 빠진 엽총 한 자루와 캐논EOX-1DX 카메라, 그리고 세계지도 한 장. 여름이면 수상 레저를 즐기고, 겨울이면 사냥을 하고, 봄과 가을엔 사진 여행을 떠날 것이다. 그렇게 싸가지 없는 작가로 살다 뒤질 것이다. 이 외로운 영혼을 위해 건배!"

11

비계 설치

2013년 6월 9일 일요일 맑음

파워 보트도 팔고, 카메라도 팔고, 뭐도 팔고… 그렇게 마음을 먹었었다.

편의점에서 사온 임페리얼 12년산에 취해서 말이다. 어제의 일기를 읽어보자. 감정의 기복이 심하다. 신중하게 해야 할 사업들을 너무도 쉽게 결정해버린다. 피렌체 빌딩 리모델링을 하면서 돈 쓰는 재미도 들려 버렸다. 그 결과 롤렉스를 샀고, 벤츠 SLK 로드스터 빨간색이 독일에서 오고 있다. 이 두 물건의 가액이 1억 원이다. 사소한 일로 '욱'하는 것도 잦아졌다. 조울증이라고 판단하고 증상을 검색하고 자답했다.

– 자신의 능력을 과대포장하며 감당하지 못하는 일을 벌인다.

: 음, 아직은 아니지만 12층 건물을 짓겠다고 떠벌리고 다니긴 한다.

– 무리하게 돈을 빌리거나 사업을 추진한다.

: 이것은 어느 정도 맞다. 투자라고 하지만 부채가 많아진 것은 사실이다.

– 안 먹어도 배가 고프지 않고 수면 욕구가 줄어들었다.

: 이것 또한 어느 정도 맞다.

– 에너지가 넘쳐 목소리도 커지고 활발하게 활동한다.

: 이것은 늘 그래 왔다.

– 감정의 기복이 심하고 충동적이다.

: 이 항목이 좀 문제다. 감정의 기복이 정말 심하다.

– 공격적이거나 갑자기 분노가 폭발할 때도 있다.

: 술로 풀어내니 비슷하다.

– 거짓말을 잘하고 과대망상이 있다.

: 이것은 턱도 없는 소리다.

– 과소비, 성행위 등 쾌락적인 활동에 지나치게 몰두한다.

: 이것은 맞다.

조울증 자가진단을 한 결론은 '어느 정도 문제는 인정한다'였다. 그렇게 된 것에는 재정적으로 벼랑 끝에 서 있기 때문이기도 했다.

피렌체 빌딩 공사 현장을 찾았다.

외벽은 시멘트 미장이 끝났는데 옥상 바닥은 몇 군데 금이 가 있었다. 사진을 몇 장 찍고 한강 피렌체지구 슬로프를 돌아본 후 올림픽 도로를 이용해 크레타로 향하면서 무심히 대출금을 모두 합해봤더니 30억 원이었다. 재산과 대출금이 5 : 5 정도 되는 것은 위험하다고 판단했다.

그럼에도 피렌체 빌딩은 우량한 부동산이므로 장기 보유를 해도 나쁘지 않을 것인데, 대출금을 상환하겠다고 마음먹었기에 어느 것이든 팔리는 대로 팔 것이었다. 그렇게 해서 현금 유동성을 가지고 살아가는 것이 더 자유롭다고 생각했다.

2013년 6월 11일 화요일 맑음

지하철을 타고 피렌체로 향했다.

인부들이 ALC 블록을 등짐으로 져 올리고 있었다. 벽돌은 기존 벽돌보다 가볍다는데, 한 소장이 "구워진 지 얼마 되지 않아 지금은 무겁습니다"라고 말했다. ALC 블럭의 장점은 벽돌보다 가벼워 건물 하중을 늘이지 않고, 방음, 단열 효과도 뛰어나고 시공시간이 짧다는 것 등이었다. 시공하는 방법은 커다란 규격제품을 그대로 사용하거나, 아니면 필요에 따라 회전 톱을 이용해 잘라 전용 접착제로 시공한다. 피렌체 빌딩 내벽에 사용될 벽돌의 폭은 20cm로 일정했다.

점심은 '나의 살던 고향'이라는 토속 음식점이었다.

무빙디자인 대표 재훈과 최 실장, 한 소장까지 함께했다. 마이클은 아침을 늦게 먹었기에 적은 양의 식사를 했다.

2013년 6월 13일 목요일 맑음

오늘도 작업 인부들이 커다란 두부 모양의 ALC 벽돌을 등짐으로 져서 올렸다.

건축구조기술사의 설계에 따라 건물의 구조보강을 위해 H빔과 잭 써포트(JACT SUPPORT) 16개를 영구적으로 벽체 사이에 설치했고, 벽체를 벽돌로 쌓는 과정에서 몇 개를 더 설치해 하중분산 및 안전성을 확보했다. 내측 벽은 벽돌 조적과 ALC 블럭으로 작업하고 있는데 벽돌 조적은 칸막이 효과보다 내력벽 구조의 안전성 때문에 시공했다. 그리고 하중과 관계없는 벽은 보온, 방음효과가 벽돌보다 뛰어난 ALC 블럭을 사용했다. 이렇게 내부 모습이 만들어지고 있었고 외부 공사도 다음 주부터는 시작될 것이었다.

마이클은 건물의 이름을 '피렌체 빌딩'으로 짓고 사업자 등록을 했으며, 주거 공간인 고시원을 '피렌체하우스'란 이름으로 운영을 할 생각이다. 고시원으로 용도변경 허가를 받아 17개의 룸이 만들어지는데, 삶을 구겨 넣는 회색의 고시원처럼 만들고 싶지는 않았다. 비록 작은 공간이지만(기존 고시원보다는 크지만) 삶을 빛내고 미래를 위해 잠시 쉬어가는 도시여행자들을 위한 게스트하우스 같은 공간을 만들고 싶었다. 그래서 수익성보다는 쾌적성에 중점을 두었으며 운영도 그리 해 볼 생각이었다.

며칠 전, 포털사이트에 '피렌체하우스'란 이름으로 카페도 개설했다.

세상은 무조건 먼저 '깃발'을 꽂아야 한다. 현실에서 피렌체하우스 완공은 한참이나 남았지만 사이버 공간은 벌써 집을 지은 셈이었다. 다음 주쯤에는 현수막도 만들어 외벽에 걸 생각이다.

'피렌체하우스'에 입주시키고 싶은 사람은, 음식 만드는 것이 즐거운 사람, 사진을 찍는 것이 취미인 사람, 악기를 연주하는 연습벌레, 꿈을 향해 달려가는 사람, 답답한 세상이 미치도록 싫은 엉뚱 발랄한 사람, 외국어(영어와 프랑스어, 이탈리아어에 한함)를 구사하는 사람… 그런 사람들이었다.

2013년 6월 17일 월요일 맑음

"마이클 님, 이혼 전문 변호사 아세요?"

59년생 노마드가 미국에서 돌아왔다는 보고와 함께 한 첫 질문이었는데, 매우 크리에이티브한 사람으로 창의력도 대단했다. 또한 온갖 잡기에 능해서, 한때는 이태리에서 보석 디자이너로 끗발 날리던 시절도 있었다.

마이클이 "여자들은 자신의 고민을 이야기할 때 늘 아는 친구라며 가상의 인물을 만들지요. 왜, 이혼해요?"라고 되묻자, "나 참, 마이클 님의 촉은…"이라고 인정하면서 "남편이 전 재산을 가지고 있으면서 나를 위해 지원을 해주지 않아요. 그래서 재산을 뚝딱 나눠야 해요"라고 말했다. 이에 마이클이 "그래요? 하긴, 웬수가 되어 헤어지는 것보다 발전적으로 해체하는 이혼은 장려해야지요? 그런데 뭐 이혼 전문이니 부동산 전문이니 다 필요 없어요. 유능한 변호사는 오직 똑똑한 의뢰인이 만들기 때문이죠?"라고 말하자, "아하! 맞다! 맞다! 온갖 잡것들을 상대한 마이클 님이 계시는구나"라고 웃었고, 급했는지 피렌체 공사 현장으로 찾아왔다.

마이클은 아침 8시 30분에 도착해서 건물 외장 공사를 위한 일명 아시바라고 하는 비계 설치 공사를 지켜보고 있었다. 1층의 '돈 삼국지'는 인테리어를 거의 마무리하고 오픈 준비를 하고 있었는데 간판을 밝히는 전등이 비계와 간섭했다. 현장을 담당한 한 소장의 이야기를 들어보니 전등을 떼어내야 할 것 같아 직접 2층으로 올라가 전등의 조립 상태를 확인했다. 전등은 분해하기 어렵지 않았다. 그러나 문제는 '돈 삼국지' 인테리어팀에서 '전등은 절대 떼어내면 안 됩니다'라고 완곡하게 반대하는 것이었다.

"사장님 아시잖아요? 오픈 빨! 오픈 빨이 안 되면 우린 그냥 죽습니다…."

마이클은 1층 상가 오픈을 위해 공사 인부들의 어려움을 희생하기로 했다.

또한, 비계 기둥도 간격을 넓게 해 영업을 돕는 방향으로 결정했다. 그러나 아침 일찍 현장을 찾은 이유는 따로 있었다. 현장에서 들려오는 소리가 매우 불편했기 때문이었다.

"사장님. 이 건물이 이 동네에서 아주 이슈거리입니다. 모였다 하면 이 건물 이야기를 하나 봐요"

대한민국 사람들은 남의 이야기를 너무도 쉽게 한다.

그런데 이야기만 쉽게 하는 것이 아니라 시기와 질투도 많다. 무빙디자인 대표 재훈이 들려주는 이야기를 종합해보면, 젊은 놈이 떼돈 벌어 공사하는데 고생 좀 해보라며 딴지를 거는 심보였다.

그래서 '한 놈만 걸려라. 아주 업무방해로 고소장 날리고 손해배상소송 걸어 장사를 끝장내게 해주겠다'라고 다짐하며, 업무방해로 엮을 방법과 옭아넣을 시나리오도 짜 놓았다. 그러니 어떤 놈이든 잔 다르크처럼 나선 놈이 있다면 보란 듯이 모가지를 걸어 엮어버릴 만반의 준비를 하고 나타난 것이다.

그동안 '좋은 것이 좋은 것이다'라고 웃으며 넘어갔더니 사람을 아주 호구로 본다고 생각했다. 하여튼 오늘 누군가는 노기충천한 마이클의 희생양이 되어야 했다. 하지만 노마드가 찾아올 때까지도, 1층 디자인팀과 공사팀의 마찰 이외에 어떠한 문제도 발생하지 않았고, 빌딩 입구를 인조 대리석으로 제작하는 제작업체의 방문이 전부였다.

12

1층 상가 '돈 삼국지' 오픈

2013년 6월 19일 수요일

피렌체 빌딩 현장엔 비계가 설치되었고 안전망도 촘촘히 둘렀다.

4층 주택 등 일부 남은 창문도 철거되었다. 현관 입구에는 셔터를 철거하는 인부들이 작업하고 있고 2층엔 전기배선을 하는 전기공, 벽 미장을 하는 미장공, 건물 벽을 자르고 비상구를 확보하는 철거업자 등 20명 정도가 유기적으로 움직이고 있었다. 벽체들이 연결되었고 천장에는 스프링쿨러와 전기배선 호스, 멀티박스도 부착되었다. 외벽 전기 인입 전선도 위치를 바꾸고 보이지 않도록 매립했다. 전력을 살리기 위해 밀린 전기료 120여만 원도 납부했고, 하수도와 정화조 배관공사를 할 때도 1층 인테리어 담당자에게 "지금 배수관을 연결하면 비용이 절약될 것입니다"라고 말해 공사비가 절감되도록 해주었다.

1층의 돈 삼국지는 가오픈 준비를 하느라 테이블이며 의자, 커피 자판기 등 필요한 기자재들이 들어왔다.

매장을 책임질 담당 점장이 "두 달 동안 먹고 자고 하면서 살려내겠습니다!"라고 각오가 담긴 인사를 했는데, 서른 초반으로 통통한 몸집이었다.

땅! 땅! 땅!

지하실에서는 계단을 만드느라 각 파이프를 절단하고 망치로 치며 조립을 하고 "지이-직"거리며 용접을 했다. 2층 복도 끝에서는 비상구를 만드느라 해머드릴 진동이 지축을 울렸는데 온 동네가 전쟁터 같은 소음으로 뒤덮였다. 그때 전화벨이 울렸다.

"아저씨, 차 좀 빼줘요. 어디 왔어요…."

은색 랭글러 루비콘을 '태민 양꼬치' 건물 앞에 세웠는데 분홍색 셔츠를 입은 할머니가 전화로 노발대발했다. 마이클이 "네, 미안합니다"라고 말하며, 은색 랭글러 루비콘이 주차된 곳에 도착했다. 할머니가 "저 건물과 어떻게 되는교? 시끄러워서 내 지금 구청에 신고하러 간다. 내 사우(사위) 친구가 구청에 있다…"라고 물었는데, 손에는 피렌체 빌딩의 번지수를 적은 봉투가 들려 있었다. 화가 나도 단단히 난 모양이었다.

"네에, 많이 시끄럽죠?"

"시끄러운 정도가 아니라. 전화도 못 받는다. 새벽 6시부터 뭔 유리를 내 던지고… 그래 저 건물과 어떤 사인교?"

"제가 건물주입니다. 죄송합니다."

"아저씨가 경매로 산… 워메, 젊으네. 뭔 젊은 사람이 돈이 많아서…."

"돈이 많긴요. 모두 대출이죠. 그나저나 시끄러운 것은 오늘이 마지막입니다. 내일부터는 미장 작업이라 조용할 것입니다."

"그렇다면 다행이네…."

"예. 조용히 작업하라고 해도 현장 사람들은 빨리할 욕심에 거친 것은 사실입니다. 하여간 죄송합니다."

다행히 할머니의 노기가 누그러졌고 구청으로 갈 발걸음을 다른 곳으로 옮겼다.

사실 현장의 인부들도 이제는 소음에 대해 신경을 쓰면서 작업을 해야 한다. 주민들은 주거환경에 대한 수준이 향상되었는데 작업자들은 아직 그 수준을 못 따라가 발생되는 민원도 많다. 물론 그 반면에 근거도 없이 민원을 위한 민원, 건축주의 궁박함을 이용한 악성 민원도 분명히 존재하지만 말이다.

영업 준비로 바쁜 1층 삼국지 문을 밀고 들어갔다.

매니저 헌식에게 "잠시 테이블 좀 빌리겠습니다"라고 말하고, "언제 오픈합니까?"라고 덧붙였다. 헌식이 "내일 가오픈합니다"라고 대답했다. 마이클이 "그렇다면 내 돈이 마중물이 되도록 내일 팔아줘야겠네요"라고 말하자 "그래 주십시오. 하! 하!"라고 웃었다.

마이클이 테이블을 빌린 이유는 유, 무선통신 담당자와 미팅 때문이었다.

호텔식 풀옵션 최고급 고시원인 피렌체하우스는 룸이 17개이고, 풀옵션 원룸이 1개, 3룸이 1개, 사무실, 1층, 지하 등을 계산하니 총 21개의 인터넷 회선이 필요했다. SK브로드밴드 김 팀장은 "PC방처럼 업소용 수준으로 유, 무선 인터넷 및 텔레비전 케이블을 연결해드리겠습니다"라고 계약 조건을 설명했다. 마이클이 "복잡한 소리 말고 1회선당 얼맙니까?"라고 물었다. 김 팀장이 "인터넷은 40개 회선까지 사용 가능합니다. 텔레비전은 24개까지 가능하고요. 따지면 방당 1만 원 정도입니다. 부가세까지 해서요"라고 대답했다.

처음부터 사용자들이 늘어날 것이 아니므로 두 달 요금은 면제받기로 하고 계약서를 작성했다. 그러면서 삼국지 매니저를 향해 "여기도 무료로 한 회선 넣어 줄까요?"라고 물었더니 "저희는 이미 계약을 해버렸습니다"라고 아쉬워했다. 이렇게, 일괄 인터넷 및 유선통신을 계약하는 이유는 개별적으로 건물에 통신선이 들어오는 복잡함을 막기 위해서였다. 건물 외부에 주렁주렁 매달린 전선들을 지극히 혐오했으므로 리모델링 설계를 할 때부터 배관, 배선과 함께 매립에 신경을 썼다. 이런 고집 때문에 공사비는 당연히 늘어났다. 그럼에도 공사비 지급은 "20일 후에나 가능합니다"라고 말하며 미뤘다.

2013년 6월 24일 월요일 맑음

"감사하고, 고맙습니다."

피렌체 빌딩에 가로 8m, 높이 3m의 대형 현수막이 걸렸다.

마이클이 민원을 상대하다 보니 언제까지 공사를 끝낸다는 것을 알려주는 것이 좋겠다는 판단에서 현수막을 제작하기로 했는데, 어떤 내용을 쓸 것인지 생각하다 며칠을 보냈고, 마침내 주옥같은 문구를 생각해냈다.

"건물 리모델링 공사로 인해 주민들과 업주분 및 내방 고객분들에게 불편을 드려 죄송합니다. 하루빨리 공사를 마치고 아름다운 거리가 되도록 최선을 다하겠습니다. 피렌체 빌딩은 1층엔, 돈 삼국지(삼겹살 전문점)가 입점 영업 중이며, 2, 3층은 피렌체하우스(호텔식 풀옵션 리빙텔)가 7월 말 오픈을 목표로 준비 중입니다. 오늘도 행운 가득한 하루 되세요. 2013. 6. 피렌체 건축주 배상."

사진도 한 장 넣기로 했는데 북유럽 여행 중 직접 찍은 체코의 체스키 크로노프 마을 사진이었다. 현수막업체와 두 번에 걸쳐 메일이 오고 갔고 작업비는 7만 8천 원이었다. 이미지 사진이 대형이어서 출력 결과물도 좋았다. 현수막은 한 소장이 걸었는데 그걸 바라보는 마이클의 마음은 심히 흡족했다.

건물 외관도 초벌 미장을 했고, 지하실로 통하는 계단이 만들어졌으며, 옥탑방으로 올라가는 계단도 기존의 철 계단을 철거하고 새롭게 설치되고 있었다. 내부 미장도 마감되었고 목공 일을 앞두고 있었다. 또한 출입구에 있던 전기계량기를 모두 외벽으로 이전해 설치하기로 했으며, 인터넷과 IP-TV를 함께 사용할 수 있는 24회선도 계약했다. 그러므로 피렌체 빌딩은 2층 관리실에 서버가 구축되어, 전 건물의 입주자 및 상가에도 무상으로 인터넷과 IP-TV회선이 제공되며 무선통신 기능까지 제공하게 된다. 1층 상가의 에어컨 실외기도 바닥에 놓지 않고 구조물을 만들어 띄웠다.

한 소장과 CCTV 위치와 전기배선 이동문제에 대해 상의를 하고 있을 때 검은색 에쿠스 차량이 '돈 삼국지' 앞에 섰고 몇 명이 내렸다. 마이클이 그 광경을 조용히 쳐다보았다.

㈜해피코리아 김철진 대표가 마이클을 알아보고 "어, 나는 어느 멋진 분인가 했습니다"라고 인사했고 악수를 청하며 "매장 점검 및 회의를 하기 위해 왔습니다"라고 목적을 말했다. 마이클도 "외관 공사가 마무리되고 아시바가 철거되면 더욱 좋아질 것이니 조금만 참으십시오"라고 말했다.

1층 상가 '돈 삼국지' 식당은 3일 전 가오픈했다.

마이클도 식당 운영 시스템 점검도 하고 매출도 많이 올리라고 격려하는 마중물도 줄 겸 참석했었다. 메뉴는 생삼겹살, 고추장 삼겹살, 또 뭔 삼겹살 3가지만 했고, 가격은 1인분 100g 6천 원을 책정했다. 생삼겹살은 초벌구이가 되어 나왔는데, 함께 간 솔 군은 "오, 감칠맛이 나는데요"라고 감탄했다. 잠시 후 무빙디장자인 대표 재훈과 한 소장이 합석했다.

13

'법사'라는 남자

2013년 6월 26일 수요일 맑음

문을 열어놓고 자다 새벽녘에 깨었다.

커피 한 잔을 끓여 마시며 신문을 보며 아침을 맞았고 오후로 넘어갈 무렵 무빙디자인 재훈이 전화를 걸어와 느릿한 말투로 "사장님. 오늘은 피렌체에 안 오세요?"라고 물었다. 뭔 사달이 난 것은 분명했다.

"네. 큰일은 아닌데요. 아시바가 간판을 가려서 손해배상 소송을 한다는 사람이 있나 봐요? 소송하면 500만 원을 받는다면서 내일까지 전화하라며 한 소장에게 명함을 주고 갔대요. 그래서 연락을 드렸어요."

건물주의 가슴에서 분노의 불꽃이 타올랐다. 그러니 열을 식히기 위해 샤워를 해야 했다. 그런 후 5분 대기조의 마음으로 녹음기와 카메라 등 장비를 챙긴 후 은색 랭글러 루비콘에 올라 거칠게 가속 페달을 밟았다.

부아아악~

2,776cc 디젤 엔진은 도시의 공기를 밀어내며 피렌체로 향했다.

현장은 외관 미장, 출입구 구조물을 세우기 위한 실측, 내부 목공 작업 등이 한창이었다. 은색 랭글러 루비콘에서 은갈치색 차이나 슈트를 입은 마이클이 내리자, 재훈이 "여기 4층 점집을 하는 사람이에요. 오늘 가시지 말고 내일 저와 같이 가세요"라고 말했다. 그러나 마이클은 "아니, 내가 점 좀 보고 오겠습니다"라고 말한 후 옆 빌딩으로 향했다.

문제의 점집이 어디인지는 알고 있었다. 한 달 전쯤, 옆 빌딩 4층에 이사 왔는데, 빌딩 입구에 점집을 알리는 스티커를 붙였기에 건물주에게 "저렇게 마구 붙이게 놔두니 건물이 엉망이 되잖아요?"라고 구박했었다. 계단을 오르면서 사파 휴대용 녹음기의 녹음 버튼을 누르고 '홀드' 스위치를 젖혀 오작동을 방지했다. 그런 후 4층 초인종을 눌렀다. 인기척이 없었다. 출입문에 적어놓은 전화번호로 전화를 했더니 휴대폰으로 연결되었다. 남자였다.

마이클이 "네. 상담 좀 하려고 왔는데 문이 잠겨 있네요"라고 말했다. 남자가 "잠시 외출 중입니다. 곧 들어갑니다"라고 대답했다. 이에 다시 "언제 오세요?"라고 물었더니 "6시쯤 갑니다"라고 대답했다. 그래서 "그럼 근처에서 술 한잔하다가 뵙도록 하겠습니다"라고 말하며 전화를 끊었다. 그리고 현장으로 돌아와 작업 공정을 살펴보며 시간을 보내는데, 남자로부터 "오시죠?"라는 전화가 왔다.

향내 나는 출입문을 밀고 들어갔다.

복도를 지나자 스무 평 정도 되는 주택이 나왔다. 거실이 좁은 조금은 답답한 평면이었다. 50대 여성이 "집에서 담근 매실차입니다"라며 차를 내 왔는데, 정작 점집 운영자는 개량 한복을 입은 남자였다. 남자는 옅은 목소리에 빠른 말투로 "원래 법당에 있는데 어디 좀 다녀오느라 그랬습니다, 이 동네 어디 계신가 봐요?"라고 물었다. 마이클이 "예, 좀 답답해서 들렀습니다"라고 말했다. 그러자 매실차를 내 왔던 여성이 뒤에서 "요즘 안 답답한 분이 없죠"라며 맞장구를 쳤다. 찻잔을 든 마이클이 "저는 한복 입은 여자가 있는 줄 알았습니다"라고 너스레를 떨었다. 이에 남자가 "아, 한복 입고 하! 한복 입어 드릴까요?"라고 웃었다.

마이클이 돌아가고 있는 선풍기를 보다가 "복채는 얼마나 합니까?"라고 물었다.

남자가 오른손가락을 펴면서 "사아- 5만 원입니다. 가족은 10만 원이고요"라고 말했다. 복채를 좀 부풀린 듯했으나 확인할 길은 없었다. 남자가 다시 "급하세요?"라고 물었다. 손님이 소파에 앉자마자 복채 이야기를 하니 그리 생각한 모양이었다. 마이클이 "상담이라는 게 우리도 변호사 상담하려면 돈을 주잖아요? 그래서 물었습니다"라고 말했다. 그러는 사이 음료수를 가져다준 여자가 백지를 가져와 생년월일을 적으라고 했고, 곧 종이를 들고 다른 방으로 사라졌다.

마이클이 "그럼 법사님은 우리가 아는 산신 이런 게 아니고?"라고 대화를 시작했다.

남자가 "다 있어요. 안으로 들어오세요"라며 안방으로 추정되는 공간으로 앞장서 들어가 좌식 책상 안쪽에 앉았다. 불상 3개가 나란히 있고 양쪽 벽에는 벽을 다 채울 만한 커다란 탱화가 걸려 있는데 부처 후광은 금색으로 그린 그림이었다. 마이클도 "무릎이 아파서 두 장 깔겠습니다"라고 말하며 방석을 포개 앉아, 탱화에 눈을 돌리자 "일반 법당과는 다른 거예요"라고 말했는데, 말투에서 제법 자부심이 묻어났다. 그래서인지 남자가 "법당이 다른 곳과 다르죠?"라고 물었는데, "다른 곳은 가보지 않았다니까요?"라는 대답을 들어야 했다.

법사가 출력된 사주 내용을 보며 "병오년생이시구나, 말띠시네"라고 묻더니, "자 그럼. 어디 돈씨예요? 말띠가 계사년 축날 유시 사주에. 불이 많고 목이 없네요. 요건 철학으로 보는데 이건 영으로 봅니다. 둘이 같이 보거든요. 내가 다 보고 영으로 기도를 하기에 다 보고요? 본인의 운대는 항상 6이란 숫자 서른여섯, 마흔여섯, 오십여섯, 그때 운이 들어 오든지 나가든지 기복이 있어요. 기복이 있는데 그 뜻이, 사람은 어느 순간에 운이 드는데 본인은 6이란 숫자에 운이 듭니다. 그때 내 운이 좋은 운이 오든지 삼재가 오든지 그런 식으로 오고 안 그러면 1이란 숫자. 마흔한 살, 오십 한 살. 1이란 숫자, 6이란 숫자에 많은 변화가 온다고 보심 돼요. 그때 내가 뭔가 하고 싶고, 집도 살 수 있고, 결혼도 할 수 있고 재산을 다 잃을 수도 있고…"라며 길게 말했는데, 딱히 기억할 만한 것은 없었다.

남자는 계속 풀이를 했고 마이클은 중간중간 "예, 예" 하며 리액션했다. "공무원들은 재운이 없어요. 마이클 같은 사람은 병오년인데 성품이 보통 고집이 아니에요. 외고집에 대단한 스타일이에요. 내가 본 마이클 씨는 누구한테 허리를 굽히는 사람이 아니에요. 스스로가 아니면 말지 그런 스타일이에요. 내 꾀에 내가 무너지는 스타일이에요 성격이 단점과 장점이 있는데, 내 성격을 파악하면 성공합니다"라는 말에는, 어금니에 힘을 주고 "맞습니다. 내가 상당히 오기가 있어요!"라고 말했다. 이에 법사가 "이런 스타일은 손해가 나도 밀어붙일 때는 밀어붙여요. 내가 볼 때는 마이클 씨는 그런 게 있어요? 단점을 알고, 지피지기면 백전백승이라고. 그래도 내가 잘났다고 해요? 나하고 마이클 씨가 나이가 똑같은데 그 나이 되면 서서히 힘이 없어져요?"라고 말했다. 마이클이 "살 만큼 살아서 인생 대충 와꾸가 나오는 나이죠?"라고 인정하자, "네, 그렇게 되면 성격을 죽여야 하는데. 오기 자존심이 있단 말이에요? 내가 차라리 안 먹고 말지 그러지요? 그렇게 보여요. 그런 성격을 바꿨으면 좋지 않겠나. 내가 봐도 허황된 게 없지 않아 있어요. 현실성이 없는 것, 많이 바란다든지 그런 것, 뜬구름 잡는다는 거죠?"라고 말했다.

은갈치 차이나 카라 슈트, 흰 셔츠, 롤렉스 데이저스트 콤비시계, 호랑이 부조의 커다란 반지. 마이클의 소품은 누가 봐도 '뜬구름 잡는 놈'으로 보였을지도 모르겠다. 그래서인지 한술 더 떠 '과욕이 있다'고 말하고 "망신수가 들어오며 그렇게 되고, 나는 바른길을 가는데, 당신 입장에서는 바른길인데 그들 입장에서는 바른길이 아니야. 조그마한 일도 크게 부풀려지고. 그게 들어와 있어요. 어쨌든 본인에게 그런 것이 들어와 있고 성품, 금전운도 말씀드린 거고, 사업운은. 지금 하시는 일이 무슨 일을 하세요"라고 물었다.

기회가 왔다고 생각한 마이클이 "사채업자입니다"라고 대답했다. 그러자 잠시 침묵이 흘렀다. 이윽고 법사가 "금전만 하는 것은 아닌 것 같은데…"라고 입을 뗐다. 마이클이 "건물도 좀 만지죠? 돈 빌려주고 변제하지 않으면 집 뺏고 집 안 나가면 끌어내고 합니다"라고 우악스럽게 대답했다. 법사가 "그러니까. 내가 보기에는 금전만 하는 것이 아닌 것 같아요. 딱 보니까 그래 보여서 말씀드리는 거예요. 딱 보니까 허황되고 그런 사업이야"라고 말했다.

꽤 긴 시간 대화를 했다.

마이클이 허공을 바라보며 "그런데 술은 하세요?"라고 물었다. 남자가 "술은 합니다"라고 대답하자 마이클이 호탕하게 웃으며 "하하, 내가 술은 많이 좋아합니다. 언제 술 한잔하시지요"라고 말했다. 이에 법사가 "본인이 궁금한 거, 개인적으로 궁금한 거 물어보세요"라고 덧붙였다. 이에 마이클이 "예, 제가 지금 하나, 두 개 정도 뭐 만들고 있어요. 건물을! 우리나라 사람들 다 좋잖아요? 좋은데, 한두 사람이! 옛날 같으면 확 모가지 걸어서 당겨버리는데 벌써 나이도 있고 그래서…"라고 말끝을 흐리자, 법사가 "내일모레가 오십이잖아요?"라고 맞장구쳤다. 마이클이 "아, 이제 욕먹기도 싫고, 옛날엔 소송도 직접 해댔는데 지금은 변호사를 써요. 판사들이 30~40대로 젊어서 말입니다. 이거 성질대로 해야 하는데 그게 힘드네요?"라고 덧붙였는데, 피렌체 빌딩 리모델링 공사 현장에 찾아와 "손해배상 소송하면 500만 원을 받아낼 수 있다"며 패기 좋게 명함을 주고 간 남자 앞이었다.

마이클이, 법사가 '봐도 모른다'는 사주풀이 종이를 접으며 "그래도 기념으로. 어째 전체적으로 인생 좀 편하게 잘 살 것 같습니까?"라고 물었다. "전체적인 것은 모르겠고, 열심히 살면 전체적인 것은 따라오게 되어 있습니다"라고 말했다. 마이클이 "제가 항상, 오늘을 삶의 마지막 날로 삽니다"라고 말하자 법사가 "최선을 다하고 사시네요?"라고 받았다. "네. 미련 없이 살려고 합니다!"라고 말하며 일어서자 법사가 현관까지 배웅을 나오며 "집이 어느 쪽이세요?"라고 물었다. 마이클이 "예. 이 근처에 삽니다. 고생하셨습니다"라고 정중하게 인사를 하고 계단을 내려오면서 녹음기의 작동 버튼을 눌러 껐다. 녹음시간은 1시간 8분이었고 도시에 약간의 어둠이 내려앉는 시각이었다. 휴대폰을 꺼내 누군가에게 전화를 걸었다.

"한 소장님, 집에 도착했어요? 법사라는 양반 만났구요? 내일 오면 이렇게 말하세요. '우리 사장님이 법사님 좋은 분이시라고 하던데요? 잘 도와주기로 하셨다면서요?' 라고 말하세요. 그쪽에서 뭔 소리냐고 물으면, '어제저녁에 사장님이 만나셨다고 하던데요?' 그렇게 이야기하면 됩니다. 아시겠죠?"

그날 이후, 법사라는 남자는 다시는 피렌체 빌딩 공사 현장에 나타나지 않았다.

14

도봉동 토지를 담보로 1억 7,000만 원 대출

2013년 6월 27일 목요일 맑음

며칠 전, 통장계좌의 잔고를 하나의 계좌로 이동했다.

몇백만 원에 불과한 잔고는 곧 말랐다. 그 후로는 마이너스 통장으로 연명하던 터였다. 인생에서 가장 혹독한 돈 가뭄을 경험하는 중이었다. 1월, 퇴계원역 앞 근린빌딩을 매각해 발생한 양도 차익도 대출 이자와 리모델링 공사비, 유흥비로 손에 쥔 모래처럼 빠져나갔기에, 급기야 도봉동 토지를 담보로 대출을 신청하기에 이르렀고 11시에 대출금을 받기로 했다.

"입금은 몇 시간 후에 되니, 가까운 새마을 금고에서 확인 인출하시면 됩니다."

담당자의 말에 "제가 출금표를 써 놓고 갈 테니 집행이 되면 송금해주세요"라고 부탁하고 강 교수를 불러내 같이 식사를 했다. 그리고 커피를 마실 때쯤 "입금처리 되었으니 확인해보십시오"라는 전화를 받았다.

NBC부동산 박 실장의 전화를 받았다.

"사장님. 지하를 사용하겠다는 사람이 있어요?"

지하상가를 보증금 3,000만 원, 월 임대료 150만 원에 임차를 희망하는 사람이 있다고 했다. 그래서 곧장 부동산 중개사무실에 갔더니, 온 팔에 문신 토시를 한 듯 문신을 한 사내가 기다리고 있었다.

"성인 오락실을 했는데 작년부터 합법적으로 합니다."

사내가 성인 오락실을 했든 알 바 아니었다.

그저 임차인이 들어오면 인테리어를 할 돈이 굳기에 급 반겼는데, "보증금이 부족합니다"라는 말에, 보증금 2,000만 원, 월세 160만 원으로 계약을 하고 "미풍양속에 저촉되거나 사해 상업행위를 하면 안 된다"는 특약조항을 넣었다.

'아무래도 뭔가 나쁜 일을 꾸밀 것 같아.'

그 자리에서 계약금 500만 원을 받고, 진행하고 있는 계단, 현관, 화장실 및 스프링쿨러 배관작업까지는 해주기로 했다. 하지만 스프링클러 배관에 대한 의견 차이가 있어 내일 디자인팀과 조율을 해야 할 것이었다.

2013년 6월 28일 금요일 흐림

은행 문을 여는 시간에 맞춰 K은행 크레타지점으로 갔다.

그런 후 피렌체로 향했고 어제 계약한 임차인이 운영하고 있다는 매장을 찾아갔다. 피규어가 상품으로 나오는 일본식 게임기를 놓고 영업하는 형태였다. 건물 간판이며 기둥이란 기둥에는 모두 스티커를 붙여 정신 사나웠다. 그래서 지하에 오픈할 때 철저하게 감시를 하기로 했다.

아침에 비가 살짝 왔기에 지붕과 외벽 작업을 할 인부들을 돌려보냈다는데, 날씨는 더없이 화창해서 아까웠다. 월요일부터 비가 예상된다니 더욱 그랬다. 한 소장과 계단, 타일, 페인트 등에 대해 의견을 나누고 공사비 협의를 위해 무빙디자인 대표 재훈, 최 실장과 커피숍에서 마주 앉았다.

"추가 공사비 내역 나왔습니다."

1,500만 원 정도 되었다. 철거를 비롯한 금액을 오후에 입금하기로 하고 동태탕을 잘하는 식당으로 자리를 옮겼다. 이 자리에서 최 실장이 "어떻게 글을 쓰세요?"라고 물었다.

"글쓰기요? 일기를 쓰는데 추후 출판을 염두에 두고 기록하고 있어요."

"아, 길게 보고 콘텐츠를 만드는군요? 놀라워요!"

식당에서 돌아오는 길에 한 소장의 전화를 받았다.

"사장님, 간판 외등이 누전입니다. 아시바 쪽 문제인 것 같은데 원인을 못 찾겠어요?"

"그러면 나중에 아시바 철거하고 원인 찾자고?"

피곤해서 조금 쉬려고 했는데 한순간도 쉼을 허락하지 않았다.

2013년 6월 29일 토요일 맑음

일어나 샤워를 하고 피렌체 빌딩 자금 투자 내역을 훑어보고 피렌체로 향했다.

무빙디자인 대표 재훈이 지붕 싱글 작업을 지켜보고 있었다. 절반 정도 씌워졌고 외벽 스톤 미장도 1/3 정도 발라지고 있었다. 스톤 미장 실력이 좋아 완성되면 매우 멋질 것 같았다.

"아들입니다."

㈜해피코리아 대표 철진도 아들을 대동하고 삼국지를 찾았다.

이때 지하를 임차한 임차인도 만났다. 아무래도 간판이 걱정되어 "기존 업체처럼 스티커를 마구 붙이면 곤란합니다"라고 말했더니, "여기는 그렇게 하지 않을 것입니다"라고 다부지게 대답했다. 오늘 보니 얼굴에 커다란 흉터가 있었다. 그럼에도 이런 사람이 진정으로 대하면 양의 탈을 쓴 늑대들보다 더 좋기도 하기에 좀 더 지켜보기로 했다.

2013년 7월 1일 월요일 맑음

피렌체 근린빌딩을 낙찰받은 후 생긴 버릇은 새벽에 일어나는 것이었다.

분당 410원의 대출 이자를 생각하면 잠을 이룰 수 없었다. 게다가 리모델링 비용, 전기, 가스요금 등 끊임없이 지출되더니 급기야 '똥' 푸는 비용도 내야 했다. 그러니 눈을 뜨고 있는 편이 더 나을 것이었다. 새벽 5시 30분이었다.

며칠 전, 정화조 청소업체로부터 전화를 받았었다.

마이클이 은색 루비콘에 지친 몸을 구겨 넣고 현장에 도착했다. 똥차는 30

분쯤 후에 도착했다. 외벽 드라이스톤 작업을 할 인부도 일찍 작업 준비를 했다. 효탄참치 사장이 퇴근을 멈추고 음료수를 사 건넸다.

2013년 7월 4일 목요일 맑았다가 오후 늦게 이슬비

피렌체에 도착했을 때는 점심시간이 막 지날 즈음이었다.

무빙디자인 대표 재훈이 식사를 하다 마이클을 발견하고 나왔다. '칼 삼겹살' 식당이었다. 따라 들어갔더니 주방 쪽으로 "김치찌개 하나 더 주세요"라고 주문했다.

공사 진행은 외벽 스톤 미장이 거의 마감 단계에 이르렀고, 도시가스 배관공사 연결공사가 진행되고 있었다. 또 우수관이 스테인리스로 조립되었고 고시원 화장실의 타일 붙임과 지하 계단 입구 목공작업도 진행되었다. 계단 중간의 보일러실도 목공으로 박스를 짜 지저분한 것들은 보이지 않도록 잘하고 있었다.

"건물이 참 예쁘고 웅장하다."

'칼 삼겹살' 식당 여주인, 서예학원에 다니는 중년 아저씨들도 점점 변화되는 건물에 대해 칭찬을 아끼지 않았다. 물론 마이클도 비록 10만 원권 자기앞 수표를 바르다시피 하는 공사비이지만 아주 만족스러워하고 있었다. 또한 지하실 입구를 영국 전화 박스를 모티브로 해 붉은색으로 잘 만든 덕분에 임대도 맞춰져 모든 것이 순조롭게 진행되고 있었다.

부르르르응—

지하를 임대한 피규어 유통 사장이 스쿠터를 타고 가다 멈췄다.

"이 동네에 살아 있는 지하 입구가 두 군데인데 나머지는 다 죽었어요. 그리고 사장님 건물 지하가 세 번째로 살아 있어서 제가 계약한 것입니다."

이 남자에 대해 참치집 주인장은 "돈 안 들고 장사하는 머리가 비상한 사람입니다"라고 평가했다.

비가 내리기 시작했다.

크레타 아파트로 가는 길에 이수족발에 들려 족발과 쟁반국수를 포장했다.

15

빌딩 리모델링 공사 끝내다

2013년 7월 8일 월요일 간헐적 폭우

피렌체 빌딩 리모델링 공사는 하늘이 도와줘야 하는 공사였다.

외벽 마감 미장부터 비계 철거가 진행되기까지 맑은 하늘은 또 다른 협력자였다. 그래서 농부처럼 아침에 일어나면 비가 내렸는지 밖을 바라보게 되었다. 다행히 날씨는 쾌청했다. 한 소장으로부터 "사장님, 아시바 철거했습니다!"라는 전화를 받을 때도 이때였다. 마이클이 "그렇지 않아도 철거했을 것 같았습니다"라고 대답하기가 무섭게 폭우가 쏟아졌다. 정말 하늘이 도와주고 있었다.

랭글러 루비콘은 이름에 걸맞게 폭우 속에서도 피렌체까지 듬직하게 달려주었다.

피렌체 빌딩에 도착한 마이클은 내리는 비에도 아랑곳하지 않고 멋진 외관에 감격했다.

"이날을 얼마나 기다렸던가. 으아."

아름답고 웅장한 건물이 눈앞에 있었다. 물론 작은 부분은 좋지 않았으나 전체적으로 단아한 모습이었다. 사진은 맑은 날 찍기로 하고 돈 삼국지로 들어갔다.

2013년 7월 9일 화요일 맑음

사진을 찍으려고 카메라를 준비해 피렌체로 향했다.

무빙디자인 식구들이 반겼다. 마이클은 김정은이 북한 군부대를 시찰하듯 외관부터 내부를 돌며 옥상까지 올라갔다. 사무실로 사용될 옥탑 공간은 바닥에 폴리싱 타일을 붙이는 작업을 하고 있었고 아래층 고시원도 벽체 타일 붙임이 진행되고 있었다. 다시 밖으로 나와 건물을 바라보며 서 있을 때 미용실 원장이 다가와 말했다.

"외부 유리창 청소는 해줘야 해요."

"비가 와서 다 씻겼는데 뭔 청소를 합니까?"

"그래도 해줘야지요?"

"그래요?"

마이클이 흐리게 대답을 했다.

청소해준다면 이 집만 해줄 수도 없고, 공사 먼지가 청소를 할 정도로 많이 발생하지 않았기 때문이었다. 원장은 한술 더 떠 "탈모 관리를 받아야 하겠네?"라고 염장을 질렀다.

2013년 7월 10일 수요일 맑음

"사장님. 오늘은 현장에 안 오세요?"

무빙디자인 대표 재훈의 전화를 받았다.

피렌체로 향하는 2호선 지하철 전동차가 삼성역을 막 출발할 때였다. 피렌체역 4번 출구로 나오자 덥고 습한 공기가 겨드랑이 밑으로 부딪쳤다.

공사 현장에는 변기 등 도기가 쌓여 있고 바닥과 복도의 타일 작업은 끝나 있었다. 디자인 담당 최 실장이 플라스틱 간이 의자를 사다리 삼아 딛고 올라가 새시의 보호 비닐을 떼어내고 있고, 대표 재훈은 빗자루질하던 중 마이클과 눈이 마주쳤다. 잡부 2명이 재훈에게 "모두 끝냈습니다!"라고 작업 종료 보고를 했다, 재훈이 "수고하셨습니다"라며 배웅했다.

마이클이 "밥이나 먹으러 갑시다"라고 말했다.

무빙디자인 대표 재훈, 한 소장, 최 실장까지 식당의 둥근 탁자에 둘러앉았다. 일전에 자정이 넘도록 삼겹살과 참치를 먹고 마신 적은 있으나 오늘은 다른 분위기였다. 비계도 철거되어 큰 공사는 끝났으므로 모두 심적 부담이 가벼워진 날이었다.

'늘푸른 목장'

피렌체 고기 골목의 '돈 삼국지'와 마주 보고 있는 소고기 갈비살 전문점이다. 오후가 되면 냉동 탑차에서 비닐로 쌓여진 소갈비 한 짝이 내려지는 것을 여러 번 목격했다. 그 갈비살을 손님이 보는 앞에서 공개하고 살을 발라내 제공한다. 형제가 8년째 운영하고 있는데, 피렌체 빌딩 공사로 가장 큰 불편을 겪었음에도 말 한번 없이 이해해주었다.

"오, 고기가…."

숯불에 익은 고기 한 점을 넣은 최 실장이 감탄사를 연발했다. 마이클 역시 그랬다. 생고기는 원래 밋밋한 맛이다. 사냥터에서 고라니를 잡아 육회로 먹어보면 그 맛을 안다. 그런데 이 식당의 고기는 적당한 간이 되어 나와 감칠맛이 났다. 그제야 왜 이 집이 줄을 서서 먹는지 이해가 되었다. 재훈이 "다시 오고 싶게 만드네요"라고 말했는데, 마이클도 조만간 가족들과 다시 와 볼 생각을 하던 중이었다. 식당의 성공 비결이었다. 잠시 후 최 실장이 "아이가 걱정되어 먼저 가보겠습니다"라고 일어났다. 사내들은 조금 더 머무르다 2차 자리로 옮겼다. 마이클의 카드에서 11만 원이 결제되었다.

맥주 창고는 한 소장의 나와바리였다.

한 소장이 가져온 BeerLao라고 쓰인 맥주를 보고 마이클이 "내가 상당히 많은 나라를 다녔는데 이건 어느 나라 맥주야?"라고 물었는데, 공교롭게도 가보지 않은, 그러나 꼭 가보고 싶은 라오스 맥주였다. 일행은 맥주를 한 병씩 들고 마시면서 공사 기간 중 일어난 힘든 과정을 쏟아냈다.

"2층 실내포차에 내가 2시간 잡혀 있었어요. 돈 이야기도 안 해요. 그런데 돈을 달라는 거잖아요? 그래서 내가 사장님 팔았어요. 사장님 건물 5층에 사신다.

고시원인데 너네들 연말에 어떻게 장사할래? 그랬더니 조용해요."

한 소장의 대사에 마이클은 폭소를 터트렸다.

얼굴을 앞으로 내밀고 능글능글한 표정과 느릿한 말투가 기가 막히게 대사와 맞아 떨어졌기 때문이었다. 그러니 누구도 웃지 않고는 못 배길 연기였다. 다시 한 소장이 "사장님이 점 보러 간 것은 더 압권이었어요!"라고 덧붙였다. '간판을 가린다'며 500만 원을 요구한 점집 법사 이야기였다. 마이클이 "하하" 하고 웃으며 "그거? 나도 배운 거야. 누가 점집을 낙찰받았어, 명도를 해야 하는데 그렇게 했대? 점 보러 가서 내가 어려운 일이 있는데 잘 될 거 같냐고? 그러니까 점쟁이가 잘 될 것 같다고 해서, 사실 내가 이 집을 낙찰받았습니다. 그러니 언제 비워 주시겠습니까? 라고 해서 잘 해결되었다는. 그래서 나도 한번 해본 거야!"라고 말했다.

시간은 10시를 지나고 있었다.

재훈이 "여기는 제가 내겠습니다"라며 술값을 계산하려고 카운터로 향했다. 마이클이 루이비통 장지갑에서 5만 원짜리 한 장을 한 소장에게 건네며 "이거 대리운전비야!"라고 말했다. 한 소장의 집은 아르헨티나였다.

2013년 7월 12일 금요일 흐리고 수시로 비 내림

공사비의 일부인 9,000만 원을 무빙디자인 계좌로 송금했다.

추가된 공사비는 업체와의 계약으로 총 공사 금액과 별개로 지출이 되었다. 이것으로 무빙디자인에 미지급된 금액은 8,000만 원만 남게 되었다. 이렇게 공사가 막바지를 향해 가고 있기에 피렌체 빌딩에 대한 투자 원금은 34억 원 정도에서 멈출 것이었고, 수익률도 예측할 수 있었는데 겨우 6% 정도였다.

점심 때쯤 1층 상가 '삼국지' 조 부장의 전화를 받았다.

돌출간판의 위치 문제였다. 처음에는 건물의 모서리 코너에 붙여주기로 했는데, 리모델링을 마치고 보니 건물과 어울리지 않는 위치였기에 옆 건물과 만나는 부분에 붙이도록 디자인팀에게 통보했었다.

조 부장이 "사장님, 간판 위치를 회사에서 오늘 알았습니다. 거기는 좀…"이라고 곤란해했다. 마이클도 "나도 알아요, 그곳이 좀 더 낫겠죠? 나도 1층 상가가 잘되기를 바랍니다. 그런데 앞쪽으로 붙이면 건물 모양이 엉망이 되기에 그렇게 했고 대신 크게 붙이게 해주겠습니다. 이건 절대 양보할 수 없어요. 이해해주세요"라고 분명하게 말했는데, 직영하는 고시원 간판도 마찬가지였다. 룸 17개를 채우기 위해 건물의 모양을 망가뜨리며 간판을 붙일 생각은 없었다.

'요즘 누가 간판 보고 들어오나? 광고 보고 찾아오지.'

공실이 나면 창문에 현수막을 늘어뜨리면 된다고 생각했다.

결국 삼국지 돌출간판은 지하 입구 모서리에 붙여졌고 확인되었다. 이렇게 되기까지 건물주인 마이클이 직접 포토샵 프로그램으로 건물 사진에 간판 위치를 합성해 디자인팀에 메일로 보냈기에 가능했다. 그러니 다음번 계약할 때는 상가 간판의 위치까지 명시해야 할 것이었다.

고시원 내부에 채워질 가구들이 도착했다는 무빙디자인 대표 재훈의 전화에 피렌체로 향했다.

고시원이라고 가구를 대충 놓는 것도 반대였다. 오피스텔처럼 방에 딱 맞는 사이즈의 가구 배치를 원했다. 그렇게 하려면 방 전체를 각각 실측하고 주문 제작해야 했다. 당연히 제작비가 상승했으나 개의치 않았고, 자신이 거주할 사무공간인 옥탑방 가구도 그렇게 주문제작이 되었기에 길이 240cm의 책상도 만들어지게 되었다. 피렌체 빌딩의 역사가 시작될 곳이었다.

16

고시원 운영을 위한 소방교육 및 화재보험 가입

2013년 7월 15일 월요일 흐리고 가끔 비

효소원에서 점심식사를 끝낼 즈음 비가 세차게 내렸다.

우산을 챙겨 지하철역으로 가 2호선 지하철에 올랐다. 피렌체 빌딩은 며칠 동안 내린 폭우로 옥상과 이어지는 계단, 4층 주택과 원룸 천장에 빗물이 새고 있었다. 반면 아래층은 피해가 없이 멀쩡했다. 틈새를 메우는 실리콘 작업과 도배가 동시에 진행되고 있었다.

마이클이 한 소장을 불러 "한 소장, 지하층에 물이 샐 수 있으니 1층 식당 뒤편에 콘크리트를 부어야겠어?"라고 예상되는 문제에 대해 말하자 "비가 그치면 해보겠습니다"라고 대답했다.

2013년 7월 17일 수요일 오전 흐리고 오후에 이슬비

하늘은 금방이라도 비를 뿌릴 기세였다.

부대찌개를 데웠다. 점심이었다. 설거지까지 끝내고 지하철에 몸을 실은 시각은 오후 1시였다. 강동구청역으로 나와 편의점에서 콜라를 샀다. 급하게 먹은 식사가 속을 불편하게 했다.

강동 소방서를 찾은 이유는 소방교육을 받기 위해서였다. '다중이용업소' 고시원을 창업, 운영하기 위해서는 필수로 받아야 하는 교육이다. 교육 장소인 강동 소방서 지하 식당으로 들어가니, 강의를 준비 중인 소방관이 놀라 돌아보며 "아직 40분 전인데 벌써 오셨네요?"라고 물었다. 마이클이 "빨리 오면 빨리 끝내 준다는 설이 있어서요?"라고 대답했더니 "그건 잘못된 정보입니다. 하! 하!"라고 속지 않았다.

교육은 2시간 동안 진행되었다.

첫 시간은 화재의 발화, 진행, 진압에 대한 것, 소방안전에 관한 내용이었다. 다중이 이용하는 업소에서 불이나 인명사고로 이어진 실제 사례는 화재에 대한 경각심을 일깨워 주기에 충분했다. 참석자들은 크레타와 강동구 지역에서 사업을 하거나 준비 중인 사람들로 업종은 음식점, 유흥주점, 고시원 등 다양했다.

두 번째 시간엔 심폐소생술에 대해 교육이 이뤄졌다.

인간의 뇌에는 혈액을 통해 지속적인 산소공급이 이뤄지고 있는데 심장이 멈추어 혈액공급이 이뤄지지 않으면 뇌사 상태에 빠진다고 했다. 혈액은 4분 이내에 재공급이 되어야 하는데 이때 필요한 것이 심폐소생술로, 예비군 훈련에서도 배운 내용이지만 반복교육으로 알아두어 나쁠 것은 없었다. 참가자 중 여성이 실전처럼 1분 동안 열심히 심폐소생술을 했고, 다음엔 남성이 2분 동안 했다. 심폐소생술은 119에 신고를 하고 구조대가 올 때까지 1분당 100회의 속도로 계속해야 한다고 했다. 교육을 마치고 소방교육 이수증을 받아 나오니, 고시원 화재보험 가입 유치활동을 하는 보험사 직원들이 있었다. 그들 중 한 명에게 "명함 한 장 줘 보세요"라고 말하고 명함을 받았다.

이슬비가 내리기 시작했다.

지나가던 택시를 잡아타고 강동구청역 근처 한전 강동지점에 들렀다. 계량기 7개를 지하, 삼국지, 피렌체하우스, 401, 402, 403호로 분류하는 명의 변경을 신청했다.

역시 지하철을 이용해 피렌체 빌딩에 들렀다.

내부 공사는 거의 마무리 단계에 접어들고 있었다. 고시원 17개 호실 내 변기도 조립이 되었고 도배도 끝났다. 한 소장이 "다음 주에는 완전히 끝낼 수 있을 것 같습니다"라고 말했다.

준공검사와 소방검열 준비도 시작되었다. 마이클이 할 일은 소방교육 이수와 화재보험 가입인데 오늘 소방교육을 이수했으니 되었고, 화재보험은 내일 가입하기로 했다. 그리고 주차장 바닥에 놓인 지하실 에어컨용 실외기 두 대는 "위로 올리세요. 주차 불편합니다"라고 말해 수정하도록 했다.

2013년 7월 19일 금요일 흐림

피렌체 빌딩의 2층과 3층은 '피렌체하우스'라는 상호의 고시원으로 운영된다.

다음 주 준공검사를 앞두고 막바지 공사가 한창이다. 베란다 외벽으로 나란히 에어컨 실외기가 조립되었고 고시원 내부의 샤워부스와 변기까지 조립을 마쳤는데 복도의 타일과 조명은 매우 감각적이다. 건축주 마이클이 장난스럽게 변기에 앉아 셀카를 찍었다.

11시에 만나야 할 화재보험설계사가 전화해 "피렌체 어디로 가면 되나요?"라고 물었다.

방문하는 화재보험설계사와는 어제, 크레타역 13번 출구에 있는 커피숍에서 만났었다. 고시원 영업을 위해서는 화재보험에 의무적으로 가입해야 하기 때문인데, 의무적이지 않더라고 해도 보험가입은 필수이기도 하다.

그래서 사업장의 자료를 보내서 가입설계서를 가져오도록 했다. 설계사가 "월 30만 원을 납부하는데 만기 때 원금의 82%를 돌려받아서 이 상품으로 많이들 가입하세요"라고 상품을 설명했다. 그러자 마이클이, "잠깐만요. 적금 형태의 보험상품 말고 소멸성으로 사라지는 보험으로 설계를 해주셔야 합니다. 보험은 소멸성이 최고입니다! 그리고 이 보험이 비용처리가 되나요?"라고 물었다. 설계사가 "그럼요. 그래서 다들 이 상품으로 가입합니다"라고 대답했다. 마이클이 "그래요? 적금성이라 안 될 거 같은데…"라고 미심쩍어하며 전화기를 열어 번호를 눌렀다.

"최 실장님? 마이클입니다. 고시원 화재보험을 가입하려고 하는데요? 적금성 보험료가 비용처리가 되나요?"

“제가 알기로는 20% 정도 되는 것으로 알고 있습니다."

“그러면 환급되는 금액은 비용처리가 안 되네요? 그럴 것입니다. 국세청이 바보인가요….”

마이클이 세무법인 ‘정상’ 최 과장의 대답을 듣고 “원금을 돌려받는 보험은 전액 비용처리가 되지 않는다고 하네요? 나는 소멸성으로 가입하고 싶습니다”라고 정리했다. 그러나 설계사도 “그래도 이게 화재가 나도 몇 번이고 보상이 되는 상품이거든요?”라고 물러서지 않았다. 이에 마이클이 말했다.

“여보세요. 저 건물주입니다. 고시원에 불이 나서 인명피해가 나면 그것으로 끝장입니다. 그러니 몇 번이고 보상 따위는 전혀 필요가 없다고요. 아시겠어요? 그러니 책임보험 성격의 기본 설계서를 가져오시라구요? 보험을 들지 않았다고 해도 보상해야 할 재산이 있으니 그게 문제란 겁니다.”

11시 10분쯤 다시 전화가 왔다.

“피렌체역 4번 출구에서 어디로 가면 됩니까?”

지리를 설명하다 속으로는 화가 났다. 계약서에 주소가 있으니 사무실에서 출발할 때 지도를 검색했으면 간단할 것을 전화질하니 말이다. 자신이 파는 상품도 이해하지 못한 듯해서 불완전 판매의 위험이 있다고 생각했다.

잠시 후 피렌체 성당과 여성회관 사이로 하늘색 정장을 입은 설계사가 나타났다. 마이클이 앞장서 ‘삼국지’ 식당으로 들어가 점장에게 “테이블을 잠시 빌리겠습니다”라고 말한 후 테이블에 앉아 설계사에게 “전에 무얼 하셨어요?”라고 물었다. 그러자 “왜요? 초보자 티가 나나요?”라고 되물었다.

“초보 정도가 아니고 상품 자체를 이해 못해서 하는 말입니다?”

“호호, 사실 처음이에요. 전에 가수였어요.”

“엥? 심수봉 노래 잘합니까?”

“아니, 전 민요가수…?”

“김세레나 누님 같은 그런 가수?”

보험설계사는 전직 가수라고 말했다.

가수는 언제든지 노래를 부를 수 있으니 굳이 ‘전직’이라고 할 필요는 없다.

이번에 내민 상품은 연 32만 원을 내는 기본 보험이었다. 서명날인을 하며 "사무실 가셔서 젊은 직원에게 보험가입 영수증을 제 메일로 보내달라고 하세요. 증서가 집에 오려면 오래 걸리거든요. 아시겠어요?"라고 일러두었고, 그래서 보험가입 영수증은 저녁 때 메일로 받을 수 있었다.

보험가입을 마치고 공사 현장을 둘러보았다.

마이클이 놀이터로 만들 지하실은 아쉽게도 임대차 계약이 되어버렸다. 지하 공간을 자신만을 위한 영화와 음악 공간으로 사용하고자, 출입구도 영국의 빨간 전화부스를 모티브로 디자인했다.

그런 지하 공간을 임차한 임차인이 "사장님이 만들고 있는 입구에 반해서 계약했습니다"라고 말하며, "나도 입구를 그대로 사용하겠습니다"라고 덧붙였다. 마이클도 "화장실과 주방시설도 만들어드립니다. 또 인터넷 회선도 무료로 제공합니다. 다만 깨끗하게 인테리어를 해야 합니다"라고 말했다. 임차인이 "걱정 마세요. 저도 깔끔합니다. 사장님 성격 보니 깔끔할 듯해서 세를 얻었거든요"라고 대답했다.

17

준공검사와 빌딩에서의 첫날

2013년 7월 24일 수요일 맑음

작년 5월 30일로 7년 동안 성장하던 부동산 매매 법인 (주)멘토랜드를 청산했다.

그날부터 백수가 되었고, 딱히 갈 곳도 없었기에 주로 한강으로 나가 보트를 타거나 사냥 면허 취득을 위한 공부를 하거나 인문학 관련 책을 읽었다. 그 시간은 마이클에게 주어진 최고의 휴식이었고 자신도 그 사실을 알았다. 때가 되면, 예전에도 그랬듯이 미친 듯이 내달려야 한다고 생각했다. 그런 마이클에게 드디어 '아지트'가 생겼다. 14개월이 지난 후였다.

5개월 동안 건물 전체에 10만 원권 자기앞 수표를 바르다시피 한 피렌체 빌딩 리모델링 공사가 거의 완공단계에 들어갔고 '준공검사'까지 통과했다. 마무리 공사와 입주 청소 단계가 남아 있지만, 옥탑방은 당장이라도 사무공간으로 사용해도 큰 무리는 없기에 이사를 하기로 했다.

옥션에 주문한 금고가 오후에 배송된다고 해서 겸사겸사 이사 준비를 했다.

금고는 127kg으로 일반인은 4명이 들어올려야 했는데, 배송을 의뢰하면 10만 원이 들고, 운전사에게 3만 원을 주고 두 사람이 도와주면 옥탑에 올릴 수 있다기에 그렇게 하기로 했다. 그러나 금고를 옥탑방까지 들어 올린 사람은 운전사와 한 소장이었다. 늦게 도착한 마이클은, 한 소장이 운전사에게 지급한 3만 원을 갚고 5만 원짜리 한 장을 더 건네며 "사람 쓰면 10만 원이라는데 서로 남았습니다"라고 말했다.

물론 마이클이 있었다고 해도 도움이 될 처지는 아니었다. 그래서 이삿짐을 옮겨오며 솔 군을 동행했는데, 마이클은 어제 술집에서 넘어져 오른쪽 어깨를 다쳤기 때문이었다. 14개월 전 마지막 식사를 하던 조직원들이 다시 모여 과거를 회상하며 술잔을 기울인 것이 조금 과했다.

아지트가 될 옥탑방으로 옮기는 이삿짐은 입을 옷 전부와 평생을 곁에 두고 바이블로 삼을 책 몇 권, 구두, 카메라 등이었다. 의자나 식탁은 새로 구입했는데, 일부는 직접 조립을 해야 했다. 인터넷은 며칠 뒤에나 개통이 된다기에 컴퓨터는 옮기지 않았다.

이사에 큰 도움을 준 솔 군은 점심으로 김치찌개를 먹고 돌아갔다. 이때 무빙디자인 대표 재훈으로부터 "사장님, 준공검사가 통과되었습니다. 축하드립니다"라는 전화를 받았다.

2013년 7월 25일 목요일 맑음

피렌체 거리는 잠들지 않았다.

밤하늘의 별들도 잠들지 않았고 가로등 불빛도 잠들지 않았으며 사람들은 그런 가로등을 붙잡고 꺼익꺼익거리긴 했으나 잠들지 않았고, 제2롯데월드 빌딩의 불도 꺼지지 않았다. 잠든 사람은 영혼이 지친 한 사람뿐이었다. 그러나 그도 새벽 미명에 일어났다.

피렌체 빌딩에서의 첫날을 기념하는 의미로 잠을 자기로 하고 옥탑방 거실 바닥에 돗자리를 폈다. 이때부터 마이클은 건물을 지을 때마다 첫날밤을 보내곤 했다. 그러나 폴리싱 타일 바닥 때문인지 추웠기에 잠에서 깼고, 랭글러 루비콘 트렁크에서 부동산 경매 투자 시절 임장을 할 때 사용한 침낭을 꺼내 덮었다. 하지만, 음악 소리, 인형 뽑기 기계와 씨름하는 처녀의 웃음소리, 실내 포장마차에서 술잔을 부딪치는 소리, 박수와 함성은, 이곳이 진정 잠들지 않는 도시 피렌체임을 말해주고 있었다.

2013년 7월 28일 토요일 소나기

샤워를 했다.

커피를 찾았으나 있을 리가 없었다. 커피뿐만 아니라 물을 끓일 주전자도 없고 주방 쿡탑에 도시가스도 연결되지 않았다. 생활용품을 샀으나 빠진 품목이 너무 많았다. 식탁 한쪽에 메모지를 놓고 필요한 물건의 목록을 적었다.

'오늘은 채소를 먹어야겠다.'

며칠 동안 채소다운 채소를 섭취하지 못했다. 채소라고 해야 참치와 곁들인 무순 정도였다. 그래서 김가네 김밥집 창가 자리에 앉아 비빔밥을 시켰다. 옆 테이블엔 스무 살 청춘이라고 얼굴에 쓰인 처녀 세 명이 도란도란 대화하며 칼국수로 해장을 하고 있고, 창가로 스쳐 가는 청춘 중에는 '수'노래방으로 들어가거나, 비닐우산을 쓰고 춤을 추며 걷거나, 물병을 마시며 술을 마신 듯 비틀거리거나, 또 몇몇 여자들은 잔 다르크가 오늘날 자유분방한 외모로 환생한 듯 멋진 남자를 끼고 걸어가는 아침이었다.

햄버거 가게에도 밤새워 놀았을 청춘들이 바글바글했다. 잠들지 않는 도시, 피렌체는 유흥의 신천지였다. 그러니 주택가 환경에서 어두컴컴하게 잠을 청하던 마이클에게 피렌체는 매우 불편하고 피곤한 환경으로 다가왔다. 또한 근린빌딩 최상층에서 살아가는 건물주의 고통, 쏟아지는 졸음을 이겨가며 손님을 상대해야 하는 업주들의 힘겨움도 알게 된 시간이었다.

공무원들이 출근할 시간이 되자 국세청에 전화를 걸었다.

피렌체 빌딩 4층 일부 인테리어 공사 금액에 대해서는 '부가세 환급이 되지 않는다'라고 하기에 직접 알아보기로 했다. 바로 연결되지 않고 얼마 후 연락이 왔는데 "전월세는 부가세가 면세되므로 선생님이 최종 소비자입니다. 다만 장부를 쓴다는 가정하에 종합소득세에서는 감가상각으로 혜택을 보실 수 있습니다"라는 답변을 들었다. 부가세는 90만 원이었다.

6m 도로를 마주하고 있는 건물과 마이클의 아지트는 바로 보였다.

쌍방울 메리야스를 입은 노년의 건물주와 눈이 마주치자 "안녕하십니까?"라고 인사를 했다. 그러니 행동거지가 불편할 수밖에 없었다, 인터넷으로 블라인드를 주문하려고 PC방에 들렀다. 블라인드 주문과 함께 거실용 선풍기도 한 대 주문했다.

어제 주문한 원목 침대가 배송되었다.

건강을 생각해 원목 침대를 주문했는데 배송된 원목 침대는 방부제가 가득 발라져 있어 오히려 생명을 위험하게 할 정도였다. '다시금 싸고 좋은 것은 없다'는 말을 실감했다.

양재동 이마트에 들렸다.

식탁과 의자, 주방용품 등 필요한 것을 샀다고 생각했으나 빠진 것이 너무 많았다. 그렇게 쇼핑을 하고 피렌체 빌딩으로 돌아오니 복도 페인트 작업과 에어컨 연결 작업이 동시에 이뤄지고 있었다. 작업이 끝나야 물품들을 옮길 수 있기에 고시원 방으로 들어가 마트에서 산 김밥을 씹어 먹으며 시간을 죽이다 계단을 수십 번 오르락내리락하며 짐을 옮겼다.

온몸이 땀에 젖었다.

샤워 후, 에어컨 배관 구멍을 뚫느라 발생한 먼지를 청소하고 물품 정리를 시작했다. 그러나 정리를 한다고 해도 할 일은 계속 늘어났고 겨우 저녁 9시가 되어서야 끝낼 수 있었다. 깨끗한 공간에 정리된 새 물품을 보고 있자니 행복감이 한가득 밀려왔다.

방부제가 가득 발라진 원목 침대에 쓰러졌다,

소음으로 깊이 잠들지 못한 피로가 몰려온 것이다. 가위눌림을 벗어나려고 몸부림치다가 일어났다. 다시 허기가 몰려왔다.

'족발을 사서 상추쌈을 해야겠다….'

채소 섭취에 대한 갈증이 해갈되지 않았기에, 일어나 '새마을시장'으로 향했다.

'새마을시장'은 재래시장으로 피렌체역 가까이에 있다. 신발 가게에 들려 실내용 슬리퍼도 4개 샀다. 그리고 족발을 사려는 찰나, "여보, 다이소에 가서 사자!"라는 말이 들려왔다. 대화의 주인공인 중년 부부가 정육점에 들어가자 따라 들어가 "다이소가 어디에 있습니까?"라고 물었다. 무빙디자인 최 실장이 "생활필

수품은 다이소에서 5만 원이면 해결돼요"라는 말이 기억났기 때문이다.

중년 부부 일행을 따라 다이소에 도착했다.

다이소는 마이클에게 또 다른 신천지였다. 커피잔, 와인 잔, 접시, 도마, 수납용 정리용품… 매장을 한 바퀴 돌며 당장 필요한 몇 가지 품목을 구매했다. 다음에 올 때는 랭글러 루비콘을 타고 와 트렁크 가득 실어갈 것이었다.

밖으로 나왔을 때는 다시 빗방울이 떨어지기 시작했다.

족발 가게에 들러 족발을 사고, 채소 파는 가게에서 상추와 깻잎, 마늘을 사고, 스무 살 조금 넘었을 여자아이가 지키고 있는 작은 마트에서는 소주와 쌈장을 샀다.

쏴아—

아지트로 돌아와 샤워하고 야채를 씻어 원목 식탁에 세팅했다.

오디오 리모콘의 '전원' 버튼을 누르고 볼륨을 올렸다. 소주잔과 맥주잔은 1층 삼국지에서 가져다주기로 했는데 아직 도착하지 않았으므로 사냥터에서 쓰던 물잔에 술을 따랐다. 바쁠 것 같으나 너무 한가한 목구멍으로 차가움이 느껴졌다.

장롱 한곳에는 현대 에스톤 파크에서 찍은 사진이 붙어 있었다.

마치 '나는 이곳에서 피렌체의 역사를 시작할 것이다'라고 말하는 것 같았다.

후두두두—

다시 빗방울이 쏟아졌다. 잠들지 않는 피렌체였다.

18

빌딩 로비 완성

2013년 7월 26일 금요일 맑음

밤이 지나고 아침이 되었다.

피렌체 빌딩 로비는 유럽 석조 건물의 분위기로 만들고자 했다. 특별한 디자인의 특별한 자제였기에 공사비가 상당히 추가되어야 했으나 트럼프 자서전에서 배운 '로비를 화려하게'를 실천해보기로 했다.

크르르르르릉— 찌이이익—

5~6명의 작업자가 한 몸이 되어 4각 쇠파이프를 용접하고 건물에 앙카 볼트를 박아 너트로 고정하고 그 위에 인조석을 붙이듯 이어 가는 작업을 진행했다. 셔터를 누르는 마이클에게 한 소장이 "다음 주 수요일쯤에는 끝납니다"라고 설명했다.

도시가스 계량기와 요금 통지서의 명의를 통일시키기 위해 통화를 했다.

전화를 받은 담당자가 "고객님. 사용정지 신청을 하셔야 합니다"라고 안내했다. 이에 마이클이 "그래요? 그럼 월요일에 계량기 검침을 하고 지사를 방문해 요금고지서 명의를 정리하겠습니다"라고 말했다. 그렇게 전 소유자의 흔적도 지우고 있었다.

2013년 7월 27일 토요일 맑음

베드로가 "사장님 상의할 물건이 있습니다"라고 말하며 저녁에 방문했다.

들어보니 소송으로 해결해야 할 사건이었다. 법률적으로 상당히 까다롭기에 "김 변호사에게 넘겨줘야겠습니다"라고 대답했더니 "네. 그러시죠? 온정에서 백반이나 드시죠?"라고 말했다. 그렇게 베드로가 앞장섰으나 마이클이 불러세워 효탄참치로 들어가게 했고, 식사 후 2, 3층 고시원을 둘러보게 했더니 "제일 좋습니다. 최고입니다"라고 칭찬을 하며, 차기 사업 프로젝트에 대해 말을 꺼냈다. 일부는 마이클의 생각과 맞기도 했고 일부는 그렇지 않았다.

삼국지 조 부장도 건물 내부를 둘러보았다.

그러고는 "직원들이 밤늦게 잠잘 곳이 없어서 복지 차원에서 룸 하나를 임차했으면 하고요"라고 말했다. 마이클이 "그러시죠? 그리고 주류회사 판촉용 맥주와 소주 컵 좀 주세요?"라고 부탁했다. 조 부장이 "네. 사무실 입구에 가져다 놓겠습니다"라고 대답했는데, 이때 베드로의 전화를 받았다.

"사장님 리모델링은 제대로 하신 것 같습니다. 제가 한번 팔아 보겠습니다."

베드로의 뽐뿌는 두고두고 생각할 숙제이기도 했다.

베드로는 재기를 위한 탈출구가 필요했고 마이클에겐 자금이 필요하기 때문이었다.

건물 입구 대리석 작업을 위해 철거업체가 유리문을 철거했다.

인터넷에서 구매한 침대도 도착했다. 판매용 사진은 그럴듯했는데 막상 배송된 제품은 쓰레기였다. 싸고 좋은 것은 없다는 생각을 다시금 하게 되었다. 갈빗살에 묻은 포르말린을 젖은 걸레로 닦아내고 매트를 포장한 비닐을 바닥에 깔아 냄새가 올라오는 것을 막았다. 블라인드 판매업체는 "기존 주문을 취소 처리하고 새롭게 주문해주세요"라고 말했다. 그러니 시간 내서 PC방에서 주문할 생각이다.

중개사무소를 들렀다 오는 길에 시장에서 실내화 4켤레를 사 옥탑방 계단 입구에 비치했다. 사무실 내에서는 신발을 신는 것이 콘셉트였는데, 마음이 바뀌어 실내화를 신기로 했다.

2013년 7월 29일 월요일 새벽에 소나기 종일 맑음

도시가스 공급업체인 코원에너지 사무실도 방문했다.

사무실은 MBC아카데미 근처의 허름한 건물 2층이었고 2명의 중년 여성이 근무하고 있었다. 도시가스 계량기 번호와 숫자를 확인하게 하고, 계량기 중 6개만 필요하므로 나머지는 중지신청을 했다. 업체는 사용검사를 받지 않고 가스를 쓰는 것으로 알고 있기에, 시설 업자의 연락처를 한 소장을 통해 알려주었다.

돌아오는 길에 부동산 중개사무소 두 군데를 들렀다.

한 군데는 나이가 많은 분으로, 전 소유자 시절 "매매를 하려고 성남까지 다녀왔습니다"라고 말했고, 다른 한 곳은 젊은 부부가 운영하고 있었는데 "4층 3룸은 전세 3억 원, 원룸은 보증금 1,000만 원에 월 90만 정도 될 거 같아요"라고 말했다.

빌딩 로비에 돌이 붙여지고 있었다.

색깔이 좀 가벼운 색감이었다. 약간 더 붉었으면 좋았을 듯했다. 작업은 내일까지 하면 마무리가 될 것 같았다. 소방검열은 '비상구 문짝 크기가 좁다'는 이유로 재시공 결정이 내려졌다. 이에 대해 무빙디자인 대표 재훈은 "협력업체의 휴가로 일주일 정도 늦어질 것 같습니다"라고 말했다.

오픈이 늦어지고 있다고 해서 별로 개의치 않았다.

준공이나 소방검사라는 것이 그런 변수가 있기 때문이다. 다만 옥탑방 사무실에는 내일 빌트인 방식으로 냉장고와 세탁기를 넣기로 했다.

준공승인이 났으므로 주차장 쪽 벽체를 세우는 공사를 하고 옆 건물 사이 가건물을 원상 복구를 해야 하는데, 지하 임차인이 공간을 그 공간을 임대하고 싶다고 해서 옆 건물주와 연결을 시켜주었다. 지하상가는 밝은 오렌지색 우레탄으로 바닥을 칠했는데 뭘 어떻게 하려는지 알 수 없었다. 나름대로 심혈을 기울여 준비하는 것 같았다.

인터넷 설치 기사도 방문했다.

작업을 끝낸 후 "내일까지 연결이 됩니다. 텔레비전은 나중에라도 문제가 된다면 와서 정비를 해드리겠습니다"라고 말했다. 그러나 옥탑방 사무실에는 인터넷 회선이 두 개 들어와야 했으므로 물었더니 "그것은 영업사원이 해줍니다"라고 대답했다.

2013년 7월 30일 화요일 맑음

더운 옥탑방에서 고생하는 건축주가 안쓰러웠는지 냉장고와 세탁기가 올라왔다.

세탁기는 싱크대 밑에 수납되는 작은 제품으로 앙증맞았고, 냉장고도 혼자서 사용하기에는 불편함이 없는 크기였다. 집이 작으면 모든 것이 이렇게 작아야 한다. 판매처 직원들이 뚝딱거리며 설치하고 작동 확인 후 돌아갔다.

옥션에 주문한 비데도 도착했다. 이번 제품은 전기가 필요 없는 신형 비데였다. 직접 냉·온수를 연결해 설치해본 결과 성능은 좋았다. 선풍기도 도착했다. 거실이 워낙 더워서 안방 에어컨의 시원한 공기를 거실로 보내기 위해 사각 선풍기로 주문했는데 예쁘고 공간을 차지하지 않아 좋았다.

새벽에 눈을 떴다.

밖이 소란스러워 난간에서 내려다보니 참치집 주인과 꼽추가 싸우고 있었다. 꼽추가 쓰레기를 자꾸 효탄참치 주차장에 쌓아 놓아 손님들의 주차를 방해한 것이 이유였다. 꼽추가 살아가는 방식은 '더러운 똥'이 되어 남들이 피하도록 하는 방식이다. 그러니 이런 놈들에게 한번 밀리면 주인이어도 주인일 수 없으니 참치집 주인이 잘하는 것이었다. 경찰차도 왔다 갔다. 꼽추가 피렌체 빌딩 주차장에 자전거를 세워두기 시작했기에 마이클도 유심히 지켜보고 있다.

2013년 7월 31일 수요일 가끔 비

현관 돌 부착 작업이 마무리를 향해 가고 있었다.

그러기 위해 마지막 한 덩어리를 해머 드릴을 이용해 철거해야 했는데, 그것이 건너편 할머니의 짜증을 유발했다. 마이클이 "진짜로 마지막"이라며 달랬다.

작업은 한 사람이 했는데 곧 끝내고 돌아갔다.

마이클도 공사 소음을 피해 옥탑방으로 올라왔다. 옥상 방수공사 때문에 에어컨을 사용할 수 없어서 아지트는 찜통이었다. 더는 참을 수 없어서 다시 현관으로 내려왔다.

"흐아-"

건축주 마이클이 로마에서 직접 공수해왔다고 구라 치는 인조 대리석의 현관이 완성되었다. 그 위로 간판업체가 'Firenze'라는 글씨를 만들어 세우고 현관문에 문양만 넣으면 마감된다. 주차장 벽면 마감 공사가 진행되고 있고 주차장 내부와 외부에 CCTV가 각각 설치되었다. 또 관리 취약지역인 주차장 입구의 쓰레기 투기를 막기 위해 기둥 위에 자동 센서 전등을 달았다. 이 센서 전등은 새벽에 살금살금 쓰레기를 버리는 사람이 매우 편리하도록 불을 밝혀줄 것이고, 놀라 쳐다보면 CCTV에 찍히게 되는 친절한 전등이었다.

MONTH
17

제3장
수익률 높이기

1

잘하는 것에 집중하자

2013년 8월 1일 목요일 맑음

피렌체 189번지 낡은 근린상가 주택을 29억 6,000만 원에 낙찰받고 매각대금을 납부했다.

1월 14일이었는데, 매각대금 중 24억 원은 K은행에서 대출을 받았다. 생애 최고의 대출이었고, 대출 이자는 휴일을 제외하면 분당 410원에 달했다. 그러니 대출 이자 걱정에 잠을 제대로 이룰 수 없었다.

그럼에도 시간은 흘렀고, 활시위처럼 팽팽하던 긴장감도 느슨해졌기에 평온한 하루를 시작할 수 있었다. 물론 그렇다고 다 잘되는 것은 아니었다. 별장을 짓겠다는 도봉동 토지를 담보로 1억 7,000만 원을 대출받았는데 벌써 사라졌다. 몇천만 원은 그저 손에 잡힌 고운 모래처럼 손가락 사이로 빠져나갔다.

피렌체 세무서에 '고시원' 사업자 등록을 위한 준비사항을 문의하려고 했으나 여의치 않아서 바로 출발했다. 국세청은 사업자 등록은 잘 받아준다. 세금을 낸다는데 마다할 이유가 없다. 피렌체 빌딩 '임대사업자 등록증'은 늦게 나오더니 '고시원 사업자 등록증'은 바로 만들어 주었다. 오늘로 개인 사업자는 4개가 되었다. 세금을 정확하게 내면서 사업을 해보겠다는 의지가 그렇게 만들었다.

세무서를 나와 피렌체 빌딩으로 향했다. 외부 새시 작업과 현관문 설치와 목공작업이 진행되고 있었다. 옥탑방 입구에는 옥션에서 주문한 블라인드가 도착해 있었다. 거실 쪽 블라인드는 한 소장이 붙여주기로 했다. 따끈따끈한 사업자

등록증을 금고에 넣어두고 밖으로 나갔다.

2013년 8월 5일 월요일 간헐적 폭우

새벽 5시경 일어났다.

커피를 한 잔 끓여 마시고 신문을 뒤적이다 아침을 맞았다. 무빙디자인 대표 재훈과 실장이 찾아왔다. 공사비 6,830만 원을 결제해주었다. 남은 금액은 1,500만 원이 조금 넘었다. 무사히 끝까지 온 것이었다.

2013년 8월 6일 화요일 집중 호우

한낮인데도 하늘이 새까맣다.

이내 내리는 폭우. 창밖으로 폭포처럼 내리는 빗줄기를 보면서 변덕스러운 날씨가 '피렌체하우스 오픈을 돕지 않는다'는 생각을 했다. 이제부터는 운영이 문제이기 때문이다.

도날드 트럼프의 《거래의 기술》을 읽고 있다.

다시 읽어보니 '피렌체 빌딩'은 모두 이 책에서 영감을 얻었다는 것이 생각났다. 몇 달이 지났다고 그걸 잊었던 것이었다.

부동산 중개사가 원룸을 구하는 임차인과 함께 왔다.

마이클이 "도시가스, 주방, 세탁기, 냉장고, 인터넷 텔레비전, 인터넷 회선 제공 등 모두 포함해서 월 90만 원입니다. 살면서 전기와 도시가스비만 부담하면 됩니다"라고 말했는데, 임차 희망자는 대학교를 졸업하고 직장생활을 시작하는 청년이었고 어머니를 동행했다. 부동산 중개사무소 중개사가 "임대료가 좀 세서 그런가 봐요?"라고 쭈뼛거리자, "그러면 아래 고시원은 어떠세요?"라고 말하며 아래층으로 내려갔다.

고시원은 마무리 청소는 남아 있었으나 책상과 의자, 옷장, 침대와 협탁, 냉장고와 개별 에어컨, 화장실까지 갖추어 놨기에 일행은 놀라며 "여긴 얼마인가요?"라고 물었다. 마이클이 "지금 오픈 기념이라서 할인되어 오른쪽 방은 50만 원, 왼쪽은 52만 원입니다"라고 안내했다. 그러나 청년은 고시원은 마뜩잖은 눈치였다. 그렇다고 풀옵션 원룸을 살기에는 임대료가 부담되었다. 청년의 어머니가 "집은 정말 예쁘고 깔끔하네요?"라고 칭찬했다. 마이클이 "좋은 주거 공간에서 살아야 삶이 행복해지지요. 그래서 이렇게 만들었습니다!"라고 대답했다. 그러나 계약으로 연결되지는 않았다. 다만, 부동산 중개사의 놀란 눈빛에서 '피렌체 하우스'의 성공을 보았다.

SC은행에서 '대출을 갈아 타라'고 전화를 하더니 직원이 직접 방문했다.

그러고는 "사장님께 전화를 드릴 때만 해도 대출이 적었는데, 울란바토르와 도봉동 건으로 대출이 많아요?"라고 말했다. 대출 갈아타기 불가였다. 연 대출이자 100만 원을 아낄 수 있는 기회가 날아갔다. 마이클이 말했다.

"그래요? 그럼 내년에나 봅시다."

2013년 8월 7일 수요일 맑음

"뿌우 뿌- 뿌우 부- 떠어나는 기일 서어러워어 디도오라아 보오고 시입지이 마안…"

거실에 있는 오디오에서 함중아가 〈조용한 이별을〉을 부르기 시작했다.

아침이 된 것이다. 기상 시간을 6시로 맞췄는데 어제 방송대 영상동아리 모임 뒤풀이를 한 탓에 몸이 무거웠다. 몇 곡이 더 흘러가자 일어나 화장실로 가 샤워를 했다. 화장실 쪽문으로 보이는 아침 하늘이 매우 청명했다.

옥상 방수는 수시로 내리는 소낙비 때문에 늦어지고 있고, 그러는 사이 아지트에 쓸 블라인드, 비데, 선풍기가 자리 잡았다. 사무공간은 가장 효율적인 업무 환경을 위해 240cm 싱크대 상판을 얹어 책상으로 사용했는데, 서류함, 레이저프린터, 모니터 2대, 스캐너가 횡렬로 정렬되었고 전기배선도 곱창처럼 생긴 플라스틱 제품을 말아 말끔하게 했다.

츠칵-츠… 툴툴툴툴…

컴퓨터 전원을 켜 어제 쓰지 못한 일기를 썼고, 스냅 카메라에 담긴 사진을 모니터로 불러들였다가 다시 블로그에 옮기며 키보드를 두들겼다. 건물이 간헐적으로 진동하고 왁자지껄 떠드는 사람들 소리도 들렸다. 작업할 인부들이 도착한 모양이었다. 의자를 밀치고 일어나 계단을 내려가다 한 소장과 눈이 마주쳤다. 한 소장이 "오늘 청소를 할 거예요"라고 말했다. 마이클이 "계단은 어떻게 하기로 했어?"라고 되물었더니, "그것도 할 거예요"라고 대답했다.

'피렌체하우스'

지난 8월 1일 피렌체 세무서에 임대 사업자등록을 마쳤다. 사업 개시일은 10일로 했는데 그때쯤 현수막이 걸리고 임대가 시작될 것이어서 그렇게 했다.

지난 5월, 잘하는 것에 집중하자는 생각으로 출판사 (주)북인사이드도 폐업했다. 4년이 넘은 법인 출판사를 폐업했는데 후회는 없었다. 그렇다고 사업자등록증이 줄어든 것은 아니었다. 사업은 지금도 4개에 달했다.

'피렌체하우스'는 고시원이다.

고시원이라고 해서 감옥의 독방 같은 곳을 상상하면 이곳에서는 귀싸대기를 처맞는다. 넓은 주거 공간을 갖지 못해도 쾌적한 곳에서 살아야 꿈을 잃지 않는다는 생각으로 멋스럽게 만들었기 때문이다. '피렌체하우스'에 입주를 하게 되면 각 실마다 무료로 고속 개별 인터넷 회선과 무선 공유기, IPTV 겸용 모니터와 책상, 의자, 옷장, 침대, 협탁, 냉장고, 에어컨이 기본 제공된다. 공동시설은 주방과 세탁실이 있는데 주방엔 쌀과 김치, 라면, 커피 등을 제공하기로 했다.

규모의 경제로 볼 때 고시원의 방은 40개가 넘어야 한다. 그럼에도 손익 분기점은 접어 두기로 했다. 대신 좋은 사람들에게 좋은 공간을 공유하자는 개념으로 사업자등록을 신청한 것이다. 리모델링을 담당한 무빙디자인이 홈페이지를 만들어 주고, 인터넷 광고하는 법을 가르쳐주며, 키워드 광고를 위해 네이버 계좌로 20만 원까지 입금해주었다. 또 주방에 필요한 용품들을 함께 쇼핑했는데, 30만 원이 조금 안 나왔다.

청소업체가 들어와 옥탑부터 아래로 청소를 하며 내려갔고 계단 대리석도 회전 브러쉬를 이용해 깨끗하게 밀어냈다. 그렇게 준비를 마치자 곧바로 광고 효과가 나타났다. 두 사람이 "바로 입주할 수 있습니까?"라고 문의했다. 당장이라도 쌀을 사야 할 것 같은데, 내일쯤에나 가능할 것이었다.

피렌체에 어둠이 내리기 시작했다.

저녁을 먹으려고 밖으로 나왔다. 김가네 김밥에 들러 김밥을 샀다.

"3천 원입니다."

가격을 듣고 쓰러질 뻔했다. 김밥과 광어회로 술상이 차려졌다.

2

고시원 총무의 삶

2013년 8월 8일 목요일 폭염

한 소장이 옥상 방수공사에 지장이 있다며 에어컨 작동 금지명령을 내렸다.

건물 열쇠를 건네며 "방수공사에 지장 있으니 에어컨은 사용하면 안 돼요, 사장님!"이라고 말했다. 비둘기 날개만 한 명품 신일 사각 선풍기가 악명 높은 옥탑방 더위를 날려주느라 애를 썼다.

마이클은 마음만은 호텔인, 고시원 피렌체하우스의 공용주방 시스템도 점검하고 밥도 손수 해보기로 했다. 주방에는 쿠쿠 압력 전기밥솥, 필립스 토스트기(이걸 사용하려면 식빵도 사 봐야겠다), 정수기, 전자레인지, 그리고 전기로 하는 인덕션 조리기도 있다. 밥을 짓고 고시원 식당에서 쓸 김치를 사러 새마을 시장을 다녀왔다. 그렇게 사 온 김치를 보관하려다 보니 공용주방용 냉장고가 없다는 것을 알았다.

마이클은 중학교를 우수한 성적으로 졸업하고 고등학교 유학길에 올랐다.

광주에서 유학했는데 1년간은, 현재 미국으로 이민 간 다섯째 이모 길례의 집 방 한 칸에서 살았다. 방 월세는 부모님이 길례네 식구 식량 일체를 제공하는 것으로 퉁쳤다. 그러나 마이클은 엄마 같은 이모의 잔소리가 싫어서 기한과 옥자에게 이모 길례를 음해(눈칫밥 준다고 주장했다)하고 분리 독립에 성공했다.

첫 자취방은 주인아주머니와 공동으로 부엌을 사용하는 방이었다.

난방 연료로 연탄을 때던 시절이다. 물론 마이클의 집은 매우 부자였으므로 주로 '솔가지'라는 소나무 가지를 꺾어다 땠다. 땔감 때문에 정씨 문중 산이 많이 훼손되었다. 한 번은 아버지가 소나무를 끌고 내려오다 산지기에게 걸려 지서(지금은 지구대)에 끌려갔고 벌금을 내고 소나무 묘목을 심기도 했다.

자취방 주변엔 같은 학생들이 많았고 맞은편 집에는 여학생 자매가 살았다.

낮은 담벼락 때문에 창문 너머 방 안이 보였다. 취사도구는 '곤로'라는 제품을 사용했다. 이게 아날로그식 쿡탑쯤 되겠다. 석유 버너 빅 버전처럼 생겨서 아래에는 석유통이 있고 석유를 빨아올리는 심지에 불을 붙여 심지의 높이로 화력을 조절하는 취사도구다. 여기에 작은 밥솥을 올려 밥을 했는데, 담 너머 자매들도 그랬다.

어느 날 자매의 저녁 식사 장면을 보게 되었다. 자매는 우아하게 한 자매의 양쪽 다리 사이에 밥솥을 끼고, 수저만 들고 퍼먹었다. 그때 마이클은 알았다. 진정 멋진 놈은 수컷이라는 것을. 혼자 먹는 것이 서글플까 봐 밥솥에서 밥을 그릇에 옮겨 담아 먹었기 때문이다. 고향 라스베이거스에서는 밥솥에서 숟가락으로 퍼먹는 행위는 인생에 대한 모독이라고 생각했다. 그때 자매들도 어디에선가 행복하기를!

3층 주방으로 내려가 쌀을 씻고 취사 버튼을 눌렀다.

얼마 후 고소한 밥 냄새가 주방에 퍼졌다. 피렌체하우스의 첫 밥 냄새였다. 밥을 한 공기 담아 아지트로 올라왔다. 고등학교 시절 그 추억을 생각하며 대단한, 한정식집 상차림을 시작했다.

김의 유효기간이 눈길을 끌었다.

독립을 너무 늦게 한 것 같았다. 유효기간이 12개월을 지나 13개월로 접어들었기 때문이었다. 잠시 이순신 장군이 노량해전에서 '죽을 것이냐, 살 것이냐'를 고민하듯 고민하다 그만두고 사냥터에 들고 다녔던 양념 통에서 간장을 찾아 찍어 먹었다. 김가네 3천 원짜리 김밥보다 훨씬 맛있었다.

"역시 집밥이 최고다!"

이때 베드로의 전화를 받았다.

"사장님, 지방에서 출근하기 힘드네요. 고시원 큰 방 하나 주세요."

"사업이 어려울 땐 고시원에 살기도 하는 것이니 부끄러워할 필요는 없습니다. 55만 원이면 되겠습니까?"

2013년 8월 9일 금요일 폭염

모닝콜 음악은 울리지만 일어나지 못하고 있다.

일어나지 못하는 것이 아니라 바삐 일어날 이유를 찾지 못한 것이 맞는 말이었다. 샤워하고 무거운 몸을 이끌고 2층 고시원 식당으로 내려가 밥을 한 공기 퍼 올라왔다.

점심식사는 무빙디자인 멤버들과 칼 삼겹살 식당에서 묵은지 찜이었다.

이들과도 헤어질 시간이 다가오고 있었다. 리모델링 공사를 차분하게 잘해주었기에 공사비 결제도 칼같이 해주던 시간이었다.

2013년 8월 10일 토요일 아침에 폭우 오후에 폭염

폭우가 쏟아지는 소리에 일어났다.

에어컨 작동 불량 문제로 서비스 센터와 설치업체 간 충돌이 있어 수리가 늦어지고 있다. 서비스 센터는 "제품이 장착된 상태에서 수리해야 하는데 업체가 배관을 잘라놔서 다시 연결해야 합니다. 그렇지 않으면 대당 4만 원씩 받아야 합니다"라고 말했다. 겨우 그 돈 때문에 수리를 미루고 있는 것이 짜증나 "업자들끼리의 문제이니 적당한 가격에 수리하세요?"라고 말해 대당 2만 원으로 합의를 봤다. 한 소장도 이 부분은 조율하지 못했는데, 수리가 끝나고 공사비를 주려고 했더니 한 소장이 "업자들에게 알아서 하라고 했습니다"라고 말했다.

고시원 입주를 희망하는 젊은이가 누나와 방문했다.

학생으로 보이는 두 청년도 다녀갔고, 무빙디자인 대표 재훈도 '이천에 고시원을 할 사람'이라며 구경을 시켜주기 위해 방문했다. 그래서 최 실장도 미니스커트를 입은 모양이었다. 그럴 때마다 마이클은 옥탑방에서 1층 현관까지 내려갔고, 사람들이 돌아가면 다시 계단을 오르는 강제 운동을 해야 했다. 그럼에도 무빙디자인이 이천에 새로운 고시원 공사를 할 수 있도록 피렌체 빌딩 공사 사진을 보여주며 열심히 칭찬을 해줬다.

"한 군데 더 보러 갑니다."

일행은 한 군데 더 둘러봐야 한다며 피렌체 빌딩을 떠났다. 점심시간을 한참이나 넘긴 2시였다.

편의점에서 삼각김밥과 피자 한 조각을 샀다.

점심식사였는데 매우 편리했기에, 고시원 입주자들이 주방에서 식사하지 않는 이유를 알 것 같았다. 이때 옆 건물주의 전화를 받았다. 건물과 건물 사이 새로 지어 준 창고를 뒤로 깊이 넣어 지은 것과 출입문을 교체한 것에 대한 이의제기였다.

마이클이 "누구 말씀을 듣고 그러세요?. 정말 멋지게 잘 만들어 놨으니 걱정마세요. 그리고 세입자 중 술병을 자꾸 내놓는 사람이 있는데, 그 때문에 그곳이 더러워요. 주의 주세요"라고 오히려 싫은 소리를 했다.

언제까지 옆 건물주의 투정을 들어줄 수 없으며, 보기 싫은 불법 건축물을 앞쪽으로 옮겨 줄 생각도 없음을 분명히 했다. 그러니 옆 건물주도 현실을 받아들여야 할 것이었다.

2013년 8월 11일 일요일 맑음

모닝콜을 무시하고 늦잠을 잤다.

샤워하기도 전에 입주자가 들이닥쳤다.

"좀… 더… 큰 방을…."

급한 성격인데 말은 느리게 하기에 '이상한 사람'이라고 생각하며 방을 보여주었다.

보증금이 부족했는데 다음 달에 납부하기로 하고 월세 53만 원에 계약서를 썼다. 일식 요리사인 남자는 계약서를 쓰고 여행용 가방 등 단출한 살림살이를 옮겨 놓고 "사장님. 내가… 듣기로 큰… 방은 52만 원이었는데요?"라고 말했다.

그랬다. 사실 작은방은 50, 큰방은 52만 원을 받고자 했다. 그러나 꾸미는 과정에서 욕심이 생겨 1만 원씩을 올렸는데 그것을 기억하고 있었다. 마이클이 "그렇게 들으셨다면 그렇게 말했을 것입니다. 제가 초보라 실수를 했네요. 53만 원이 맞습니다"라고 우겼다. 그럼에도 방을 구경하거나 계약을 하고 싶다는 사람들은 계속 찾아왔다. 한 사람은 "형님이 계약하려고 하십니다!"라며 먼저 둘러보고 간 뒤, 나이 든 남자와 함께 왔고, 나이 든 남자가 "주차는 지원이 됩니까?"라고 물었다. 마이클이 "공식적으로 주차공간은 없습니다"라고 단정적으로 못 박으며, "공간이 있다면 잠시 주차할 수는 있습니다"라고 덧붙였다. 남자는 제일 큰 방인 201호를 계약했다. 계약금으로 10만 원을 받고 영수증을 써 주었다.

또, 아들의 방을 구해주려고 엄마가 오거나 남자들만 오기도 했다.

그러면 번개의 속도로 4층 계단을 내려가 문을 열어주었는데, 저녁 식사를 하다 그렇게 하기도 했다. 완벽한 고시원 총무의 삶이었다.

3

상가 공동사업 첫 정산

2013년 8월 12일 월요일 폭염

아들 솔 군을 대동하고 피렌체 빌딩에 도착했다.

잔디 판매 회사에서 잔디를 내려놓고 간 뒤였다. 잔디를 심을 면적은 대략 15평 정도 되었는데 인조잔디 한 롤이 15평이기에 그렇게 계산했다.

롤로 말려진 인조잔디는 생각보다 무거웠다.

그러니 계단을 통해 5층 아지트까지 끌고 올라가는 것은 난제였다. 그래서 내린 결론은 시공 면적 길이에 맞춰 세 등분을 해 나누어 옮기는 것이었다. 그렇다고 해도 무게는 상당했고 날씨까지 폭염이었기에 옷을 두 번이나 갈아입었다.

덩치만 컸지 근력이 없는 솔 군이 제풀에 지쳐 "아빠, 이런 것은 사람을 써-힘들어 죽겠다고"라고 지껄였다. 마이클이 "야 아들! 사람 쓰면 10만 원이야. 차라리 우리가 하고 그 돈 아껴 술 마시면 되지 않겠니?"라고 달랬다. 그럼에도 "술 안 마시고 사람 쓰는 게 낫겠어요?"라고 뜻을 굽히지 않았다.

"아니야, 사람 써도 술 마실 것이므로 직접 하는 거야. 빨리 끝내고 시원한 맥주 사주마!"

그렇게 달래가며 겨우 잔디 시공을 마쳤고, 시원한 맥주 몇 잔을 마시더니 침대에 쓰러졌다. 어느덧 태양도 열기를 잃어가는 시각이었다. 마이클은 멈추었던 시공 작업을 계속했고 솔 군이 잠에서 깨어날 즈음에야 끝났다.

마이클이 "고생했으니 고기 먹으러 가자"라고 말하며 솔 군을 앞장세우고 삼국지에 들어갔다. 메뉴는 고추장 삼겹살이었다. 고기를 먹던 솔 군이 "아빠, 지하층은 뭐해요?"라고 물었다. 마이클이 "인형, 피규어 전시 그런 것 하던데. 크레인 게임기도 있고"라고 말하자, 지하층 매장이 궁금했는지 "한번 가 봐요?"라고 꼬드겼다.

지하 매장은 피규어를 전시하며 판매하기도 했고, 크레인 게임기를 이용해 뽑기를 하는 기계도 있었다. 사장의 말에 의하면 제법 고가의 피규어도 건질 수 있다고 했다. 그러니 안 해볼 수 없었다. 각자 기계 한 대씩 마주했다. 그러나 솔 군은 크레인 조작이 서툴러 영 시원치 않았다. 구경하던 사장이 슬며시 크레인 기계 문을 열어 상자 하나를 건드렸다.

"툭!"

당연히 피규어 하나가 상자 안으로 떨어졌다. 솔 군이 말했다.

"뭐 쪽팔리지만 괜찮아요."

아지트로 올라와 뽑은 피규어를 뜯었다.

LED 전구로 장식된 선풍기, 작은 인형, 막대 사탕 등이 나왔는데, 건물주 마이클의 실력이 출중해서 좀 많이 뽑았다. 솔 군이 "이건 재훈이 주고, 이건…" 하며 주인을 몫 짓더니 "나는 어디서 자요?"라고 물었다.

마이클이 "201호, 아니다. 거긴 예약되었으니 아무 빈방에서 자렴" 하고 말했는데, 201호 계약자는 베드로였다. 빈말인 줄 알았는데 계약금 10만 원을 내밀었다. 그러면서 "사장님, 땅 담보 대출하실래요?"라고 물었다. 마이클이 말했다.

"내가 아는 것만 해도 먹고 사는 데 충분하기에 모르는 분야는 하지 않으렵니다."

2013년 8월 13일 화요일 맑음

피렌체 빌딩 4층은 원룸 1세대와 주인세대 쓰리룸으로 만들어졌다.

임대료는, 원룸은 보증금 1천만 원에 월세 1백만 원, 주인세대인 3룸은 전세 3억 원을 책정했다. 계단에서 입구가 나뉘기에 두 세대가 사는 데 불편은 없었다.

그러나 동네 중개사무소에서는 '대출금 채권 최고액이 28억 8,000만 원이나 되기에 임차인을 구하기가 쉽지 않다'라는 반응이었다. 마이클이 "아파트 전셋값이 미친 듯이 뛰고 있는데 거기에 비하면 반값에 불과한데도?"라고 놀라며, 직접 아파트 상가 부동산 중개사무소를 돌며 임차인을 구하기로 했다.

'단 한 명만 찾으면 된다! 아파트 전셋값이 부담되는 임차인 한 명!'

마치 사냥터에서 꿩 한 마리를 만나기 위해 여러 시간을 걷는 그런 기분이었다.

지독한 폭염이었다.

횡단보도에서 신호를 기다리는 동안에도 땀이 등허리를 타고 흘렀다.

"원룸 하나, 쓰리 룸 하나 전세 놔 주세요. 아파트 전세금의 반값입니다."

5~6곳의 부동산에서 같은 대사를 반복하며 프린트해 간 전단지를 내밀었다.

그렇게 부동산 중개사무소 순회광고를 마치고 할인마트에 들러 맥주, 소주, 소시지, 계란, 청소도구를 결제하고 배달시킨 후, 다이소에 들러 프라이팬과 얇은 접시 몇 점을 샀다.

'동네 주민 다 되었네….'

2013년 8월 14일 수요일 맑음

점심 때가 막 지났을 때였다.

1층 상가 삼국지 조 부장이 직원 한 사람을 대동하고 아지트로 올라왔다. 손에는 '삼국지 피렌체점 월별 손익계산서'가 들려 있었다. 지난 6월과 7월을 정산한 표로 총매출액은 34,427,004원이었다. 매출액에서 매출원가, 노무비, 판매관리비를 제외하니 −12,663,555원으로 아직 적자 상태였다. 기실 6월 24일부터 영업을 했으나 7월부터 정상영업으로 봐야 했고, 그렇게 본다면 첫 달 영업으로 봐야 했다. 매출은 22,250,689원이었다. 일일 100만 원을 못 넘겼다.

"통상적으로 이 정도의 상승이면 자리를 잡고 있는 것입니까?"

답답해하는 마이클이 조 부장에게 물었더니 본사에서 나왔다는 직원이 "음식점은 6개월 정도 걸리고, 김치찌개가 더운 메뉴라서 가을과 겨울을 기대한다면 좋아질 거라 생각합니다"라고 대답했다. 마이클은 두 사람을 보내고, 삼국지와 3월에 작성한 계약서를 들여다보았다. 그리고 '그래. 어차피 모험했는데 5개월 더 기다려 보자'라고 생각했다. 계약서 특약조항에는 "6개월 연속 800만 원 이하로 수익이 나면 계약은 해지된다"라는 내용이 있었다.

도시가스가 연결되었다.

4층 전체에 가스안전밸브와 가스누출감지기를 설치했다. 18만 원이었다. 그 사이 휴가를 갔던 한 소장이 돌아와 주차장 방수 상태를 확인했다. 마이클도 재활용 분리수거를 위해 내려갔다.

"쓰-"

맥주 캔에 오른손 검지를 베였다. 피가 많이 났다.

술에 취했다.

오디오 배선이 거슬려 정리하고, 포토존 배경에 "이곳이 피렌체의 처음이다. 내일 이곳은 성지가 된다"는 글귀를 쓸 때였다. 강 교수가 전화를 걸어와 "형님. 재미있게 삽시다? 동료 문상 왔습니다"라고 말했다. 마이클이 "그래서 오늘을 삶의 마지막 날처럼 살아야 하는 거야!"라고 대답했다.

4

연극이 끝난 후 객석에 앉아

2013년 8월 15일 목요일 맑음

아침 식사는 소시지 튀김과 계란 프라이였다.

밥은 3층 고시원 공용주방에서 퍼 왔다. 우아하게 식사를 한 후 빗자루를 들고 내려가 건물을 한 바퀴 돌며 일수쟁이 명함, 취객의 토, 캔 등을 치워야 했다.

옥상에 놓을 야외용 테이블도 배송되었다.

3묶음으로 포장해 왔는데 하나는 너무 무거워 택배 기사와 둘이 옥상으로 옮겼고 나머지는 포장을 뜯어 각개로 옮겼다. 급한 마음에 뙤약볕 마다하지 않고 전동 드릴로 조립했는데, 그리 어렵지 않았다. 다만 뙤약볕에 얼굴이 조금 그을렸을 뿐이었다.

이때 남자가 "대학로인데 그곳에 어떻게 갑니까?"라고 위치를 묻더니 몇 시간 후 방문했다. 남자는 자신을 만화가라고 소개하며 "경매도 하고 있습니다. 스토리를 구상하기 위해 방을 좀 얻어 지낼까 합니다"라고 말했는데, 50대 중반 정도로 추정되었다.

이런 일은 예상했었다.

'부동산 경매 고수'라는 자가, 컨설팅을 하거나, 경매 학원을 운영한다면 상담료나 수강료를 내야 하는데, 마이클의 경우는 고시원을 계약한다거나 하는 핑계로 쉽게 만날 수 있기 때문이다. 남자는 꽤 긴 시간 인터뷰를 했는데, 마이클의 삶 자체가 스토리였기에 스토리텔링에는 도움이 되었을 것이었다.

2013년 8월 17일 토요일 맑았으나 점심 때 소나기

수시로 걸려오는 전화 때문에 피로가 누적되었다.

쉴 만하면 전화가 이어져 쉴 수가 없다. 어제는 늦게 30대 후반으로 보이는 여자가 찾아와 "내가 무서움이 많아요"라는 이야기까지 들었다. 눈도 파고 치아 교정기까지 한, 무서움이 없을 것 같은 여자였다. 마이클이 "일반 주택보다 오히려 이곳이 안전할걸요? 현관부터 비번을 눌러야 하고 곳곳에 CCTV도 있고 말입니다"라고 대답했다.

"1일에 입주할 건데…?"

이빨이 들어갔다고 판단한 마이클이 "그러면 보증금 입금하셔야 해요"라고 밀어붙였다.

그래서 보증금을 입금하겠다고 말하며 돌아갔는데, 다시 전화를 걸어와 "조금 큰 방으로 옮겨 계약하겠습니다"라며 오후에 계약금을 입금했다. 그러나 정작 입금하겠다는 학생은 아직 입금 전이었고, 그제 방문한 만화가는 '동대문 어디에 작업실을 구했다'라고 문자를 보내왔다.

'흐흐, 본좌의 경매 내공을 확인사살하러 온 것을 내가 모르겠냐?'

아침은 미역국이었다.

밥도 새로 지었다. 점심은 식은 밥에 라면을 먹으려고 했는데, 베드로가 "청국장이나 드시죠?"라고 문자를 보내왔다. 그렇게 되어 함께 식사하고 커피숍에 마주 앉았다.

베드로가 "사장님, 법인 하나 만들어 저축은행을 끌어들여 부질권 설정 대출이나 채권자들을 모아 투자를 하는 것 좀 생각해보시죠? 또 경매 사이트 지사를 만들어 대출도. 사장님 정도면 잘하실 것 같습니다?"라고 말했다. 이에 마이클이 대답했다.

"내가 남한테 투자하라고 부탁하거나, 돈 받고 컨설팅하는 것을 못해요. 그리고 법인 사업자도 해봤는데 그것도 귀찮습디다. 그래서 내 이러고 삽니다….”

뜬구름 잡는 식의 사업설명과 법인설립은 썩 귀찮은 이야기였기에 피곤했다. 창가로 소나기가 지나갔다.

오후에는 정말 피곤해 침대에 누웠으나 택배가 도착했기에 몸을 일으켰다.

내일 사용할 참숯과 장갑이었다. 그리고 중년 여자가 고시원과 식당을 둘러보고 돌아갔다. 방값을 이야기할 때마다 자신에게는 너무 적은 돈인데 입주 희망자들에게는 큰 금액이라는 생각이 자꾸 들었다. 그렇다고 34억 원을 투자한 건물주가 그걸 고민한다는 것도 웃기는 일이었다.

2013년 8월 18일 일요일 맑음

밤 11시.

가족과 지인들이 옥상에서 숯불을 피워 한우 파티를 벌이고 막 돌아간 직후였다. 모두 떠나보내고 음식물 쓰레기와 재활용 쓰레기를 분리해 버리고 청소를 마쳤더니 이 시간이었다. 와인 병은 여섯 개나 나왔다.

‘…!’

식탁에 앉아 숨을 돌렸다.

가슴 저 밑에서 알 수 없는 공허감이 올라왔다. 잔잔한 숯불에 노릇하게 익어가는 소고기를 먹으며 3일 후면 군에 입대할 아들 솔 군과, ‘집이 싫다’는 딸 슬기에게 이런저런 이야기를 해주고 싶었다. 그래서 1주일 전에 남당수산의 대하, 강원도 참숯, 숯불 열기를 견딜 용접용 장갑을 주문했고, 뙤약볕 마다하지 않고 파라솔을 펼치고 파티 준비를 했다. 하지만 계획은 지인들이 오는 통에 물거품이 되었다.

‘이 기분은 뭐지?’

평소 같으면 사람 사는 곳에 사람이 온다는 것을 매우 반겼을 것이다.

그런데 오늘은 전혀 그렇지 않았고, 뒤처리만 한다는 생각이 절정에 달했다. 6개월이 넘는 공사 기간에도 격려차 찾아온 사람은 없었고, 힘들게 진행한 공사의 애로사항을 묻는 사람도 없었기 때문일지도 몰랐다. 대화도 없고 문화도 없이 메뚜기 떼처럼 찾아와 음식만 먹고 사라지는 느낌이었다.

연극이 끝난 후 텅 빈 객석에 앉아 일기를 쓰는 밤이었다.

5

빌딩 준공 파티

2013년 8월 26일 월요일 맑음

통 오징어 한 마리와 소주 한 병!

어둠을 친구삼아 술잔을 기울였다. 그리고 새벽이 되었다. 발랄한 목소리의 여자가 전화를 걸어왔다. 당연히 "누구세요?"라고 물었더니 "벤츠의 이정원입니다! 사장님의 빨간색 벤츠 SLK가 도착했습니다"라고 말했는데, 독일 본사로 주문한 빨간색 벤츠 SLK 로드스터가 도착했다는 전화였다. 차량 인수에 필요한 것은 무엇인지 물었더니 "리스 서류와 돈이죠?"라고 대답했다.

"알겠습니다. 내일 가겠습니다."

그렇게 대답한 후 주민등록등본을 출력했으나, 막상 현금으로 지르려고 하니 7,000만 원이 부담스러워졌다.

오후에는 피렌체 빌딩 준공 파티를 했다.

경매 낙찰 잔금 납부 후 7개월의 시간이 흘렀다. 처음 마주했던 그날이 생각났다. 성주(城主)가 야반도주한 성문(城門)은 활짝 열려 있었다. 거리에 어둠이 내리면 사람들은 주인 없는 성(城)안으로 쓰레기를 버리기 시작했다. 눈(雪)도 많이 내렸다. 눈은 버려진 성곽 주위로 쌓이고 쌓여 빙산을 이루었는데 봄이 되어도 녹을 기미가 없었다. 주인 없는 버려진 성(城)이었다.

성문 뒤로 들어가면 본가가 나오는데 그곳엔 어느 날까지 영업을 했을 법한

테이블과 의자, 접시, 요리사 복장, 냉장고, 카드기까지 그대로 있었다. 지하실로 내려가면 목수가 정성 들여 만든 99칸의 룸이 ㅁ자 모양으로 돌아가며 있었고 벽엔 살랑거리는 속곳을 입은 기생의 춤사위가 그려진 족자가 세로로 걸려 있었다.

얼마 후, 군용 야전삽을 든 사내가 눈덩이를 찍어내기 시작했다.

눈덩이들은 녹았다가 얼기를 반복해서 얼음 같은 강도를 가졌다. 그럼에도 꿈과 희망의 삽질 앞에 얼음덩이는 폭 6m 도로 위로 파편이 되어 흩어졌다.

퍽! 츠퍽! 퍽!

낡고 주인조차 도망간 성(城)은 마이클의 삽질로 다시 태어나기 시작했다.

점유자들은 어디서나 볼 수 있는 평범한 소시민들이었다.

일부 점유자들의 보증금은 지급하지 않아도 되었는데, 청계천에서 밀리터리 옷을 파는 노점상 영감의 보증금 700만 원도 그랬다.

"내가 틀니도 못하고 있는데 사장, 억울해서 못 살겄소. 어찌 내 돈 좀 받게 해주소."

영감은 낙찰자인 마이클에게 매달리듯 읍소했다.

영감의 읍소가 통했는지, 아니면 마이클이 인생을 포기했는지는 알 수 없으나 보증금 전액을 배당받게 해줬다. 그래서 배당기일 날 점유자들은 마이클을 "사장님 마음이 너그럽다"거나, "잘생기셨다"라는 말로 법정이 떠나가도록 칭송했다. 성남에서 개인택시를 하는 사내도 보증금 7,000만 원을 고스란히 배당받았으니 더욱 그러했다.

'돈이야, 내가 더 벌면 되지….'

마이클은 그런 마음이었다.

법원의 배당기일이 늦어져서 봄이 오는 3월, 옥탑방 영감을 마지막으로 임차인들의 점유가 풀렸다. 그 사이 수억 원을 떼였다는 노부부, 형사라고 신분을 밝힌 사내가 찾아오기도 했었다.

한 명의 성주가 몰락했고 한 명의 성주가 등극했다.

하지만 승리의 트로피는 되지 못했다. 마이클은 쓰레기 건물의 이름 없는 성주에 불과할 뿐이었다. 겨울 삭풍이 훑고 지나가면 건물의 유리창들은 '덜컹덜컹' 거리며 소리 내어 울었고, 계단 아래에는 검은 비닐봉지에 담긴 쓰레기가 전진을 막았으며, 넓은 주차장엔 아예 쓰레기가 태산을 이루었다.

마이클이 처음으로 한 일은 주차장 뒷면으로 낸 주방과 쓰레기더미를 철거하는 일이었다. 쓰레기는 5톤 화물트럭으로 7대 분량이나 되었고, 다음 날이 되면 쓰레기는 또다시 쌓였다. 며칠 동안 골목 어귀에 서서 건물을 바라보았다. 그러다 카메라를 들어 사진을 찍었고, 다시 건물을 쳐다보기를 반복했는데, 그 모습이 마치 건물에게 "너 뭐가 되고 싶냐? 어떻게 만들어 줄까?"라고 말을 거는 것 같았다.

건물의 기본 개념을 설정하고 건축을 할 업자들을 섭외했다.

1순위의 섭외자는 지인들이 추천한 사람들이었다. 그들은 모두 성실했고 잘 해보겠다는 일념을 보였다. 하지만 난감했다. 왜냐하면, 철거, 조적, 배관 등 리모델링을 모두 아우르는 '종합공사' 수준의 업자를 만나야 하는데 그러지 못했기 때문이었다. 그들은 잘할 수 있다고 말했지만 그런 말을 믿지 않았다. 공사는 마음만으로 되는 것이 아닌, 실력이라는 것을 알기 때문이다.

'아, 내가 후지니까 나를 아는 지인이 후진 것이고, 그 지인이 소개해주는 사람도 후진 것이구나.'

깊은 탄식을 했다.

처음부터 다시 시작하기로 했다. 무작정 인터넷 블로그를 뒤져 실제 건축을 하는 업자를 찾기 시작했다. 블로그에 자신의 작업 사진을 올리고 공개하는 업자 중 실력 있는 업자를 찾는 고난의 검색이 시작된 것이다. 어떤 이에게는 메일을 보냈고, 어떤 이에게는 댓글을 달았고, 그러다 고시원을 만들어내는 '무빙디자인'이라는 업체도 알게 되었다.

3월의 봄바람이라고 하기엔 차가운 바람이 불던 날이었다.

"이쪽으로 와 보시죠. 이 계단은 날리구요. 저쪽 벽은 밀어 버릴 것입니다. 지하로 가는 중앙 계단은 막아 버리구요. 외관도 바꾸고 지붕도 바꿀 것입니다! 아, 2층과 3층은 고시원으로 하고 싶어요. 얼마나 들까요?"

건물주 마이클이 무빙디자인 대표 재훈에게 설명한 내용이었다.

현장을 둘러본 재훈이 "예, 고시원 도면을 그려서 다시 오겠습니다"라고 인사를 하며 흰색 SM5 세단에 올랐다.

"저 사람 좀 이상하지 않아요? 건축이 뭐 대충… 너무 쉽게 이야기를 해!"

조수석에 앉은 여자는 디자인을 담당하는 최 실장이었다.

실장의 말에 재훈이 "건축을 모르는 사람인 것 같아요"라고 대답하자 "그렇죠? 그럼 하지 말까요?"라고 되물었다. 그랬다. 재훈이 보기에 마이클은 많이 이상했다. 그저 자기 마음대로 벽을 뚫고 계단도 옮기는 등 마구잡이로 설명한 것이 신뢰가 가지 않았다.

이때 최 실장이 "우리 피렌체에는 지점이 없잖아요? 한번 해보죠. 사람은 좀 이상하지만"이라고 말했다.

철거업체는 세 곳을 수배했다.

모두에게서 견적을 받았는데 무빙디자인에서도 들어왔다. 마이클이 "이 가격에 해보라고 하세요. 같은 견적이면 무빙이 하던 사람들이 손발이 맞을 거 아닙니까? 그러나 공사비는 이 금액에 맞춰 보세요"라고 결정했는데, 이때까지만 해도 무빙디자인과 계약은 체결되지 않았고, 고시원 설계 심의가 통과되었을 때 정확한 견적서를 받았는데, 그때가 낙찰 잔금을 납부하고 70여 일이 지났을 때였다.

창가로 봄 햇살이 비추는 커피숍에 앉았다.

무빙디자인 대표 재훈은 감색 양복을 입었고, 디자인 담당 최 실장은 흰색 개털 같은 재킷을 입었다. 계약서를 작성하고 마이클이 "이제부터 잘못된다고 해도 그것은 무빙디자인의 잘못이 아닙니다. 사람 잘못 본 내 책임이기 때문입니다. 그러니 알아서 하세요"라고 말했다.

공사는 순조롭게 진행되지 않았는데, 첫 번째 난관은 건물의 구조보강이었다.

㈜한국건설안전시스템 건축구조의 설계가 나오기까지 2주가 흘렀고, 그에 따라 마이클이 지출해야 하는 이자도 1분에 410원씩 늘어나고 있었다. 얼마 후 구조보강 설계가 나오고 설계보강업체인 나우건설과 공사 계약을 체결하고 공

사에 들어갔다. 그러는 사이 1층 상가 입점업체와 계약이 이뤄졌고 건축물의 용도변경도 처리되었다.

철거가 시작되었다. 철거 소음은 민원을 일으켰는데 일부 주민 및 업주들이 불편해했다. 마이클이 보기에 용인할 수 있는 정도의 소음이었음에도 '공사 업자가 약자'라는 식으로 민원을 제기했다. 그때마다 직접 출동해야 했기에, 하루라도 민원이 없으면 스스로 불편할 정도로 스트레스를 겪었다. 그래서 특별한 일이 없으면 아예 현장에서 어슬렁거리는 버릇이 생겼다.

'건축하는 사람들 존경스럽네.'

건축하는 사람들을 존경한다는 마음이 들 때가 이때쯤이었다.

사실 마이클은 이렇게 민원에 시달리며 살아오지 않았다. 주로 '원고' 또는 '낙찰자'가 되어 갑질에 익숙했기 때문이다. 그러니 갑질에 젖은 만큼 을질은 힘들었다. 그럼에도 불구하고 하늘이 도와 외장 작업이 순조롭게 이뤄졌고 건축가설물도 빨리 철거를 할 수 있었다. 그리고 빌딩 입구를 장식할 이탈리아 피렌체의 대리석도 도착했다.

마이클이 한 소장을 불러 "한 소장님. 지하실을 그냥 두지 말고 바닥 타일과 벽을 꾸며야겠어요"라고 지하실 인테리어에 대해 이야기할 때도 이때였다. 한 소장이 "사장님. 지하실은 공사 범위에 들어가지 않았는데요?"라고 말했다. 마이클이 "알아! 공사를 하는 김에 남은 자재와 인부들 시간 남을 때 지하실 공사를 시키자는 말이네. 그러면 공사비가 절약되지 않겠어?"라고 억지를 부렸다. 한 소장이 순박한 눈알을 굴리며 "알겠습니다"라고 대답했다.

지하실을 수리하려는 이유는 준공 파티를 하는 장소로 만들기 위함이었다. 이때까지만 해도 지하실에 대한 콘셉트는 잡히지 않았다. 드럼과 노래방 기계, 프로젝트를 설치해, 영화도 보고 노래도 부르는 놀이 공간 정도로만 생각했다. 다만 모양 빠지는 것은 싫었기에 지하실 출입구는 영국의 전화부스를 모티브로 한 빨간색으로 만들자고 생각했다.

공사가 완공될 즈음 지하실은 임대가 되어 버렸다.

임대료가 적었으면 특유의 뺀질거림으로 '냅둬유, 드럼이나 치고 놀지 뭐'라고 했을 텐데 사정이 달랐다. 상당한 임대료의 달콤함에 지조도 없이 자기만의 놀이 공간을 포기해버린 것이다. 독자의 친구이며 동지인 마이클은 이런 놈이다. 지조 따위는 개나 주고 오직 실익에 흔들거리는 놈이었다. 어쨌거나 모두 자신의 처지에서 열심히 공사를 한 덕분에 관할 관청으로부터 준공허가도 받고, 소방검열도 통과하고, 호텔을 만들 기세로 만든 고시원 '피렌체하우스'가 영업을 시작했다.

계획대로라면 올림픽대로에 축하 현수막을 걸고, 빌딩 입구에서 5색 테이프를 끊는 컷팅식도 하고, 가족 및 지인, 공사 관계자들, 법률, 세무, 주위 건축주들을 초대해 심수봉의 〈백만송이 장미〉를 들었어야 했다. 그러나 모든 것은 단 한 가지도 이뤄지지 못했고, 전체 공사 금액 중 5%의 공사비만 남았을 때, 한 소장이 유치권을 포기하듯 건물 열쇠를 마이클에게 넘겨주려고 했다. 이에 마이클이 말했다.

"어이, 이건 아니지… 아무리 그래도 너무 섭섭하니까 숯불 피워 축하하고 헤어집시다. 그때 열쇠 주시고…."

옥상 야외 피크닉 테이블에 숯불을 피웠다.

무빙디자인 대표 재훈이 "사장님. 식당에서 식사하는 것 아니었어요?"라고 물었다. 마이클이 "내가 뭐랬어요? 이 건물 완공되면 옥상에서 숯불 피우고 술 한잔하자고 했어요, 안 했어요?"라고 되물었다. 재훈이 "하셨지만, 정말로 이럴 줄은 몰랐지요. 아직까지 공사 마치고 건축주분과 이렇게 한 적이 없거든요?"라고 대답했다.

"그래요? 그렇다면 다음 건축주들부터 이 전통을 따라 하겠네요. 좋은 거죠?"

마이클이 그렇게 대답하며, 명량해전에서 조선 수군의 함포 공격에 깨진 왜선의 판자로 만든 야외 테이블 위에 호주에서 태어났으나 그 살은 태평양을 건너온 스테이크, 이마트에서는 9,900원에 팔지만 동네마트에서는 12,900원에 파는 와인이 차려졌다.

"사장님, 조촐하지만 준비했습니다."

무빙디자인 재훈이 선물을 내밀었다.

마이클이 "선물은 뜯어봐야 맛이지!"라고 말하며 포장지를 부욱— 찢었다. 재훈이 "술입니다"라고 말했는데, 21년산 발렌타인이 모습을 드러냈다.

이번에는 마이클이 "나도 선물을 준비했습니다"라며 사무실 및 주거 공간으로 사용하는 옥탑방으로 들어가더니 뭔가를 가지고 나왔다. 그러고는 "이건 사장님, 이건 한 소장님, 그리고 이건 최 실장님 것입니다"라며 따로 선물을 나누어 주었다.

며칠 전, 마이클은 준공 파티를 생각하며 감사의 마음을 담은 무엇을 주려고 했다. 그 고민으로 자신이 쓴 《부동산 경매 비법》 두 권, 검은색 파카 만년필 한 자루였다. 인터넷으로 주문한 저서가 도착했는데, 함께 줄 감사편지를 쓰지 못하다가 불현듯 새벽녘에 저서의 보라색 내지에 글을 쓰기 시작했다. 한 점의 가식이 없는 날것 그대로의 마음을 담은 글이었다.

두 권의 책은 세상을 헤쳐 나갈 수컷에게 건넸고, 'Firenze House'라고 금색으로 각인된 파카 만년필은 계약서에 서명하던 마이클의 몽블랑 마이스터스튁 만년필을 부러워한 최 실장에게 건네졌다. 그날 마이클이 말했었다.

"최 실장님, 공사 잘 해주면 제가 만년필 선물해드릴게요."

긴 여행의 마침표를 찍었다.

새로운 출발의 시작이었다. 블로그의 카테고리를 '비공개'로 변환했다. 프로필에는 "필요한 것 이외에, 더 소유하지 않기로 다짐하며, 오늘까지 소유한 것들을 모두 버리다"라고 적었다. 익숙한 것들과 결별이 시작되고 있었다.

슬로프는 아침 해가 떠오르는 바다로 이어졌다.

부아아아앙—

빨간 스포츠카 한 대가 먼지를 일으키며 가까워졌다.

운전석에서 내린 사내가 트렁크를 열어 카메라를 꺼냈다. 손목에 감은 파란색 롤렉스 서브마리너 금색 바젤이 햇살에 반사되었다. 더블배럴 엽총과 현금다발은 아무렇게나 흩어져 있었다.

6

고시원 만실 파티

2013년 10월 20일 일요일 맑음

"상무, 나, 간다. 술 챙겨라."

노래를 부르다가 그만두고 말했다.

강남역 10번 출구를 나와 첫 번째 왼쪽 골목 두 번째 빌딩 지하 2층에 위치한 '오아시스'는 마이클이 십일조를 바치는 거룩한 성전이다. 오늘은 혼자 예배를 위해 왔고 1시간 정도 머물렀다. 테이블엔 기본으로 깔아 놓은 과일 안주와 1/4쯤 마신 350ml 시바스리갈 한 병과 작은 병맥주 5~6명이 도열해 있다.

상무가 "형님, 벌써 가시게요?"라고 물었다.

마이클이 "아, 이제 이 짓도 그만둬야 하나 보다. 이게 뭐 하는 짓인가 싶기도 하고! 얼마냐? 술 챙겨라"라고 말하자, "예, 형님!" 하고 대답했다. 그렇게 술집을 나서니 차가운 초겨울 새벽바람이 목덜미를 감싸고 돌았다. 뒤따라 나온 상무가 시바스리갈 한 병을 건네는데 마시지 않은 술병처럼 술이 가득했다.

"남은 술 모았다가 손님 눈탱이 치지 말고 여기다 부어 와라!"

그 뒤 "카드 되는 택시 잡아라?"라고 말했더니 상무가 차도로 뛰어들며 택시를 잡아 뒷문을 열어주었다. 마이클이 황금색 양주병을 들고 택시 뒷좌석에 몸을 걸치고 기사에게 "피렌체역으로 갑시다"라고 말한 후 어디론가 전화를 걸었다. 테헤란로의 가로등 불빛이 빠른 속도로 뒤로 밀려났다.

"사업은 잘 되지? 너희들과 놀 때가 유흥은 리즈 시절이었다…."

"형, 술 한잔했구나. 그래도 형이 제일 멋져…."

전화기 너머에서 다정한 음성이 들렸다.

인간은 누구나 외로운 것이고, 성공의 사다리를 딛고 높이 올라가면 올라갈수록 더욱 외로운 법이다. 택시는 어느새 피렌체 빌딩에 도착했다.

고시원 관리실로 가서 실내 온도를 확인했다.

보일러 작동이 서툰 마이클 때문에 피렌체하우스 입주자들은 어떤 날은 노숙, 어떤 날은 찜질방 온도를 넘나들었다. 그래서 피렌체 빌딩에 도착하자마자 고시원 관리실로 향한 것이다.

"아이… 쿵!"

여학생 한 명이 들어왔는데 친구를 동반했다.

가열차게 닫는 출입문 소리에 시계를 보니 작은 바늘이 2시를 지나고 있었다. 그렇지 않아도 "누가 새벽에 하이힐을 신고 복도를 걸어요"라는 민원성 제보가 들어왔던 터라 짐작이 갔다. 한참을 갈등하던 마이클이 문을 두들겼다. 안에서 "잠깐만요?"라는 소리가 들리고 이윽고 문이 열렸다. 마이클이 말했다.

"저는 개인의 사생활은 존중하겠다는 생각입니다만, 이곳은 계약서에 있다시피 1인 1실이 원칙입니다. 또 여기 입주자들은 공부하는 학생도 많이 있습니다. 그런데 지금처럼 새벽에 타인을 동반하고 들어오며, 떠들고 방문을 세게 닫는다면 입주자의 수면을 방해할 수 있습니다. 그러니 친구는 낮시간에 방문하면 좋겠습니다!"

마이클의 단호한 어조에, 여학생은 미안했는지 부끄러웠는지 어쩔 줄 몰라 했다.

아침에 피렌체하우스 로비에 "입주자 모집이 마감되었습니다"라는 안내문을 붙였다.

308호 예약을 끝으로 '만실'이 되었기 때문이다. 이제는 피렌체하우스에 입주를 하고 싶어도 입주를 할 수 없고 두 사람의 대기자까지 생겼다. 간판도 없이 현수막 하나와 로비에 붙인 안내장으로 입주를 완료시키는 데 80일이 흘렀다.

건물주 마이클은 수시로 찾아오는 방문객들을 맞이하느라 휴일도 없이 대기를 탔다.

게다가 처음으로 운영하는 고시원인 탓에 체계가 잡히지 않아 바쁘기만 했지 효율은 엉망이었다. 하지만 시간은 노련한 고시원 총무로 만들었고, 일주일에 4일 정도 관리만 해도 되는 내공을 쌓았다. 좀 더 적응하면 일주일에 3일만 관리해도 될 것 같았다.

물론 오늘처럼 가끔 술을 마시고 약간의 소란을 일으키기도 하지만, 열심히 살아가는 사람들이 입주했다. 호텔을 운영하는 심정으로 입주자들에게 최대한 편안한 주거 공간을 제공하고자 노력했고 만실이 되었기에 파티를 해야 했다. 계획은 사냥터에서 사슴 한 마리 잡아 온 날 무빙디자인팀을 불러 파티를 하는 것이었다.

2013년 10월 29일 화요일 흐리고 오후에 비

"205호인데요, 말씀 좀 해도 될까요?"

새벽에 마이클로부터 주의를 받은 여학생이 문자를 보내왔다.

답장을 보내며 '음, 적응 못 하고 나가려는가 보다'라고 생각했다. 잠시 후 옥탑방 사무실로 학생이 방문했는데 "저, 죄송해서요…"라고 부끄러워하며 비닐봉지를 내밀었다. 비타민 음료였다. 마이클이 여학생을 테이블 건너편에 앉게 하고 말을 이었다.

"지금은 작은 공간에서 살지만, 내일은 성공해서 큰 공간에서 살아갈 것을 믿습니다. 그런데 이런 작은 공간에 살면서 남자친구를 데려오면 그 남자친구가 당신을 귀하게 여길까요? 그러지 않을 것입니다. 그래서 함부로 방문하지 못하게 하는 것입니다. 둘이 서로 좋아하고 사랑하는 것은 좋은 일입니다. 그러나 이런 작은 공간에 있는 여자 친구를 구출하기 위해 성공하려고 노력하지 않고 오늘만 즐기려 찾아오는 남자에게 무엇을 바라겠습니까? 어때요?"

그러자 학생이 "아…" 하는 소리와 함께 커다란 눈을 떠 마이클을 쳐다보았다. 갈색 눈동자가 매우 컸는데 써클렌즈를 꼈다고 생각했다. 이때, "저, 그게 그냥 학교 남자 친군데…"라고 대답하면서도 "감사합니다!"라고 말을 마쳤다. 마이클이 "참, 방 안의 온도 어떻습니까? 보일러 온도를 세팅하지 못해서요?"라고 물었다. 학생이 "좋아요. 그리고 시설도 너무 좋아서 친구도 오고 싶어 해요"라고 대답했다. 마이클이 "다행이네요. 지내다가 불편한 일 있으면 말씀하시고, 저에게 미안해할 필요는 없습니다. 같은 공간에 사는 사람들에게 미안해해야지요. 아무튼 이해해줘서 감사합니다"라고 말하며 일어서려는데 학생이 말했다.

"그런데요? 한 번쯤 시간 내서 여쭤보고 싶은 것이 있었어요."

마이클이 "뭡니까?"라고 대답하며 의자에 앉자, "저도 이런 건물을 가지고 싶은데, 어떻게 하면 이렇게 될 수 있습니까?"라고 물었다. 마이클이 "에헤? 왜?"라고 놀라자, "부동산학과 다니는데 학교에서는 이런 걸 안 가르쳐줘요"라고 덧붙였다. 마이클이 "허허, 이유는 교수님이 투자를 해보지 않았거든!"이라고 말하며, 부동산 경매 투자와 종잣돈, 10년의 기적을 이야기했다. 특히 복리의 법칙을 설명하니 학생은 감동이었는지 울먹였다. 아무도 그런 이야기를 해주지 않았다는 것이었다. 내친김에 500만 원을 모으는 방법을 산에 오르는 방법에 비유해서 알려주었다. 그리고 10년 후 부자 중 한 사람이 되기를 바란다는 덕담도 잊지 않았다.

"사장님. 방은 얼마나 찼나요?"

무빙디자인 대표 재훈은 수시로 전화를 해서 운영의 불편사항이나 입주예약 현황을 묻고 "만실되면 파티해야죠?"라고 기운을 북돋아 주었다. 마이클이 "그래? 내가 무엇을 준비하면 되나?"라고 물었더니, "사장님은 시간만 내세요. 나머지는 저희가 다 할게요"라고 말했다. 그렇게 되어 역전의 용사처럼 만나 피렌체 빌딩 맞은편 '늘푸른 목장'에 모여 '고시원 만실 축하파티'를 했다.

7

고시원 간판 달기

2013년 11월 26일 화요일 비

"지금 떠나는 거야?"

"네. 한국에 들어오면 이곳으로 또 올게요."

"그래라. 그런데 왜 부모님 집에 가지 않고 여기에 있었냐?"

"부모님은 스위스에 계세요."

"그래? 완전히 글로벌하게 사는구나?"

"헤헤—"

"전공은 뭐냐?"

"정치요."

"외교관이 되겠네?"

"어? 어떻게 아셨어요? 제 꿈이 외교관이에요."

"그래, 열심히 공부해서 국가의 이익을 최선으로 삼는 멋진 외교관이 되어라."

"네, 감사합니다."

50여 일 전,

한 청년이 피렌체하우스를 방문했다.

"영국에 있는 친구가 한국에 들어와서 거주할 곳을 찾는데, 이곳이 좋아서 왔습니다."

그리고 며칠 후, 방을 계약한 청년과 친구가 커다란 여행 가방 두 개를 들고 왔고 302호를 배정받아 생활했다. 신나는 방학을 즐겼는지 어쨌는지는 모르겠으나 오늘 영국으로 떠나는 길이다. 이미 어제 임대료를 정산하고 보증금을 돌려줬다.

10시에 있을 재판 참석 때문에 아침을 먹기 위해 공동주방에 들렀다가 복도에서 만났는데, 다시 보니 청년은 피렌체하우스 천정이 낮을 정도로 키가 컸다.

9시경 일어났다.

식탁에는 맥주병 5개나 놓여 있고, 의자에는 인동초의 것으로 보이는 양복 상의가 버려지듯 널브러져 있었다. 정신을 추스르느라 커피를 한잔 마셨더니 바로 신호가 와 화장실로 들어갔다.

붉은 애마 벤츠 SLK 로드스터를 세차했다.

물만 뿌리고 먼지만 닦아내는 세차로, 덩치가 작아 금방 깨끗해졌다. 출근하던 입주자 한 명이 "저 내일 나갑니다"라고 말했다. 공실이 3개로 늘어났다. '간판을 해야겠다'라고 마음먹은 순간이었다.

11시 30분경 삼국지에서 10월 결산을 하기 위해 올라왔다.

9월부터 흑자로 돌아섰으나, 개업부터 적자난 금액을 메워야 하기에 아직도 400만 원 정도 마이너스였다. 마이클이 조 부장에게 "12월에도 500을 못 넘기면 철수하는 것 아시죠?"라고 계약서 특약 내용을 상기시켰다. 그런 후 간판 허가도 받고, 울란바토르 피렌체하우스 건축 용도변경 허가서 및 설계도를 받기 위해 피렌체 빌딩을 나섰다.

2013년 11월 29일 금요일 흐림

401호 원룸 천정에서 물이 떨어지기에 한 소장을 불렀다.

한 소장은 방수공사를 한 업자를 대동하고 옥상부터 살폈다. 방수시트는 이상이 없었는데 인조잔디 때문에 물기가 계속 남아 있었다. 겨울에는 조금 문제가 될 것 같다. 401호와 함께 403호 작은방 벽도 젖어 있는 것을 볼 수 있었다. 벽을 타고 습기가 흐르는지는 더 두고 보기로 했다.

10시가 조금 넘어 간판업자가 도착했다.

고시원으로 운영되는 '피렌체하우스'는 간판을 달지 않았다. 그저 현관 유리창에 A4 종이를 붙여 "호텔을 처바르는 고시원"이라거나, "꿈이 있는 사람들이 사는 피렌체하우스"라거나, "호텔을 만들려다 실패한 고시원"이라는 뽐뿌질로 홍보했었다. 그게 효과가 있었는지, 아니면 시설이 좋았는지는 알 수 없으나 그럭저럭 만실도 되었다가 한두 개 공실이 생기거나 하면서 시간이 흘렀고, 공실이 생기면 "룸이 1개 비었습니다"라는 안내문을 붙이곤 했다.

"공실이 생겨도 좋으면 다 알아서 찾아오는 거야. 명품은 그렇게 만들어지는 거라고. 그러니 나는 간판 따위는 달지 않을 거야!"

마이클은 천박한 디자인의 간판 문화를 매우 싫어했다.

너도나도 원색을 써 가면서 큼지막하게 광고하는 것은, 무엇인가 내용이 없는 과대포장 같은 느낌을 받았기 때문이다. 장사란 것이 오랫동안 꾸준하게 한 곳에서 한다면 간판이 없어도 명성으로 운영될 수 있다고 믿었기에 피렌체하우스도 그리 운영하리라 마음을 먹었었다. 그러나 결국 공실이 늘어가자 지조를 버리고 간판을 달기로 했다.

간판을 달기 위해 간판업체에 전화했더니 "일단 구청 주택과에 가서 협의해야 합니다. 거기에서 안 된다고 하면 달 수가 없어요. 설치해준 우리도 벌금 나오거든요"라고 일거리를 알려주었다. 그래서 건물 외벽 사진 몇 장 프린트해 들고 피렌체 구청 주택과를 방문해 담당 공무원에게 "딱, 원룸텔이라고 세자만 붙이고 싶습니다. 예쁘게"라고 말했다. 그러자 공무원이 "안 되는데요. 상호가 들어가야 합니다"라고 말했다. 마이클이 "상호는 별 의미가 없는데요?"라고 되물었다.

'피렌체하우스'라는 상호는 광고에는 맞지 않는 상호다.

광고가 목적이라면 고시원, 고시원 원룸텔 등의 상호를 쓰는 것이 좋을 것이다. 그러나 알면서도 그렇게 하지 않고 '피렌체하우스'라고 쓴 이유는 네이밍의 중요성을 알기 때문이었다. 또한, 입주민들의 자긍심도 높여주고 싶었다. 우편물이나 택배가 올 때 ○○고시원보다는 피렌체하우스 302호가 훨씬 간지 나지 않겠는가?

그래서 '피렌체하우스'라고 작명을 했는데 간판을 다는 것에서 문제가 되었다. 담당 공무원에게 제안했다.

"그럼, 피렌체하우스 뒤에 원룸텔이라고 붙일게요."

"그건 됩니다. 돌아가 계시면 공문이 갈 것입니다."

구청은 '옥외광고물 등 표시허가 신청처리 알림'이라는 공문을 통해

"1. 우리 구에서는 온실가스 감축 및 간판이 아름다운 거리 조성을 위해 LED 사용 간판 달기, 1업소 1간판 및 작고 아름다운 간판 달기 등을 구 역점사업으로 추진하고 있으니 동 사업에 적극적으로 협조해주시기 바랍니다. 2. 귀하께서 제출하신 옥외광고물 등 표시허가 신청은 옥외광고물 등 관리법 제3조에 의하여 허가 처리했습니다. 3. 아울러 귀 업소에 설치하는 광고물이 허가내용과 다르면 허가취소 등 행정처분의 대상이 됨을 유념해주시기 바라며 궁금한 사항이 있는 경우에는 우리 구청 주택관리과로 문의 바랍니다"라고 알려왔다.

"사장님, 견적서 메일로 보냈습니다."

간판업체가 견적을 보냈다고 알려왔다. 곧장 메일을 열어 견적 내용을 확인한 후 전화를 걸어 말했다.

"장비값과 타이머 말인데요. 옥상까지 들고 올라오거나 밧줄로 땡길 수 있기에 장비는 필요 없을 것 같고, 타이머도 15만 원은 좀 세게 들어갔어요. 그러니 가격 좀 조정해보시죠?"

"그럼 얼마에…."

그렇게 해서 '피렌체하우스'는 명조체로, 원룸텔은 고딕체로 하며, 조명을 넣는 것으로 하고 245만 원 견적이었으나 200만 원에 작업하기로 했다.

2014년 1월 5일 일요일 흐림

시공팀은 정확하게 제시간에 도착했다.

총 3명이 왔는데 "드르럭 드르럭–" 몇 번 소리가 나더니 간판이 걸렸다. 간판은 생각보다 크고 예뻤다.

8

1층 상가 삼국지 동업청산

2014년 1월 20일 월요일 폭설

"찌개 하나 끓여놔요?"

피렌체 빌딩 주차장에서 삼국지 점장을 만났다.

두 군데 은행을 돌고 왔으므로 배가 매우 고팠기에 메뉴를 주문하고 카메라와 노트북 등 짐을 챙겨 아지트로 올라갔다가 내려왔다.

삼국지는 작년 7월 오픈했다.

그리고 6개월이 되는 1월쯤 겨우 손익 분기점을 넘기긴 했으나 수익은 400만 원 정도에 불과했다. 음식점은 6개월 안에 승부 나는데, 속칭 '오픈 빨'이 사라지면 매출은 더 상승할 수 없기에 약속대로 '가게를 빼라'고 해야 할 것이었다.

프렌차이즈 대표 철진과 삼국지에서 마주 앉았다.

옆에는 조 부장과 본사 부장도 함께했는데 마이클이 먼저 "계약대로 하면 가게를 접어야 합니다"라고 말을 꺼내자, 철진이 "아닙니다. 그런 조건이 아닙니다. 쉽게 접는 게 아닙니다"라고 말했다. 이에 마이클이 계약서를 철진이 보기 쉽게 돌려 보여주며 "특약 사항에 보면 월 800만 원 이하로 6개월간 지속된다면 계약은 해지한다고 되어 있습니다"라고 읽어주고, "물론 계약서가 이렇다고 당장 어떻게 하자는 것은 아닙니다. 그러나 건물주인 저는 계속 임대료 상당의 손실이 발생하고 있기에 이쯤에서 임대로 가든지 아니면 접는 선택을 하시라는 겁니다"라고 덧붙였다. 철진이 "우리도 이렇게 힘들 줄 몰랐습니다. 먼저 사장님의 소득부터 챙겨드리고 우리가 나중에 가져가는 것으로 생각을 하는 것도 어떨지요? 다음에 한 번 더 이야기를 나누심이…"라고 말끝을 흐렸다. 이에 마이클이 "아닙니다. 임대료 개념으로 가는 것이 좋을 것 같습니다. 서로 바쁘니 다음에 다시 이야기하자는 것은 의미 없고 월 500만 원을 입금하는 것으로 하죠?"라고 제안했다. 철진이 "500은 힘듭니다. '늘푸른목장'은 피렌체에서 가장 잘되는 곳이고, 나머지는 평균이 4백이 조금 안 됩니다. 그러니 다음 들어오는 사람을 위해서도 그 정도가 적당합니다. 보증금 1억에 400인 거죠"라고 말했다. 마이클이 "대표님? 그동안 손실 본 것도 있고 보증금도 없으니 500으로 하시구요? 출구전략으로 삼국지가 나갈 때 그때 임차인의 임대료는 좀 생각해보는 것으로 마무리 지읍시다?"라고 말했다.

그렇게 되어 12월 정산을 하고 남은 순수익 800만 원의 절반을 지급받고, 1월부터는 월세로 500만 원씩 임대료를 받는 것으로 정리를 했는데, 상당한 스트레스를 받으며 매우 어렵게 내린 결정이었다. 이렇게 삼국지는, 건물을 제공한 마이클에게도, 프렌차이즈 대표 철진에게도 완전히 실패한 투자가 되었다.

마이클은 임대료 대신 공동사업으로 월 천만 원의 수익을 달성해보고자 했으나 6개월 동안 임대료 상당의 손실이 났고, 삼국지는 가맹점을 확보하지 못한 채 초기 투자비를 회수하지 못한 것이었다. 그래서 마이클은 임대를 위한 노력을 더 하기로 하고, 포털사이트 〈DAUM〉의 피터팬 좋은 방 구하기 카페에 공실인 4층 전세광고를 더욱 열정적으로 게시했다.

"지금까지의 삶이 만족스럽지 않다면 주변 환경을 바꿔보세요. 환경에 따라 미래가 바뀌기 때문입니다."

시원한 맥주를 마셔야겠다는 생각이 절로 들었다.

2014년 1월 30일 목요일 비

크레타 아파트를 출발해 피렌체 빌딩에 도착했다.

공간을 청소한 후 차이나 정장 슈트로 갈아입고 검은 넥타이를 챙겼다.

"〈부고안내〉 (주)펀앤아이 및 (주)해피코리아 공동대표이신 김철민 대표께서 1월 29일(금일) 오전 10시에 별세하셨습니다. 삼가 고인의 명복을 빌며 가까운 지인분들께 부고를 전합니다."

삼국지 조 부장이 부고 문자를 보내왔었다.

비는 계속 내렸다.

벤츠 SLK 로드스터를 타고 평촌 장례식장에 도착하니 복도에 화환이 즐비했다. 망자에게 절을 하려고 사진을 보니 마이클이 생각한 남자가 아니었다. 삼국지와 거래를 하며 알던 얼굴일 줄 알았는데 다른 형제가 더 있는 모양이었다.

"힘드신데 찾아주셔서 감사드립니다."

이틀 동안 깎지 않은 수염이 듬성듬성 나 있는 철진과 본사 부장이 마이클을 맞았다.

"아직 젊은데…?"

마이클의 질문에 철진이 "둘째 형님인데 저와는 많이 교감이 되셨지요. 루게릭병으로 6~7년 고생하셨어요. 우리가 못 먹는 좋은 과일, 음식을 포장해 가져다드리고, 주말이면 가서 몇 시간씩 고스톱도 쳐주고 그래서 일어나실 정도까지 되었습니다. 그래서 이런 일은 생각지도 못했었지요. 사인은 뇌출혈이라서 그동안 맛있다고 사다 드린 음식이 원인이 아닌지 하는 마음도 있고… 식사라도?"라고 물었다.

"아닙니다. 괜찮습니다."

식사를 물리고 음료수 한 잔을 마신 후, "제 생각은 이렇습니다. 이것저것 가려 먹으며 고통스럽게 몇 년 더 살 것인지, 먹고 싶은 것 먹고 즐길 것 즐기고 2년을 살 것인지를 판단해보면 말입니다. 저는 후자의 입장입니다"라고 말했다. 철진이 "그렇군요. 저는 형제들에게 회사는 나눠줄 수 없으나 재산은 공유하겠다는 공유 마인드를 많이 말합니다. 회사도 점점 좋아지고 있어서 조금만 더 있으면 점포 한두 개씩 맡겨 평생 먹고살 걱정 없게 해줄 수 있다고 생각했는데 이렇게 되어 안타깝습니다"라고 말했다.

"저에게도 아우가 한 명 있었는데 7년 전쯤 사망했지요. 아우는 심장이 약해서 힘든 일을 할 수 없기에 내가 빨리 돈을 벌어 슈퍼라도 차려줄 생각이었습니다. 겨울에 창고 지붕에 눈이 쌓이면 고소공포증이 있는 나는 동생을 올려보내 지붕의 눈을 쓸어내리라고 했었지요. 몇 년만 더 하면 그 꿈을 이뤄줄 수 있다고 생각했는데, 아우는 기다려주지 않았습니다. 인생이 그런 것 같습니다."

인생이란 어쩌면 죽음이 있기에 아름다울지도 모른다고 생각했다.

〈별에서 온 그대〉란 드라마에서 남자주인공은 외계에서 왔고 400년째 살고 있다. 그 남자는 사랑하는 사람들이 모두 죽어가는 것을 보며 살고 있으니 얼마나 슬픈 일인가? 그래서 주인공은 아무도 사랑하지 않게 된 것이다. 영원히 산다면 인생은 아름다울 수가 없는 아주 지겨운 시간이 될 것이다. 역설적이게 죽음이 있어 인생이 아름다운 것이다.

장례식장을 다녀오는 사이 기분이 변했다.

9

놀이터 피렌체홀

2014년 2월 3일 월요일 맑음

크레타 아파트에서는 밤새 잠을 이루지 못했다.

샤워를 해도 마찬가지였다. 베개를 다리 사이로 깊숙이 넣고 잠을 청했다.

'오십이다.'

70세까지 활동할 수 있는 나이라고 할 때, 잠자는 시간을 뺀, 놀 수 있는 날짜를 계산하고 대략 15년 정도 남은 것 같다는 생각이 들자 나이가 원망스러워지기 시작했다. 비루한 처지로 살다 곧 늙은이가 되어버리는 사실을 인정하고 싶지 않은 나약한 자신을 보았다. 그런 밤을 지나 아침을 맞았다.

일어나서 한 일은 피렌체빌딩 지하실로 내려가 피규어 인테리어를 철거하는 일이었다.

3일째 하는 일이다. 나사못에 팔뚝이 긁히기도 했고 깨진 유리 파편이 손바닥에 박히기도 했다. 그럼에도 짜증스럽거나 지치지 않았다. 오히려 즐거웠는데 자신만의 놀이터를 갖게 되기 때문이었다.

계단에서 만난, 나이가 비슷할 사내가 "보름 정도 걸리나요?"라고 물었다.

안면이 있음에도 인사성이 없는 사내에게 "한 달 정도 걸립니다"라고 건성으로 대답했는데, 공사를 언제까지 끝내야 할지 기약은 없었다. 빠루를 들고 설치는 철거공사는 점심때가 되어서야 그쳤다.

2014년 2월 4일 화요일 맑음

회현역에 내려 남대문 근처 '효성컴퓨터'에 들어갔다.

캐논 5D 카메라 CF 카드가 불량이라 교환하려는 찰나, 무빙디자인의 최 실장이 "설날 인사도 못 드리고, 지나가는 길에 계시면 뵙고 가려구요?"라며 전화를 했다. 마이클이 "어쩌나? 나 충무로에 나와 있어서…"라고 아쉬워하며 충무로역에 내렸다. 점심시간이 다 되었기에 드럼 사부인 'i-드럼' 원장과 식사를 할 생각이었다.

원장이 "회원님, 다섯 손가락 아시죠? 그 팀의 드러머가 운영하는 돈까스집이 있어요"라며 앞장섰는데, 그 사이, 불룩 나온 배가 쏙 들어간 복근을 만들었다. 2년 전, "복근을 만들겠습니다"라고 다짐하더니 정말 그렇게 했다. 그렇게 복근을 얻었으나, 지방이 빠진 얼굴은 더 없어 보였다. 그럼에도 밥값을 계산했다. 또, "건물 지하실을 드럼 연습 공간으로 만들고 있습니다"라는 마이클의 말에 "드럼은 제가 원가로 공급해드리겠습니다"라고 자청하고 나섰다.

피렌체 빌딩에 도착해 작업복에 군화를 신고 지하실로 내려갔다.

내일 아침 일찍 한 소장이 철거업자를 보낸다고 해서 마지막 남은 철거를 시작했고, 나사못에 약간 찔리긴 했으나 무사히 철거를 마치고 기념사진도 찍었다.

2014년 3월 24일 월요일 맑음

무빙디자인 한 소장이 지하현장 막바지 확인을 위해 찾아왔다.

마이클도 같이 지하로 내려갔는데 천정에서 물이 새는 것을 발견했다. 삼국지 점장을 불러 확인을 시키고 보수를 하도록 했다.

그리고 한 소장에게는 "여기는 프로젝트를 쏠 거니까 흰색에 벽돌을 붙여. 노래방 화면이 나와야 하니까. 그리고 이쪽은 커튼을 하고 스크린을 걸자. 영화를 봐야 하거든. 그리고 스피커 선은 4개를 뽑고 조명 스위치는 드럼 뒤쪽으로 모아줘. 인터넷은 3곳에 소켓을 만들고 사무실은 창문에 블라인드로 가자고. 그리고 책상도 60센티 길이로 아예 만들어 붙여!"라고 말했다. 한 소장은 샤프펜슬로 도면에 내용을 적고 사이키 조명, 회전 전구 등 부착할 위치도 표시하더니 "다음 주에는 바닥 몰탈 작업할 거예요?"라고 말했는데, 며칠째 공사가 진행 중이다. 목공작업과 함께 전기배선이 시작되었고 석고보드로 마감을 하는 단계까지 진행되었다. 현장에 쌓인 자재들과 공구들을 보니 만만한 작업이 아니었다. 이런 공사를 직접 해보겠다고 설레발한 마이클의 무모함이 그저 존경스러울 따름이었다. 어쨌거나 공사비가 2,500만 원이 투입되는 피렌체홀 인테리어 공사는 문제없이 진행되고 있다.

"오늘이 목공 마지막 날입니다."

한 소장은 마이클이 말하지 않아도 미진한 부분을 찾아내 척척 처리했는데 에어컨 바닥과 맞닿는 마루의 돌출 부분을 제거한다거나 틈새를 메우는 작업이 그것이었다. 이렇게 알아서 작품을 만들기에 마이클이 하는 일이라고는 목수들로부터 커피를 얻어 마시거나, 카메라를 걸고 인증사진을 찍는 게 전부였다. 목공 마지막 날이라고 하더니 무대 바닥 울렁임을 잡아주기 위해 합판을 한 겹 더 붙였고, 데크 난간이 조립되었으며, 용도가 다양하게 쓰일 테이블도 고정되었다. 또 무대 뒤 커튼월도 목공으로 만들었다.

2014년 3월 27일 목요일 맑음

8시가 조금 못 되어 일어났다.

어제 술을 적당히 마신 것이 상쾌한 아침을 만들었다. 샤워하고 방의 쓰레기를 들고 아래층으로 내려갔다. 고시원 공동주방 밥솥에는 한 주먹의 밥만 남아 있기에 공기그릇에 덜어놓고 밥을 지었다.

"한 소장. 지하실에 기둥 2개 있잖아? 거기 어떻게 할 거야?"

한 소장이 차에서 장비를 꺼내기에 붙잡고 물었더니 "거기는 페인트칠할 건데요. 멋지게 할 거예요. 뭐 하실 생각 있으세요?"라고 되물었다. 마이클이 "어, 벽돌 타일을 붙일 때 거기도 무너진 듯하게 벽돌을 붙이면 밋밋함이 덜할 것 같아서 말이야"라고 말하자, "네. 그렇게 하겠습니다"라고 대답했다. 다시 올라와 계란 프라이를 해 밥을 먹고 지하실로 내려갔다. 목공 작업이 진행되고 있었다.

2014년 4월 24일 목요일 맑음

노트북과 카메라, 커피를 챙겨 '피렌체홀'로 내려갔다.

노트북에 유선 인터넷을 연결하니 연결되지 않았는데 와이파이는 작동했다. 원인을 파악하지 못했는데 프로젝터에 텔레비전이 나오는 것으로 보아 인터넷도 정상 설치가 된 것 같았다. 사무실에 쓸 탁자가 배송되어 설치하고 업소용 냉장고와 노래방 설치 기사도 도착했다. 냉장고는 배달 업자와 같이 들고 내려와 끝났지만, 노래방 기기와 프로젝트 설치는 오후 내내 계속되었다. 두 사람의 출장 설치비가 30만 원이기에 직접 설치하려고 했는데 그러지 않은 것은 다행이었다. 이들은 전문가답게 각이 나오는 설치를 했고 한 소장이 자투리 나무판으로 짠 앰프 박스도 맞춘 듯이 들어맞았다. 또, 노래방 기계와 호환되는 조명은 템포의 강약을 인식해 광량을 조절했다. 그들은 설치를 마치고 260만 원을 송금받자 철수했다.

인생에서 하나의 꿈이 이뤄졌으므로 '파티'를 하기로 했다.

청소를 끝내고 술과 음식을 사러 가려니 베드로가 따라나섰다. 치킨과 족발을 주문하고 소주와 맥주, 음료수를 샀다. 그러고 보니 컵도 없고 오프너도 없었다. 모든 것이 미비했지만 파티는 진행되었다. 이 자리에 정말 건달 같은, 며칠 전 순천에서 결혼식을 올렸다는 신랑도 참석했는데, 베드로처럼 술을 하지 못했다. 하여간 그렇게 세 남자가 조촐한 파티를 하면서 노래를 불렀다. 금영 노래 반주기의 명성이 그대로 확인되었다. 방음도 나쁘지 않았다. 다만 틈새가 있어 남은 부분은 스펀지로 막았다.

2014년 4월 25일 금요일 맑음

“너무 일만 하고 사는 게 아닌가 싶어서 회사를 그만두었어요.”

밤 10시가 넘어 ‘i-드럼’에서 전 원장과 드럼을 랭글러 루비콘에 싣고 오는데 처녀 한 명이 따라붙었다. 핸들을 잡은 마이클이 “무슨 일을 하느냐?”라는 질문에 그렇게 대답하며, “드럼 튜닝을 배워보고 싶어 따라나섰습니다”라고 말했다.

마이클은 ‘i-드럼’에 오기 전, 무빙디자인 멤버들과 피렌체홀 완공 파티를 했다.

무빙디자인은 술과 참치회를 샀고 마이클은 치킨과 족발을 준비했다. 그렇게 푸짐하게 한 상을 차리고 파티를 시작했는데, 무빙디자인 대표 재훈이 흥이 많다는 것을 알게 되었다. 그래서 “더 놀고 있어? 나는 드럼을 싣고 와야 해서”라고 말하며 일어섰다.

그르르르응—

은색 랭글러 루비콘이 장충동 ‘i-드럼’으로 향했고, 7구 Gretsh 드럼을 싣고 다시 피렌체홀로 돌아왔다. 청소 중인 베드로가 “실컷 놀고 갔습니다”라고 상황을 설명하며 “조명이 고장 났습니다”라는 내용도 알려주었다.

크롬도금의 스틸, 단풍잎 색깔의 고운 색감의 드럼이 자태를 드러냈다.

원장은 처녀의 도움을 받으며 7개의 북과 3개의 심벌을 조립했다. 휑하던 무대가 7구 드럼으로 인해 반짝반짝해졌고 음이 완전히 잡히자 원장이 시범 연주를 했다. 그런 후 “회원님, 드럼 매트를 사야겠어요. 베이스가 밀려요”라고 말했다. 데코타일 위에 드럼을 설치한 탓에 베이스 킥을 밟아대면 밀렸다. 마이클이 대수롭지 않다는 듯이 “내일 테이프 붙이죠 뭐?”라고 대답하자, 펄쩍 뛸듯한 표정으로 “아이, 회원님. 매트 사셔야죠?”라고 말했다.

이어 치킨과 족발로 파티를 시작했다.

‘튜닝을 배우겠다’고 따라온 처녀는 “내일 정읍에서 친구가 결혼식을 합니다”라며 불안해했다. 이에 마이클이 “본인이 신부는 아니잖아? 그럼 됐어. 어차피 신부는 정신이 없어서 누가 왔는지 잘 모른다구. 노래나 부르셔”라고 얼러, 심수봉의 〈사랑밖엔 난 몰라〉를 부르도록 했는데, 조명에 비친 작은 몸이 노래와 어우러져 사랑스러워 보였다. 자정을 넘긴 시각이었다.

10

고시원 퇴실자 방미순 선생

2014년 3월 28일 목요일 맑음

고시원 306호에서 퇴실 조치당한 방미순은 두 번째 편지를 편지함에 넣어두었다.

50대 후반의 미순은 자폐적 성격이었는데, 재계약 일자가 지나도 연장하지 않고, 연락 또한 안 되었기에 퇴실 처리하고 방을 청소했다. 그러자 하루 뒤 나타나 냉장고에 있었던 계란, 김, 먹다 만 와인, 머리끈, 화장지 등등 버린 쓰레기 목록을 나열하며 "계약서엔 3일 동안 보관 후 처리한다고 써 있는데 이틀 만에 왔으니 돌려 달라"고 요구했다.

자칭 '연세대 동문 방미순 선생'은 휴대폰도 정지된 상태였기에 편지로 자기의 주장을 적어 우편함에 넣었으나 문자 수신은 가능했다. 방에서 발견된 다수의 편지도 "연세대 동문 방미순 선생입니다. 제가 어려움에 처해 있습니다. 도움을 주시기 바랍니다. 이번에 급하게 150만 원이 필요합니다"라는 식으로 법원의 벌금까지 구걸하는 내용이 대부분이었다.

이번 편지에는 첫 편지보다 더 많은 목록이 적혀 있었다. 라면을 먹던 고시원 총무 마이클이 여러 번에 걸쳐 문자를 보냈다.

"상호 간 인간적 도덕과 규범이 법보다 우선이듯 계약서가 전부는 아닙니다. 방 청소비 5만 원이나 주세요. 그리고 당신의 주장은 믿을 수 없으니 편지는 그만 넣으세요. 쓰레기 봉지값도 주시길."

"당신 논리라면 보관료도 주세요."

"3일 동안 보관되지 않아 썩은 음식물도 보관해달라는 해석은 상당히 사회 통념에 반하는 주장입니다."

"당신 주장으로 해석하면 전자레인지에 아이를 넣고 구운 년이 전자레인지 사용설명서에 아이를 넣지 말라는 문구가 없다고 시비하는 꼴입니다."

"조언하건대, 세상은 당신에게 피해를 주지 않는다는 사실을 믿고 오늘을 사세요. 오늘은 어제의 결과이니까요."

마이클이 단문의 문자를 연속으로 보낸 이유는, 미순의 잉여적인 편지질을 막을 심산이었다. 또한 청소비 따위를 운운한 것도 '자신에게도 손해가 갈 수 있다는 사실'을 알리는 뜻이기도 했다. 미순은 스스로 약속을 하거나 규정이 생기면 지키지만, 규정이 없는 것은 자신이 옳다는 논리를 펴기 때문이다. 이게 약간 미국적인 법 논리이긴 하지만 그게 딱 떨어지는 것이 아니다. 덜떨어지게 공부하고 돌았기에 그렇다고 생각했다.

그리고 얼마 후, 방송대 미디어영상학과 촬영을 지도한 촬영감독의 초대로 〈백프로〉라는 영화 시사회 행사에 참석해 돌아온 길이었다. 우편함에는 다시 "연세대 동문 방미순 선생님"으로 시작하는 편지가 넣어져 있었는데, 썩어 버린 물품의 가격도 적혀 있었다. 대략 10만 원 정도를 요구하고 있었다.

마이클은 "내가 너의 똘기에 진다면 임대업을 그만둔다!"라고 굳은 각오를 하며 휴대폰을 열어 "월세 50만 원인데 40만 원씩 두 달을 입금시켰으니 20만 원을 입금하세요", "청소비 3만 원, 보관료 4만 원을 입금하세요…"라고 문자를 보냈다.

2014년 4월 6일 일요일 맑음

피렌체하우스는 공실이 계속 늘어나고 있다.

이번에는 303호가 방을 빼겠다고 했다. 이 방은 남녀가 혼숙했고 설치류 동물도 키웠다. 그러니 파손된 부분이 있는지 샅샅이 잘 살펴야 했다. 아니나 다를까 자진 고백으로 벽지가 갉아져 있었으며 의자의 시트도 그랬다. 여자는 이미 나가고 없고 남자가 방을 깨끗하게 청소를 했고 시트까지 세탁해 널어놓았다. 마이클이 "의자 등 5만 원을 공제하고 나머지 일수 계산해서 반환해드리겠습니다"라며 열쇠를 회수했다.

그동안 입주자의 충성을 위해 여러 가지 프로그램을 시행했고, 쾌적한 시설을 만들기 위해 오늘도 복도 청소를 했다. 그러나 그런 정성은 아무런 의미가 없다는 것을 깨달았다. 그저 입실 요금에 준하는 서비스만 제공하면 될 뿐이었다.

가족들과 참치회를 먹는 동안에도 연세대 동문 방미순 선생은 전화했다.

낮잠을 잘 때도 전화를 하거나 문자를 보내왔는데, 내용은 "손해배상으로 돈을 주세요"였다. 발신 전화번호는 교보문고 광화문지점이었다. 마이클이 유추 해석해보기로 '책을 훔쳤거나, 밥을 먹었다가 급하게 돈이 필요해 돈을 요구하는 것'이라고 생각했다.

왜냐하면, 오늘은 편지를 우편함에 넣고 기다리는 것이 아니라, 여러 번의 전화로 손해배상 요구를 끈질기게 하고 있기 때문이다. 그러나 마이클은 전화번호를 '수신거부' 조치했는데, 그럼에도 한 번은 전화를 받았더니 "목사님도 내 음식을 총무가 먹었다고 하네요?"라고 말했다. 그동안 미순이 오만하게 군 이유가 밝혀졌다. 미순에게 마이클은 건물주가 아닌 고시원 총무였다. 고시원 총무가 "내가 쓰레기나 먹을 놈으로 보입니까? 방 청소비하고 관리비나 내세요"라고 말했더니, "미친 거 아냐? 무슨 청소비?"라고 버럭 소리를 질렀다. 마이클은 자녀들이 앞에 있기에 시원스럽게 욕을 해주지는 못하고 참치회 한 점을 젓가락으로 집어 목구멍에 넣었다.

참치회와 맥주 두 병값은 10만 원이 조금 넘는 금액이었다. 고시원 306호에 살던, 버린 식료품값을 손해배상하라는 금액과 같았다. 삶이 이렇다. 누구에겐 생존의 비용이 누구에겐 한 끼 식사였다.

2014년 7월 18일 금요일 벼락과 폭우

"전화하기에는 너무 늦은 시간이 아닌가요?"

고시원 입실 상담 전화를 반겨야 할 마이클이 새벽 1시를 넘겨 걸려 온 전화에 대답했다. 상대방은 "죄송합니다. 시간을 잘못 보았습니다"라며 끊었는데 이런 전화를 꽤 받는다. 예의 없는 자들을 극한으로 경험하는 고시원 총무의 삶이었다. 그래서 미순도 건물주인 마이클을 총무로 알고 있었다.

자칭 연세대 동문이니, 선생이라고 주장하는 미순이 급기야 고소장을 냈다.

경찰도 답답해하며 "방미순 씨가 고소장을 제출해서 몇 가지 물어보려고 합니다"라고 말하며, "그냥 보내면 어거지 민원을 낼 것 같아서 우리도 접수는 해야 할 것 같습니다"라고 덧붙였다. 이에 마이클이 "배우긴 한 여자인 듯한데, 현실 세계와 괴리가 생겨 정신적인 문제가 있습니다. 게다가 절도 전과도 있잖아요? 사실 10만 원도 안 되는 금액이기에 줘도 됩니다만, 그렇게 되면 너무 부당이득을 보는 것이라고 판단해 판례를 만들어 보려고 요구를 들어주지 않았습니다. 방미순 씨에게 조사관님이 '고시원 사장님께 5만 원만 줘라?'라고 했다면서 돌려보내시면 안 될까요? 그렇다고 전액 다 주면 고소해서 받은 것으로 착각해 다른 고시원장도 힘들게 할 것이 뻔하기 때문입니다"라고 말했다. 이에 조사관이 "예, 무슨 말씀인지 잘 알겠습니다. 담당자가 배정되면 담당자에게도 그렇게 말씀해 보세요"라고 말하며 전화를 끊었다.

2014년 8월 4일 월요일 오전에 비

점심은 회덮밥을 먹기로 했다.

독도 참치에서 식사를 시작하는데 "피렌체경찰서 경제6팀 김영일 수사관입니다. 방미순 씨 고소사건에 대해 나오실 필요는 없구요. 몇 가지 여쭤보려구요"라는 전화를 받았다. 마이클이 "5만 원 정도 준다고 해도 말을 듣지 않던가요?"라고 물었더니, "예. 처벌이 목적이라고 합니다. 그래서 저희도 곤란합니다"라고 말했다. 이에 마이클이 "그렇다면 법정으로 끌고 가겠습니다"라고 말하자 조사관은 “아닙니다. 사건이 되질 않습니다. 그래서 전화로 몇 가지 여쭤보고 끝내려고 전화한 겁니다. 방미순 씨는 자기 짐들을 복도에 다 뿌려놨다고 하던데…”라고 물었다.

“그렇게 말하던가요? 모든 짐은 베란다에 차곡차곡 쌓아 두었답니다. 물론 사진도 다 있습니다. 제가 여기까지 왔을 때 얼마나 많은 사람을 겪어 봤겠습니까? 제가 버린 것은 음식물 쓰레기와 화장실 쓰레기뿐입니다.”

“독일 신문도 버렸다고 하던데요.”

“그런 것은 모르겠습니다. 소송 관련 서류도 있어서 모두 챙겨 주었습니다. 고맙다고 인사하고 가더니….”

“사진이 있다면 보내줄 수 있습니까?”

“제 휴대폰에 이메일 주소를 찍어 주면 보내드리겠습니다.”

그렇게 해서 당시 청소를 하며 찍어둔 사진을 담당 수사관의 메일로 보냈다. 모두 부동산 경매를 하며 내일을 준비한 습관 때문이었다.

2014년 9월 11일 목요일 맑음

사람은 자신이 처한 환경 때문에 후져지는 것이 아니라 후지기 때문에 후진 환경에서 살아간다고 생각했다. 피렌체하우스에서 살던 방미순은 어쩌면 연세대에서 독일어를 전공했을지도 모른다. 그러나 현실 적응에 실패해 고시원을 전전하는데, 성당에서 지원하는 지원금이나 지인들에게 약간의 돈을 삥 뜯어 사는 것으로 보였다.

미순은 피렌체하우스의 좋은 시설에 반해서 계약금을 걸었지만 선불 방세를 낼 수 없어서 한 달 이상 입주를 미루더니, 급기야 “보증금을 돌려주세요”라고 전화했다. 그동안 방을 비워 둔 마이클이었기에 계약서에 적힌 대로 보증금 몰수를 주장하며 “들어와 살면 보증금은 몰수하지 않겠다”라고 말해 강제로 입주시켰고 두어 달을 살았다. 그러나 보증금 20만 원은 월세를 10만 원씩 적게 내 두 달에 걸쳐 소진시키고 짐을 남겨 둔 채 잠수를 탔다. 당연히 이 모든 것은 마이클의 레이더에 잡혀 있었기에 계약만기 다음 날 문을 따고 들어가 청소를 했다.

그리고 3일 후, 미순이 기다렸다는 듯이 나타나 "방을 왜 치웠어요? 나 살 거예요"라고 주장했다. 마이클이 차가운 음성으로 "계약서 잘 읽어보시고? 베란다에 짐 있으니 가져가세요"라고 말했다. 그렇게 끝나는가 싶었는데, 미순은 "냉장고의 김, 계란, 소시지, 땅콩 남은 거… 등등 돌려주세요"라는 주장을 하기 시작했다. 휴대폰은 통화정지 상태라 문자를 보내거나, 남의 전화기를 빌려 전화를 하거나, 심지어 우편함에 편지를 넣는 테러에 버금가는 방식이었는데 주장은 '음식물값 9만 7천 원을 입금해주세요'로 정리될 수 있었다. 냉장고의 음식물을 자기 방식대로 계산해 손해배상을 해달라는 것이었다. 하도 귀찮게 해서 그리 해줄까 하다 이내, "나는 고시원 주인이다. 고시원 주인이 거지들의 말도 안 되는 요구를 들어준다면 이 짓을 하지 말아야지"라고 마음을 고쳐먹었다.

그때부터 지상 최악의 악인이 되어 문자에 욕설로 답장하고, 거리에서 만나면 욕을 하는 등 더 악인 콘셉트 질을 했다. 물론 미순도 만만치 않았다. 고소장을 만들어 크레타경찰서로 가 억지로 접수를 시킨 것이다. 하지만 마이클이 누군가? 경매로 잔뼈가 굵은 놈이다. 축적한 방대한 자료 앞에 미순의 고소장은 반려되는 것은 당연했다. 그 뒤로 한동안 뜸했던 미순이 다시 편지를 우편함에 넣었다. 이번에는 자신의 계좌번호뿐만 아니라 서식처를 적었는데 코리아 리빙텔 213호였다.

총무가 전화를 받았다.

마이클이 "거기 코리아 리빙텔이죠? 입주자 중 방미순이라는 사람 있어요?"라고 입주 확인을 하고 "잠시 후 방문하겠습니다. 그 사람 고소 조심하세요"라고 말하고 코리아 리빙텔로 향했다. 새마을시장 아래에 위치한, 나무 칸막이로 된 전형적인 고시원으로 퀴퀴한 냄새가 코를 찔렀는데, 현관부터 신발을 벗고 들어가는 구조였기에 더욱 그랬다.

총무가 자리를 비웠기에 마이클이 203호 방문에, 우편으로 발송했던 내용증명 사본을 붙이고 돌아서다 주방에 있는 미순을 발견했다.

"방미순 씨, 왜 이런 거 집어넣고 그래? 사람을 고소나 하고 말이야?"

"어머, 얘 말하는 거 좀 봐?"

"이런 것 좀 하지 마. 짜증난다!"

"아이 미친 새끼, 야, 너, 사람 좋게 봤는데 아주 나쁜 놈이네?"

"몰랐냐? 나 나쁜 새끼야. 그러니 이상한 꼴 당하기 전에 이런 짓 하지 마. 아주 거지 같은 년이…."

자다가도 벌떡 일어날 욕지거리를 해주고 고시원 건물을 나왔다. 감기 기운인지, 응달의 기운인지 모르지만 우울함이 밀려왔다.

2015년 2월 12일 목요일 흐림

"피렌체경찰서입니다."

사냥철 엽총 문제로 전화를 한 듯해서 반갑게 전화를 받았더니 "방미순 씨 고소 건 있지 않습니까? 그때 제가 각하 처분을 내렸는데, 그걸 가지고 저를 검찰에 고소했어요. 똑바로 수사 안 했다고요. 그래서 제가 검찰 조사를 받게 되었습니다"라고 하소연에 가까운 소리를 했다.

마이클이 "아이고 뭐 그런 일이. 걱정 마십시오. 자료 모두 있구요. 원한다면 출석해서 진술하겠습니다"라고 대답했다. 조사관이 "감사합니다. 그때 사진이 용량이 커서 지금은 메일을 열어볼 수 없는데 보내주실 수 있는지요?"라고 물었다.

독일에 유학했다가 이것도 저것도 안 되어 돌아온 지식 부랑자 방미순의 사건이 오늘까지 이어져 오고 있었다. 경찰관도 직업인이어서 이런 일이 생기면 매우 힘들 것이다. 마이클은 기꺼이 협조해주겠다고 말했는데, 후일 발생할 분쟁에 앞서는 완벽한 입주계약서, 사건 진행되는 동안 수시로 사진과 영상을 찍어두는 습관 덕분에 가능한 일이었다.

11

독고다이

스스로 결정해서 홀로 일을 처리하거나 그런 사람을 속되게 이르는 말

2014년 3월 30일 일요일 맑음

크레타 아파트를 출발한 레드 벤츠 SLK 로드스터는 올림픽도로를 달려 피렌체에 도착했다.

예식장에 가기 위해 옷을 고르다 쿠바에서 사업을 하는 캐빈의 전화를 받았다. 마이클이 "어이, 캐빈 회장! 어디야?"라고 물었다. 어제 부재중 전화가 있어서 서울에 올라온 줄 알았는데 "쿠바예요"라고 대답하며 "형, 그냥 이혼하지 않고 지금처럼 살지그래?"라고 물었다.

"미쳤냐. 나도 여배우하고 지중해로 여행도 다녀야지. 뭐 하러 고생만 하고 놀지도 못하냐? 난 그렇게는 못 하지."

마이클의 대답에 캐빈이 "형, 여자가 있는 것은 아니지?"라고 물었다. 마이클이 "여자가 있다면 여자가 있다고 말하지. 난 거짓말을 잘 못하잖아?"라고 반문했다. 캐빈이 "맞아, 형은 그랬어. 그러니 어쩌면 이것도 당연한 일일지도 몰라. 내가 한번 올라갈게!"라고 동의했다. 마이클이 "올라오더라도 한 달 후쯤 와라. 빌딩 지하에 룸싸롱을 만들고 있으니까?"라고 말했다.

전화를 끊고 자주색 나팔바지와 옅은 하늘색 셔츠, 푸른 스트라이프 무늬의 여름 재킷을 입고 예식장으로 향했다. 예식은 '펜트하우스'라고 적힌 5층에서 있었다. 신랑 측에 봉투 하나를 건네고 식권을 받은 다음 돌아서려니 신랑인 '막내'가 어깨를 감싸면서 "오셨어요"라고 인사했다. 화장이 잘 먹은 얼굴이었기에 "역시 화장하니 보기 좋구만?"이라고 말했다.

막.내.

닉네임이 '막내'인 세진은 총명했다.

스물다섯 살에 마이클을 찾아왔는데, 이미 부동산 공인중개사 자격증을 취득했고, 부동산 관련 서적을 100여 권이나 읽었다. 그러니 하나를 가르치면 열을 알아들었고, 돈을 벌어야 할 이유가 있었으며, 그러기 위해 택한 것이 부동산 경매였다. 그런 세진이 처음부터 마이클을 사부로 찾은 것은 아니었다.

경·공매 인터넷 카페 운영자인 '거성'이라는 자의 시다바리로 시작했다.

그러나 '거성'이 인터넷 회원들을 상대로 민형사적 문제를 일으키자 실망한 나머지 경매계의 신사로 불리는 마이클을 찾아온 것이었다. 마이클이 캐빈과 함께 수원시 원천동 삼성전기 앞 4층 상가를 낙찰받아 '호프광장'이라는 상호로 호프집을 막 개업해 놀고 있을 때였다.

세진은 "월급은 없다. 배우려면 배워봐라?"라고 말하는 마이클의 말에도 시간 투자를 할 줄 아는 놈이었다. 그렇게 경매를 배우고자 호프집 장사에 함께했고 반년이 흘러 호프집을 청산하던 마지막 날 교통사고를 낸다.

6개월 동안 호프집을 운영했지만, 수고에 비해 장사는 시원치 않았기에 임차인을 구해 넘기기로 했다. 시설비 2,000만 원, 보증금 2,000만 원 월세 120만 원의 조건이었다. 사고가 난 그날은 재미로 시작했으나 별 재미를 못 본 '호프광장'의 문을 닫는 마지막 날이었다.

술이라면 사족을 못 쓰는 마이클이 "오늘은 왠지 술을 마시고 싶지 않구나"라고 거부했다.

그러나 캐빈이 "형, 오늘은 마셔야지?"라는 강권에 의자에 앉았고, 새벽까지 마셨다. 그러니 자동차 핸들은 세진의 몫이었다. 세진은 술을 전혀 하지 못했기에 핸들을 맡겼다.

"빵!"

에어백이 터지는 충격에 조수석에서 잠을 자던 마이클이 눈을 떴다.

이때까지만 해도 상대방이 사고를 낸 줄 알았지, 세진이 가해자라는 생각은 전혀 하지 못했다. 졸음운전으로 예술의 전당 앞에서 신호 대기 중인 흰색 베르나 승용차를 추돌한 것이었다.

두 차량의 탑승자들이 모두 내렸다. 앞차는 젊은 남자 둘이었다. 마이클이 늘 가지고 다니던 카메라 캐논 5D로 사고 사진을 찍고 "크레타경찰서로 갑시다"라고 말했는데, 이 사건에 대한 자세한 내용은 2009년에 쓴 《부동산 경매 비법》 229쪽에 적혀 있다. 그럼에도 관대한 마이클이 다시 한번 적어보겠다.

시설비 2,000만 원에 보증금 2,000만 원을 받고 월 임대료는 120만 원을 책정해 새로운 임차인에게 호프광장을 넘겼다. 처음 만들 때는 시설 잘해서 영업 이익도 내고, 권리금도 두둑이 받을 생각으로 희망에 부풀어 오픈을 했다. 그러나 '장사'라는 현실은 냉정했다. 새벽까지 잠을 못자고 영업을 해도 맥주를 공짜로 먹은 것 외 우리들 인건비는 챙기지 못했다.

영업 마지막 날!

파티를 끝내고 새벽이 되어 내 차를 닉네임이 '막내'인 아우가 운전해 집으로 오는 길이었다. 새벽 시간이라 졸음운전을 했는지 예술의 전당 앞에서 유턴 대기 중인 앞 차를 추돌했다. '쿵' 하는 소리와 함께 에어백이 터졌다. 일어나서 보니 받힌 승용차는 저만치 밀려가 있었다. 잠시 후 견인차가 달려온다. 피해 차량에서는 두 명의 남자가 내렸다. 다행히 인명피해는 크지 않았다. 피해자 차량은 견인차가 견인해갔고, 내 차는 운전이 가능하기에 끌고 서초경찰서로 향했다.

보험이 문제였다.

내 차는 '부부 한정특약'에 가입되어 있기에 타인에게 핸들을 주지 않았었는데 문제가 되었다. 그래도 어쩔 것인가? 내 불찰이니…! 피해자들이 쉽게 합의만 해주면 될 일이었다. 그러나 피해자들은 종합보험이 되지 않는다는 사실을 알고 곧바로 병원에 입원해 버렸다. 보험사에서는 2주간의 기본 치료 및 보상비는 책임보험에서 지급되나, 2주가 넘어가면 내가 비용을 내야 한다고 했다.

1주일이 조금 넘어 병원으로 찾아갔다.

사정 이야기를 하고 합의를 하자고 했다.

"크게 다치지 않은 것 같으니, 2주간의 병원비와 치료비로 합의를 합시다!"

그러나 피해자들은 "우리가 한 달에 얼마를 버는 줄 압니까? 사과하는 태도가 그게 뭡니까?"라며 트집을 잡으며, 각각 1,000만 원의 합의금을 요구했다. 이에 "학원선생이라면서요? 정식직원으로 국세청에 갑근세 내고 있습니까? 아니잖아요? 무조건 얼마 번다고 다 보상하는 것 아닙니다"라고 말하자 "그렇게 똑똑하시면 어디 마음대로 해보세요"라고 이불을 무릎에 덮었다.

대화가 안 되는 친구들 같아서 원무과 사무실로 가 과장에게 말했다.

"나, 가해자입니다. 입원환자에 대해 보험처리하지 않겠습니다! 그러니 병원비는 입원환자에게 받으셔야 할 것입니다!"

그렇게 말한 후 장충동 사무실로 돌아오니 피해자들이 전화를 했다.

"정말 이렇게 할 거면, 우리 병원 옮기고 장기입원하겠습니다!"

"네! 그렇게 하시고 병원비는 나에게 '소송'을 해서 받아 가세요! 소송에 지면 얼마든지 보상해드리겠습니다!"

'합의'라는 것이 상대의 궁박함을 이용해 '부당이득'을 꾀하려고 하면 안 된다. 나는 그 꼬라지는 아직까지 못 본다. 이들은 나에게 '손해배상 청구'를 하려면 스스로 병원에 입원해서 손해를 입증해야 하고, 그러려면 병원비를 자신의 돈으로 먼저 지불해야 한다. 그러나 이들의 경제적 여력으로는 그러기 어렵다는 판단을 했는데 이미 주소지에 적힌 '등기부 등본'을 열람해 확인했던 것이다. 결국 피해자들은 보험회사와 기본 보상비로 합의를 하고, 나하고는 1인당 120만 원씩 더 받는 것으로 합의를 했다.

그러면 호프광장은 어떻게 되었을까?

새로운 임차인은 열심히 장사를 했다. 임대료도 밀리지 않았다. 하지만 마냥 임대료를 받으며 살 생각이 아니었기에 '매각'을 하기로 했다. 매매 희망 가격은 2억 원부터 출발을 했다.

부동산 중개사무소에 매물을 뿌렸지만 아무도 계약하러 오지 않았다. 그래서 부동산 경매 절차를 통해 매각하기로 했는데 감정 가격이 기대했던 것보다 높게 나오지 않았다. 낙찰받았던 그 가격으로 감정을 해버린 것이었다. 하지만 다행이게도 1회 유찰 후, 2회에 낙찰되어 손해는 없이 매각을 하게 되었고 호프광장 경영은 추억으로 남게 되었다. 물론 내가 경매 전업 투자가가 아니라면 팔기 아까운 상가였다.

막내는 그 사건 뒤로 재개발투자 카페 활동을 하며 중개사무소를 차렸다.

그리고 얼마 후 휴대폰 매장을 오픈했는데, 뒤로 4개를 연속적으로 개업, 운영하는 수완을 발휘했다. 휴대폰 판매 노하우를 배우기 위해 1년 동안 종로의 한 매장에 위장 취업해 영업 전략을 복사해내는 노력이 있었음은 당연했다. 그러더니 이번에는 인삼액 판매사업을 벌였다. '참좋은'이라는 상호로 '농협을 따라잡겠다'는 포부로 달리고 있다. 그런 세진이 얼마 전, 은색 BMW 525를 타고 피렌체를 방문해 결혼 사실을 알렸었다.

결혼식장엔 아는 얼굴이 한 명도 없었다.

혹여 볼까 하던 아우들을 볼 수 없었고, 장 부장도 전화를 받지 않았다. 엊그제 만날 때는 "형님 가시죠?"라며 확인까지 했었는데 말이다. 현재 '신랑'의 멘토이며 동업자인 '태평'만이 사업관계자들과 대화하고 있었다. 마이클 또한 다가가지 않았다. 기록을 위해 몇 컷의 사진을 찍고 피로연장으로 내려갔다.

한 접시의 음식을 앞에 놓고 잠시 생각에 잠겼다.

그들도 그라운드가 바뀌었고, 마이클도 바뀐 것을 인정해야 했다. 그들의 주변엔 과거의 패거리들이 아니라 사업체 운영과 관련된 패거리들이 있듯이, 마이클도 과거의 이야기는 추억의 책장에 담아두고 새로운 패거리를 만들어야 했다.

'독고다이.'

마이클은 늘 그랬다.

그러나 마이클은 알고 있다. 독고다이의 한계를! 그래서 패거리와 패거리 문화를 만들겠다고 생각하며 예식장 1층 주차장에 세워 둔 벤츠 SLK 로드스터에 올랐다. 올림픽경기장을 지나며 삼각별 로고의 핸들과 제2롯데월드를 하나의 컷에 담았다. 마이클의 내일이었다.

12

어디쯤 가고 있을까?

2014년 4월 7일 월요일 맑음

"그래. 알았다. 천이백이면 되냐?"

피렌체 빌딩 지하실 인테리어 현장에서 전화를 받았는데, 옆에 있던 무빙디자인팀이 "무슨 일 있으세요?"라며 우려스럽게 물었다.

"응. 이혼했거든."

마이클은 마른 장작개비가 밟혀 부러지듯 건조하게 대답했다. 물론 말을 듣는 이들은 멘붕에 빠졌지만. 여자는 다시 한번 마지막 남은 정까지 거두어갔다. 때문에 하루 종일 힘들었다.

씩씩하게 살아보려고 아침밥도 지었고 미역국도 끓였다.

그리고 여자에게 1억 원을 송금하고 아르헨티나 채무자의 초본을 발급받아 법원으로 등기를 보냈으며 은행에 들려 내일 경매 입찰할 보증금을 인출했다.

오랜만에 입찰할 물건은 화성시 택지지구의 토지였다.

골조만 세워진 건물로, 낙찰받은 후 '철거소송'으로 불확실한 권리 관계만 제거하면 꽤 시세차익을 노릴 수 있다고 판단했고 물건을 소개한 아라미스에게는 수고비로 200만 원 정도 줄 생각이었다. 아라미스는 "내일 수원법원에는 가지 못합니다"라고 말했다.

놀이 공간이 될 피렌체 빌딩 지하실 인테리어는 약 70%가 진행되었다.

노래방 기계를 판매하는 업자도 방문했다. 서른 살 중반쯤의 사내였는데 빔

프로젝터와 금영 노래반주기, 앰프, 스피커, 무선 마이크 등을 포함해 210만 원의 견적을 제시했고 설치비 30만 원은 별도였다. 마이클이 "설치비가 좀 세네. 하여간 알았습니다. 공사가 끝나면 연락드릴게요"라고 말하고 업자를 보낸 후, 은색 랭글러 루비콘을 타고 울란바토르 건축 공사현장으로 향했다.

2014년 4월 15일 화요일 맑음

"대우동부전자서비스입니다. 전자레인지가 수리되었습니다."

고시원 공동주방의 전자레인지 수리가 끝났다는 연락에 석촌역 서비스 센터로 가서 제품을 수령해왔더니 지하실에서 열기가 올라오고 있었다. 공동주방에서 사용하던 전자레인지를 지하 피렌체홀 주방에 가져다 두려고 내려갔다.

"어머, 깜짝이야."

무빙디자인 최 실장이 컴컴한 지하실에서 열풍기를 틀어놓고 셀카를 찍다가 놀랐다. 그리고 쑥스러워하며 "바닥이 마르지 않아 열풍기로 말리고 있습니다. 화재의 위험이 있어 고정 붙박이로 근무 중이에요"라고 말했다.

뒤이어 대표 지훈과 한 소장도 내려왔다.

그리고 흡음 스펀지 작업에 대해 한 소장이 "출입문에 붙이면 지저분할 텐데요?"라고 말했으나 마이클은 "그래도 상관없어. 넉넉하게 방음 스펀지 붙여"라고 말했다. 점심 식사도 이들의 밥상에 숟가락을 얹는 것으로 해결했다.

2014년 4월 30일 수요일 맑음

"우리 존재에 확고한 뿌리가 없다고 해서 결코 불안해할 필요는 없다. 이것은 괴로운 저주가 아니라 오히려 우리에게 주어진 축복이기 때문이다. 우리는 앞으로 지금과는 또 다른 사람, 혹은 전혀 다른 사람으로 생성될 수 있다는 축복 말이다... 기쁨이 사라지는 순간, 우리는 한때 기쁨을 주었던 그 사람에게 결별을 고하게 될 것이다. '굿바이!

나는 다시 여행을 떠날 거야! 너도 좋은 사람과 만났으면 좋겠어.'"

- 강신주《철학이 필요한 시간》

며칠째 가지고 다녔던 책을 오늘에야 다 읽었다.

상황이 상황인지라 사랑에 대한 철학자들의 이야기는 적지 않은 위안이 되었다. 강신주는 공대를 졸업하고 대학원에서 철학을 전공한 탓에 전통적 철학자는 아니지만, 행동주의적 철학을 말한다. 어설픈 힐링은 '사기'라고 말할 정도다. 그래서 더 재미있게 읽었다. 그렇다고 하루 종일 편안한 시간을 보낸 것은 아니었다.

새벽에 잠들었다가 모닝콜 음악 소리에 일어났다.

샤워하고 아침은 먹지 않았다. 아니 먹을 것이 없었다. 경매 입찰 사건을 프린트하고 전기요금과 가스요금을 납부했을 때는 9시를 넘겼을 때였다.

77부동산에 들렀다.

"사장님. 건물을 보여줄 사람이 있어요?"

여실장이 기다리던 사람을 소개했는데, 스스로 '얼굴이 타면 감자가 된다'는 여인이었다. 옥상부터 지하실까지 꼼꼼히 보여주고 "명함을 주세요"라고 하자, 여실장이 "아니, 그건 안 돼"라고 막았다.

이들을 보내고 피렌체 등기부등본을 출력해 신협으로 갔다.

대출은 2층에서 이뤄지고 있었는데 영준은 여신부에 앉아 있었다.

"선생님, 어쩐 일이십니까?"

마이클을 발견하고 일어서는 영준에게 서류를 내밀며 "후순위 대출도 하나요? 한 5억 원이 필요해서요"라고 말했다. 영준이 "네. 오후에 감정하고 늦어도 내일까지 답을 드리겠습니다"라고 대답했다. 이에 마이클이 "그러세요. 그런데 신협 돈이 얼마나 있어요?"라고 되물었다. 영준이 "돈은 걱정하지 않으셔도 됩니다"라고 말하며 "경락잔금도 대출을 합니다"라며 명함을 건넸다. 그리고 오후에 "20억 원이 넘어가 탁상 감정은 힘들어 감정업체에 감정을 하라고 했습니다"라고 알려왔다.

아침을 건너뛰었기에 삼국지에서 김치찌개를 시켰다.

밥을 먹는 도중에 서성이는 베드로를 발견하고 전화로 불러 밥 한 공기를 추가했다.

건물 내부 청소도 했다. 계단을 시작으로 고시원 복도를 청소기로 밀고, 걸레로 닦았다. 그러자 기분이 한껏 좋아졌고 피렌체홀로 내려와 마이크를 잡고 노래도 한 곡 뽑았다. 금영 유선 마이크는 무선마이크의 증폭을 따라올 수 없었다. 이래서 또 품질의 차이를 실감했다.

2014년 5월 1일 목요일 맑음

지붕 방수공사를 하기 쉽도록 햇볕이 짱짱하게 내리쬔다.

한낮엔 여름 날씨처럼 따뜻하다. 하지만 지하 피렌체홀은 냉기가 가득해 추울 정도였다. 고시원 공동주방으로 내려가 밥을 한 공기 퍼오며 김치도 한쪽을 담았고, 밥 위에 3분 짜장도 부었다.

식사 후 피렌체홀을 알리는 전단지에 쓸 사진을 찍었다.

찰칵! 찰칵!

피렌체 빌딩 전면사진을 찍고 피렌체홀 입구, 카페구역, 무대 순서로 촬영했다.

그리고 영화 관람이 가능하다는 콘셉트를 연출하기 위해 200인치 스크린을 내리고 사진을 찍고, 스크린 화면은 포토샵을 이용해 합성했다. 그렇게 오전 시간을 보내고 오후로 접어들 때 한 남자가 찾아왔다.

'상식세상'

마흔 살 중반의 남자로 교통공사에 근무한다.

인터넷 경매 모임에서 알게 되었는데 《왕초보 부동산 경매》라는 책을 쓴 저자로 이름은 재용이다. 노래방 연주기와 드럼을 구경하던 재용이 "음치탈출이라는 프로에 출연도 했습니다"라고 한술 더 떴다. 앰프를 켜던 마이클이 "노래는 박자만 잘 맞추면 잘 부르는 것처럼 들리는데 박자가 어려운가?"라고 되물었더니 "박자뿐만 아니라 음정도 안 돼요"라고 겸연쩍어하며 대답했다.

"그러면 음정이 낮은 노래를 선택해 부르라고."

함중아의 〈안개 속의 두 그림자〉를 선곡했고, 두 사람은 노래를 합창하고 드럼을 두드리기 시작했다. 피렌체홀에 드럼과 노랫소리가 울려 퍼졌다.

노래 후 대화는 계속되었다.

주로 '결혼'과 '이혼'에 관해서였다. 사람과 사람 사이의 의제설정은 자신의 주변부로부터 시작되기에 그랬다. 그런 후 "식사나 하러 가시죠"라는 재용의 권유에 피렌체홀을 나왔다. 시간은 오후로 접어들고 있었다.

13

파워 보트를 팔다

2014년 5월 10일 토요일 맑음

한강 피렌체 수중보 근처를 산책하는 중이었다.

파란 한강과 파란 하늘, 하늘거리는 하얀 바지가 풍경이 되었다. 한참을 걷다 보니 허기졌다. 편의점에 들어가 우유와 김밥을 샀다. 한강은 피렌체 빌딩과 아주 지척에 있었기에 운동을 위한 답사 목적으로 나온 것이었다. 잔디밭에는 그늘막과 돗자리가 끝없이 이어져 있고 외국인들은 아예 웃통을 벗고 일광욕을 즐기고 있었다. 그렇게 1시간을 넘게 걷기를 하고 돌아와 지하 피렌체홀에서 드럼 연습을 한 후 맥주를 홀짝였다.

"보트 매물 보고 싶은데요. 내일 시운전 가능할까요?"

'파워 보트를 팔겠다'며 중고매매 사이트에 올렸더니 문자가 왔다.

어차피 보팅을 해야 하기에 안 될 일은 없었다. 그래서 "4시경 잠수교 근처에서 띄웁니다"라고 답장을 보냈다. 또 다른 한 사람은 버스운전 기사였다. 자동차, 오토바이 등 적당한 물건이 나오면 사고팔아 약간의 차익을 남기는 준프로 업자로 "사장님 한 장에 줘요"라고 앙망하는 문자를 보내왔다. 그러나 너무 가격을 후리기에 "내일 온다는 사람도 있고, 안 팔리면 영화소품으로 쓸랍니다. 보트를 가진 남자의 이미지는 1,000만 원 이상의 가치를 보여준답니다"라고 답장했다.

이런 자는 낭만을 모른다.

그저 좋은 물건 싸게 사서 실컷 사용하다 조금 남기고 팔려는 그런 족속이다. 자동차, 요트에 가슴 떨리는 것이 아니라 마진만 생각하는 장사치에 불과하다. 마이클에게도 그런 날이 있었다. '가성비'라는 이유로, 남이 사용하다 싫증이 나서 내다 파는 중고를 주워 사용했었다.

그러나 지금은 아니었다. 파워 보트를 팔면 새 제품으로 다시 살 것이었다. 씨레이 24피트 1억 8,000만 원짜리 녀석을! 그때엔 피렌체 빌딩이 팔린 후일 것이다. 그렇다고 지금 가지고 있는 파워 보트를 말도 안 되는 헐값에 처분할 생각은 없다. 1,000만 원은 고무보트 가격도 안 되기 때문이다.

'땅두릅'은 새마을 시장 야채 가게에서, 브로콜리는 할인마트에서 샀다.

고시원 피렌체하우스 공동주방에서 밥을 몇 수저 퍼오려는데 입주자가 파전을 만들고 있었다. 마이클이 "그래, 씩씩하게 살자. 이거 두릅인데 먹어봐. 버리면 혼난다"라고 말하며 몇 개를 풀었다.

2014년 5월 11일 일요일 흐리고 오후에 비

은색 랭글러 루비콘을 타고 한강 크레타지구로 출발했다.

'회와 와인을 준비하자.'

와인잔과 아이스박스를 챙겨 양재동 이마트로 향했다. 그러나 가는 날이 장날, 하필 휴무일이었다. 하는 수 없이 한강 크레타지구 편의점에서 김밥과 맥주를 샀다. 파워 보트 트레일러를 지프 랭글러 루비콘 히치 리시버에 연결하려는 찰나, 한 남자가 걸어왔다.

"선생님 보트입니까? 이제부터 월정주차가 안 됩니다."

"왜죠?"

"곧 있으면 장마가 시작됩니다. 한강이 침수되면 여기의 보트나 트레일러들이 피해를 입을 수 있기 때문입니다."

"그래서 저도 비만 오면 인터넷으로 제공되는 잠수교 화면을 보다가 위험하면 끌어내곤 합니다. 한강 관리사무소는 소유자들의 연락처를 알고 있으면 되고, 연락처가 없다면 '경고문'을 부착해 책임을 면책하면 될 것입니다. 그런데 그러지 않고 무조건 주차가 안 된다고 하는 것은 행정편의적인 발상이며 인민의 행복추구권을 침해한다고 생각합니다. 민원을 넣겠습니다."

"우리도 선생님과 생각이 같습니다만…."

김밥을 우걱우걱 씹어 먹었다.

그리고 파워 보트를 점검했다. 장기간 세워 둔 탓에 배터리가 방전되어 시동이 걸리지 않았다. 랭글러 루비콘의 배터리와 점프 선을 이용해 사투를 벌이며 시동을 거는 데 성공했다. 배터리가 충전되도록 한강을 정속 주행했다.

'분당에서 출발한다는 매수자'는 2년 전 조종면허를 취득한 상태였다.

느릿한 걸음걸이로 걸어오더니 "마나님이 결재자라 보여줘야 합니다"라고 말했다. 마이클이 "나는 아내에게 허락받는 남자 좋아하지 않습니다"라고 말했다. 서쪽 하늘에서 검은 구름과 비가 몰려오고 있었다. 슬로프에 주차된 트레일러에 파워 보트를 올렸다. 그리고 "파워 보트란 게 쉽게 소유할 물건은 아니지요. 그러니 꼼꼼히 알아보고 좋은 배 구매하시기 바랍니다. 찍은 아이들 사진은 저에게 메일 주소를 보내주면 보내드리겠습니다"라고 말한 후 남자와 가족을 뒤로하고 피렌체로 향했다.

2014년 5월 12일 월요일 흐림

"보트 때문에 전화했습니다. 여기는 거제도입니다."

어젯밤, 술을 마신 상태에서 중고 보트 매매 사이트에 다시 광고했었다. 효과를 봤는지 거제도에 산다는 남자의 전화를 받았다. 희망 가격을 절충하며, 트레일러 견인도 고민했다. 그러는 사이 "1,200만 원에 주십시요?"라는 문자를 받았다. 어제 영프린스호에 탑승한 남자였다. 행동으로 보면 보트를 살 것 같지 않았는데 의외였다.

선주 마이클이 "구명조끼도 8개, 여분의 스크류와 배터리, 젤리 캔도 드리니 좀 더 쓰시지요"라고 말해 1,250만 원에 매매하기로 했다. 그러나 남자가 계약금을 "계약서를 쓸 때 드리겠습니다"라고 말하는 것에는 동의하지 않았다.

"보트를 사고자 하는 사람이 얼마 되지 않습니다. 그런데 선생님이 사겠다고 했다가 해약을 하면 전 매매할 기회를 잃거나, 판매되었다고 말했다가 다시 판매한다면 신용이 없는 사람이 됩니다. 그러니 100만 원 정도는 입금해주세요?"

그러자 남자가 "그렇다면 사장님을 믿고 입금을 하겠습니다"라고 말하고 계약금을 입금했다. 통장에 계약금이 입금된 것을 확인하고 인터넷에서 보트매매 계약서와 트레일러용 자동차 매매 계약서를 다운받았다. 이로써 헌 것을 버리고 새것을 소유하겠다는 노력이 결실을 보고 있었다. 파워 보트 트레일러를 견인하기 위해 구매했던 은색 랭글러 루비콘은 3,000만 원 정도면 매도가 될 것 같았다.

남이 쓰던 물건을 소유하지 않겠다며 중고로 구매한 200mm 카메라 렌즈를 방출했고, 파워 보트도 방출한다. 물론 중고로 구매한 랭글러 루비콘 및 피렌체 빌딩도 그럴 것이었다. 부동산도, 자동차도, 인연도 모두 방출하고 새로운 인생의 2막을 시작하려는 것이었다.

2014년 5월 13일 화요일 맑음

위스키를 많이 마신 탓인지 새벽에 일어났다가 다시 잠들었다.

어제 하루가 매우 길고 스펙터클 해 그런지도 모를 일이었다. 일기를 다 썼을 즈음엔 새벽 2시가 넘었었다.

아침이 되어 파워 보트와 트레일러를 양도하기 위해 파워 보트 등록증과 선박 검사증, 트레일러 등록증을 챙겼고 은색 랭글러 루비콘에서 구명조끼와 자동바 등도 벤츠 SLK 트렁크로 옮겨 실었다. 작은 트렁크가 꽉 찼다. 그리고 동사무소로 가 트레일러 양도용 인감증명서도 발급받았다. 매수자와는 오후 3시 30분에 한강 크레타지구에서 만나기로 했다.

한강 크레타지구에 도착했다.

매수자도 곧 도착했는데, 벤츠 SLK 로드스터 트렁크에서 정비용 사다리 자키를 꺼내 트레일러 앞을 높여 보트 갑판 아래 가득한 물을 빼내고 있을 때였다. 매수자는 궁금한 것에 대해 묻더니 “돈은 은행에 가서 송금해야 합니다”라고 말했다. 겁도 무지 많은 남자였다.

“타세요.”

매수자를 벤츠 SLK 로드스터 옆자리에 태우고 고속터미널 방향으로 나오니 바로 은행이 보였다. 정차하며 “여기 있을 테니 혼자 들어가 입금하고 입금증 가져오세요?”라고 말했다. 잠시 후 남자가 “900만 원 입금했고요, 나머지는 인터넷 뱅킹으로 해드릴게요”라고 말했는데, 한강으로 다시 가는 사이에 인터넷 뱅킹으로 잔금이 입금되었다. 날씨는 29도를 넘어 한여름 날씨였다. 매매 계약서에 사인을 하고 장비와 조종 및 사용법을 대충 알려주고 벤츠 SLK 로드스터 핸들을 피렌체 방향으로 돌렸다.

파워 보트, 남자의 로망이다. 파워 보트에 애인을 태우고 무인도에 가서 실오라기 하나 걸치지 않고 오직 두 사람만의 휴가를 즐기겠다는 목표가 있었다. 그래서 무인도에 가보기 전에 파워보트에서 섹스를 해보겠다며 시도하기는 했으나 선실이 없기에 그만두었다. 한강에 떠 있는 보트가 딱 한 척이어서 뭘 해도 구경거리가 될 것이 분명했기 때문이었다. 또 바다는 겨우 두 번 출항했으나 무인도 근처에도 가보지 못했다. 그럼에도 3년 동안 한강의 작은 그림을 만들어 주었기에 사진 몇 장을 찍었다.

‘가슴이 설레지 않기에 방출을 한다!’

14

게스트하우스와 신 부장

2014년 5월 11일 일요일 흐리고 오후에 비

"사장님, 이 건물은 게스트하우스로 바꿔야 합니다. 문화관광부와 일본, 중국 대사관에 등록만 하면 손님은 골라서 받을 수 있습니다. 대신 저에게 월급 150만 원을 주십시오. 청소부터 모든 것을 다 하겠습니다."

도시 여행자들의 쉼터를 꿈꾸며 만든 '피렌체하우스'를 신 부장이 매우 구체적으로 제안했다. 이에 마이클이 "뭐, 보고서라든지 한번 만들어봐. 말로 하는 것보다 그게 정확하잖아?"라고 말하자, "네 사장님. 화요일까지 만들어 제출하겠습니다"라고 대답하며, "월 50만 원짜리 방을 90만 원까지 받을 수 있습니다. 언어나 관리는 제가 다 하겠습니다. 저도 아내가 벌어오는 250만 원으로 살거든요? 피렌체하우스 관리를 시작으로 작은 빌딩 몇 개를 더한다면 수익이 날 것 같습니다"라고 덧붙여 말하고 돌아갔다.

2014년 5월 14일 수요일 맑음

아침 겸 점심으로 회덮밥을 먹고 걸어서 피렌체구청 관광과를 방문했다.

신 부장으로부터 게스트하우스에 대한 대략적인 내용을 들었기에 공무원에게는 핵심만 질문했다. 담당자는 50대 초반의 여성 공무원이었다. 마이클이 "소호텔이라는 것이 있다는데 어떻게 하는 것입니까?"라고 물었다. 그러자 "오전에 한 분이 오셨는데 다른 건가요?"라고 되물었다. 마이클이 "신 부장 말이군요? 맞습니다. 그래서 내가 직접 들어온 것입니다"라고 대답했는데, 결론적으로 현행법으로 게스트하우스도, 소호텔도 할 수 없었다. 고시원 상태로 외국인에게 숙박하게 해도 되는, 법도 기준도 없었다. 마이클이 "관광객 45만 명을 유치하겠다고 하면서 정작 어디에 재울 건가요? 마포구청처럼 조례를 만들어 일정 조건이 되면 게스트하우스로 등록시키고, 과다요금 등 청구를 못 하게 계약하면 될 것입니다. 그걸 한번 제안해보시기 바랍니다"라고 제안했다.

돌아오면서 게스트하우스에 대해 생각을 했다.

특별한 법이 없어 불법도 아니라면, 숙박업으로 인정될 만한 것들만 제거하면 될 것이었다. 문제는 입주자 확보인데, 현금 유동성이 부족한 상태에서 게스트하우스로 운영하기 위해 고시원을 공실을 만드는 것도 위험성이 있기에 좀 더 진행 상황을 알아보며 결정하기로 하고, 피렌체 빌딩으로 돌아오자 세 명의 중년 남녀가 들이닥쳤다. 이들은 "본사로 발령이 났습니다. 세 명이면 좀 할인이 안 되나요?"라고 협상을 시도했다. 그러나 고시원을 그만두고 여행자를 위한 게스트하우스로 만들려는 마이클에게는 무례한(?) 요구였다. 그러니 그들은 "내일모레까지 결정하겠습니다"라는 말을 남기고 돌아갔다.

2014년 5월 15일 목요일 맑음

출근한 마이클을 제일 먼저 괴롭힌 사람은 신 부장이었다.

신 부장은 "사장님, 제가 어제 2가지 일을 했습니다. 하나는 우리나라 여행사 대표 25명을 만났다는 것입니다. 이분들이 국내 여행 코스를 준비 중인데, 모임 장소를 제공해주고 게스트하우스를 프레젠테이션하기로 했습니다. 두 번째는 홍대 인디밴드와 통화를 했습니다. 이들에게 공연장소를 제공하고 자리를 잡으면 비용을 추후에 받겠다는 조건입니다. 이 밴드가 외국인들이 좋아하는 밴드거든요"라고 신이 나 말했다.

물론 마이클로서는 거절할 이유가 없었다. 그래서 "음, 일단 신 부장이 앞에서 작업해? 흥행 여부는 나중에 판단하자구? 이번에는 박 사장이 이쪽으로 오세요?"라고 말하며 신 부장을 내보내고, 아일랜드에서 온 채무자 박 사장과 마주 앉았다.

2014년 5월 19일 월요일 맑음

피렌체하우스 전체를 청소했다.

게스트하우스 진행은 신 부장의 입술로만 진행되고 있다. 오늘도 "내일 여행사 대표를 만나기로 했습니다"라고 말했는데 기대하지 않으나, 모든 일에는 어느 정도 위험과 손실이 있으므로 좀 더 지켜보기로 했다.

2014년 5월 20일 화요일 맑음

토요일에 있을 결혼식 주례사를 준비했다.

그러나 정작 게스트하우스에 필요한 사업내용들은 정리하지 못했다. 오늘도 신 부장은 또 다른 남자를 데리고 왔는데, "제가 배 엔진을 수리하는 엔지니어입니다. 지금은 그만두었지만, 현대 엔진을 낚싯배나 어선에 얹어주는 일을 했지요? 지금 저는 제주도에서 낚시어선 사업을 하려고 합니다. 이곳은 어촌계장까지 7개의 도장을 받아야 사업이 가능한데 그게 됩니다"라고 자기소개를 했다. 이에 한때 한강에서 파워 보트를 타고 놀았던 선주 마이클이 "배는 뭘로 하려구요?"라고 물었다. 남자가 "조디악 콤비 보트입니다. 길이가 17m라서 파도 너울이 없습니다"라고 대답했다. 그러자 다시 마이클이 "모양이 빠지지 않아요?"라고 되물었다. 남자는 "아닙니다. 낚시꾼들은 오로지 손맛을 원하기에 충분히 승산 있습니다. 이 사업을 시작으로 펜션까지 하면 괜찮은 아이템입니다"라고 주장했다. 그러자 마이클이 "펜션까지 한다면 약 7억 원쯤 들 텐데, 같이 투자를 한다면 그대가 3억 5,000만 원은 있어야 하는데 가능합니까?"라고 짚었다. 남자가 "저야 그렇게 못하지요. 당장에는 배만 사서 운영을 해볼까 합니다"라고 대답하며, "3,500만 원짜리 배를 사는데 투자를 하면 다달이 입금 가능합니다"라고 말했다.

마흔쯤 되어 보이는 남자는 눈이 쫙 찢어지고 다부진 몸집이었다.

꿈이라는 제주도에서 낚싯배 사업을 하려고 하나, 사업자금 5,000만 원이 없었다. 신 부장은 마이클에게 이런 인생들을 끌어들이고 있었다. 그러니 신 부장에 대한 채널을 다시 점검하기로 했다.

2014년 5월 29일 목요일 맑음

피렌체홀로 내려가 어제의 흔적들을 치웠다.

잠시 후, 신 부장이 낯선 사내를 데리고 내려오더니 "홈페이지 제작자입니다"라고 소개했다. 이에 마이클이 "홈페이지?"라고 반문하자, "네. 게스트하우스를 하려면 홈페이지가 필요하잖아요? 싸게 하면 500만 원이고 일반적으로 600만 원입니다"라고 말했다. 마이클이 곧장, 무빙디자인 최 실장에게 전화를 걸어 "우리 고시원 홈페이지 만든 업체 연락처를 좀 알려주세요"라고 말하고, 업체에 전화를 걸어 "전자결제 없이 좀 더 유동성 있게 영어 등 외국어 페이지까지 만든다면 가능할까요? 사진과 영상은 직접 찍어 보내드립니다"라고 말하며 견적을 받았다. 100만 원이 채 안 되는 금액이었다.

2014년 5월 30일 금요일 맑음

김 PD와 술을 마시다 신 부장을 불러 합석시켰다. 첫 술자리였다.

신 부장은 "홍대 마사지 업소에 여자를 연결해주고 오는 길입니다"라고 묻지도 않은 말을 하며 자리에 앉았다. 그러나 지금까지 겪어 보니, 구라가 7단인 친구라 믿지 않았다. 그렇게 피렌체홀에서 자정이 넘도록 술을 마시는데 입주자로부터 "너무 시끄러워요"라는 문자를 받았다. 노래를 부르지도, 드럼을 치지도 않았는데 시끄럽다는 문자에, "누가 떠드나요?"라고 답장을 보내며 "내일 당장 마지막 소식지를 만들어 붙여야겠어. 모두 나가라고!"라고 말했다.

이에 신 부장이 "아직 너무 빠른 거 아닙니까?"라며 말렸다. 마이클은 "아니! 어차피 게스트하우스가 안 되어도 1인 35만 원짜리 2인실로 운영할 거야. 그러니 내보내야지"라고 말하며 맥주를 들이켰다. 그러는 사이 다시 "드릴 소리, 공사소음이요"라는 답장이 왔다. 건너편 삼겹살집 인테리어 소음을 지하에서 나는 소음으로 착각하고 항의한 것이었다. 대화는 자연히 "요즘 아이들은 돈을 줬으니 맘대로 해도 된다는 생각을 가지고 있어서 배려가 없다"는 주제로 넘어갔다.

2014년 6월 16일 월요일 맑음

게스트하우스에 사용할 2층 침대가 도착했다.

일전에 업체와 통화를 하다가, 제품을 보고 판단하겠다며 남양주시 진건읍에 위치한 판매업체를 방문했었다. 그렇게 알게 된 사실은 원하는 크기로 주문제작이 가능하다는 것이었다. 그래서 "방 사이즈를 재보고 전화로 알려드릴 테니 그때 작업을 해주세요"라고 말하고 돌아섰고, 피렌체하우스로 돌아와 공간을 측정한 후 주문했다. 또, 광고를 위한 내부 사진을 찍어야 했기에 캐논 17–40mm 광각렌즈도 질렀다. 100만 원이었다. 이 핑계 저 핑계로 돈만 펑펑 쓰고 있다. 렌즈도 핑계를 댄다면, '영화 촬영에 필요해서'라고 할 것이었다.

2014년 7월 14일 월요일 맑음

피렌체홀에서 200인치 스크린으로 〈대부 3〉을 시청하기 시작했다.

맛있는 회에 소주를 두 병이나 마셨다. 그렇게 만취 상태에서 옆 건물 2층 BAR 사장을 조지러 올라갔다. 피렌체홀 입구에 쓰레기를 자꾸 내놓기 때문이었다. 마이클이 "나 옆 건물주인입니다. 여기 사장님을, 신 부장이 좋은 사람이라고 해서 좋게 봤는데 왜 건물 앞에 쓰레기를…"라고 말이 끝나기도 전에 50대 중반으로 보이는 주인장이 말했다.

"신 부장? 그 사기꾼?"

BAR 사장의 말 한마디에, 마이클은 게스트하우스를 접기로 했다.

15

1층 상가 임대차계약과 종료에 얽힌 사연

2014년 7월 18일 금요일 벼락과 폭우

"사장님, 사무실에 계십니까?"

피렌체 빌딩 1층 상가 삼국지 조 부장이 전화하더니, "사장님 8월 13일에 보증금 7,000만 원에 월 430만 원으로 계약합니다. 영업은 7월 말까지 하려는데 괜찮겠습니까?"라고 물었다. 마이클이 "저야 월세만 손해 없이 받으면 되니 괜찮습니다"라고 임대차계약을 승인했더니 "그리고 삼각대 사셨어요?"라고 다시 물었다.

"아직요. 왜요?"

"저희 사장님이 뭘 선물하면 좋겠냐고 하시길래, 요즘 사장님은 영화 찍는다고 바쁘시다고 했더니 아마도 삼각대를 선물로 할 것 같습니다. 그렇다고 비싼 것은 못 하고요…."

의욕적으로 시작한 동업은 이렇게 허무하게 끝나게 되었다.

건물주인 마이클도, 프랜차이즈 삼국지도 모두 상처만 남긴 사업이었다.

2014년 7월 30일 수요일 맑음

오후 3시에 지하 피렌체홀에서 1층 상가계약을 했다.

리모델링 후 삼국지와 공동사업을 시작해서 6개월 동안 임대료 한 푼도 못

챙겼고, 그나마 올해 1월부터 월 500만 원씩 임대료를 받아왔었다. 공동사업 실패는 삼국지의 책임보다 마이클의 욕심이 부른 결과라고 믿고 누구 탓도 하지 않고 동업을 청산했다. 새로 임차를 하는 임차인은 연탄구이 프랜차이즈로, 점주는 서른아홉의 씩씩하게 생긴 남자였다.

"임대차계약은 법적으로 5년이니 1년만 합시다."

마이클의 말에 동석한 중개사가 "사장님, 2년은 해야 마음놓고 영업을 합니다"라며 제안하기에 "그럼 그렇게 합시다"라고 수긍하고 계약금으로 1,000만 원을 받아 피렌체 계좌에 입금했다. 잔금은 8월 13일이었는데 "통장으로 입금해주세요"라며 계약서에 계좌번호를 적었다. 그렇게 계약서 작성이 끝나갈 무렵 옆에 있던 삼국지 조 부장이 "사장님, 삼각대는 사지 마십시오. 어제 방송국 담당자가 휴가에서 돌아왔습니다"라고 말했다. 마이클 "그래요? 방송국 담당자면 맨프로토라고 말하면 아실 겁니다. 하하!" 하며 웃었다. 동업으로 날린 임대료와 정리로 받는 선물이니 삼각대 가격은 3,000만 원짜리였다.

2014년 7월 31일 목요일 맑음

랭글러 루비콘.

로마의 황제 시저(카이사르)처럼 인생의 루비콘 강을 건너자며 큰맘 먹고 구입했었는데, 용도는 파워 보트 트레일러 견인이었다. 4도어 중고차를 원했으나 매물이 없어서 청담동 크라이슬러 매장에서 빨간색으로 계약을 했다. 그런 후 발견하게 된 것이 지금의 은색 랭글러 루비콘이었다. 주행거리가 7,000Km에 불과하고 가격 또한 신차가격에서 1,000만 원이나 빠졌기에 대구까지 내려가 현금 4,100만 원을 주고 구입했었다.

다시 파는 이유는 견인 목적인 '모터보트'가 팔렸고, '가슴 떨리는 신차'가 아닌 중고차였기 때문이다. 아마 빨간색 신차를 샀다면 이야기는 달라졌을 것인데, 사실 얼마 전까지 돈이 말라버린 것도 팔려는 이유였다. 하지만 지금은 6개월은 버틸 자금이 있는 상태이므로 딱히 팔 필요성은 약해졌다. 그러니, '싸다는 이유로 소유한 물건은 버린다'는 스스로의 명제에 부합하는 행위일 뿐이었다.

'가슴 떨리는 삶을 살자!'

《지금 당장 롤렉스 시계를 사라》의 저자 사토 도미오처럼 죽는 날까지 가슴 떨리는 삶을 살기로 했다. 랭글러 루비콘과 마지막 사진은 북악터널 입구에서 찍었다.

"사장님, 삼각대는 맨프로토로 준비했습니다. 월요일에 받으실 수 있습니다."

삼국지 점장이 전화로 선물 배송 사실을 알리며 "제 차는 내일 아침 8시에 나갑니다. 지금 바꾸실까요?"라고 해서 "내가 여기서 잘 테니 아침에 뺍시다"라고 말하고 눈을 감았다. 다시 눈을 떴을 때는 2시간이 지난 후였다. 참외를 깎아 허기를 해결하고 하루를 적었다. 7월의 마지막 날이었다.

2014년 8월 1일 금요일 맑음

"동서울 11시쯤 도착 예정입니다."

인생의 루비콘 강을 건너겠다며 호기롭게 구입한 랭글러 루비콘의 새로운 주인이 상경하고 있었다. 한 달 전, 자금압박에 내놓았으나 거래되지 않았는데 자금이 다 풀리자 이제야 매수자가 나타났다. 그럼에도 미련 없이 팔기로 했다. 매수자는 마이클과 동갑내기로, "할리도 탔고, 얼마 전까지 허머를 탔는데 팔았더니 딸래미가 지프라도 타라고 난리"라는 이유로, 마이클의 랭글러를 간택했다.

"10만 원 주세요."

랭글러 루비콘의 매매 금액은 2,910만 원이었다. 매수자가 2,900만 원을 입금했기에 그리 말했더니 매수자가 "깎아줘야 하는 것 아닙니까?"라고 되물었다. 마이클이 "10만 원 받아야 할 이유가 있습니다"라고 말하며 5만 원권 두 장을 뺏었다. 자동차 정기검사비용이었다. 매수자가 "우리 갑이니 친구 먹읍시다"라고 해서 "그렇게 하세요?"라고 승낙했다. 그렇게 은색 랭글러 루비콘이 피렌체 빌딩 주차장을 떠났다. 그리고 2시간쯤 후 매수자로부터 전화가 왔다.

"친구야, 차 너무 좋다. 잘 나간다. 고맙다!"

그러나 정작 랭글러 루비콘을 떠나보낸 마이클의 마음은 오래도록 허전했다.

2014년 8월 14일 목요일 흐리고 오후에 비

술이 과했다.

거실 바닥에 쓰러져 자고 있었다. 그러나 10시에 Jeep 딜러가 새로 구매하기로 한 랭글러 루비콘 견적서를 가지고 온다고 해서 벤츠 SLK 로드스터 루프탑을 열고 바람을 맞으며 피렌체로 향했다. 정신이 몽롱하기에 시내 길을 버리고 올림픽도로를 이용해 피렌체로 향했다. 피렌체운동장 사거리에서 좌회전해 2차로로 주행을 하다 맥도날드 앞 진입로를 지나칠 뻔해 급하게 핸들을 우측으로 틀었다.

퍽– 끼이이익– 탁–

작은 차체의 붉은 로드스터가 미끄러지며 회전하더니 인도에 세워둔 과일 행상 트럭 적재함과 부딪치며 멈추었다. 핸들을 급하게 우측으로 트는 바람에 달려오던 택시가 뒤범퍼를 밀어 그렇게 된 것이었다. 운전자 마이클이 차에서 내렸고 택시에서도 기사와 여자 승객이 내렸다.

택시의 여자 승객은 임산부인 듯 배가 많이 불렀는데 "아저씨, 일단 저는 급하니 회사에 갈게요"라고 말하며 현장을 떠났다. 마이클이 "미안합니다. 내 잘못입니다. 여기 연락처 있으니 연락 주세요. 보험처리해드리겠습니다"라며 택시기사와 화물 노점상 사내에게 명함을 건넸다. 화물 노점상 사내가 "이거 그냥 조금 생각해 주세요"라고 말하며 보험처리보다 약간의 돈을 달라고 했다. 접촉한 화물차의 적재함은 눈에 띄는 피해는 없었다. 마이클이 핸드백에서 만 원짜리 지폐 두 장을 건넸다. 그러자 사내가 "아, 이거…"라며 받지 않았다. 마이클이 말했다.

"그럼 보험처리하시구요."

결국 그렇게 2만 원에 합의하고 도로 한복판에 뒹굴고 있는 벤츠 SLK 앞

범퍼를 트렁크에 실었다. 그때까지도 정신이 몽롱해서 사고 걱정 따위는 하지 않았다.

"아저씨, 보험사와 사고접수번호 아세요?"

먼저 자리를 떴던 여자 승객의 전화를 받았는데 "그 아저씨 음주운전 아니에요?"라고 덧붙였다. 택시기사에게 전화한다는 것을, 가해자에게 전화한 것이었다. 마이클이 "내가 그 아저씹니다. 지금 가해자에게 전화한 거라구요. 음주 안 했습니다"라고 말했다. 물론 오늘 안 했다는 소리였다. 어제는 심하게 마셨었다. 그럼에도 "보험사에서 사고접수번호 문자로 알려준다고 했으니 보내드리겠습니다. 다친 곳은 없는데 마음이 놀란 거죠?"라고 물었더니 "목이 좀 이상해요"라고 대답했다. 마이클이 "그래요? 택시기사는 그거 가지고 입원한다면 너무하는 거라고 하더라구요. 어쨌거나 치료 잘하세요"라고 말했다. 여자 승객은 다행히 임산부는 아니었다. 그냥 배가 부른 여자였다.

새로운 랭글러 루비콘을 계약했다.

2도어 숏 바디 빨간색 모델이었다. 그러나 주위에서 "벤츠도 빨간색인데 너무 재미없는 거 아냐?"라는 의견에 호박색으로 바뀌었고, 영업사원의 실수로 2도어가 아닌 4도어가 출고되었다.

16

나를 너무 후지게 살게 했어

2014년 8월 8일 금요일 맑음

옥탑방을 계약할 아가씨가 이모와 동행했다.

이모는 옥탑방과 벽에 걸린 사업자 등록증을 꼼꼼히 보더니 "유리가 강화유리인가요?"라고 물었다. 마이클이 "그렇게 걱정된다면 옆에 끼고 살아야죠?"라고 말하며 방을 보여주었다. 금고와 컴퓨터가 지하 피렌체홀로 내려갔기에 책상 한 쪽이 주저앉아 아주 없어 보였다. 순간 뇌리에는 "내가 너무 후지게 살았구나"라는 생각이 스쳤다.

준공 당시에는 자신만을 위한 공간이 있어서 좋았으나, 주거 공간이 되고 보니 초라했다. 자신을 고급스럽게 살도록 하지 않았음을, 일류의 삶을 살아야 일류가 되고 그 일류에 맞도록 자신도 노력해야 하는데, 겨우 9,000만 원짜리 전세방에 사는 이혼남에 불과했음을 반성했다.

임대차계약 또한 순조롭게 진행되지 못했다.

사는 집주인이 "나가면 언제든 돈을 주겠다"라고 했다가, "9월 13일에 돈이 나온다"라며 말을 바꾸었기 때문이었다. 마이클이 "그날에도 돈이 된다는 보장은 없잖아요? 집주인에게 그날까지 돈이 안 되면 갚는 날까지 연 20%의 지연이자를 지불한다는 각서를 받으세요?"라고 훈수했다. 그럼에도 아가씨가 정상적으로 입주를 하려면 40일이나 남았기에 "월세 50만 원을 내고 이사를 온 후 보증금이 나오면 월세를 내리는 것이 어떻습니까?"라고 제안했다. 잠시 생각하더니

"그럼 월요일에 계약할까요?"라고 말했다. 마이클이 "나도 놀아야지. 내일 합시다"라고 말했다.

수익성 빌딩인 울란바토르 피렌체하우스도 완공되었다.

그러니 피렌체 빌딩과 울란바토르 피렌체하우스를 동시에 관리해야 하므로 어제처럼 느슨하게 살아서는 안 될 일이었다. 30개의 호실인 울란바토르 피렌체하우스 오픈을 위해 필요한 물품들을 주문하고 배치해 영업에 지장이 없도록 해야 했다. 당장 내일 새벽부터 시작될 일이었다.

2014년 8월 11일 월요일 맑음

크레타 아파트에서 아침을 맞았다.

커피 한 잔을 마신 후 빨간색 벤츠 SLK 로드스터를 타고 피렌체 빌딩으로 향했고, 사무실 겸 주거 공간으로 사용하던, 스스로 펜트하우스라고 주장했던 옥탑방을 임대 놓기 위해 '피터팬 카페'에 게시했다. 그랬더니 정작 임대차계약을 문의하는 댓글은 없고 찌질한 댓글만 달렸다. 잉여력과 드립은 만랩인 마이클이 '댓글로 조질까?' 하다, '의미 없다!'는 결론을 내고 게시글을 삭제한 후 새롭게 글을 게시하며 댓글은 아예 달지 못하도록 했다. 물론 "대출금이 아주 많습니다"라는 사실과 "방문은 오후 5시부터 8시까지입니다"라는 내용을 적는 것도 잊지 않았다. 아무 때나 문을 열어주는 수고는 하지 않을 것이었기 때문이었다.

주차장 입구에 있던 쓰레기통도 모두를 안쪽으로 옮겼고 이동했다는 안내 문구도 붙여 두었다. 쓰레기통을 주차장 안쪽으로 이동하고 오염된 입구를 청소했더니 주차장이 한결 깨끗해졌다. 약간의 변화만 주면 많이 편리할 것을, 그동안 너무 입주자 편리를 위해 고생했다는 생각을 했다. 그러니 앞으로는 그러지 않기로 했다. 그러던 중 옥탑방 문의 전화를 받았다.

그중 한 명이 '8시 약간 넘겨 온다'고 했다가 "회사 일이 늦게 끝나서 다음 날 가야 할 것 같습니다"라고 문자를 보내왔다. 물론 마이클도 별 미련 없이 기다리지 않고 청국장으로 저녁을 먹은 후였다. 그동안 임차인이 편리하도록 맞춰 생활

했으나 그런 것은 아무 의미가 없음을 알았기에 수익이 조금 줄더라도 건물주의 처지로 살겠다는 생각을 하게 되는 날이었다.

2014년 8월 12일 화요일 맑음

장롱을 열어 하얀 셔츠를 꺼내 입고 백반 전문인 '온정'에서 식사했다.

식사하고 돌아오는 길에 주차장의 쓰레기와 삼국지에서 남긴 담배꽁초 및 쓰레기도 정리하고, 빈 병도 남아 있던 마대에 담아 수거가 편리하도록 했다. 그런 후 공실인 401호 원룸과 옥탑방을 부동산 중개사무소에 소개하기 위해 자료를 만들어 방문했고, 돌아오는 길에 "방을 볼 수 있을까요?"라는 전화를 받았다. 영어 강사를 한다는 몸이 매우 튼튼한 여성이었다.

"계약하게 되면 보증금이 한 달 후에 되므로 월세로 지불하다가 보증금으로 대체를 하면 어떻겠습니까?"

여성의 제안에 "괜찮습니다"라고 대답했더니 "월세에 대한 부담은 없습니다"라고 덧붙였다.

NBC부동산 박 실장이 펜트하우스라고 주장하는 옥탑방 임대를 위해 구경을 왔다.

박 실장의 아들은 배제고등학교 야구 포수로 '고교야구대회'에 출전했다고 자랑이 대단했다. 그러면서 건축되고 있는 울란바토르 피렌체하우스 매매 가격에 대해서는 "제가 21억 원에 매매해보겠습니다"라고 말하고 주먹을 추켜올렸다.

《왕초보 부동산 경매》 책을 출간한 필명이 '상식세상'인 재용의 방문도 있었다.

아들 허리 치료차 피렌체에 온 김에 들렀는데, 마이클은 의자를 뒤로 젖히고 잠을 청하려던 참이었다. 중학생인 아들은 다소 야위었기에 몸이 건강해야 하는 이유를 설명했다.

재용이 "다 정리하니 250만 원 남았습니다"라고 말했다.

서울 도봉구와 춘천의 낙찰물건을 모두 매각했는데 수익이 그것이었다. 어느덧 시간은 오후로 접어들고 있었다. 함께 저녁 식사라도 했으면 좋았으나 게츠비 일당이 경매 사이트 이용방법을 배우기 위해 오는 중이었으므로 그럴 수 없었다.

게츠비는 흰색 BMW X5를 타고 도착했다.

동행한 사내들은 세 명이었는데, 서른 살 중반에서 마흔 살 초반의 나이로 보였다. 마이클은 지하 피렌체홀로 내려가 경매 사이트 검색방법과 토지 보는 법, 권리분석에 대해 100분 정도 교육했다. 모두 배워보겠다는 열정이 대단했고 강의가 끝났을 때는 "학원 강의보다 훨씬 대단합니다"라고 말하며 감탄했는데, 토지를 보는 법과 주택을 낙찰받은 후 풀어가는 방법에 대해서는 더욱 그러했다.

마이클이 "밥이나 먹으러 가자!"라고 일어섰다.

사내들과 11시가 조금 넘는 시간까지 유쾌하게 웃고 떠들었다.

2014년 8월 18일 월요일 비

미친 듯 하루가 지나갔다.

아침에 눈을 뜰 때만 해도 아무 일도 없을 것 같더니 예상하지 못한 바쁨이었다. 비는 낮 시간을 제외하고 종일 끈기 있게 내렸다. 첫 번째 업무는 울란바토르 피렌체하우스를 건축한 예촌주택 전 소장으로부터 시작되었다.

"대표님, 소방감리업체 전화번호를 알려 줄 테니 고시원 화재보험 가입한 영수증과 소방교육 이수 필증을 보내주세요. 보험 일련번호도 문자로 찍어드리겠습니다."

그렇게 되어 피렌체 빌딩 고시원 피렌체하우스 화재보험을 설계한 설계사와 통화를 했다.

설계사는 민요 가수를 하다 보험설계사로 전업을 한 50대 여인으로 말귀를 잘 못 알아들었다. 그러니 몇 번을 말해야 했고 건평을 계산해주거나 건물 주소 등도 친절하게 문자로 찍어줘야 했다.

옥탑방도 계약되었다.

계약자는 논현동에서 스튜디오를 운영하는 '필립'이라는 사내로 모델 뺨치게 잘생긴 외모였다. 임대조건은 보증금 2,000만 원에 월 68만 원, 관리비는 2만 원으로 했고, 계약금 200만 원은 즉시 입금받았다. 이사는 다음 주 월요일에 하기로 했다. 그러니 건물주 마이클의 초라한 짐들은 신축한 울란바토르 피렌체하우스 5층으로 보내져야 한다는 이야기였다.

"집을 밝은 곳으로 바꾸고 싶어서 이사를 결정했습니다."

필립의 말에 "잘하셨습니다. 환경이 좋아야 창의적인 생각이 나오지요. 스튜디오를 한다니 나와 공통점이 있네요. 제가 단편영화를 만들지 않습니까? 에로영화를 만들려고 공부를 합니다"라고 맞장구를 쳤더니, "그러신 것 같아서 더욱 계약하고 싶었습니다. 특히 코끼리와 하마만 키울 수 있다는 말에는 빵 터졌지요. 너무 인상적이었습니다"라고 대답했다.

마이클의 '애완동물을 금지한다'는 카피가 통한 모양이었다. 또한 "저도 포슬램 사진을 찍고 싶습니다. 추한 것 말고요"라는 말에, 마이클이 "본좌와 추구하는 영상미학이 같군요?"라고 웃으며 "사진 찍는 것을 스토리텔링해서 영화로 만들 수도 있잖아요? 요즘은 모든 것이 영상이 되는 시대이니 함께할 수 있을 것이 꽤 될 것입니다"라는 말도 해주었다.

이에 필립이 "요즘 사실 조금 힘들었는데 사장님 말씀에 기운을 얻었습니다"라고 말했는데, 후일 마이클이 제작 감독한 최초 부동산 경매 단편영화 〈멍에〉에 출연하기도 했다.

필립과의 계약은 마이클에게도 좋은 일이었다.

아끼는 옥탑방의 세입자는 '사진이나 미술 등 예술가가 들어왔으면' 하고 바랐기 때문이었다.

17

결자해지(結者解之)

2014년 12월 30일 화요일 맑음

은행에서 울란바토르 피렌체하우스 사업자 카드를 받고 벤츠 SLK 로드스터를 타고 피렌체로 출발했다. 급하게 갈 이유는 없었으나 자신의 영토를 확인하는 정도의 의미는 부여해도 되겠다. 피렌체 빌딩에 도착해 고시원인 2층과 3층 복도의 먼지를 진공청소기를 이용해 빨아들이고, 3층 주방 바닥은 걸레로 닦아내고 베드로에게 전화를 걸었다.

"어디 계세요? 근처에 계시면 얼굴이라도 보게요…."

잠시 후 베드로가 지하 피렌체홀로 내려왔다. 마이클이 말했다.

"알고만 계세요? 아일랜드 채권 받으면 가족들 채무부터 갚을 것입니다. 그런 후 손을 들 겁니다. 많이 쪽팔리는 일이지만 너무 힘드네요? 베드로도 이제는 방값을 내거나 방을 빼야 할 겁니다."

정말 어려운 말을 했다.

토지보상금으로 채권을 인수했으나 모두 부실이 되었다. 금방이라도 눈물이 쏟아질 것 같았다. 서럽고 쪽팔렸다. 여기까지 오기까지 채권 담보 물건의 소개는 모두 베드로가 했었다. 그렇다고 베드로에게 모든 책임을 물을 수도 없었다. 베드로가 소개비에 눈이 멀어 쓰레기 물건을 연결했다고 해도, 최종 결정은 채권자인 마이클 자신이 결정했기 때문이었다. 그렇다고 베드로에게 전혀 책임이 없다는 것은 아니지만, 채권자의 실책이 크다는 것을 인정해야 했다. 그래서 지금이라도, 아니 앞으로도 스스로의 노력으로 살아가는 삶을 살자고 다짐했다.

사정 이야기를 들은 베드로가 "그렇게 힘든지는 몰랐습니다"라고 말했다.

모를 수밖에 없을 것이었다. 베드로는 74억 원에 달하는 채무와 월 4,800만 원에 상당하는 대출 이자를 지불해본 적이 없기 때문이다. 그저 옆에서 알량한 칭찬으로 추켜세우며 쓰레기 담보물건에 대출하도록 뽐뿌질만 했을 뿐이었으니까.

마이클은 베드로가 추천하는 담보물건 답사를 다녀와서는 "이건 쓰레기입니다"라고 말하곤 했다. 그러나 베드로는 이런 이유, 저런 그림을 그려서 대출에 나서도록 했다. 피렌체 빌딩도 그런 그림 중 하나였다. 그렇다고 해서, 지난 과거를 돌이키기에는 전혀 무의미하기에 모든 것을 버리고 자신의 길을 가려는 것이다.

"38억 원에도 팔 것입니까?"

피렌체 빌딩을 팔겠다는 말에 베드로가 되물었다.

"네. 그럴 것입니다. 대신 말이 새어 나가지 않도록 해주세요."

마이클은 일말의 주저함이 없이 대답했는데, 그러함으로 다시 태어나는 것이기도 했다.

태어났다는 것은 아무것도 없는 '공(空)'의 상태다. 마이클은 '공(空)'의 상태로 다시 태어나려는 것이었다. 엮인 인연들도 혹독한 관계 끊기를 해야 한다는 뜻이기도 했다. 특히 새해가 시작되면 채무자들과의 관계는 죄다 끊어나갈 것을 다짐했다.

자정이 넘어 울란바토르로 향하는 고속도로.

가속페달을 힘껏 밟았다. 울적한 기분만큼 벤츠 SLK 로드스터의 거친 엔진음이 터질 듯이 높아졌다. 서재에 앉아 편의점에서 산 골뱅이를 안주 삼아 백세주 한 병을 비우며 내일 만날 채무자의 자료를 출력하고 오디오의 모닝콜을 8시로 세팅했다.

2015년 1월 14일 수요일 맑음

마이클이 의식을 찾았을 때는 슬램이 조용히 샤워를 하고 나올 때였다.

"몇 시야?"

"10시입니다, 형님!"

"아이쿠, 늦었다. 꿩은 열 시쯤 내려오는데…."

너무 피곤한 나머지 세상 모르고 늦잠을 잤다. 부랴부랴 샤워하고 식당을 찾아 나섰다.

"맥주 하나 주세요."

추어탕을 시켰는데 슬램이 해장술을 시키며 "저는 이렇게 쉬는 날 맥주 마시는 게 너무 행복합니다"라고 말했다. 타인의 취향을 존중하는 마이클답게 "행복하면 마셔야지"라고 말했다.

푸르르륵–

얼마나 걸었을까? 20여m 앞에서 꿩이 날아올랐다.

주저함이 없이 엽총을 들어 날아가는 꿩의 날개에 조준선을 정렬하고 방아쇠를 당겼다.

"탕–"

노리쇠 공이가 4호 엽탄의 뇌관을 쳤다. 폭발된 화약의 압력에 200여 개의 작은 납 알갱이들은 스커드에 실려 총구를 벗어나 꿩의 날개 근육을 끊었다.

"툭!"

직선으로 날던 꿩은 떡갈나무 낙엽 위로 떨어졌다. 슬램이 찾아왔다. 사냥조끼에 담고 다시 길을 걸었다. 제법 광활한 엽장을 돌았는데 사냥감을 발견하지 못했다. 베이스캠프로 돌아가야 했다.

"정말 전화 많이 오네요?"

간간이 걸려오는 전화에 슬램이 말했다. 마이클이 "어떨 땐 낮잠도 못 잔다. 그게 업보지. 빌딩을 빨리 팔아야 하는데…"라고 한숨을 쉬었는데 크레타에 위치한 중개사무소였다. 건물 매매에 관심이 있는 손님과 피렌체 빌딩을 보러 왔다고 하면서 "건물을 봤습니다. 지하는 어디로 들어갑니까?"라고 물으며, "가격은 좀 내려줄 수 있지요?"라고 덧붙였다.

"글쎄요? 얼마 있대요? 돈 없는데 가격만 후리면 서로 짜증이니까요?"

"네. 돈은 있습니다. 그럼 40억 원까지 할 수 있을까요?"

"살 생각이 있다면 그 정도까지는 가능합니다."

40억 원!

2년 전, 쓰레기 같은 건물을 29억 6,000만 원에 낙찰받고 신축에 버금가는 리모델링하느라 10만 원권 자기앞 수표를 바르다시피 했다. 그런 노력으로 월세가 1,600만 원이 나오는 멋진 수익성 빌딩이 되었다. 그러나 대출을 너무 끌어다 쓴 탓에 정작 수익의 대부분을 은행 이자로 내느라 힘든 나날을 보내고 있기에 팔아야 했다. 마이클의 계산으로 대출 이자는 1분당 410원이었다.

"형님, 파시게요?"

슬램의 말에 마이클이 말했다.

"내가 빚이 74억 원이야. 빨리빨리 팔지 않으면 아주 힘겨운 시간을 보내게 되기에 순차적으로 하나하나 팔아서 빚을 정리하고 좀 편히 살려고 한다."

"이것만 팔리면 되나요?"

"아니지. 먼저 가족들 채무도 다 변제하고, 두 번째로 울란바토르 빌딩도 팔아야지. 그렇게 되면 현금 흐름이 좋아지게 되지. 너도 이곳저곳 너무 낙찰받지 말어!"

힘겨운 사냥을 하고 서울로 오는 길에 부동산의 전화를 받으니 기분이 나쁘진 않았다.

"야, 사진으로 봤는데 완전 상업지에 멋지게 지으셨네요. 정말 대단하십니다."

슬램이 피렌체 빌딩을 보며 감탄했다.

함께 피렌체 빌딩에 온 이유는 사무실로 쓰는 지하에서 사냥 다큐멘터리 영상을 찍은 김 PD를 만나기 위함이었다. 그러나 김 PD는 "회사가 늦게 끝나요. 울란바토르로 바로 갈까요?"라고 전화를 했다. 마이클이 "그렇다면 내일 미팅하자. 오늘은 우리도 피곤하다"라고 말하고 랭글러에 오르며 함께 사냥한 슬램에게 "뒤풀이할래?"라고 물었다.

"아닙니다. 형님. 지금 사무실에서 팩스 보낼 것도 있구요. 며칠 있다가 하시죠?"

슬램의 거절에 "그래라. 짐은 차에 놔두고 먼저 돌아가라. 어차피 내일 전부 청소를 해야 하니까?"라고 말하며 호박마차의 가속페달을 밟아 울란바토르로 향했다.

"탁!"

울란바토르 피렌체하우스에 도착해 냉장고를 열어 캔 맥주를 텄다. 1박 2일의 사냥이었다.

MONTH
17

제4장
출구전략

1

경매 사건 번호 3833

2015년 4월 2일 목요일
오전에 흐리고 바람 오후에 강풍을 동반한 비

촤아아아—

내리는 비는 고속도로를 희검게 젖게 했고 헤드라이트 불빛까지 머금었으며, 가끔은 2톤이 넘는 랭글러 루비콘이 흔들릴 정도의 강풍도 불어왔다. 그때마다 마이클은 화들짝 놀라며 핸들을 힘껏 잡았다. 퇴근하는 길이었는데 자정이 다 된 시각이었다.

아침에 첫 번째로 한 일은 피렌체 빌딩을 경매 신청하는 것이었다.

법률사무소 사무원 선무와 통화가 잘되지 않기에 "무슨 일 있냐?"라고 물었더니 "아뇨, 형님"이라고 대답했다. 마이클이 "그렇다면 다행이고"라고 말하며 본론인 "피렌체 빌딩 경매 넣어야지?"라고 덧붙였다. 그러자 잠시 후, 경매 비용 220만 원을 입금해달라는 문자를 보내왔다. 당연히 지정계좌로 입금했고, 그렇게 접수된 피렌체 빌딩의 부동산 경매 사건번호는 '2015타경 3833 부동산 임의경매'였다.

빌딩이 일반 매매로 매각되지 않기에 부동산 경매 절차로 매각하기로 했다.

일생일대의 도박이 시작되었고, 향후 부동산 투자 전망과 자신의 미래를 송두리째 바꾸어버릴 사건이 시작되었다. 당연히 수많은 난관을 만날 것이며, 수많은 쪽팔림을 당할 것이 분명함에도 더는 기다릴 수 없는 이유는, 다른 삶의 가치가 있다고 믿었기 때문이었다.

"우리는 공간들을 하나씩 지나가야 한다.
어느 장소에서도 고행에서와 같은 집착을 가져선 안 된다.
우주의 정신은 우리를 붙잡아 두거나 구속하지 않고
우리를 한 단계씩 높이며 넓히려 한다.
여행을 떠날 각오가 되어있는 자만이
자기를 묶고 있는 속박에서 벗어나리라."

– 헤르만 헤세 '유리알 유희'

그녀로부터 시집을 선물 받았다.

류시화가 엮은 《사랑하라 한 번도 상처받지 않은 것처럼》이었다. 인용한 시는 '생의 계단'의 내용 중 일부다. 오래전 헤르만 헤세도 마이클과 같은 생각을 가졌나 본데, 친구 조르바도 그랬다. 시집 문구는 이미 마이클이 삶의 모토로 느끼고 실천하는 것들로 젖어 있었다.

10시가 조금 넘어 점심을 먹기 위해 울란바토르 피렌체하우스를 나섰다.

갈 곳은 '애슐리'로 정했고 하얀 면바지를 꺼내 입었다. 벤츠 SLK 로드스터를 타고 갈까 하다 걷기로 했다. 바람이 많이 불었다. 밥을 먹다가 피렌체에 위치한 MBC아카데미의 '국장'이라는 남자의 전화를 받았다.

국장이라는 남자가 "MBC아카데미입니다. 행사 때문에 피렌체홀을 대관하고 싶은데요. 중국에서 학생들이 많이 와서 모임 장소가 필요합니다. 지속적으로 사용할 수도 있습니다"라고 말했다. 마이클이 "제가 오후에 피렌체에 갑니다. 유튜브에서 피렌체홀을 검색해보십시오?"라고 말하자, "네. 꼭 저 때문에 오실 필요는 없구요, 오실 때 연락 주십시오"라고 대답했는데, 빌딩을 경매로 팔아 보려는데 이게 뭔 일인가? 싶었다. 남자가 대관료를 "많이 싸게 해주십시오?"라고 부탁하며 "드럼도 있습니까?"라고 물었다. 그래서 그렇게 하지는 않을 것이었다.

구르르르릉—

랭글러 루비콘을 타고 피렌체로 향했다.

비가 부슬부슬 내리기 시작했다. 주차장엔 못 보던 아우디 승용차가 주차되어 있었다.

2015년 4월 9일 목요일 맑음

채무자 소유의 부동산이 채권자에 의해 경매 절차에 들어가면 법원은 집행관으로 해서 현황조사를 하고, 임차인들에게 '배당 및 권리신고'를 하라며 안내장을 주거나 문틈에 끼워 넣는다.

"법원에서 왔다면서 누가 찾아왔어요."

피렌체 빌딩 옥탑방에 사는 필립의 전화를 받았다.

법원 집행관의 방문으로 마이클의 도박과 쪽팔림이 시작된 것이다. 빨간 벤츠 SLK 로드스터를 씻겨 피렌체로 가는 중이었다.

집행관이 꽂아 놓은 안내문은 피렌체 빌딩 2층, 3층, 4층, 베란다 등 방화문이 있는 곳엔 어김없이 있었다. 사건 내용 및 집행관 이름과 연락처까지 적혀 있는 친절한 안내문이었다. 마이클도 입주자들에게 안내문을 붙이기로 하고 출력해 현관문에 붙였다.

안녕하십니까? 피렌체 빌딩 소유자 마이클입니다.

법원으로부터 경매 절차 안내서를 받고 놀라셨을 줄 알고 이렇게 몇 자 적습니다. 본 사건은 금 1억 원의 채권으로 당사자 간에 해석의 차이가 있어 변제치 않고 있습니다. 하여 채권자가 채권회수를 위해 경매를 진행했지만 앞으로 8개월 이상 기간이 있기에 그 시간 안에 원만하게 해결될 수 있을 것으로 기대합니다.

그렇다고 하여 입주하시는 분들에게 '안심하시라'고 말씀드릴 수 없으니 법원의 명령대로 권리신고는 해주시기 바랍니다. 물론, 경매 과정에서 보증금에 대한 손해는 전혀 없을 것이며 문제가 된다면 본인이 전액 변제할 것입니다. 다소 편안한 주거환경을 만들어 드리지 못하게 된 점 죄송하게 생각하며 사건 해결을 위해 노력하겠습니다. 제가 피렌체빌딩에 오는 날은 화, 목, 일요일이며 궁금한 사항은 언제든지 전화 주시기 바랍니다. 뒤에 첨부한 '권리신고 및 배당기일 통지서'는 우편으로 접수도 가능하기에 프린트했습니다. 보내실 곳은 아래와 같습니다.

우편번호 ○○○-○○○

서울시 ○○구 ○○○로 404, ○○○○지방법원 민사집행과 경매○계 담당자 앞

감사합니다.

2015. 4. 9.

마이클 배상

그러자 403호 입주자 아주머니가 "사장님이 해결하실 수 있는 돈이잖아요?"라며 전화를 했다. 마이클이 "해결 못 하는 것이 아니라 해석의 문제여서 그렇습니다. 걱정 마세요"라고 변명했다.

한때, 치즈 등갈비로 손님들을 줄 세우던 1층 상가 적벽돌 사장도 "제 가게 새로 입점하려는 계약과 관련해 경매 문제로 물어볼 것이 있다는데, 중개사무소에서 전화를 해도 될까요?"라고 물어왔다. 마이클은 당연하다는 듯이 "그럼요. 전화하라고 하세요?"라고 허락했다.

공인중개사는 마이클이 김 PD와 '구이가'에서 육회에 청하 두 병을 마시고 올 때 지하 피렌체홀로 찾아왔다. 매우 젊은 친구들이었다. 마이클이 스스로 임차인의 방문에 붙인 '안내문' 한 장을 건넸다. 안내문을 읽은 한 젊은 중개사가 입을 열었다.

"사장님, 건물이 경매 들어가서 계약을 해도 될는지 걱정이 되어서요."

"그것보다 먼저 월세를 인상해야 합니다. 그게 조율이 안 되었어요?"

"얼마나 올리시려구요?"

"500은 받아야지요?"

"아, 좀 낮춰 주실 수는 없는지요?"

"기존 적벽돌에도 1년이 지나면 올리기로 했거든요?"

"알겠습니다. 일단 가서 이야기는 하겠습니다. 그런데 사장님, 경매를 취하하

실 수는 없는지요?”

“그것은 저의 재산에 관한 일이어서 뭐라 답변을 드릴 수 없습니다!”

마이클이 경매 취하에 대해서는 부정적인 대답을 했다.

그러자 부동산 중개사가 “이 건물에는 채권 최고액이 많아서요. 실례가 안 된다면 다른 곳의 건물 주소라도 알 수 있을까요?”라고 물었다.

“이해합니다. 울란바토르시 1194-140번지에 빌딩이 하나 있습니다.”

그렇게 정리가 되는 듯했으나, 스터디에 참석하기 위해 지하철을 타고 강남역으로 가는 도중에 다시 전화를 받았다.

“사장님, 그 건물은 신탁되어 있는데요?”

“건축하면서 PF를 일으켰기에 신탁되어 있는 것입니다.”

“사장님 그럼 전세권을 설정해줄 수 없습니까?”

“그건 오버지요. 누가 전세권을 설정해줍니까? 내가 공증은 해줄 수 있습니다. 타고 다니는 차가 억이 넘는데 전세권은 아니지요?”

1층 상가 임대차 문제는 그렇게 일단락 지었다.

2

1층 상가 임대차계약 종료에 얽힌 사연

2015년 4월 15일 수요일 흐림

피렌체 빌딩 우편함에는 여러 종류의 우편물이 꽂혀 있었는데 국세청이 보낸 '부가가치세' 예정고지서도 2개나 되었다. 무심하게 우편물을 수거해 랭글러 루비콘 조수석에 넣어두고 2층과 3층 복도를 진공청소기로 청소를 한 후, 썩은 냄새가 나는 쓰레기 마대를 정리해 주차장 입구로 끌어냈다.

지하 피렌체홀로 내려가 앰프 전원을 넣었다.

무대에 조명이 들어오고 노래방 기기가 작동을 하자 '가수검색'으로 태진아를 검색했다. 오랜만에 지하 공간에 노랫소리가 울려 퍼졌다. 영상스크린은 접촉이 좋지 않은지 노이즈를 발생시켰다. 그만큼 사용하지 않았다는 이야기였다. 마이클이 케이블의 이곳저곳을 만지며 가까스로 원인을 찾아내 문제를 해결했다. 그런 후 노래를 부르면서, 다시는 못 누릴 호사일지도 모른다는 생각에 영상으로 남기고자 했으나 그만, 귀차니즘에 노래만 불렀다.

방송대 동문 함 장군이 피렌체 빌딩에 도착했을 때는 노래 부르기를 그만두고 고시원 303호 침대에서 휴식을 취하고 있을 때였다. 함 장군은 '타코야끼' 노점을 운영하고 있다. 점포는 뒤 문짝을 들어 올리면 테이블이 펼쳐지는 구조의 핑크색 다마스 밴이다. 도착하자마자 "형님, 생맥주 어떠세요?"라고 물었다.

그러나 낮시간인지라 마땅한 안주가 생각나지 않았다. '내 고향' 식당으로 들어가 두부김치를 시키려고 했는데, 귀가 밝은 점원이 먼저 생맥주를 내왔다. 마이클이 "그럼 전이나 부쳐와?"라고 주문했다. 그래서 생맥주로 시작해 모둠전을 안주 삼아 막걸리로 달렸다. 그러는 사이 5시 30분이 되었다. 마이클이 오른 손목에 찬 롤렉스 데이져스트시계를 보더니 함 장군에게 "여기서 기다려. 잠시 계약서 한 장 쓰고 올 테니까?"라고 말하고 일어섰다.

1층 상가 적벽돌이 나가고 새로 들어올 임차인과 계약하기 위해 대진부동산으로 향했다. 대진부동산은 NBC부동산 라인에 새로 생긴 중개사무소로, 젊은 사장이 커피를 내 오면서 "곱창집이었는데 권리금도 싸고 해서 하게 되었습니다"라고 말했다.

잠시 후 새로운 임차 희망자와 마주했다.

마른 체형의 50대 남자로 얼핏 보기에 마이클보다 나이가 더 들어 보였다. 임차 희망자가 "이거는 지워주기로 한 것 아닙니까? 이거 남아 있으면 계약 못 하지요?"라며 등기부 등본에 적힌 경매 기입 등기를 문제 삼았다. 이에 부동산 중개사와 적벽돌 사장이 "이것은 해결해준다는 것이 아니었지요? 믿을 만한 무엇을 해드린다고 했지요!"라고 말했으나 남자는 들으려고 하지 않고 "대출이 24억 원에, 보증금이 3억 8,000만 원씩이나 있는데…"라고 말꼬리를 흐렸다.

1층 상가 보증금이 7,000만 원에 불과하지만 그렇다고 경매 진행 중인 건물에 세를 들어오기는 쉬운 일은 아닐 것이다. 그러나 정작 마이클을 빡치게 한 것은 건물의 가격과 관계없이 대출이 많다는 이유에서였다. 마이클이 "내가 수십 건을 계약해봤습니다. 이미 계약할 마음이 없는 사람인데 뭔 계약이 되겠습니까?"라고 일어서자, 1층 상가 적벽돌 강 사장이 팔을 잡으며 "사장님 잠시만요. 저도 지방에서 올라와 이런 황당합니다만 조금만 기다려주세요"라고 주저앉혔다. 그러나 적벽돌 사장의 바람은 이뤄지지 않았다. 마이클도 극도로 미안한 마음이 들었다.

마이클의 재산권 행사 때문에 상가가 계약이 이뤄지지 않은 것은 사실이기 때문이었다. 그렇다고 빌딩을 경매로라도 팔아야 했기에 '경매'를 취하할 수는 더더욱 없어 해결책은 쉽사리 나올 것 같지 않았다.

NBC부동산에 들어가니 중개사의 남편이 혼자서 사무실을 지키고 있었다.

마이클이 "1층 상가를 내놓았는데 경매 진행 중이라고 계약이 안 되었어요. 그러니 보증금을 적게 걸고 장사를 할 사람이 있으면 알아봐 주세요? 상가 보증금을 빼주고 싶어서 그래요"라고 말했다. 그러자 중개사 남편이 "권리금은요?"라고 되물었다. 마이클이 "권리금? 그건 내가 모르죠. 한번 물어보세요. 제가 임차인 연락처를 드릴게요?"라고 말하며 1층 적벽돌 사장의 연락처를 불러주고 함 장군이 기다리는 '내 고향' 식당으로 갔다.

막걸리잔을 부딪치던 함 장군이 "아무래도 형님 라인에 줄을 서야겠어요?"라고 말했다.

마이클이 "그러면 지하 입구를 막고 타코야끼를 팔며 상권을 훑어봐봐. 1층 상가 보증금을 빼줘야 할 것 같아서 뭔가를 해야 할 것 같다"라고 제안했다. 그러자 함 장군은 '한식 뷔페'부터 온갖 아이템을 늘어놓았다. 마이클이 "일단 잘하는 놈 있으면 와보라고 해. 하면 되잖아"라고 말하자. "그러게요? 아무튼 상권부터 읽어 보겠습니다"라고 대답했다.

함 장군과 헤어진 마이클은 제법 취한 상태였다.

아무래도 아르헨티나 피렌체하우스로 가기에는 그르친 것 같았다. 다시 피렌체홀로 내려가 노래를 부르기 시작했다.

2015년 5월 8일 금요일 맑음

피렌체홀로 내려가 영화를 시청하던 중에 함 장군이 방문했다.

두 사람은 1층 상가 적벽돌 식당에서 치즈 등갈비에 맥주를 마셨고 함 장군을 보낸 후 사장과 마주했다. 강 사장이 "맥주나 한잔하러 가시죠? 제가 가끔 가는 곳이 있습니다"라며 근처 2층에 위치한 BAR로 올라갔다. 잠시 후 한의원 원장이라는 남자도 합석했다. 원장이 "이거 공진단입니다. 드셔보면 효과 확 나타날 겁니다"라고 금색의 원형 케이스를 내밀었다. 마이클이 "전 효과가 나타나도 쓸 데가 없는데"라고 웃으며 혹시 모를 일(?)을 대비해서 주머니에 챙겨 넣었다.

적벽돌 강 사장은 체대 교수로, 친구의 권유로 장사를 시작했었다.

처음에는 손님이 줄을 설 정도로 잘 되었으나 악의적인 방송 보도에 그만 열기가 사그라졌다. 그런 강 사장이 "사장님, 가게는 계속 가면 적자가 심해집니다. 그냥 보증금 빼 주시면 안 될까요? 저도 다시 학교로 돌아가야 해서 계속 여기에 올 수 없거든요?"라고 어려운 이야기를 꺼냈다. 형편이 어렵기는 마이클도 마찬가지였으나, 차마 거절할 수 없기에 "그러면 이렇게 정리합니다. 6월 13일까지 월세를 내고 정리하기로 하며 철거비는 따로 계산하기로 한다. 이렇게 하면 되겠습니까?"라고 청을 들어주었고, 강 사장이 받아들이기에 합의하고 마신 술에 꽤 취했다.

그리고 다음 날, 주머니에서는 피렌체 빌딩 옆 효탄참치 영수증도 나왔다. 영수증으로 기억을 더듬어 보니 상가 임차보증금 반환은 저 멀리 던져버리고 부동산 경매 이야기만 신나게 한 것 같았다.

2015년 5월 14일 목요일 맑음

1층 상가 적벽돌과 임대료를 정산하면 상가는 공실 상태로 방치되고 그렇게 되면 경매 낙찰가에도 악영향을 미칠 것은 분명했다. 그러니 상가를 어떻게든 불이 켜지게 해야 하는데 마땅한 아이템이 생각나지 않았다. 샤워하면서도 그 생각이 머리를 떠나지 않았다.

철거하게 되면 내부가 휑하니 뚫릴 것이었다.

그렇다면 가장 비용이 적게 드는 장사가 '실내 포장마차'였으므로 아예 리어카를 집어넣고 장사를 하자는 결론이 나왔다. 게다가 음식값은 선불로 하되, 카지노에서 사용하는 칩으로 대신해 도박판 같은 분위기를 내는 것도 나쁘지 않다고 생각했다. 생각이 거기까지 미치자 조울증인 마이클의 증세는 빛을 발해 벌써 창업을 한 상태였다. 함 장군에게 전화를 걸어 "함 장군, 포장마차 어때? 잘하는 사람 있으면 섭외해봐!"라고 말했다.

해가 넘어가는 시각, 마이클은 피렌체 빌딩을 바라보며 생각에 잠겼다.

그러더니 골목길을 걸어가며 점포들을 유심히 스캔했다. 치킨, 장어, 쭈꾸미, 일본식 선술집, 포장마차, 삼겹살… 모르는 사이 점포들의 손바뀜이 많이 있었다. 다들 먹고는 사는 것인지 의문이 들 정도의 분위기를 몸으로 느끼고 있을 때, 검은색 승용차 유리창이 내려지며 인사를 했다.

"사장님, 여기에 어쩐 일로…."

승용차 운전자는 1층 적벽돌 강 사장이었다.

곧 두 사람이 1층 식당에 앉았다. 뒤이어 철거업자가 견적을 내기 위해 기다렸다. 강 사장이 "전에 말씀하신 대로 해주시면 감사하겠습니다"라고 말했다. 마이클이 "그때 술을 너무 많이 마셔서 뭔 말을 했는지도 모르겠네요. 철거는 어떻게 할 겁니까?"라고 되물었다. 강 사장이 "글쎄요. 철거가 알아보니 평당 10만 원 정도 한다고 하더라고요?"라고 대답했다. 마이클이 찬찬히 실내 인테리어를 훑어보며 "나도 위층 고시원 인테리어를 한 업체 실장과 통화했더니 비슷하게 말하더군요. 내가 지나가다 한번 보라고 하긴 했습니다"라고 말했는데, 에어컨이며 설비들을 빼낸다면 전면 철거가 맞지만 뜯어내기에는 너무 깨끗했다.

이때, 강 사장이 "설비 매매 가격과 철거비가 얼추 비슷할 것 같은데 괜찮으시다면 그대로 두고 가면 어떨까 합니다만"이라고 말을 꺼냈다. 마이클도 속마음을 속이지 않고 "그러게. 나도 그런 생각을 하고 있습니다. 이빨이 빠지면 이도 저도 안 돼서 말입니다. 그러면 설비와 철거비는 상계하는 것으로 하고 합의서를 쓰시죠? 한번 읽어보세요?"라고 말하며, 준비해온 '임대차계약 해지 합의서'를 내밀었다. 강 사장이 천천히 읽어갔다.

"당사자 간에 맺은 임대차계약은 당사자 간 아래와 같이 합의하고 해지한다.

– 다 음 –

1. 임대차계약은 2015. 6. 13. 일자로 종료한다.

2. 임차인은 위 1항의 완료조건으로 사업자등록 및 영업등록 취소, 제세공과

금 완납, 인테리어 등 원상복구를 한다. (원상복구는 임대인에게 원상복구비와 상당하는 금원을 지급하는 것으로 갈음할 수 있다.)

3. 임대인은 임차인의 보증금 금7천만 원을 2015. 6. 23. 지정된 계좌로 입금한다. 단, 미납된 임차료 및 기타 발생비용은 공제할 수 있다. (2015. 5. 14. 현재 4개월 임대료 및 부가세 18,920,000원이 체납되었음을 확인한다.)

4. 합의서는 쌍방 간 신뢰를 바탕으로 지켜져야 하며 당사자 간 민, 형사상 책임을 물을 수 없다.

5. 합의서는 2부를 작성해 상호 교부한다"

합의서를 읽은 강 사장이 "원상복구비는 물품으로 하기로 했는데 그건 어떻게 합니까?"라고 물었다. 마이클이 "그 조항은 특약에 넣지요. 위 2항 중 시설, 집기류와 철거비를 상계한다고 하면 될 것 같습니다"라고 말했다.

"네. 감사합니다. 그런데 또 하나. 면목 없지만, 직원들 임금을 덜 줘서요. 보증금을 조금만 먼저 주셨으면 합니다."

"얼마나요?"

"반 정도."

"저도 마이너스 쓰고 있으니 2,000만 원을 먼저 지급할게요."

"감사합니다. 근데 언제?"

"금요일 특별한 일이 없으면 입금 후 문자 넣을게요."

그렇게 합의가 되었고 열쇠는 1세트를 건네받았다.

강 사장이 웃으며 "좋은 일 있으면 꼭 연락 주신다고 했으니 약속 지키십시오"라고 힘주어 말했다. 마이클이, "내가 술 마시고 한 약속이라도 약속은 지킵니다. 정보가 돈인 세상이니 앞으로 좋은 일 있겠지요"라고 응원했다.

합의서를 랭글러 루비콘에 넣어두고 태민양꼬치 식당으로 갔다.

"깐풍새우에 칭따오 맥주?"

맥주 한 병을 비우며 1층 상가에 불을 켤 궁리를 했다.

3

하늘을 우러러
두 점 부끄러움이 없기를

2015년 4월 22일 수요일 맑음

"감정평가사입니다."

감정평가사로부터 피렌체 빌딩 경매를 위한 감정을 위한 자료 협조를 요청하는 전화를 받았다. 건축도면이나 사진은 많이 있으므로 "메일 주소를 알려주시면 내부 사진 등을 보내드리겠습니다"라고 대답했더니, "채권액이 얼마 되지 않아서 취하 생각은 있으세요?"라고 되물었다. 마이클은 "시간이 많이 있어서 천천히 정리할 생각입니다"라고 알 듯 모를 듯 대답했다.

2015년 4월 23일 목요일 맑음

식은땀이 흘렀다.

몸 상태가 좋지 않은 듯했다. 전기장판의 다이얼을 돌려 온도를 높였다. 오디오의 시계는 4시 17분을 나타냈다. 이불을 끌어 올리며 다시 잠을 청했고 6시쯤 일어나 감정평가사에게, 이메일로 피렌체 빌딩 자료와 사진을 보내며 몇 마디 당부 내용도 적었다.

오후 3시.

피렌체 빌딩 지하에서 부동산 중개사와 함께 온 1층 상가를 임차하고 싶다는 사람을 만났다. 이에 앞서 찌질한 신 부장이 엔터테인먼트 대표라는 남자를 동행하고 찾아와, 지하 홀을 '걸그룹 안무연습장으로 사용하고 싶다'는 계획을 말하려고 했으나, 정작 그 이야기는 한마디도 못하고 마이클의 에로영화 사업 계획만 들어야 했다.

또, "방값이 50만 원이라고요? 고시원이 그렇게 비싸면 방이 텅텅 비어 있겠네요?"라는 여자의 전화도 있었다. 학력 수준이 낮은 듯한 여자는 자기 생각보다 훨씬 비쌌는지 충격을 받고 맘대로 씨부리고 전화를 끊었다. 마이클은 당연히 빡쳐 수십 통의 전화를 했으나 받지 않았다. 전화번호를 검색해도 나오지 않는 번호로 보아 가정집 전화인 듯했다.

1층에 입점을 희망하는 임차인은 '이바돔' 프렌차이즈였다.

어물쩡거리는 임차인의 태도에 마이클이 "영업의 연속성을 걱정하는 거지요?"라고 말하며 "리스크를 최소화하려면 권리금을 후불로 하는 방법이 있을 수 있겠구요? 보증금에 대해서는 담보를 설정해달라고 하면 해줄 수 있습니다. 사실 내가 이 자리에 있을 이유는 없습니다. 임대차 기간이 남아 있기 때문이지요. 그러나 임차인이 잘 되면 좋았을 텐데 그러지 못한 게 안타까워 도와줄 수 있는 부분은 도와주려고 합니다. 다만 공교롭게 '경매 기입등기'가 되어 불편하게 되었네요"라고 말했다.

지하실 피렌체홀 문을 잠그고 계단을 올라갈 때도 일행은 건물 앞에서 깊은 생각에 잠긴 듯했다. 마이클이 "돈이 될 것인지 잘 보세요?"라고 인사를 하고 커피숍으로 걸어가다 403호 임차인 아주머니를 만났다. '불타는 곱창집' 앞이었는데 "사장님, 가실 때 뵈어요?"라고 말했다.

마이클이 몸을 돌려 피렌체 빌딩을 올려다보았다.

피렌체 빌딩이 크다는 생각을 하지 않았다. 아니 작은 빌딩이었다. 그런데 오늘은 작은 빌딩이 눈에 다 들어오지 않았다. 너무도 컸다. 무슨 이유였을까? 손에서 놓아 버린다고 하니 그리 보였을까? 다시는 가지지 못할 건물이어서 그랬을까?

임차인 아주머니는 자신의 보증금이 염려되었고, 한편으로는 이번 기회에 아파트를 경매로 낙찰받으려는 생각도 있었다. 그래서 마이클을 만나자고 했다.

두 사람이 대화하고 있을 때 옥탑방의 필립이 타고 다니는 흰색 아우디 승용차가 주차장으로 들어왔다.

필립이 "집행관인가? 여자가 너무 불친절한 거예요?"라고 말했다. 집행관이 옥탑방에 '채무자' 마이클이 산다고 판단하고 함부로 대한 모양이었다. 마이클이 "갑질했네. 나를 만났으면 아주 작살 냈을 텐데. 채무자들을 상대하다 보니까 경매에 들어가면 죄다 능력이 없는 사람으로 알고 함부로 했던 거 같구만…!"이라고 말했는데, 반면에 감정평가사는 점잖았다고 했다. 마이클이 "더 이상 법원에서 올 일은 없을 거야?"라고 말하자, 2억 5,000만 원에 전세 사는 403호 임차인 아주머니가 "그럼 사장님은 경매로 넘길 생각도 하고 계신 건가요?"라고 물었다.

"전 경매로 낙찰받아 리모델링 후 파는 사람입니다. 그래서 이미 매매는 내놓은 상태입니다. 물론 경매를 진행하는 이유는 전국에 광고를 하는 것이구요. 낙찰가가 낮으면 바로 공탁을 걸고 취하를 해버릴 것입니다. 내가 경매를 10년 넘게 했는데 일반인이 알고 있는 스킬은 넘어 섰지요. 그러니 걱정 마세요? 절대 피해는 없게 할 겁니다."

그러자 옥탑방 필립이 "전 안 되면 울란바토르 피렌체하우스로 갈 겁니다"라고 으름장을 놓았다. 마이클이 "하하. 와. 무조건 환영이야"라고 웃으며 말하자, 403호 아주머니를 보며 "이 사장님이 울란바토르에도 건물을 지었어요. 친구가 그곳에 들어가려고 했는데 제가 말렸다니까요. 야 너 거기에 살면 우리가 같은 집에 사는 거라고. 하! 하!"라고 말했다. 403호 아주머니도 "사장님. 우리도 그리로 가요"라고 말했는데, 대화는 곧 '경매로 내 집 마련'으로 옮겨갔다. 마이클이 말했다.

"아파트는 너무 거품입니다. 나 홀로 아파트를 낙찰받기를 권합니다. 대법원 경매 사이트를 보다가 좋은 물건이 있으면 저에게 문자를 주세요. 사람은 자기 일이 우선입니다. 나도 그렇구요? 그런데 문자가 온다면 그 순간만이라도 물건을 검색할 것이니 그렇게 하십시오."

마이클을 만나면 행운이 있듯이 403호 임차인에게도 그런 날이 올 것 같았다.

임차인들과 헤어진 후 복잡한 피렌체 골목을 빠져나오면서 운전자 간 약간의 언성 높임도 있었다.

2015년 5월 8일 금요일 맑음

피렌체하우스 고시원 303호 2층 침대 아래 칸에서 잠을 깬 것은 춥기도 춥거니와 소변이 마려워서였다. 책상 위에 놓아둔 세이코 마린 시계를 들여다보니 야광 시침이 6시를 조금 넘어 있었다. 다시 침대에 누웠다. 고시원 욕실에는 치약과 칫솔, 수건만 있어서 깨끗한 세안이 되지 못했다. 비누나 면도기도 준비해놓아야 할 것 같았다.

퀭한 눈으로 주차장으로 내려가다 77부동산 실장과 만났다.

건물 매수 희망자 부부와 건물을 둘러보는 중에 마이클을 발견하고 "여기 건물 사장님 오시네요?"라고 소개하고, "사장님이 2층과 지하도 보여주셔요?"라고 말했다. 매수 희망자 부부 중 부인은 일전에 한번 봤었는데, 이번에는 남편도 동행했다. 빌딩 투자는 처음인 듯했다.

지하 피렌체홀로 내려갔다.

남편이 아내에게 "현금이 10억 원 조금 넘는데, 그래서 20억 원짜리 보여주라고 했는데… 나는 울란바토르가 마음에 든다"라고 말했다. 이에 마이클이 "돈에 맞추면 그럴 것입니다. 그러나 강남은 인플레이션을 방지하는 효과가 있지요? 아무튼, 제 건물을 좋게 봐 주셔서 감사합니다"라고 끼어들었다. 그 사이, 77부동산 실장은 딸기를 씻어내고 커피도 사오는 순발력을 발휘하며 "여기 건물 사장이 정직해서 참 좋아"라고 말했는데, 매수 희망자도 마이클을 좋게 보았다. 마이클이 "제가 하늘을 우러러 딱 두 점 부끄럽게 살려고 합니다"라고 너스레를 떨자 "하하하… 정말 재미있으셔?"라고 웃었다. 그렇게 돌아간 후 실장이 다시 전화했다.

"우리 사장님이 보자고 하시네. 사무실에 아무도 없으니 오세요?"

마이클이 77부동산 중개사무소로 향했다.

사무실 안쪽에서 몸매가 몹시 허약한 사장이며 실장의 오빠인 중개사가 인사를 하며 "저, 아래 번지가 평당 3,800만 원에 팔렸어. 그것도 12년 전에. 사장님 땅은 4천 보고 건물은 6억이면 지으니 34억 원 정도면 잘 받는 거여. 그냥 하지?" 라고 말했다.

마이클이 "시세야 저도 알지요. 그리고 제가 낙찰받은 금액, 리모델링한 금액이 딱 나와 있으니 더 말할 필요는 없을 듯하고요. 그래도 고생한 대가는 나와야 하니 36억 원에 하시죠?" 그러자 중개사가 "그러면 35억 원은 어때?"라고 말했다.

35억 원.

피렌체 빌딩의 매매 가격이 던져졌다.

이 가격에 계약하게 된다면 1억 정도 손해를 볼 것 같았다. 그것뿐인가? 경험치를 쌓았다고는 하지만 부부관계도 깨졌고 2년의 청춘도 흘러갔다. 그러나 이내 결정했다.

"좋습니다. 35억 원에 도장 찍지요. 그러나 안 된다면 다시 38억 원입니다."

마이클의 결정에 중개사가 "그러지요. 그럼 추진합니다?"라고 대답했다.

4

빌딩 감정평가금액과 1층 상가 불 켜기

2015년 5월 26일 화요일 맑음

울란바토르 피렌체하우스를 떠나 피렌체로 향했다.

호박마차가 시내로 진입하자 기온이 급격하게 높아짐을 느꼈다. 에어컨을 켰는데도 더웠다. 계기판 온도는 33도를 나타냈다. 피렌체 빌딩에 도착해 차에서 내릴 때 403호 임차인 아주머니가 "아드님이 훈남이던데요? 키도 크고"라고 인사를 했다. 마이클이 "키는 크죠"라고 말했는데, 당사자는 군에서 막 전역한 아들 솔 군이었다.

오후 5시.

지하철 2호선을 타고 구의역에 내린 후 동부지방법원으로 향했다.

경매 진행 중인 피렌체 빌딩의 감정가격이 궁금해서 경매계에 '재판기록 열람, 복사신청서'를 제출했더니, 경매계장이 "인지 5백 원짜리 한 장 사 오세요"라고 말했다. 마이클이 "채무자인데도 사야 하나요?"라고 되물었다. 채무자는 이해당사자이기에 인지가 면제되는 줄 알았는데 아니었다. 바로 옆에 있는 신한은행으로 가서 청원 경찰에게 인지를 사 접수하고, 담당 경매계인 7계에 제출하니 캐비닛에서 서류를 찾아 건네주며 말했다.

"묶음을 풀면 안 되고요, 책상에서 보시고 복사하시면 됩니다."

소유자 겸 채무자 마이클이 긴장된 표정으로 서류를 넘기며 감정평가서를 찾았다.

감정평가서는 피렌체의 인구 및 주택 동향까지 자세하게 작성되어 있었고 가장 궁금한 감정평가액도 보였다.

'합계 3,889,560,000원'

거의 39억 원에 가까운 감정평가액이었고 행간에서는 감정평가사의 고뇌가 보이는 듯했다. 이 정도 금액이면 경매로 팔아 볼 수 있다는 희망이 생겼다. 그래서 경매계장에게 "되도록 빠른 진행을 부탁드립니다. 이자가 많이 나가서 말입니다"라고 너스레를 떨었다. 이에 경매계장이 "네?" 하고 놀라더니 이내 "하! 하! 하!" 하고 웃었다. 채무자들은 경매를 어떻게든 늦추거나 막는 것이 당연하지만, 이 사건 채무자는 그러지 아니하니 경매계장도 다소 황당해서 웃을 수밖에 없었다.

2015년 6월 4일 목요일 맑음

경매로 매각을 진행 중인 피렌체 빌딩 1층 상가가 공실이라면 낙찰가격은 낮아질 것은 뻔했다. 그러니 낙찰될 때까지만이라도 상가에 불이 켜져 있어야 했다. 그래서 전역한 아들 솔 군에게 실내 포장마차식으로 장사를 해보라고 했다. 다행히 함께할 친구도 있다니 주방 아주머니만 구하면 될 것이었고, 오늘 오후 6시에 아주머니의 솜씨를 보기로 했다.

주방을 책임질 아주머니는 마이클이 피렌체 빌딩에 도착해 1층 상가 문을 열고 단편적인 생각에 잠기어 있을 때 도착했다. 멋스럽게 사냥 모자도 썼기에 "패션이 멋지십니다?"라고 인사 겸 칭찬을 했다. 뒤이어 솔 군과 함께 동업할 친구도 도착했다. 주방을 둘러 본 아주머니가 "없는 게 많아서 아직은 뭘 할 수가 없네?"라고 말했다.

요리 실력을 보여줘야 했으나 양념이나 재료가 없으니 불가능했다.

게다가 아주머니가 생각하는 메뉴를 담아낼 그릇도 없었다. 아주머니가 주방과 그릇들을 휘 둘러보고 "요만한 철판도 몇 개 있어야 하고, 프라이팬, 다이소에 가면 5천 원짜리 있거든, 쪼그만 거. 그거 한 다섯 개 사고… 그러면 얼추 되겠네"라고 진단을 내렸다.

마이클이 "하여간 포장마차 리어커를 여기로 끌고 왔다고 생각하고 제안을 하면 모두 준비합니다. 오늘은 재고 파악하시고 메뉴를 정하면 간판 작업 들어갑니다. 여기에 필요한 것들을 적어주세요"라고 말하고 종이를 꺼내 세 칸으로 나누고 주방에 필요한 것, 필요한 재료, 필요한 그릇을 적도록 하고, "오늘 여기 사장(적벽돌 강 사장)과 통화를 했습니다. 12일에 인수인계를 하기로 했어요. 그러니 너는 도장 준비하고. 그리고 요식업은 위생교육을 받나 봐? 그거 알아보고, 아주머니도 보건증 만드시고…"라고 말했다.

오전에 적벽돌 강 사장과 통화를 해 허가증 및 리스를 받은 비품을 그대로 양수받기로 했기에 영업도 바로 재개를 할 수 있을 것 같았다.

2015년 6월 12일 금요일 맑음

선풍기는 계속 습기를 머금은 텁텁한 공기를 불어냈다.

잠에서 깨었을 때는 새벽 4시쯤이었다. 샤워 후 일기를 쓰고 블로그 포스팅까지 마치자 창밖이 밝아왔다.

솔 군에게 1층 적벽돌 인수인계를 위해 9시까지 오라고 했더니 8시가 조금 넘어 전화했다. 적벽돌 강 사장은 꼼꼼하게 서류를 준비하고 확인했다. 그리고 CCTV, 주류, 정수기, KT인터넷 등 필요한 연락처를 노트에 적어주었다. 그때마다 솔 군은 아이폰으로 사진을 찍었다. 그 모습에 내심 안심하는 마이클이었다. 아들이 아주 햇병아리는 아니었기 때문이었다. 요즘 들어 드는 생각이 그것이었다. 늘 철없는 아이 같았는데 그래도 헛되이 산 세월이 아님을 말이다.

세 사람은 호박마차를 타고 피렌체 구청으로 향했고, 핸들을 잡은 마이클이 "내가 주차를 하고 있을 테니 두 사람은 가서 먼저 일해"라고 말해, 양도인 강 사장과 양수인 솔 군을 구청으로 들여보냈다. 그리고 주차 후 구청 안내자에게 "음식점 영업 양도·양수에 관련된 부서는 어디인가요?"라고 물었더니 "보건소에서 합니다"라는 뜻밖의 대답을 했다.

다행히 보건소는 바로 옆 건물이었다.

보건소는 중동에서 시작된 메르스 바이러스로 마스크를 쓴 사람들이 많았다. 담당자가 "영업허가증, 보건증, 위생교육 이수증, 그리고 양도를 증명하는 거 있어야 합니다"라고 말하며 서류를 확인하더니 "주택과에서 간판을 협의하고 오십시오"라고 안내를 했다. 주택과는 구청건물 7층에 있었다.

50대의 여성 공무원이 네이버 로드뷰로 피렌체 빌딩 건물을 확인하고 간판 관리 프로그램을 열었다. 그러고는 "여기 간판은 모두 신고가 되지 않았네요? 피렌체하우스 하나만 신고가 되어있어요. 그리고 돌출까지 하면 3개인데, 2개까지만 허용되거든요. 사실 요즘 간판 많다고 장사가 되는 거 아니잖아요?"라고 말했다.

맞는 말이다. 피렌체하우스 간판도 필요 없었다.

그러나 공실이 몇 개 생기자 여자가 바득바득 우겨서 간판을 달게 했다. 그렇게 해서 건물 꼭대기에 달아놓은 간판은 아래에서는 다른 가게의 돌출간판에 걸려 보이지 않았고 얼마 전부터 전구도 나가서 지금은 아예 꺼버렸다. 그렇다고 해도 프랜차이즈인 적벽돌이 간판을 허가받지 않은 것은 좀 이해가 되지 않았다. 담당 공무원이 "지금 신규로 허가를 받는 것이 좋겠습니다"라고 조언했다. 설명을 들은 마이클이 "시방서까지 있으려면 개인이 신청하기는 어렵겠군요? 간판 업자에게 대행을 하라고 해야 하는데 그러면 당장 영업을 할 수 없겠네요?"라고 되물었다. 그러자 담당 공무원은 "원칙을 알려드린 거예요. 도장은 찍어 드릴게요"라고 말해 쉽게 해결되었다. 이들은 다시 보건소로 향했고 잠시 후, 솔 군은 '영업허가증'을 받을 수 있었다.

다음은 인터넷 및 전화기 인수인계였다. 3년 약정으로 사용하고 있었는데 월 3만 5천 원 정도 되었다. 두 사람이 그러는 사이 마이클은 구청 내 우리은행으로 가서 면허세를 납부했다. 그런 후 '내 고향 식당'에서 점심 식사를 한 후 각자 운명의 길로 떠났다.

"주류를 판매하실 건지요?"

사업자등록을 접수하는 세무공무원이 물었다. 당연히 "그렇습니다"라고 대답하고 사업자등록증을 발급받았다. 그리고 곧바로 사업용 개좌를 개설한 후 간판과 실내 메뉴판 크기를 쟀다. 며칠 사이 생각이 바뀌었기 때문이었다. 그러다 잠시 의자에 누웠는데 그대로 잠에 빠졌고, 솔 군이 "다 했어요"라는 말로 깨울 때까지 심장을 꺼내도 모를 정도로 깊은 잠에 빠졌다. 솔 군이 커핀 GURUNARU에서 커피를 사 오더니 "저도 잠 좀 자야겠어요"라고 말했다. 위생 교육을 인터넷으로 6시간 동안 봤다고 하더니 피곤한 모양이었다.

마이클은 울란바토르 피렌체하우스로 출발하려고 주차장으로 향했다.

403호 임차인 아주머니가 "포장마차는 잘되어 가세요? 어떨 것 같아요?"라고 물었다. 마이클이 "장사 말입니까? 모르죠. 세상은 다 '운'이에요. 모두가 노력은 하고 기본은 하거든요? 그런데 잘되고 못 되는 것은 '운'입니다"라고 대답했다. 그러자, 아주머니가 환하게 웃으며 "사장님 말씀은 정말 멋있으세요. 적어야 한다니까요?"라고 말했다.

"호호호, 사람들은 운칠기삼이라고 합니다. 운이 70%고 기술이 30%라고 말입니다. 그런데 사실 100%가 '운'입니다"라고 말하며 호박마차에 올랐다.

5

평생 소유해야 할 부동산

2015년 7월 28일 화요일 맑음

아무것도 하지 않아도 인생이다.

흐르는 강물처럼 시간을 흘려보낸다고 당장 어떻게 되는 것도 아니다. 스스로 시간을 끌고 간다고 했지만 뒤집으면 무엇에 쫓기듯이 살아온 시간이었다. 영혼과 육체가 모두 지친 듯했고 위로랍시고 하루를 술로 보냈다.

매일 40만 원의 임대료를 받을 수 있는 '돈 영감'으로 죽어가기 싫어서, 일이 없으면 불안한 프리랜서의 삶을 살아가고자 어제 인민은행 울란바토르점에서 울란바토르 피렌체하우스를 담보로 대출 신청을 했더니 담당자가 전화했다.

"방 공제가 울란바토르는 2,700만 원입니다."

방 하나당 대출 가능 금액에서 2,700만 원씩 뺀다면 방이 30개이므로 8억 1,000만 원이 공제되고 대출되는 셈이니 결국 대출이 안 된다는 소리나 같았다. 그러니 오늘부로 울란바토르 피렌체하우스는 평생 소유해야 할 부동산이 되었다.

부동산 투자를 하면서 깨달은 원칙 하나는 '평생 가지고 가도 좋을 부동산을 소유하는 것'이었다. 그래서 피렌체 빌딩을 가졌고 울란바토르의 피렌체하우스를 건축했다.

피렌체 빌딩의 지하는 개인 공간, 1층은 지금 아들 솔 군이 장사를 하듯 온 가족이 오순도순 장사하고, 2층과 3층은 집이 필요한 사람들에게 빌려주어 월세를 받고, 4층은 가족이 거주하고, 옥탑방은 결혼하기 전까지 아들과 딸이 필요에 따라 사용하도록 리모델링을 했다. 그러는 중에 2, 3층 고시원 룸 17개를 운영해보니 무조건 방이 많아야 손익분기점을 넘는다는 것을 깨닫고, 울란바토르의 피렌체하우스는 룸을 30개가 되도록 설계했다. 다행히 예상을 비껴 가지 않아 월 1,000만 원 이상의 임대수익을 올리고 있으니 실패한 투자는 아니었다.

그러나 '이혼'으로 가족이 해체되자 생각도 바뀌게 되었는데, 가장 큰 변화는 유형의 무엇을 소유하지 않겠다는 것이었다. 특히 부동산은 가지고 다닐 수도, 움직일 수도 없는 '성(城)'과 같은 거점이 되어서 이동의 자유를 제한했다.

자유를 얻기 위해 피렌체 빌딩을 매각하기로 마음먹고 매매 가격을 낮추어 매도를 시도했으나, 적당한 매수자를 찾기 어렵게 되자 '법원 경매'로 매각을 진행 중이다. 다행히 법원 경매 분위기가 좋아서 결과는 비관적이지는 않았다.

40억 원에 낙찰이 되면 제2의 '신세계'가 펼쳐질 것이었다.

대출금 24억 원, 전세금 2억 5,000만 원, 미지급한 재산분할금 6억 원, 개인채무 5억 원 등이 일시에 해결되고, 관리의 고통에서 벗어날 수 있다. 그렇게 되면 남은 부동산이라고는 첫 경매 투자로 낙찰받아 소유하고 있는 크레타 아파트와 처음으로 지은 울란바토르의 피렌체하우스, 경매로 낙찰받은 아르헨티나 토지 300여 평만 남게 된다.

아르헨티나 토지는 매수자가 나오면 매도를 하고, 없으면 빌라를 지어 분양할 것이니 분해하는 데는 어렵지 않으나, 울란바토르의 피렌체하우스가 문제였다. 매도 희망가격은 22억 원에서 21억 원으로 낮추었으나, 고시원 사업을 할 사람이 이렇게 큰돈이 있을 리 없었다.

그러니 어쩌면 영영 마이클의 것이 될 것인지도 모를 일이었는데, 은행의 대출거부로 정말 그렇게 되었다. 일이 이렇게 된다면 투자 자금을 회수할 때마다 울란바토르 피렌체하우스의 대출금을 갚아 나가는 방법밖에 없다고 판단했다. 아이러니하게도 인민은행의 대출거부는 미래의 노선을 선명하게 해주었다.

"아저씨, 전자레인지 유리 깨졌는데 아세요? 저희 그래서 못 해 먹고 있어요?"

생의 의미를 찾지 못하는 사람처럼 멍 때리는 시간을 보내고 있을 때, 여자

아이가 울란바토르 피렌체하우스 공동주방의 전자레인지 회전 유리 접시가 깨진 것을 알려왔다.

2015년 8월 20일 목요일 맑음

마이클이 피렌체 빌딩 근처 백반집 '온정' 식당에 나타난 시각은 정오였다.

인민은행 피렌체점 직원들이 밥을 먹으러 와서 알아보고 "어, 요즘 왜 안 오세요?"라고 인사를 건넸다. 식사를 마친 마이클은 공실인 301호에서 에어컨을 켜고 잠을 청했다. 그러나 이미 안락함에 익숙해졌기에 쉬이 잠을 이룰 수 없었고 1시경 지하 피렌체홀로 내려갔다.

음주가무의 공간 피렌체홀은 오래전 주인이 떠난 듯 습기 머금은 냄새만 풍겼고, 한 발, 한 발 걸을 때마다 무거운 침묵의 먼지가 일었다. 마이클은 자신의 놀이터가 거칠고 황량하게 다가오자 당혹해했다.

이 공간은 자신의 꿈이었다.

술 마시고 노래하고 춤을 추는. 그러나 지금은 습기 머금은 축축한 데크와 함께 인테리어도 꼬질꼬질하게 다가왔다. 시간이 흘러 자신의 눈높이가 변한 것이었다. 다시 한다면 더 많은 돈을 들여 멋진 공간을 만들 것이었다. 그럼에도 이 공간을 만들기 위해 월 150만 원의 임대료를 포기했고, 공사비를 3,000만 원 가까이 지출했는데! 그렇다고 전혀 즐거움이 없었던 것은 아니었다.

마이클과 관계자들은 거침없는 즐거움을 누렸고, 독립영화를 촬영하기도 했으며, 대학 1일 호프 및 회사의 모임 공간으로 이용되기도 했다. 그러니 어떻게 생각하면 이런 공간은 자신의 행보를 풍성하게 해줄 수 있는 멋진 소품인 것은 분명했다. 하지만 이제는 '노마드'처럼 떠나고 싶었기에 보내야 하는 공간이 되었다.

특히 울란바토르역 근처에 피렌체하우스를 준공하고 정상화하는 과정에서 이곳은 철저히 방치되었고 드럼에 대한 사랑도 시들해졌다. 자줏빛 나무 무늬의 크랏체 드럼은 먼지가 쌓였음에도 크롬 광빨은 죽지 않았다. 앰프와 프로젝트 전원을 켰다. 또, 실내 습기를 제거하기 위한 환풍기 작동 시간을 늘리기 위해 작동 타이머를 조정했다. 그런 후 음악을 틀고 드럼을 치고 노래를 부르기는 했으나 흥은 나지 않았다.

문을 잠그고 돌아서려는 찰나, 77부동산 실장 일행을 만났다.

실장 옆에는 마흔 중반쯤 되어 보이는 활달한 외모를 가진 여자와 육십쯤 되어 보이는 여자가 서 있었다. 마이클이 다시 문을 열고 계단의 불을 켜며 실장에게 "팔 생각이 없는데?"라고 말하자 실장이 "왜요?"라고 되물었다.

"오늘 이 공간을 보니 더욱 그런 생각이 들어서 말입니다."

그러면서 일수 광고용 메모지에 피렌체홀에 대한 소회를 적은 두 장짜리 쪽지를 보여주었다. 만년필로 쓴 메모지에는 마이클만이 느낄 수 있는 감회가 적혀 있었다.

"왜 파시려고 하십니까?"

활달해보이는, 아웃도어 복장에 운동화를 신은 여자가 물었는데, 전문직은 아니고 자영업을 하는 것 같았다. 마이클이 대답 대신 "임대를 하려고 하십니까?"라고 되물었다. 여자가 "네. 근데 바빠서 관리가 될지 모르겠네요?"라고 대답했다. 마이클이 "바쁘다면 힘들겠죠? 그렇다고 특별히 바쁘지는 않습니다. 나는 50개 정도의 방을 관리하고 있으니까요? 왜 파시냐고 물었죠?"라고 말꼬리를 높였다. 여자가 "네!"라고 짧게 대답했다.

"나는 호텔이 꿈입니다. 호텔을 지으려고 팝니다."

"얼마에 파실 생각이세요?"

"36억 원입니다."

"더 낮추실 생각은?"

"없습니다. 지금도 팔지 말지 고민하고 있습니다. 이 건물은 지금은 팔게 되었지만 처음 콘셉트는 평생토록 가지고 가자는 생각으로 리모델링을 했습니다."

일행을 보내고 주차장의 쓰레기를 정리하기 시작했다.

포장마차를 하겠다며 인테리어용으로 쓴 포장을 버리지 않아 늘 구석에 쌓여 있던 것도 마대에 넣었다. 비가 내리기 시작했다. 우산을 받쳐 들고 기어이 작업을 끝냈다. 그런 후 빨간색 벤츠 SLK 로드스터를 타고 블루스퀘어로 향했다.

강렬한 빨간색 스포츠카를 가지고 싶었다.

그리고 결국 가졌다. 벤츠 빨간색 SLK는 국내에 재고가 없어서 독일로 스페셜오더를 넣어 3개월 만에 받았다. 그날의 감동은 지금도 잊을 수가 없다. 그렇게 마이클은 벤츠 오너가 되었고, 딜러는 뮤지컬 '엘리자베스' 뮤지컬 초대장을 보내왔다.

1시간이나 여유롭게 블루스퀘어로 향했으나 올림픽도로 사정이 만만치 않았다.

블루스퀘어 홀은 삼성에서 소유한 듯했고 좌석은 엄청나게 많았는데, 한 줄에 20여 석 정도 되었다. 그러니 티켓 한 장당 10만 원이라고 하면 한 회 공연에 수억 원의 수익을 올릴 수 있었다. 벤츠에서는 뮤지컬에 앞서 선물을 준비했는데 여성을 위한 목걸이와 귀걸이, 컵, 음료와 샌드위치 등이었다.

6

성공의 조건

2015년 9월 3일 목요일 맑았으나 한차례 소나기

오후 4시,

붉은 벤츠 SLK 로드스터가 피렌체로 향했다.

빌딩 1층 상가 '술이야'에서는 사장 겸 동업자가 주방을 청소하고 있었다. 오후 6시가 다 된 시각이었기에 청소가 좀 늦는다고 생각하며 "장사는 좀 했냐?"라고 물었다. 그러자 솔 군이 심기가 불편한 얼굴로 "여기는 자리가 아닌 것 같아요. 고기나 그런 것 팔아야지…"라고 대답했다. 그래서 마이클이 떠보기 위해 "그럼 장사를 접어야지?"라고 되물었더니 "그래야 하는데 친구가 투자한 게 있어서요"라고 말꼬리를 흐렸다.

마이클이 "친구가 투자한 게 얼마인데?"라고 물었다.

솔 군이 "200만 원이요"라고 대답했다. 이에, "그 정도가 뭐 대단하다고. 팸플릿은 돌렸냐?"라고 되물었더니, "아뇨. 저녁에 돌리는 아줌마가 없어요"라고 대답했다. 마이클이 "너네들이 돌려야지. 한 사람씩 한 시간만 돌려봐?"라고 말했다. 솔 군이 "1천 장 돌려봐야 한 명 올까 말까예요?"라고 대답했다. 마이클이 "1천 장에 한 명이면 1만 장 돌리면 되잖아?"라고, 진심으로 빡쳐 몇 마디를 더 하며, 학교 스터디를 마치고 시간을 잡아 이야기를 해야겠다고 생각했다.

그러나 스터디를 마치고 피렌체 빌딩으로 돌아왔을 때는 11시를 훌쩍 넘긴 시각이었다.

'술이야'에는 마이클의 또래로 보이는 중년 남자 두 사람이 맥주 한 잔씩 앞에 두고 이야기를 하더니 밖으로 나가 전화기에 대고 누군가에게 뭐라 뭐라 소리를 질렀고, 자정이 넘어도 전화는 끊어지지 않았다. 마이클은 노트북을 꺼내 일기를 쓰다가 "이리 와서 앉아봐라"라며 아들 솔 군과 친구를 테이블에 앉히고 말을 시작했다.

"내가 일찍 끝나면 이야기를 하려고 했는데, 편하게 들어. 지금까지 느낀 바를 이야기해보려고 해. 얼마 전에 슬기가 F학점을 3개나 받고 등록금을 받으러 왔어. 아빠가 지금과 똑같은 이야기를 했다. 인터넷이나 방송에 보면 김난도 교수, 김미경 강사 등이 강연을 하는데, 그 사람들이 무엇을 이야기해? 역경을 딛고 성공하는 그런 이야기를 해! 솔이도 아버지가 어떤 사람인지 피상적으로만 알기에 이야기를 하려고 한다. 무슨 이야기를 하고 싶냐면, 너희들은 장사가 안 되면 나에게 조언을 구했어야 해! 그런데 그렇지 않은 거야? 그러면 그동안 나도 왜 조언을 해주지 않았을까? 조언을 구하지 않았으니, 두드리지 않았으니, 그런 거야! 그런데 이제는 한 번쯤은 해주고 싶었다. 그게 오늘이다. 너희들 때는 모두가 머리로 성공하기를 바라. 머릿속 생각으로 일을 해. 그런데 장사는 머리로 하는 게 아니야. 몸으로 하는 거야. 문을 여는 것도, 시스템도 마음에 안 들어. 그러나 그런 말을 하면 잔소리가 될 것 같아서 안 했어. 솔이도 제 맘대로 하겠다고 했으니까. 그래서 지금 잘 되고 있어?"

솔 군과 동업자 친구는 대답하지 못했다. 마이클이 말을 이었다.

"장사는 똑같아. 석기시대나 근대나 현대나. 너희들이 아무리 맛있는 음식, 좋은 기술을 가지고 있어도 손님이 찾아주지 않으면 게임 끝난 거야. 사람들은 자리가 좋아야 성공한다. 아이템이 좋아야 성공한다고 말해. 그렇다면 명동 최고의 상권에서 장사하면 모두가 성공해?"

그러자 주방과 요리를 담당한 솔 군의 동업자 친구가 "아니요. 망할 수 있어요"라고 말했다.

"그래 그거야. 왜 그래? 성공의 조건은 그렇게 간단한 게 아니야. 그렇다고 어려운 것도 아니지만. 성공의 조건은 남과 다른 열정이 있어야 해? 지금까지 두 사람이 다른 장사꾼과 다른 뭘 했지? 똑같았지? 인류가 태어나면서부터 했던 것이 장사야. 이 장사를 성공한 사람들은 사실 대단한 게 아니고 작은 차이가 있었을 뿐이야! 자, 저 뒤에 떠드는 남자들과 내가 동시대를 살아. 그런데 저 사람과 내가 다른 게 뭐겠어? 저 사람들 지갑에 얼마 있겠어? 몇만 원 있겠지. 그렇다면 자, 내 지갑에 얼마가 있을까?"

동업자이며 주방장인 친구가 "300억 원이요?"라고 대답했다.

마이클이 "자산 말하는 거냐? 말고 지금 내 지갑의 금액을 맞춰 보라는 거다. 맞추면 1만 원 상금 줄게"라고 말하자, "300만 원이요?"라고 대답했다. 마이클이 "그래? 내가 이 이야기를 왜 하느냐, 성공의 증거가 가까운 곳에 있다는 것을 말하려고 해! 성공을, 성공의 조언을 멀리서 찾으려 하지 말라고!"라고 말하며 루이비통 장지갑의 돈을 꺼내 테이블 위에 펼쳤다.

"이거 100만 원은 그냥 가지고 다니는 거고 1,000만 원짜리 세 장. 이렇게 총 3,100만 원이 들어 있다. 이렇게 키가 작고 오십이 된 아저씨가 지갑에 3,000만 원을 들고 다닌다고 상상이나 하겠어? 그러니 이 아저씨가 자신감이 있겠어, 없겠어?"

"있겠어요."

"맞아 있어. 그런데 처음부터 그랬냐 이거야. 아니었다 이거야. 그 이야기를 아주 짧게 할 거야. 솔이도 알다시피 할아버지는 농사를 짓고 돈이 없었지. 아빠는 광주로 유학 가서 자취하며 학교를 다녔는데, 키가 작아서 무시당하고 삥도 뜯기고 그랬어. 그래서 중국무술을 배우고 싶었는데, 가난한 아버지에게 체육관비를 달라 할 수 없었어. 내 손으로 돈을 벌기 시작했을 때 처음으로 한 일은 체육관에 다니는 거였지. 그때 나 때문에 또래들이 체육관 바람이 불어서 12명이 다녔는데, 1년 후 단을 딸 때까지 몇 명이 남은 줄 아니?"

"두세 명이요?"

"그래. 두 명이었다. 결국 성공하는 놈은 그 정도였어. 6시 45분에 통근버스를 타고 공장으로 가서 식당에서 밥을 먹고 저녁 8시 30분까지 노동을 해. 그리고 마산 시내로 나가는 통근버스를 타고 체육관으로 가서 운동하고 시내버스 막

차를 타고 돌아오면 자정이지. 무한 반복! 몇 년을? 5년을. 3단 딸 때까지. 그리고 더 놀라운 것은 일기까지 썼다는 거야. 하루도 빼먹지 않고. 어느 날이었다. 공장에서 점심을 먹으면 남는 시간에 파란 작업복을 입고 바닥에 박스 깔고 일자로 누워서 낮잠을 자는데 머리가 벗겨진 50살 먹은 형님이 저쪽에 누워 있는 거야. 그러고 보니 지금 내 나이군. 스무 살인 내가 무슨 생각이 들었겠어? 내가 저기 자고 있겠네! 그때부터 저렇게 미래를 맞이하고 싶지 않아서 고민했는데, '학교에 가라'거나 '책을 읽어라' 등등 좋은 말을 해줄 사람이 없었어. 그런데 신문기사에선가 '일기를 10년만 쓰면 누구나 성공한다'라는 글을 읽었지. 일기만 쓰면 성공한다는데, 어려운 것도 아닌데 안 할 이유가 없잖아? 다음 날 당장 문방구로 가 두툼한 일기장 세 권을 샀다. 일기를 쓰게 되니 책과 친해지고 책과 친해지니 노조 간부가 되고 노동운동가가 되고 수배도 되었지. 수배 후 감옥에 갔다가 다시 군대에 가게 돼. 그때 결혼해 낳은 애가 얘야!"

마이클이 솔 군을 가리키며 잠시 말을 멈추더니 이어, "군대 전역 후 세 가족이 먹고살아야 하는데 아무것도 없었어. 얘네 할아버지가 그해 양파 농사를 하고 번 돈 980만 원을 주기에 그 돈을 가지고 서울로 올라와! 세 가족이! 지금은 빌딩이 된 언북중학교 앞 반지하가 보증금 500만 원에 월 20만 원이야. 방을 얻었어. 얼마 남아? 400! 400만 원으로 천막을 사고 오토바이 수리 공구를 샀어. 압구정동 광림교회 옆 주차장 공터에 천막을 치고? 그런데 인맥이 있어 뭐가 있어. 그래서 뭐해? 너희들과 똑같이 광고지를 만들어 중국집마다 돌려. 그런데 중국집에 거래처 없겠냐? 다 있지. 거기를 돌려. 거래처 중에 그래도 내가 제일 젊었어, 너희들처럼. 그 사람들은 대충 군복 같은 거 입고 지저분하게 일하는데, 나는 하얀 작업복을 입고 일을 했어. 공장에서 일했으니 이미 일하는 것은 고수 아냐? 그렇게 거래처를 하나, 둘 잡아먹고 논현동에 지점까지 냈지. 10년을 해. 그렇게 하루하루를 살았어. 부부싸움을 하고 돌아 버리려고 해도 9시면 문 열고 웃으며 손님을 맞았지. 새벽 4시까지 일을 했어. 그렇게 일하면 피곤할 거 같지? 아냐, 전혀 안 피곤해. 장사가 잘 되면 더 신이 나는 법이야. 너희들은 장사가 안 되어서 피곤한 거야. 아빠가 또, 단편영화 하나 찍는다고 내일 오디션을 보는데 영화가 좋은 장비, 좋은 음향, 좋은 조명, 유명한 배우를 쓰면 다 성공해? 아니야. 될 놈은 300만 원 들여 찍어도 5,000만 원을 벌어. 뭔 이야기가 하고 싶냐. 가게 탓하지 마! 요리 탓하지 마! 너네 실력이면 충분해! 그런데 왜 안 되는 줄 알아? 홍보가 안 된 거야. 4시에 문 열고 1시간씩 전단지 돌려봐라. 1천 장 돌려 한 명 온다고? 그럼 어때? 1만 장 돌리면 되지? 다른 놈은 못하는 거 해야지. 전단지 돌리는 거 그거 쉬울 거 같지? 아니야. 엄청 쪽팔려. 거기서 단련되어야지. 너네들은 절실함이 없어. 임대료가 나가나, 대출금이 나가나, 부양해야 할 가족이 있나. 집에 가면 누울 곳도 있는데. 그런 너네들이 성공하면 말이 안 되는 거야. 더한 새끼들도 망하는데. 안 그래? 조건 탓하지 마. 그게 제일 나쁜 거야? 아빠가 어디 은행 탓하고 할아버지 탓하는 거 봤어? 세상의 룰을 바꿀 수 없어. 내가 할 수 있는 것만 하면 돼. 저 사람들이 5시간 자면 4시간 자고 100m 달리면 110m 달리고. 너네들이 트위터가 왜 안 되는 줄 알아? 글을 쓸 줄 몰라서야. 책을 읽지 않았으니 글을 못 쓰는 거야. 무식하면 아무것도 못 해! 앞으로는 글도 잘 써야 해. 글을 못 쓰면 주방에 들어가 보조를 해야 해! 쉐프가 안 돼! 내가 글을 쓰지 못했다면 여기까지 못 왔어. 나는 지금 더 큰 꿈을 꿔. 내가 여름방학 내내 유명한 강연을 다 들었어. 그런데 나보다 더 감동적으로 산 놈이 없어! 강사들은 유명한 이야기를 할 뿐 자신의 이야기가 없어! 그런데 나는 이 건물을 지었지? 고시원도 지었지? 월 임대료 2,500만 원이 나와. 그러면 성공한 거 아냐? 대한민국에서? 그런데 너희는 이거 하나만 하고 있잖아. 그럼에도 이거 하나 못 살리면 죽어야지. 왜? 산속이 아니잖아? 손님이 오잖아. 엄청나게 살리라는 것이 아니라 노력한 만큼만이라도 살리라는 거야. 너희들에게 가게를 준 이유가 이거야. 자, 옆에 경쟁자들 봐봐? 애들 있어, 직원 있어, 임대료에 창업할 때 빚까지 졌어, 그들과 너희들이 경쟁하면 누가 이겨? 누가 이겨야 돼?"라고 말했다.

두 청년은 말이 없었다. 다시 마이클이 "이렇게 쉬운 데서도 성공 못 하면 게임 끝난 거지. 트위터나 인터넷에 너네 조건 올려봐? 이런 조건에서 누구나 다 한다 하지. 둘이서 매상 50만 원 올렸다고 좋아할 게 아니고, 둘이 모여 어떻게 할 것인가? 잘되는 가게는 무엇인가? 1등을 밴치마킹하며 연구를 해야지. 적어도 백

종원 책은 봐야 할 거 아니야? 장사의 신은 사서 읽어봐야 할 거 아냐?"라고 말했다. 이에 요리를 담당한 동업자 친구가 "점심 장사를 시작해야겠어요"라고 말했다.

이에 마이클이 "점심 장사가 문제가 아니야. 어떻게 홍보를 할 것인가를 고민하라고"라고 말하자 "저희가 너무 안일하게 생각했습니다"라고 고개를 떨구었다.

마이클은 이제야 마음의 짐을 벗었다는 듯이 창밖에 세워둔 빨간 벤츠 SLK 로드스터에 올랐다. 시간은 자정을 넘어 새벽으로 향하고 있었다. 지붕 루프탑을 열어도 좋을 것 같았다. 가을을 재촉하는 바람이 목덜미를 감고 돌았다.

7

경매 1차 유찰

2015년 11월 5일 목요일 흐림

냉장고를 열었다.

먹을 것은 날계란 몇 개와 두부 한 모가 전부였다. 두부를 냄비에 넣고 전기 인덕션의 전원을 터치한 후 김치를 몇 가닥 꺼내 가위로 잘라 접시에 담았다. 젓가락으로 두부를 자르고 김치 한 조각을 얹어 입으로 가져갔다. 누리끼리한 방수 식탁보가 눈에 들어왔다. 일어나 식탁을 거실 창가로 옮겼다. 그제야 황량한 거실과 칙칙한 풍경이 사라졌다.

그러나 잠시뿐이었다. 우울해졌다. 두부 김치 문제가 아니었다. 마이클은 두부를 좋아하기 때문이다. 미장센. 인생이 아름답지 않다고 생각했다. 싸구려 식탁보를 걷어내면 흰색으로 페인트칠을 한 나무 상판이 드러났다. 유리를 얹는 것이 기분을 밝게 할 것 같아서 유리가게에 전화를 걸어 공동주방까지 세 장을 주문했다.

피렌체 빌딩이 드디어 경매 개시 공고가 되었다.

첫 경매 기일은 23일이었다. 유료 사이트인 '굿옥션'에서는 오후에 반영되었고 감정평가서 등은 업로드 전이었다. 등기부 등본을 열람했다. 쓰레기 빌딩을 낙찰받고 소유자가 된 날이 2013년 1월 14일임을 알 수 있었다.

마이클은 빌딩 낙찰과 함께 24억 원의 빚을 졌으나, 이후 8개월 동안 5억 원의 자금과 땀으로 리모델링을 마치고 '피렌체 빌딩'이라고 명명하며 멋스러운 건물로 재탄생시켰다. 그리고 임대수익을 극대화하기 위해 스스로 옥탑방에 거주하며 관리와 함께 매매도 추진했다.

그러나 매수자는 찾을 수 없었고 월 1,200만 원의 대출 이자를 감내하며 2년을 버텼다. 그러는 과정에서 가정불화도 생겼고 결국 '이혼'에 이르렀다. 부부의 '이혼'에는 이 빌딩의 낙찰이 한몫했다. 아니 어쩌면 각자의 민낯을 마주하게 한 것인지도 몰랐다.

마이클은 모든 것을 다시 시작하기로 하고 '이혼'에 '동의'했으며, 피렌체 빌딩도 '법원 경매'를 통해 매수자를 찾으려고 경매 신청을 했다. 이것을 '역경매'라고 하는데 부동산을 매각하는 방법 중 하나이며 일종의 도박이다. 어쨌거나 그 끝을 향해 가고 있었다.

지하철을 타고 피렌체 빌딩 1층 '술이야'로 들어갔다.

손님은 솔 군 또래로 보이는 사내 5~6명이 군대 이야기를 하고 있었다. 노트북을 꺼내 하루의 일과를 쓰려고 할 때 아들 솔 군이 "맥주 한잔 드릴까요?"라고 물었다. 키보드를 멈추고 "응, 맛있는 맥주 한잔 주라. 오늘 빌딩이 경매 떴다. 아마 앞으로 여러 사람 찾아올 거야. 손님으로도 올 거야. 잘해라!"라고 말하자, 솔 군이 "알아요. 오늘도 집행관이라는 사람이 203호 여자를 만나러 왔어요. 근데 왜 왔을까요?"라고 되물었다. 마이클이 "집행관이면 부동산 압류하러 왔을텐데 고시원 살림에 붙일 게 뭐 있나?"라고 의문스러워하자, 솔 군이 "그래서 그런지 자기도 당황해하더라구요?"라고 대답했다.

맥주와 물을 1 : 1로 마시며 하루를 정리하고 다시 자신만의 동굴로 돌아왔다.

울란바토르 골목 맥줏집 배가 나온 퇴물 여인네들이 늘어앉아 지나가는 빨간색 벤츠 SLK 로드스터를 멍한 시선으로 바라보았다.

2015년 11월 23일 월요일 흐림

'진인사대천명'

2015년 최대 도박. 피렌체 빌딩 경매 기일이다. 새로운 낙찰자가 피렌체 빌딩의 주인이 되기를 기대하며 경매 사이트를 열어 결과를 확인했는데, 아쉽게도 유찰되어 다음 달 28일 2차 경매를 기대해야 했다.

2015년 11월 26일 목요일 흐리고 약한 비와 눈

새벽, 더는 잠이 오지 않을 것 같아서 이불 속을 나왔다.

스마트폰엔 403호 아주머니가 "좋은 집이 나와서 한 달쯤 먼저 이사를 나가려고 하는데 가능할지요?"라는 내용의 문자가 도착해 있었다. 임대차계약서에 따르면 내년 2월 28일이 만기일인데 경매가 진행 중이라 걱정인 모양이었다.

처음에 계약할 때도 대출금이 일반인의 상상을 초월하는 금액이어서 "전세금을 반환하지 못하면 민형사상 책임을 지겠습니다"라는 별 필요도 없는 각서까지 써 주며 계약했었다.

피렌체 빌딩의 2차 경매 기일은 12월 28일이다.

이번에는 어떻게든 낙찰이 될 것이므로 매각 잔금은 1월일 것이고 2월엔 배당이 이뤄질 것이니 그때 403호도 이사를 가면 될 것이었다. 이렇게 모든 상황이 의도하지 않게 톱니바퀴 회전하듯 옴짝 할 틈도 없이 움직이고 있었다. 그러니 자신이 주도할 수 없는, 방관자가 된 처지의 마이클은 극심한 스트레스의 시간을 보내는 것은 자명했다. 아마 '학업'이라는 도피적 행위가 없었다면 알콜 중독이 되어도 전혀 이상할 것이 없는 상황이었다. 지치고 힘든 시기를 지나고 있었다.

오후 4시. 청소도구를 랭글러 루비콘에 싣고 피렌체로 길을 잡았다.

간간이 내리는 눈발이 앞유리창에 붙었다. 베드로가 거주했던 201호는 약간의 쓰레기와 함께 비어 있었다. 베드로는 이곳에서 거의 2년을 거주했는데 지급한 월세는 200만 원 안팎이었다. 마이클도 베드로의 형편을 아는지라 더는 뭐라고 하지 않았으나, 매각을 위해 경매 절차를 진행하고 있고, 또 낙찰가가 턱없이 낮다면 취하를 하고 정상화를 해야 하므로 퇴실을 요구했고 오늘에 이른 것이었다. 남겨진 이불을 비닐봉지에 담고 오염된 화장실을 씻어내며 마음속으로 '이 방이 마지막 청소하는 방이었기를'이라고 바랐다.

피렌체 빌딩이 매각되면 또 비워야 할 곳이 1층 '술이야'였다.

'술이야'에는 주방을 맡은 원용 군이 카운터를 지키고 있었다. 마이클이 솔 군의 행방을 묻자 "감기가 심해서 쉬고 있어요. 조금 있으면 내려올 겁니다"라고 대답했다. 며칠 전 감기에 걸렸다기에 "아침에 병원에 가서 주사를 맞아라"라고 말했는데 약으로 버티는 모양이었다. 지하 피렌체홀로 내려가 드라이버를 찾아 들고 현관문 유압 실린더의 압력을 낮추었다. 외부 온도가 낮아지자 문 닫힘이 둔해졌기 때문이었다. 그러는 사이 아들 솔 군이 3층에서 내려왔다.

세 사람은 김치찌개가 끓여진 커다란 프라이팬을 가운데 두고 둘러앉았다.

맛있는 저녁 식사였다. 식사를 마치고 피렌체 빌딩을 떠나며 아들 솔 군에게 쇼핑봉투를 건네며 "이거 입어라"라고 말했다. 얼마 전 구입한 오렌지색 조끼형 패딩을 입어보게 했는데 조금 작았다.

"앞을 열고 입어."

이에, 아들 솔 군이 마이클이 새로 산 빨간 외투를 보더니 "아저씨 같아요. 제 것 드릴게요"라며 숙소로 올라가 검은색 점퍼를 가지고 내려왔다. 점퍼라면 끔찍이 싫어하는 마이클의 성격을 알기에 "이것 따뜻해요. 스무 살 때 40만 원 준 거예요"라고 덧붙였다. 마이클은 아들이 건네주는 옷을 노란색 랭글러 루비콘 조수석에 실었고, 곧 밤이 시작되는 피렌체의 고기 골목을 "그르렁"거리며 빠져나갔다.

2015년 12월 8일 화요일 맑음

낮잠을 자다 낯선 여자의 전화를 받았다.

"김지애 팀장입니다. 전화번호를 없애버려서 찾느라 힘들었습니다."

피렌체 빌딩 매매와 관련해 자료를 주고받았던 빌딩중계회사 직원이 "경매가 진행되자 매수자분이 수의계약을 희망하세요. 그때 그 가격으로 하실 거죠?"라고 물었다. 마이클이 "얼마였는데?"라고 되물었더니 "35억 원이요"라는 대답이 돌아왔다.

"음, 낙찰가를 보고 싶긴 한데. 계약할 수도 있어요. 그런데 어떻게 연락처를 알았어?"

"유명하시던데요? 책도 내시고… 한번 뵈어야죠?"

"글쎄? 난 예쁜 여자 아니면 안 만나. 사진이나 보내봐?"

무료함도 달랠 겸 떡밥을 던졌다.

그랬더니 "사진을 잘 안 찍다 보니 사진이 여름 사진뿐이 없습니다. 사진을 보내도 될지 고민이 되었으나, 인상착의도 모르고 진행하는 것은 예의가 아니다 생각됩니다. 꼭 한번 만나 뵀으면 좋겠습니다"라며 회색 블라우스를 입고 자동차 안에서 찍은 셀카 사진과, 깔끔한 파일로 된 명함을 문자로 첨부해 보내왔다. 사진 속의 얼굴은 스물아홉 나이답게 상큼해보였으나 눈은 손을 댄 흔적이 역력했다.

명함에 적힌 휴대폰 번호와 이메일을 바탕으로 검색을 했다.

몇 줄의 자료가 나왔는데 '피터팬 좋은방 구하기' 사이트에 원룸을 빼려고 광고를 낸 것이었다. 보증금 1,000만 원에 월세 25만 원으로 광주 지역이었다. 광고를 낸 날짜가 작년 4월이었으니 그 후로 서울로 상경한 모양이었다.

"유아보육학과 나왔는데요, 부동산 중개가 돈을 벌 수 있을 것 같아서요. 부자들의 생각을 알 수 있어서 좋아요."

지방에서 서울로 상경해 꿈을 키우는 29세의 여자.

마이클이 "서구 쌍촌동에서 압구정까지 왔으니 출세하셨네"라며 파일로 된 명함을 첨부해 전송했다.

8

바위를 끌고 가는 자

2015년 12월 28일 월요일 맑음

"돈 감독! 내가 직접 볼 수 없어서 전화했어. 어떻게 되었어?"

오늘이 피렌체 빌딩 경매 2차 기일이었다.

정오를 넘긴 시각이었으므로 친구 션 군도 낙찰 결과가 궁금한지 전화를 했다.

"아직 들여다보지 않아서 모르겠어."

"뭐야? 미치겠네"

"자네가 한번 봐봐!"

'피렌체 빌딩'

아들 솔 군이 세 살 되던 1994년, 부모님이 양파 농사로 번 돈 980만 원을 들고 상경해 세상과 악전고투를 하며 피렌체벌에 마련한 빌딩이다. 1층은 장사를 하고 2, 3층은 고시원으로 월세를 받고 4층은 온 가족이 살아가는, 대를 이어 물려줄 작은 '성(城)'을 만들고자 했다. 쓸모없던 옥탑방도 아들이나 딸이 결혼할 때까지 살도록 출입구도 따로 만들고 풀옵션으로 만들었다. 하지만 과도한 채무를 견디기 어려웠고, 가정까지 깨져 사용 용도조차 불분명해졌기에 매각하기로 했다. 그러나 쉬울 것 같은 일반 매매도 쉽지 않았기에, 가짜 채권을 원인으로 한(어쩌면 이혼 후 재산분할합의금을 덜 주었으므로 진짜이기도 하다) 강제경매를 신청하기에 이르렀고, 경매 진행 비용도 1,200만 원이 지출되었다. 그러는 과정에서 1층의 적벽돌이 영업 부진으로 '폐업'하자 전세보증금도 반환해주어야 했기에, 상가 월세 430만 원은 고스란히 마이너스였다. 그럼에도 버틴 것이 지난 1월까지의 상황이었다.

'2015년 최대의 도박'

빌딩을 경매 시장에 내놓은 것을 이렇게 정의했다. 그리고 오늘 도박의 마지막 패를 보는 날이다. 피렌체 빌딩은 1회 유찰되어 2회차로 최저매각 가격은 3,111,535,000원이었다. 그러나 응찰자가 없어 또 '유찰'되었다.

그러니 3차 경매는 2,489,228,000원부터 시작될 것이었다. 3차 경매에서는 2회차 가격을 넘긴 32억 원 선에 낙찰될 것이었지만, 그렇다고 해도 매입 원가에서 3억 원의 손해를 감수해야 했기에 '경매 취하'가 답이라고 생각했다.

"커다란 바위를 질질 끌고 가는 거지. 가다 보면 내가 죽든지 바위가 닳아 작은 돌멩이가 될 거야."

마음의 결정을 한 마이클이 혼잣말처럼 내뱉으며 크리스탈 글라스에 얼음을 세 덩어리 넣었다.

땡그랑—

앱솔루트 사과향을 꺼내 붓고 토닉워터로 채웠다. 블라디보스토크 항구의 깔끔한 겨울바람이 코끝에 이는 듯했다. 오늘부터는 죽어라 버티며 100억 원대 자산가(사실은 빚쟁이지만)로 살아가야 하지만, 긍정적으로 생각하기로 했다. 바위를 끌고 가는 남자로 강건하게 살아가기로 했다.

2015년 12월 29일 화요일 맑음

마음이 바빠졌다.

과거와 단절하고 자유롭게 살고자 하는 '도박'은 어제 밑장을 보면서 끝났다. 그러니 오늘부터 새로운 마음으로 자산과 채무를 정리해야 했다. 먼저 피렌체 빌딩을 일반 매매로 팔아 보려고 노력한 77부동산 실장에게 전화를 걸어 "실장님. 우리 건물 1층 상가를 세놓아야겠습니다. 4층 전세도요"라고 말했다. 그러자 실장이 "어떻게 내놓으시려구요?"라고 조건을 물었다.

"상가는 애들이(술이야)이 투자한 돈도 있어서 권리는 3,000만 원 정도 챙겨줘야 하거든요. 보증금은 1억 원, 월세는 450만 원입니다."

통화를 끝내고 '대진부동산'의 젊은 사장에게도 같은 내용의 전화를 하고, 이어 신협 김영준 과장에게도 전화를 걸었다.

"마이클입니다. 잘 지냈습니까? 빌딩이 팔리지 않아서 전에 말한 대출 갈아타기 가능한지 알아봐 주라고 전화했습니다!"

올해 초 21억 원을 연금리 3% 이하로 갈아타게 해주겠다며 전화했었다.

현재 사용하고 있는 대출금리는 연 5%이므로 대출금리를 2%만 낮춘다고 하면 그 금액이 4,200만 원이었다. 그런 제안에도 대출을 갈아타지 않은 것은 빌딩을 경매로 매각을 하기 위함이었다. 지난 일이지만 그때 갈아타고 경매를 진행하지 않았다면 1억 원 정도 아낄 수 있었다.

피렌체 빌딩 현관에 붙일 '피렌체하우스' 안내문과 스카치테이프, 카메라 가방, 비닐봉지를 벤츠 SLK 로드스터 트렁크에 넣고 울란바토르 피렌체하우스를 출발했다. 인덕원을 채 못 가서 여자의 전화를 받았다. 여자가 경매 낙찰 결과를 물으며 "그럼 어떻게 돈을 줄 거야? 나도 살아야지?"라고 물었다. 마이클도 뾰족한 수가 없으므로 "좀 더 기다려봐. 지금 중요한 것은 그것이 아니야. 일단 은행에 4억 원을 상환해야 하고 4층 전세도 빼 줘야 하고… 그렇게 급하면 아파트 전세로 돌리고 그 돈으로 어디로 이사를 나가?"라고 말했다. 그러자 여자가 "그렇게는 못 하지?"라고 날을 세웠다. 마이클이 "그러면 기다려. 곧 줄 테니!"라고 말하자 "언제까지 그런 말만 할 거야?"라고 되물었다. 마이클이 "참, 양육비도 끝났어!"라고 말했다. 여자가 "뭐, 그럼 돈을 못 준다는 거야?"라고 물었다.

"못 주는 게 아니고 법적으로 주지 않아도 된다는 거지."

"그런 게 어딨어? 그러면 슬기는 어떻게 키우라고?"

"양육을 한다고 했으면 당신이 양육을 해야지. 일을 하라고?"

"그럼 당신은 아이 용돈 안 줄 거야?"

"그건 지가 할 일이지. 아버지 일하는 것을 도와서 용돈을 받든지 하는 거지?"

"당신 정말 나쁜 사람이다. 어떻게 아이 양육비를 안 주냐?"

"안 주는 게 아니라 성인이 되었으므로 끝났다는 거야. 끝난 것을 알려주는 거라고?"

"너 진짜 나쁜 새끼다. 지는 할 짓 다하고 다니면서 어떻게 아이 양육비를 안 주냐? 너 그러고도 사람이야?"

"야, 너, 너, 하지 마! 얻다 대고 너래? 어? 너가 나에게 너 너 할 군번이냐? 너 너 소리 들을 만큼 후진 놈 아니야!"

"그러면 돈을 주던지. 너는 맘대로 놀고 즐기면서 왜 내 돈은 안 주냐고?"

"돈을 안 주려고 했냐? 빌딩까지 경매로 날려 주려고 했는데 안 된 거잖아? 나는 이 상황이 좋겠어? 빨리 주고 이 뭐 같은 처지를 벗어나고 싶다고. 사내놈들과 골프나 치고 다니니 이런 걸 알 리가 있나. 그리고 너에게 줄 돈이 어떻게 너 돈이냐? 모두 내가 번 돈이지. 또 월 4,800만 원씩 이자 내는 놈이 월 150만 원도 못 쓰냐?"

벤츠 SLK 로드스터 유리창이 깨지도록 큰 소리로 통화했다.

혈압이 머리 꼭대기까지 올라왔다. 오른발 끝에 힘이 들어갔고 가속페달이 깊이 밟혔다.

"더 이야기하고 싶지 않아. 그만 전화 끊어."

피렌체 빌딩에 도착할 무렵 바라만 봐도 기분이 좋은 제2롯데월드 빌딩을 보며 사진을 한 장 찍었다. 오늘 벤츠 SLK 로드스터에 탈 때부터 기분이 달랐다. 다시는 이런 즐거움을 누릴 수 없을 것 같다는 두려움도 한 가닥 일었다. 느끼는 모든 것이 어제와 달랐다.

전주 설렁탕 식당으로 들어가 선지해장국을 시켰고 NBC부동산에도 들렀다.

실장 성기가 "권리금은 적어 좋은데 보증금 1억 원이 좀 크네?"라고 말했다. 마이클이 "요즘 1억 원이 돈입니까? 주머니 털면 그 정도는 나오잖아요?"라고 농담했더니, 다른 손님이 들리지 않도록 귀에 대고 "그게요. 1억 원이 전 재산인 사람도 많아요?"라고 말하며 다소 낙관적인 전망도 제시했다.

"이번에 종이 바뀠잖아요. 알고 계시죠? 게다가 종합운동장 개발 계획이 발표되었으니 좀 더 좋아질 겁니다. 지금 5천 땅값은 힘들지만 개발되면 7천은 볼 수 있을 겁니다."

고도를 기다리는 것은 아니지만 부동산 투자라는 것이 시간과의 싸움이기에, 아니 그래도 세계 10위권의 경제력을 가졌으니 평당 1억 원을 호가하지 말라는 법이 없기에 '개자필승'을 한 번 더 믿어보기로 했다.

'개기는 자 반드시 승리한다!'

오랜만에 지하 피렌체홀로 내려가 '나 어떡해'를 드럼연주했다.

1시간 정도 놀고 밖으로 나오니 눈에 익숙한 차가 보였다. 뒤태가 깔끔한 은색 볼보 S-60, 마이클의 첫 번째 외제차로 여자가 타고 다니던 차였다.

"어이구, 채권자님 안녕하십니까?"

마이클의 너스레에 여자가 씁쓸한 미소를 지었다.

아들 솔 군에게 육개장을 만들어간다고 말하더니 들른 모양이었다. 그러거나 말거나 마이클은 할 일을 했고, 방송대 스터디 하제누리 운영자 회의에 참석하기 위해 강남역으로 향했다.

9

경매 취하서

2015년 12월 31일 목요일 맑음

“위 사건에 대하여 채권자는 채무자와 원만히 합의하였으므로 경매 취하서를 제출합니다.”

경매 취하서를 작성하고 말소용 정액 등록세 14,000원을 납부하는 과정에서 주소를 잘못 입력해 한 번 더 납부를 했다. 잘못 납부한 금액을 돌려받으려고 구청 세무1과 담당자와 통화를 하고 팩스로 관련 서류를 보냈다. 그리고 채권자인 여자를 만나 인감증명과 도장을 날인받기 위해 약속을 잡았다. 여자가 장소와 시간을 문자로 보내왔다.

“크레타역 13번 출구 50m 앞 카페베네에서 1시간 후에 만나.”

여자는 아메리카노를 테이크아웃잔으로 마시고 있다가 커피숍으로 들어오는 마이클을 보았다. 검은색 니트를 입었는데 웃을 수도 울 수도 없는 표정을 지으며 “커피는?”이라고 물었다. 마이클이 “안 마셔도 돼!”라고 대답하자 “이거 마시든가?”라고 말하며 잔을 내밀었다.

“아니, 됐어!”

마이클의 목소리는 지극히 사무적이었다. 여자가 인감증명이 든 봉투를 내밀었다.

마이클은 여자가 건네준 조개가 들어간 플라스틱 인감도장을 받아 경매취하서와 위임장 곳곳에 날인하고 “한번 읽어봐”라고 서류를 건넸다.

찬바람을 맞으며 주차를 한 공용주차장으로 걸어갔다.

벤츠 SLK 로드스터 조수석에 앉은 친구 션 군이 "야, 너는 바로바로 움직이는구나?"라고 말했다. 마이클이 안전벨트를 당기며 "올해 한 일이니 올해 끝내야지. 내년으로 끌면 뭐가 좋겠어?"라고 말했다.

두 사람은 어제 새벽 6시까지 대화를 하고 잠들었다가 아침 10시경 일어났다.

션 군이 먼저 일어나 있는 상태였다. 마이클이 게스트룸에서 자고 나오는 션 군에게 "일 없으면 나하고 법원이나 가자!"라고 물었고 "어, 오늘 일 없어"라고 대답하기에 같이 움직이게 되었다. 그러나 여자를 만나게 하는 것은 서로 불편할 것 같아 차에 있으라고 했고, 션 군도 당연하다는 표정을 지었다. 마이클이 서서히 차를 움직이며 "밥은 피렌체에 가서 먹자?"라고 말했다. 아침도 못 먹었으나 점심 때가 되었기에 법원에 '경매취하서'를 접수하고 피렌체로 가 식사를 할 요량이었다.

"증지도 사오셔야 합니다."

촉탁등기용 증기 6천 원짜리를 사러 은행 창구로 향했다. 그리고 증지를 사서 민사집행과 접수창구에 제출하는 것으로 '경매취하서'는 접수되었다. 올해 최고의 도박치고는 끝이 싱거웠다.

피렌체로 향하는데, 은행 창구 여직원들로부터 받은 신선함을 잊지 못한 션 군이 "마이클! 창구의 여자애들 봤지? 사귀자고 하면 뭐라고 할까?"라고 말을 꺼냈다. 운전하던 마이클이 "흐하하하" 하고 크게 웃음을 터트렸다. 그러고는 "그냥 밥이나 먹자고 해라. 돈 좀 넣다 뺐다 하면서 얼굴 익힌 다음 말이야?"라고 말했다. 그러자 션 군이 "얼마나? 빌라 판 돈 1억 2,000만 원 넣어 볼까?"라고 물었다.

"미친, 한 10억 원은 넣다 뺐다 해야 임팩트 있을 거 아냐? 그런 다음 점심이나 한번 먹자고 부탁하는 거지?"

"그런 다음은?"

"뭔 그런 다음? 그냥 밥 사주는 거지?"

"그게 다야?"

"그럼 뭘 바라냐? 재네들에겐 우린 그저 늙은이야. 매력이 없다고?"

"야이, 슬프다."

"그게 인생이야. 우리에게 진정한 사랑은 없다고. 그냥 미국에 간 조카와 닮았다고 하면서 밥이나 사주고 하는 거지. 그래도 같이 먹을지는 모르지만."

"아, 아무것도 아니구나…."

"그럼. 그래서 예술을 하는 거야. 예술을 하다 보면 보여지는 것 외에 공유하는 멋스러움 때문에 사랑을 할 수 있거든. 그 외에는 불가능하지. 돈이 필요해 오는 여자 외에는!"

그러는 사이 두 사람이 탄 빨간 스포츠카는 피렌체 빌딩에 도착했다.

"아들 내려와라!"

세 사람은 '내 고향 밥상'의 창밖이 보이는 테이블에 앉았다. 이때 건설사 대표 재명의 전화를 받았다.

"신년 계획을 짜야 해서 전화를 드렸습니다."

"그래? 새해 복 많이 받아!"

"사장님, 제가 먼저 하려고 했는데 늦었네요?"

"그게 중요한가? 내가 빌딩 매각에 실패해서 지금 거지야? 돈이 없다는 게지. 게다가 확실하지 않지만 어쩌면 아르헨티나 토지가 매매될 수도 있어서, 내 것은 계획을 1월 20일쯤 세우면 안 될까?"

울란바토르 토지 매매 계약이 진행 중이지만 거래 자체를 신뢰하지 않기에 그렇게 말하며 전화를 끊고, "나는 솔직하게 말해버려!"라고 혼잣말처럼 말하자, 션 군이 "그게 맞아. 정직이 신뢰에서는 최고지"라고 대답했다.

메뉴는 고향 밥상과 매운 갈비찜이었다. 식사 후 아들 솔 군이 카운터로 가 계산을 하려 하자 션 군이 "어른들이 돈을 낼 때는 내는 거 아니야!"라며 말렸다. 솔 군이 "내가 내도 되잖아요?"라고 대답했다. 밥을 사고 싶은 모양이었다. 마이클이 카드를 내밀며 "아빠는 션 삼촌과 부동산에 들릴 테니 들어가라"라고 말하고 피렌체 1번지부동산을 찾아갔다.

2년 전, 전세를 맞추기 위해 열심히 방문해준 노 소장은 그사이 나이 들어 보였다. 403호 크기와 방 개수를 말하자 "딱 좋네. 그 평수 찾는 분이 계세요. 이사 날짜는 좀 늦어도 되죠?"라고 되물었다. 마이클이 "그건 세입자와 얘기해보세요. 연락처를 알려드릴게요"라고 말했다. 그런 후 집합상가이지만 대로변을 보고 있어서 땅값이 궁금해 "여기 땅은 평당 얼마나 해요?"라고 물었다. 노 소장이 "평당 8천 정도 합니다"라고 대답하자 션 군이 놀랐다.

임대를 부탁하고 중개사무소를 나서는데 션 군이 "어, 내 우산!" 하고 다시 중개사무소로 뛰어갔다. 이에 마이클이 "우산? 야 내가 줄게!"라고 말했다. 그러나 션 군은 "아냐 사연이 있다고. 헤어졌다가 16년 만에 만난 애인이 명동에서 사준 거야. 만나자마자 떡을 쳤지만…"이라고 추억에 빠졌다. 마이클이 히득 웃으며 "뭔 우산을 선물해준대?"라고 말하자, 추억으로 달려간 듯 심각한 표정으로 "그날 비가 왔거든. 우산을 사준다고 하더라"라고 대답하며 발걸음을 옮겼다.

그러나 션 군은 빈손으로 돌아왔다.

식당에도 없었다. 우산은 벤츠 SLK 로드스터 조수석에 있었다. 아주 가지가지 했다. 늦게 발견하고는 "야, 여기 있었구나"라고 좋아했다. 말이 많고, 한 말 또 하고 또 하는 것이 흠이긴 하지만 어떻게 보면 영혼이 맑은 친구였다.

벤츠 SLK 로드스터는 다시 울란바토르 피렌체하우스를 목적지로 달렸다.

션 군이 "야, 정말 차가 하드하네. 안정감이 국산 차는 따라갈 수가 없구나?"라고 말했다. 마이클도 "그러지, 우리나라 소달구지 타고 다닐 때 자동차 만든 놈들이야. 대단한 거지!"라고 동의했다. 션 군은 어머니의 전화를 받을 때까지 피렌체하우스에서 머물다 돌아갔다.

마이클도 졸음이 몰려왔다.

잠을 청하기로 했는데, 행여 배가 고플 것 같아 라면을 끓여 먹었다. 잠시 후 잠에서 깨었다. 그러나 아직도 새해는 시작되지 않았다. 일어나 서재로 가 몇 장 남지 않은 김정운의 《가끔은 격하게 외로워야 한다》를 집어 들었다. 330페이지, '행복'에 대해 "행복은 추상적 사유를 통한 자기 설득이 아니라 아주 구체적인 감각적 경험"이라고 썼는데 맞는 말이라고 생각했다.

저자가 미술을 공부한다며 일본 교토 사가 예술대학에 다니며 외로움을 느꼈듯이, 마이클도 혼자가 되어 외로움과 사투를 벌이며 행복의 구체적인 감각적 경험을 느꼈다. 그래서 샤프펜슬을 하나 사더라도 예쁜 것을 사는 것이다. 만질 때마다 행복을 느끼므로!

일기를 쓰기 위해 다이어리를 펼치다가 '피렌체 빌딩 낙찰가가 낮을 경우'를 대비한 기록을 보았다. 12월 15일에 쓴 메모로 "1. 채무 정산 및 아파트 전세 놓기, 2. 울란바토르 피렌체하우스를 베이스 캠프로(솔이 거주, 슬기 5월 분가해주기), 3. 다시 일어서기(지분 경매, 빌라 건축, 영화 제작)"라고 쓰여 있었다.

10

24억 원 대출은 개 목걸이

2016년 1월 2일 토요일 맑음

스마트폰 벨 소리에 눈을 떴다.

새벽 5시쯤 잠들었기에 정오는 되었을 시각이었다. 그러나 받으려고 일어나지는 않았다. 전화가 오면, 사정이 있을 수도 있고 한참 일을 할 수도 있으므로 즉시 받지 않아도 되는데, 마이클은 그렇지 않았다. 마치 초병이 근무를 서는 것처럼 즉각 응대했다. 고시원을 운영한 이후로 생긴 태도였는데, 마치 파블로프의 개처럼 반응했다.

사냥개의 목에는 전기 신호장치가 달려 있다.

주인이 리모콘을 누르면 목에 부착된 스피커에서 "삐! 삐!" 소리가 난다. 소리로 사냥개가 있는 위치를 알게 된다. 또, 명령을 듣지 않고 제 맘대로 들판을 싸돌아다니면 고압 전류를 흘려 감전의 고통을 느끼게 한다. 몇 번을 그렇게 하면 사냥개는 주인의 엽총 사거리 안에서 움직이며 꿩을 찾아내고 "들어가!"라는 명령에 달려든다. 이때 꿩은 놀라며 "푸드득" 소리와 함께 날개를 펼치며 하늘로 날아오른다. 그러면 사냥꾼은 엽총의 조준선을 정렬한다.

탕—

마이클에게 전화벨 소리는 사냥개의 목에 걸린 전기 신호장치와 다름없었다.

더욱 슬픈 것은 스스로 목에 걸었다는 것이다. 물론 신호장치라고는 전혀 생각하지 못했는데 '대출'은 신호장치였다. 그러므로 공실을 채우기 위해 밤낮 가리지 않고, 시시각각 걸려오는 전화나 문자에 친절하게 응대했다. 고시원 총무 중 최강이었다. 새벽 2시에 걸려오는 전화를 받기도 했으니까. 그러니 충분하게 수면을 하지 못해 늘 피곤한 상태였다.

피곤이란 꼭 육체적 강도가 강한 것에서만 기인하지 않는다.

수면을 방해받아도 그렇게 된다. 그래서 근무시간에만 응대를 한다는 원칙을 세웠다. 은행도, 공무원도, 아니 작은 밥집도 출퇴근 시간이 있는데 40억 원짜리 빌딩 건물주가 작은 자유도 없다는 것은 말도 안 된다고 생각했다. 오후 8시가 되면 스마트폰의 전원을 껐다.

신년 첫날은 잠이 오지 않았다.

앱솔루트와 윈저를 마셔도 그랬다. 유튜브에서 견자단 주연의 영화까지 보고 나서야 잠을 청할 수 있었고 익숙한 멜로디에 눈을 떴다. 침대에서 전화를 받을까? 말까? 갈등하다 '오늘은 토요일이라 중요한 전화는 없다'라고 판단하며 몸을 일으키지 않았다. 전화는 잠시 후 잠잠해졌다. 다시 평온한 시간이 왔고 일어났을 때는 오후 2시가 넘은 시각이었다.

옥상으로 올라갔다.

잔설이 녹아 인조잔디의 푸르른 싱그러움이 눈에 들어왔다. 날씨도 따뜻해서 당장에라도 봄이 온 것 같았다. 기분이 한없이 좋아졌다. 자연의 변화에 즐거워하며 회색빛 울란바토르 풍경을 스마트폰으로 파노라마 사진을 찍으며 '인간도 결국 짐승'임을 인정했고 즐겼다.

2016년 1월 8일 금요일 맑음

점심시간이 훌쩍 지났다.

허기를 달래기 위해 베지밀 하나를 전기 주전자에 넣고 끓인 후 선식을 타 마시고, 옷장을 열어 검정색 차이나 슈트와 잘 다려진 셔츠를 꺼냈다. 1개월 전에 멈춘 롤렉스 데이져스트 시계도 꺼냈다.

그런 까닭에 하남 K은행 서 과장이 몽블랑 만년필로 서명을 하는 마이클에게 "액세서리가 대단하십니다?"라고 말했는데, 피렌체 빌딩을 담보로 빌린 21억 원과 아파트 후순위로 빌린 3억 원, 총 24억 원에 대한 대출연장 자서를 하는 중이었다.

서 과장이 여러 쪽으로 된 근저당권 서류를 넘기며 "빌딩은 가지고 가실 거죠? 자리가 좋잖아요?"라고 물었다. 마이클이 "부동산 임대라는 것이 한 15년쯤 후, 지금은 더 열심히 뛰어야 하기에 부동산 경매 절차를 통해 팔아 보려는 것인데 쪽팔리게 못 판 거지. 하! 하!"라고 웃었다. 이에 서 과장이 "일부러 넣어 보신 거잖아요? 통화할 때 보니 경매 전문가라는 느낌이 확 나던데요?"라고 너스레를 떨었고, 옆에 있던 팀장도 다가와 "작가시네요? 하도 의상이 특이해서 지금 네이버 검색을 해봤습니다. 《부동산 경매 비법》이란 책도 쓰시고. 대단하십니다"라고 말했다. 마이클이 "허, 뭐 대단까지야. 근데 K은행 채무자 중 내가 제일 우량한 채무자 아닙니까?"라고 되물었다. 그러자 "맞습니다. 사장님이 최고세요"라고 동의했다. 그래서 "그러면 금리를 팍팍 내려줘야지. 그렇지 않아도 마을금고에서 대환해준다고 하거든?"이라고 압박했다. 팀장이 "그렇지 않아도 이번에 많이 내려갑니다. 아마 4%대가 될 것입니다"라고 말했다. 그러는 사이 서 과장이 모니터를 들여다보며 키보드를 두들기더니 "3억은 4.3% 정도 되고, 21억은 3.8% 정도 될 것 같습니다"라고 말했다.

마이클은 의외로 금리가 낮음에 놀랐는데, 이 정도 금리라면 원금의 일부를 상환하면서까지 다른 은행으로 갈아타지 않아도 될 것 같았다. 서 과장이 "여기에 한글로 3억 원 쓰시고요. 또 여기에는 21억 원 쓰시면 됩니다"라고 서류를 내밀었다. 마이클이 1억 원 이상 계약에만 사용하는 몽블랑 마이스터스튁 149 만년필로 24억 원에 대한 대출연장 서류에 서명했다. 이렇게 또 한고비를 넘겼는데 서 과장이 "내년에 4억 원은 대환을 하셔야 합니다"라고 말하며 "다 되셨습니다!"라고 덧붙였다.

그루르르릉—

2,766cc 호박마차는 으르렁거리며 은행 주차장을 벗어났다. K은행이 발송한 2건의 문자를 받을 때도 이때였다.

[Web 발신]

고객님께서 신청하신 대출기간연장(₩300,000,000원)이 처리되었습니다. K은행.

[Web 발신]

고객님께서 신청하신 대출기간연장(₩2,100,000,000원)이 처리되었습니다. K은행.

24억 원. 평생 만져보지도 못한 돈이다.

아니 240만 원도 만지지 못하고 지루하게 이자를 지급하는 삶이 연장되고 있다. 공허감이 밀려왔다. 누군가와 이야기를 나누고 싶었는데 친구 션 군과 연락이 되었다. 마이클의 계획을 들은 션 군이 "빌딩을 모두 팔기로 전속 중개 계약을 했다고? 야, 돈 감독, 친구니까 말하는데 내가 보기에 여자가 골프를 치며 초심을 잃은 거나 자네가 빌딩을 모두 파는 게 같은 느낌이 들어?"라고 다소 뜻밖의 이야기를 하며 "할 수 있으면 피렌체 빌딩은 가지고 가는 것이 맞아!"라고 훈수했다.

션 군을 이해 못하는 것은 아니었다. 부동산 투자를 하는 사람들은 임대업이 꿈이기 때문이다. 그런 꿈을 스스로 버리려는 처사를 이해하지 못하는 것은, 다른 길도 성공한다는 보장이 없기에 그리 생각하는 것 같았다. 친구 션 군의 훈수에 '일부는 맞고 일부는 틀렸다'라고 생각하며 가속페달을 밟았다.

피렌체 고기 골목에 위치한 백반집 온정에 들어갔다. 오후 4시가 넘은 시각이었다.

식사 후 고시원 308호 화장실 환풍기를 교체하다 감전당했다. 한쪽 전선을 만지면 전류가 흐르지 않아야 하는데 접지가 안 되었는지 약한 전류가 흘렀다. 주방의 고무장갑을 찾아 끼고 작업을 마쳤다. 그런 후 지하실로 내려가 드럼연습용 패드를 챙겨 울란바토르 피렌체하우스로 향했다.

대출이 연장되었으나 공허감은 여전했다.

11

공인중개사

2016년 3월 4일 금요일 흐리고 오후 늦게 비

김치를 넣어 라면을 끓였다.

블로그와 브런치에 글을 업로드하고 있는 도중에 전화를 받았다.

며칠 전, "건물 현찰 35억 원이면 파실 생각 있으세요?"라고 전화를 한 여자였다. 상당히 불쾌한 전화였는데, 마침 한가하던 시간이었기에 대화가 길어졌다.

마이클이 "그 건물은 그렇게 접근하는 게 아닙니다. 꼭 사야 할 사람이라면, 내 건물을 좋아하는 사람이라면 팔겠지만 가격 때문에 팔지는 않을 것입니다. 38억 원부터 시작하지요?"라고 말하며, "네이버에 마이클을 검색해보세요"라는 말하자 곧바로 인물검색을 했다. 마이클은 이때를 놓치지 않고 사슴의 목덜미를 문 악어처럼 "그러니 내 빌딩 후지게 평가하면 안 됩니다"라며 흔들어 제쳤다. 그러자 조 이사라는 여자는 당장에라도 달려올 것처럼 흥분하며 "멋지세요. 존경스러워요"라고 말했다. 매수자 편인 중개사를 매도자의 품으로 끌어오는 공작이 시작되는 순간이었다.

그리고 오늘 다시 전화를 걸어와 "아침까지 시간을 비워두시라고 하시더니 전화가 없으세요?"라고 말했다. 마이클이 "그랬나요?"라고 되묻자 "어머, 기억 못 하세요?"라고 타박하듯 말했다. 이에 "내가 미쳤군요. 그러면 뭐 오늘 봅시다?"라고 말하자, 조 이사가 놀라며 "오늘요?"라고 말꼬리를 올렸다. 마이클이 "나에게 내일은 없어요. 오늘!"이라고 힘주어 말했다, "그럼 지금은 손님과 있으니

8시에 건물에서 뵈어요?"라고 약속했다.

조 이사를 만나, "현찰 35억 원이면 사실 분이 있는데"라고 말한, 밑 장을 확인해보기로 했다. 진정한 매수자가 있는지, 아니면 마이클의 팬티를 벗겨 보려는 심산인지 알아보기로 한 것이다. 그러니 차는 당연히 빨간 벤츠 SLK 로드스터로 결정했고, 청바지에 겨울 재킷, 스카프까지 완벽하게 연출했다. 그런 후 드라이브 모드를 스포츠 모드로 전환하고 광폭 타이어가 도로를 말아 감기도록 가속페달을 밟으며 피렌체로 향했다.

금요일의 피렌체 골목은 유흥인파로 북적거렸다.

주차장 입구에 빨간색 프라이드 승용차가 주차되어 있기에 전화번호를 입력했더니 조 이사의 전화번호가 떴다. 마이클이 "차를 뒤로 밀어 넣으세요"라고 말하자, 잠시 후 허리가 한없이 불어터진 여자가 종종걸음으로 뛰어와 운전석 문을 열고 타 후진했다. 그런 후 "어쩜 차도 멋지고"라고 감격하며 오른손을 내밀었다. 파란색 재킷에 흰색 스카프, 바지를 입었는데 얼굴도 화장 때문인지 밉상은 아니었다.

마이클이 "지하를 보셔야죠?"라고 말하며 피렌체홀로 내려갔다.

조 이사가 스마트폰으로 이곳저곳을 사진 찍더니 "노래방 기기도 있네요? 여기도 세를 놓으셔야죠?"라고 물었다. 마이클이 "아뇨. 여기는 이렇게 쓸 겁니다. 매수자더러 세를 놓으라고 하세요. 저는 음주가무를 해야 하거든요?"라고 말하며 밖으로 나왔다.

허기를 느낀 마이클이 "뭐 드실래요?"라고 물었다. 조 이사가 "뭐든 다 좋아요. 물고기를 더 좋아하고요"라고 대답했다. 이에 마이클이 "회요? 음 분위기는 엉망인데 맛있는 횟집이 있어요!"라고 말하고 앞장서 새마을시장 입구의 횟집으로 향했다. 뒤따르던 조 이사가 "저기 가세요? 저도 저기 단골이에요"라고 말했다. 이에 마이클이 "사무실이 길동 쪽이던데요?"라고 되묻자, "집이 여기잖아요. 한때는 일주일에 서너 번은 왔어요. 술 많이 마셨죠"라고 대답했다. 광어회와 청하를 시켰다. 곧 도톰하게 썰린 회 접시가 나왔다.

조 이사는 "도와주세요"라며 여성 특유의 붙임성을 발휘하며 20년 전 남편과 이혼하고 딸 셋을 홀로 키운 것, 컨설팅 회사에서 버티며 부동산 중개를 배운 것, 종로통 건물주에 대한 이야기를 늘어놓았다. 마이클이 "전화를 받고 35억 원을 부른 이유가 궁금해서 왔습니다"라고 본론을 꺼냈다. 조 이사가 "손님이 그 가격이면 사겠다고 해서요"라고 대답했다. 마이클이 "한 사람이 그러고 다니는 거 같군요? 그 가격이면 벌써 팔렸습니다"라고 말하며 술잔을 들었다.

그러고는, "그런데 내 건물은 현금이 많은 사람이 사야 하는데 그런 사람이 없더라구요?"라며 넘겨짚었다. 그러자 조 이사가 "무슨 말씀을요? 돈 많은 사람들 정말 많아요 사장님?"이라며 눈을 크게 떴다. 이에 마이클이 "하여간 내 건물 팔아줘야 도와줄 수 있으니 알아서 하세요"라고 말하며 고개를 뒤로 젖혔다. 그러고는 "여기 말고도 울란바토르에 건물이 하나 있습니다"라고 말했다. 조 이사가 "지방도 수익률만 좋으면 사는 사람들이 있어요!"라고 힘을 실어주었다. 그래서 '이 여자가 빌딩을 팔 것 같다'라는 근거 없는 확신이 들었다.

피렌체교회 자리에 근린빌딩이 신축되었다.

1층 커피숍으로 갔더니 조 이사가 "커피는 제가 사겠습니다"라고 말하며 카운터로 향했다. 마이클이 "난 카라멜 마끼아또입니다!"라고 주문했다. 잠시 후 커피를 들고 온 조 이사가 "얼마 전 이 건물이 67억 원에 매매가 되었어요. 너무 비싸서 신경 쓰지 않았는데 결국 다른 곳에서 팔았더라구요?"라고 말했다. 마이클이 "땅값이 33억 원인가 그랬는데? 돈 벌었네"라고 수긍하며, '역시 부동산은 입지다. 이런 부동산을 찍어 건축해야 돈을 버는 법이다. 겨우 한 블록 뒤지만 피렌체 빌딩의 매매가 어려운 것은 입지 때문이다. 이제야 정말 세상이 보이는 것 같다'라고 다시 한번 알고 있던 것을 상기했다.

비가 내리기 시작했다.

마이클이 '술이야' 앞 공간을 지목하며 조 이사에게 "술 드셨으니 차는 이곳에 주차하고 내일 가져가시면 됩니다"라고 말했다. 그러자 조 이사가 "운전하고 가시려구요?"라고 되물었다. 마이클이 "저는 술 마시지 않았습니다"라고 대답했다. 조 이사가 "하긴 물을 많이 마시시더라"라고 동의했는데, 정신을 맑게 할 필요가 있어서 술은 두어 잔만 마셨었다. 인사를 하고 차에 타려니 조 이사가 악수를 청하며 "포옹이라도 하고 싶지만 그럴 수 없어서…"라고 말했다. 마이클이 "그게 어렵습니까? 백만 년 만에 여자를 안아보네요"라고 능청을 떨며 작별의 포옹을 했다.

투두둑! 투둑!

빗방울이 굵어지기 시작했으나 곧 조용해졌다.

울란바토르 피렌체하우스에 도착할쯤 조 이사로부터 "감사합니다. 만나 뵈어서 행복했습니다. ^-^"라는 문자가 왔다.

12

부동산 중개법인

2016년 3월 24일 목요일 맑음

‘산천은 유구한데 인걸은 간데없네.’

과거와 달라진 신사동에 왔다.

‘현대고등학교’를 지나 오른쪽으로 핸들을 돌렸다. 신한은행이 있던 자리는 공실이었고, 천막 치고 오토바이 수리점을 시작했던 빌딩 주차장 자리는 조경수가 자리하고 있었다. 광림교회는 나날이 커져서 커다란 도시를 만들었고 근처의 작은 빌딩들도 신축되거나 리모델링이 되었으며 식당 문경새재도 그러했다. 주인은 바뀐 듯했고 유리가게도 어디론가 이사 갔는지 없었다.

원빌딩 중개법인은 ‘혜성 한의원’ 라인에 있었다.

키가 작고 뚱뚱한 여직원이 내려왔는데, 전화통화를 했던 ‘김 주임’으로 추측되었다. 마이클이 유리창을 내리고 오른손을 귀에 대고 전화를 거는 시늉을 했더니 “네. 맞습니다”라고 대답했다. 건물 앞에 주차하고 엘리베이터를 타고 4층 회의실로 들어갔다. 김 주임이 벽면의 모니터에 피렌체 빌딩을 띄워놓고 “이 물건은 제가 담당입니다”라며 프리젠테이션을 시작했는데, 얼마 전 피렌체 빌딩 매물을 의뢰하는 편지를 보내 만나게 되었다.

마이클이 “몇 살이야?”라고 물었다.

빌딩 중계를 하기에는 너무 앳되었고 실무 지식도 부족했기 때문이었다. 김 주임이 “스물두 살입니다. 열심히 하겠습니다!”라며 약간 군대식 말투로 대답했다. 마이클이 피렌체 빌딩 사진을 가리키며 "저런 물건은 말이야. 가격이 싸서 사고, 비싸면 안 사고 하는 물건이 아니야! 좋아하는 사람이 있다면 그 사람에게 팔 수 있는 물건이고, 그렇다고 비싸게 팔 수 있는 물건도 아니야! 그러니 소유자가 누군지도 매우 중요하다고? 매수자의 처지에서는 눈탱이를 당하지 않아야 하니까? 지금부터 내가 누군지 먼저 브리핑을 해주지!"라고 말하며 키보드와 마우스를 앞으로 끌어당겼다.

부동산 중개법인은 나름 최고를 추구했다.

무선 키보드와 마우스뿐 아니라 화장실도. 마이클이 네이버 검색창에 '마이클'이라고 타이핑하고 엔터키를 누르자 사진과 프로필이 나왔다. 다시 '블로그'를 클릭했다. 김 주임이 "어, 어떻게 바로 나오세요?"라고 놀랐다.

마이클이 카테고리 하나를 클릭하며 "여기에 빌딩의 스토리가 있어. 낙찰 때부터 리모델링까지. 이렇게 스토리와 리모델링한 내역, 사진까지 있는 빌딩 있으면 나와보라고 해! 배수펌프까지 모두 새것으로 교체했지. 내가 그동안 백 개도 넘게 집을 낙찰받아 수리해서 팔았어. 단 한 사람도 싫은 소리를 한 적이 없지. 나 그런 사람이고 저 빌딩이 그런 물건이야"라고 소개했다. 이에 김 주임이 "리모델링을 하셨군요. 그러면 다시… 리모델링은 생각 못 하고, 30억 원 정도에 사신 것 같아서…"라고 당황해했다. 마이클이 "정확하게는 5억 원 들어갔어! 그러니 저 빌딩의 원가가 35억 원이야. 그렇다면 나 고생한 수고비는 나와야 하는 거 아냐? 그래서 38억 원이야"라고 말했다. 그러자 김 주임이 "지금은 수익률이 5% 나오세요. 근데 관리는 어떻게 하세요?"라고 되물었다.

"새로 살 매수자가 그걸 걱정하면 120만 원 최저 임금 지급하고 원룸 하나에 입주하는 조건으로 관리를 시키면 돼! 지금 아들이 하고 있는데 노동 강도는 전혀 없어. 김 주임이 해도 될 거야. 이틀에 한 번 정도 쓰레기나 비우는 정도잖아? 또 계단청소업체에 고시원 복도까지 청소해달라고 하면 될 거고. 제일 좋은 것은 소유자가 살면서 관리하는 거야. 나이 들면 어디 갈 데도 없잖아? 나도 저걸 만들 때는 평생 가지고 가겠다고 했어. 지금 내 상황이 바뀌어서 팔려고 할 뿐이야. 생각해봐? 상가에서 장사하거나 임대료를 받거나 하고, 고시원은 월세를 받고 주택에 거주하고. 장성한 자녀 결혼 안 하고 있으면 옥상에서 살게 하고. 최고의 건물이라고!"

"네. 그러네요. 리모델링은 생각 못 했는데 다시 조정해야겠네요?"

"세상이 얼마나 영악한데 몇억씩 얹어서 팔겠어? 그럴 수도 없고, 살 사람도 바보는 아니야. 서로 용도가 맞으면 거래를 하는 거지. 밥이나 먹으러 가. 난 아침도 안 먹었어!"

마이클의 말에 김 주임이 "우동집이 맛있는데… 아니다. 다른 곳 갈래요?"라고 물었다.

마이클이 "일식 먹을래?"라고 물었는데, 명지대 부동산학과 2학년인 학생이 무슨 중개를 하겠는가? 그런데 기분이 묘했다. 매매를 할 것 같은 말도 안 되는 느낌이 들었다. 그래서 "디엠 발송해서 피드백이 오니 좋지?"라고 물었다. 김 주임이 "네. 사실 실장님이 '연락이 오겠어?'라고 하셨거든요?"라고 대답했다. 마이클이 말을 이었다.

"몇 년 전, 전라도 광주 치평동의 토지를 낙찰받은 적이 있었지. 지분이었는데 수입 오토바이 점포가 있는 곳이었어. 오토바이 점포 주인도 입찰에 들어왔으나 내가 낙찰을 받았지. 2억 8천 얼마가 감정가였는데 삼십 몇 프로인 1억 2천 얼마에 낙찰받았어. 그리고 입찰에 떨어진 오토바이 점포 주인에게 3,000만 원만 얹어주면 되판다고 제안했는데 거절하더군. 그 후 부동산에서 편지가 왔어. 팔아주겠다는 거야? 그렇게 되어 그 땅을 3억 3,000만 원에 팔았어. 사람은 노력을 해야 해! 김 주임도 편지를 보냈기에 나와 만나는 거 아냐? 그래서 앞으로 더욱 열심히 편지를 보낼 거고? 이렇게 사람은 다른 사람에게 좋은 영향을 주며 살아야 하지!"

말을 하는 마이클도 행운을 앉아서 기다리지 않았다.

오늘도 스스로 움직여 왔고 점심까지 사주었다. 일식집 종업원이 "2만 원과 3만 원이 있습니다"라고 말하자 "음, 계약하지 않았으니 2만 원으로 주세요?"라고 말했다. 이에 김 주임이 웃었는데, 얼굴은 살찐 신세경 분위기가 났고 가슴은 식탁에 걸릴 정도로 컸다. 스스로도 "신세경 닮았다"라는 말을 좋아했다.

"사진 찍는 것을 좋아하시나 봐요?"

음식이 나오기도 전에 빈 접시를 찍는 마이클을 보고 그렇게 물었다.

마이클이 "응. 모든 것을 기록하려고 하지. 지나면 추억이니까?"라고 대답했고 곧 음식이 나왔다. 회가 두툼해서 좋았다. 마이클이 "바쁜데 너무 오래 붙들고 있었던 것은 아닌가?"라고 물었다.

"아닙니다. 즐거웠습니다. 차 정말 멋지세요. 사장님도. 제가 아는 빌딩주분 중 가장 젊으세요."

김 주임은 나이가 어린 약점을 커버하기 위해 정장을 입고 기분 좋은 말을 했다.

마이클도 기분 좋은 만남, 맛있는 식사를 하고 고소사건 접수를 위해 크레타경찰서로 향했다.

13

지중해와 조르바

2016년 3월 30일 수요일 맑음

마이클의 자산은 100억 원이 넘었다.

그럼에도 구멍 뚫린 배처럼 하루하루 침몰하고 있었다. 바닷물이 들어오기 시작한 지 2년이나 지났다. 희망봉은 해무에 가려 보이지 않는 시간이었다. 사람들은 마이클의 침몰을 알아차리고, 아주 싼 가격에 보유한 부동산을 사려고만 했다. 그래서 외치고 싶었다.

"나, 이, 마이클! 아직 죽지 않았다! 건재하다고!"

그러나 공허한 메아리였고, 부동산 중개사무실에 출근하는 션 군을 위해 '피렌체 빌딩'을 매매해보라고 말한 것은 다시없는 실수였다. 호의가 오히려 독이 되었다. 션 군은 번듯한 중개업자가 아닐뿐더러 자산이나 풍기는 외모조차 백만장자처럼 보이지 않았기에, 친구인 마이클과 빌딩조차 썩 좋은 물건으로 보이지 않을 것은 자명했다.

"야 친구니까 말하는데, 기분 나빠 하지 마라! 31억 원이면 어떻게 해보겠다고 하더라. 그래서 내가 원가가 36억 원이다 말도 안 되는 소리라고 했다!"

친구 션 군의 전화, 이런 일로 두 번째 전화였다.

듣도 보도 못한 양아치 같은 소리를 듣고 있으려니 화가 머리끝까지 났다. 생각 있는 중개사들은 절대 그런 소리를 못한다. 모든 것은 '가난한 놈과 어울린 너의 죄니라!'라며 자신의 불찰이라고 생각했다. 화장실에서 똥을 싸면서도 화가

가라앉지 않았다.

마이클이 통화 버튼을 눌러 "좋아. 31억 원에 하자고 해라! 단 보름 안에 잔금까지 치르는 조건이다. 오케이?"라고 말했다. 션 군이 당황해하며 "야, 갑자기 왜 그래? 무슨 일 있냐?"라고 되물었다. 마이클이 "아니, 나쁘지 않은 조건이야. 보름이야. 안 되면 마는 거고?"라고 말했다.

지갑에 1억 원도 없는 중개사 놈, 계약금도 치를 수 없는 놈인 것을 알기에 38억 원 빌딩주를 상대로 허세를 부리는 것에 대한 대가를 치르게 해주고 싶었다. 션 군이 "그러면 대출은 승계되냐?"라고 물었다. 마이클이 "대출승계가 쉽겠어? 나 정도 신용 있는 놈이 대한민국에 몇 명이나 될 거 같아? 그건 지들이 알아서 할 일이고!"라고 말하며 전화를 끊었다. 얼마쯤 시간이 지났을까? 션 군이 전화를 걸어와 "2, 3일 있다 연락을 준다고 하네?"라고 말했다.

'미친놈들. 계약금 3억 1,000만 원을 만들 수나 있는지 한번 보자! 물론 팔 생각은 눈꼽만큼도 없다!'

여자도 "슬기 기숙사 이야기는 들었어?"라며 전화를 했다.

마이클이 "응, 기숙사비를 입금해주었어"라고 대답했다. 그렇게 슬기 이야기로 시작했지만, 결국 "빌딩을 싸게라도 팔아야 하는 거 아냐?"라고 다그쳤다. 마이클이 "그렇지 않아도 31억 원에 내놓았다!"라고 말했는데, 공교롭게도 거짓말이 아니게 되었다. 통화 도중 여자가 "그러면 내가 울란바토르 건물(지상 5층, 룸 30개인 고시원 전용)을 인수하면 안 돼?"라고 말했다.

이혼 전에 인수했으면 재산분할이 되어서 가능했을 것이었다.

그래서 이혼 당시 마이클은 재산분할로 건물을 가져가라고 제안했었다. 그러나 여자는 "현금으로 줘!"라고 거부했었다. 그리고 지금 건물을 넘겨 준다고 해도 재산분할이 아닌 매매 형태일 것이므로 취득세를 비롯해서 대출금도 승계해야 하는데 소득이 없으므로 쉽지 않을 것이며, 또 넘겨 준다고 해도 지금의 상황이 달라질 것은 전혀 없었다. 그래서 "아무런 의미가 없어. 당신이 가져간다고 해도 이자를 감당하지 못해. 결국 파산의 길로 가는 거야. 두 달 정도 버틸 수 있겠다!"라고 대답했다. 그러자 여자가 "애들을 위해서라도 재산을 지켜야 하는 거 아냐?"라고 말했다.

재산 형성에 아무런 기여를 하지 않은 여자가 마치 대단한 기여를 한 것처럼 혀를 놀리는 것에 대해 기가 막힐 따름이었다. 마이클이 "알몸으로 태어나 다시 알몸으로 가는 거지. 어쩔 수 없는 일이야. 지금까지 월 4,080만 원씩 이자를 내며 버텨 왔는데 더는 힘들겠다. 많이 노력하고 있으니… 이런 대화 하기 싫다"라며 전화를 끊었다. 가슴 한쪽이 아려왔다. 내일이 두려운 것은 아니지만 서글픔만은 어찌할 수 없었다. 날씨는 미세먼지가 있을 뿐, 봄날이었다.

시간은 저녁을 향해 가고 있었다.

이른 식사를 하려고 백화점 지하로 내려갔다. 연어회가 유혹했지만 꿋꿋하게 '채소야'로 가서 야채 샤브샤브를 주문했다. 그리고 드럼학원에서 연습곡 박상민의 〈지중해〉를 연습했는데, 가사가 가슴을 후볐다.

"돌아가는 길에 나를 내려줘. 나는 네가 사는 곳에 가지 않을~래~ 돌아오는 길은 너무 멀지만 더 이상은 날 버리고 살 수 없어~ 떠나자 지중해로 잠든 너의 꿈을 모두 깨워봐~ 나와 함께 가는 거야 늦지는 않았어. 가보자 지중해로…."

두 눈이 촉촉해졌다. 정말 늦지 않았기를!

2016년 3월 31일 목요일 맑음

3월의 마지막 날. 힘들고 슬퍼서 걷고 싶었다.

보드라운 햇살을 받으며 울란바토르 대교를 향해 걸었다. 수암천의 물소리도 새삼 정겨웠다. 보신탕 식당으로 들어가 "탕 하나와 소주 하나 주세요"라고 말했다. 옆 테이블에는 마이클 또래로 보이는 남자 두 사람이 소주 각 1병씩을 시켰는데, 한 사내가 "땅굴 파서 살어. 시원하고 좋아"라고 말했다. 그러자 앞에 앉은 사내가 "습기 때문에 연통은 뽑아야겠지?"라고 장단을 맞췄고, 땅굴을 제안한 사내가 "당연하지. 요즘 가습기가 좋아서 문제없어"라고 맞장구를 쳤다. 그러고는 "거기가 좋다고 난리야. 너도 와서 며칠씩 쉬었다가?"라고 권유했는데, 봐둔 땅이 있는 모양이었다.

친구의 권유를 받은 사내가 "자주 못 가. 연락만 끊어지지 않으면 돼! 그러면 뒤지기 전에는 보겠지. 난 돌아가면 잘 못 돌아와"라고 말했다. 마이클은 조르바처럼 명쾌한 대사를 하는 사내다운 사내들을 만난 것이 반가워하며 씨익 웃어주었다.

2016년 4월 2일 토요일 맑음

어제 션 군이 "피렌체 빌딩이 돈 많은 사람들은 관리하기 힘들다고 한다네? 그래서 연결하기 어렵대?"라고 매매 가격을 후려치는 공인중개사의 의견을 전달했다.

마이클이 "그게 아니지, 자기들이 함부로 장난할 레벨이 아니라는 것을 알고 쫄은 거야. 어떤 미친놈이 38억 원 불렀는데 31억 원에 판다고 하겠어? 그런데 계약하겠다고 하니 뭔가 큰일날 것 같다고 생각한 거야. 그 새끼들 앞으로는 조신하게 처신하겠지. 그리고 너도 이제 내 빌딩 매매에서 손을 떼고 그런 이야기를 전하지도 마라!"라고 말했다. 그러자 션 군이 "나야 뭐 뿌릴 곳이 있냐, 알겠어!"라고 대답했는데, 이렇게 마이클의 강공 드라이브는 의외로 쉽게 결판이 났다. 마이클은 어느새 세상의 흐름을 읽고 있었다.

이번에 빌딩 매매 중개를 위한 편지를 보낸 중개사는 나이가 지긋한 목소리였다.

마이클의 전화에 "예. 회장님 안녕하십니까? 건강이 최곱니다"라고 깍듯이 예우를 차렸다. 마이클이 "회장은요 뭐! 편지 받고 연락 드립니다"라며 본론을 꺼냈는데, 강남 중개사들에게 '피렌체 빌딩'의 가격은 37억 원에서 38억 원 사이로 흘러 돌아다니고 있음을 알 수 있었다. 마이클이 "매수자만 있으면 그 가격 이하로도 팔 수 있습니다. 단 가격은 어디로 나가면 안 됩니다"라고 말하고 전화를 끊은 후, 임대 내역 등 자료를 문자로 첨부해 보내줬다.

2016년 4월 7일 목요일 맑음

아버지는 평생을 반경 20km 안에서 농사를 지으며 살고 있고, 어떤 이는 평생을 의사로 진료실에서 살고, 어떤 이는 평생을 7평짜리 분식집을 하며 살고, 또 어떤 이는 평생을 시장 골목길에서 장사를 하고, 또…!

마이클은 스무 살에 공장노동자 생활을 했고, 서른 살에 자영업을 했고, 마흔 살에 부동산 매매 법인 회사를 창업하고 경매 투자를 했고, 오십에 영화감독을 꿈꾼다. 잘하는 오토바이 수리 일을 하지 않고, 잘하는 부동산 경매 투자를 하지 않고, 잘한다는 보장도 없는 영화제작자의 길을 가려고 한다. 한곳에 정착하지 못하는 이유는 무엇일까?

《전습록》의 저자 문성환의 '농부와 인문학' 강의를 다시 들었다.

주자학은 사물 자체에서 이치를 찾는 것이어서 "뱀에 대해 공부하고, 벌레에 대해 공부하고, 자객이 어디 오는지 연구하는 등 이를테면 모든 위험요소, 또는 사물을 알려고 하는 것이었다. 그에 반해 양명학은 마음에서 이치를 찾으려고 했다"고 말한다.

'그동안 내가 삶의 이치를 밖에서 찾으려 한 것이 잘못이었다. 삶의 이치는 내 안에 조건이 갖추어져 있었다.'

양명이 38세에 자다가 벌떡 일어나 깨달은 것이란다.

죽은 시인의 사회에서 선생님이 말하는 '까르페디엠'도 이와 같을 것이다. 인생이라는 길을 찾는 것은 돈, 인맥, 학력 등에서 찾을 것이 아니라, 내 안에 있는 조건에서 찾으라는 것이다. 내 안의 조건. 마이클 안의 조건. 무소유, 통찰력, 결단성, 기록성, 사진, 영상…! 그러니 더는 조건을 좇다가 시간을 보내거나 하는 짓을 하지 않아야 할 것이었다.

14

일은 최악에서 최선으로 갈 수 있다는 것을, 그것도 눈 깜빡할 순간에

2016년 4월 18일 월요일 오전에 맑음 오후에 비

월세 입금 대상자들에게 문자를 보내고, 피렌체 빌딩 1층 상가 임대차계약을 희망하는 사람에게 "내일 10시에 현장에서 만나면 어떻겠습니까?"라는 문자를 보냈더니 전화가 왔다. 수신된 휴대폰 번호로 검색을 해보니 방이동에서 작은 호프집을 하고 있었다.

삼성부동산 조 이사도 '1층 상가의 임차인이 있다'며 전화를 해 "보증금 7천에 월세 430만 원이고 권리금은 2,500만 원 어때요? 젊은 청년 둘이 할 건데…?"라고 제안했다. 마이클이 "그런데 선약을 한 사람이 있어요. 내일 10시에 만나기로 했거든요. 그래서…"라고 말꼬리를 흐렸다. 조 이사가 "아이 그러지 마시고, 저에게 주세요. 지금 바로 500이라도 계약을 하려고 하는데. 보증금을 더 올려볼까요?"라며 적극적으로 계약을 서둘렀다.

그러나 마이클은 "조건 때문에 그러는 거 아닙니다. 사람이 약속했으면 지켜야지요. 그래서 내일 그 사람을 만나야 한다는 것입니다. 그런데 오늘 이사님 손님과 계약을 해놓고 그 사람을 만나는 것은 기만하는 것이니 제 양심이 허락하지 않습니다. 그러니 손님에게도 제 이야기를 해 이해를 구하는 게 나을 것입니다"라고 말했다. 그제야 조 이사도 "역시 사장님은 멋쟁이셔"라며 수긍을 했다.

갑자기 상가 임대차가 이뤄지려고 하니 며칠 전, 그녀가 문자로 보내온 문정희 시인의 "기억하십시오. 일은 최악에서 최선으로 갈 수 있다는 것을 그것도 눈

깜빡할 순간에"라는 글귀가 기억났는데, 딱 그런 기분이었다. 그러니 내일 아침은 피렌체에서 먹게 되겠다.

2016년 4월 19일 화요일 맑음

4월 19일.

마이클이 속세에 있던 시절 '부활절'이다. 작년 오늘, 횟집에서 홀로 부활절 파티를 하다 '새로 태어난 인생'임을 다시 자각하고 '폐기'시켰으나 결국 작은 파티를 열게 되었다. 피렌체 빌딩 1층 상가가 계약되었기 때문이다.

그동안 마이클은 피렌체 빌딩을 경매로 매각하기 위해 5,160만 원의 임대료를 포기했고, 아들 솔 군에게 1층 영업을 하도록 지원해준 돈, 경매 집행 비용 1,200만 원까지 합하면 7,000만 원 정도 손실을 봤다. 놀음의 판돈 치곤 좀 컸지만 후회는 없었다. 밑 장을 까 봤기 때문이다. 이제는 미련 없이 정상적으로 임대를 맞추고 일반 매매로 매각을 하게 될 것이었다.

몽골스러운 골목을 돌아 나오는 빨간색 벤츠 SLK 로드스터.

잘 다려진 하얀 셔츠에 커프스, 롤렉스 시계, 몽블랑 마이스터스튁 145 만년필, 인감도장, 상가 권리양도 합의서로 중무장을 하고 피렌체로 향한 시각은 아침 9시였다. 임차인이 될 마흔두 살의 남자도 약속 시간에 맞춰 피렌체 빌딩에 도착했다. 그 앞을 빨간색 오픈카가 지나갔다. 주차를 한 마이클이 알아보고 "약속하신 분이시죠?"라고 말하고 앞장서 피렌체홀 문을 열었다.

"칸코시와 친구이고, 여기 참치집일 때 실장이 제 친구입니다. 그래서 잘 알고 있습니다. 강남에서 장사를 좀 오래 했었고요. 방이동 호프집은 2년 되었는데 자리는 잡았는데 새로운 손님이 늘지 않아서 좀 루즈해졌습니다."

남자의 말에 마이클이 "호프만 팔아서 임대료를 감당할 수 없을 텐데요?"라고 걱정했다. 남자가 "맞습니다. 그래서 저는 저렴한 웨스턴바 스타일로 합니다. 양주와 칵테일을 팔아 매상을 올리려고 하고 있으며 프렌차이즈화를 할 생각입니다. 제가 좀 촉은 있거든요"라고 대답했다. 이에 마이클이 "그러면 계약을 할까요?"라고 마침표를 찍었다.

그러자 남자가 "프렌차이즈 사업을 구상하는 친구와 더 이야기를 해야 하므로 내일 하면 안 될까요?"라고 뒤로 빠졌다. 마이클이 "어젯밤부터 부동산에서 임차인이 있다고 성화입니다. 그러나 먼저 약속했기에 만났구요? 그러면 2시까지 연락을 주십시오"라고 말했다.

삼성부동산 조 이사에게는 "오후 2시 이후로 계약을 하면 안 될까요?"라고 문자를 보냈고, 시간이 되어 석촌동 교회가 운영하는 1층 커피숍에 마주 앉았다. 마이클의 첫 마디는 "조 이사! 사무실이 없나 봐?"였다.

조 이사가 "네, 사장님. 사실 삼성 R&D 그만두고 강남 빌딩중개로 옮겼어요. 이 건 중개는 대박 부동산하고 같이 하는 겁니다"라고 말했다. 다시 마이클이 "자격증도 없지?"라고 가슴을 후볐다. "땄어야 하는데 애들 키우고 살림하고 하다 보니…"라고 말꼬리를 흐렸다.

마이클이 "뭐 상관없어요. 자격증 없는 친구들이 일은 더 잘하거든!"이라고 개의치 않듯이 대답하자 "근데 사장님은 어떻게 척하면 아세요?"라고 되물었다. "내가 좀 사람을 많이 겪어봐서"라고 웃었다.

그 사이 커피가 내려졌다.

마이클은 "인생이 쓴 탓에 달달한 카라멜마끼아또"라며 주문했었다. 카운터에 금화처럼 포장된 초콜릿이 예뻐서 몇 개를 샀다. 기분이 좋아져서 "야 이런 금화 한 바구니만 있으면 좋겠다. 현관에 두고 필요할 때마다 하나씩 쓰게…!"라고 말했다. 마이클의 허세에 조 이사가 웃음을 터트리며 "사장님과 계약할 사람들은 젊은 사람들입니다. 계약하세요?"라고 독촉했다.

마이클도 아침에 만난 남자가 계약에 앞서 '경매에 들어간 내용'이나 '인테리어 기간' 등 조건을 물어보는 것, 현재 방이동에서 운영하는 작은 호프집으로는 상가 임대료와 권리금을 지불하기 어렵다는 것을 파악했으며 약간의 허세도 느꼈다. 그래서 카라멜마끼아또 커피를 입에서 떼고 조 이사에게 "계약합시다!"라고 결정했다. 그런 후, 조 이사의 휴대폰으로 계좌번호를 보냈다. 곧바로 계약금 1,000만 원이 입금되었다.

조 이사가 "의정부에서 오니 4시에 계약서를 써요. 그런데 그 전에 협의할 일이 있습니다. 권리금을 사장님에게 2,500만 원이라고 했는데 손님들에겐 3,000만 원이라고 했거든요. 그래서 그 500만 원을 대박하고 나눠 가지려고 하는데 어떻게 생각하시는지 해서요?"라고 물었다.

마이클이 "복비는 얼마입니까?"라고 되물었다. 조 이사가 "0.9하면… 500이 조금 안 되네요?"라고 말했다. 마이클이 버럭 하며 "누가 0.9를 줍니까? 한 300하면 되겠네. 그리고 권리금을 부동산이 취하는 것은 부당이득입니다?"라고 으름장을 놨다.

그러자 조 이사가 "그럼 어떻게 하죠? 그렇게 해줄 수 있다고 말했는데요?"라고 되물었다. 마이클이 "내 핑계를 대세요. 남의 건물 가지고 부동산 중개사가 권리금 장사를 하면 안 되는 건 당연한 겁니다. 애들 고생해서 챙겨 주려는 것인데 말입니다. 이거 정리하면 내가 조 이사에게 100만 원 더 드립니다"라고 정리했다. 조 이사가 "그럼 다녀오겠습니다"라고 말하고 커피숍을 나갔다.

잠시 후, 커피숍으로 돌아온 조 이사는 "삼성 R&D 부동산에서 계약서를 쓰기로 했습니다"라고 말하며 중개사무소 주소를 안내했다. 아마도 약간의 수수료를 주고 계약서를 써 주도록 하는 것 같았는데, 삼성 R&D 부동산 사무실은 길동역 근처 빌딩 3층에 있었고 주차장은 뒤편에 있었다.

먼저 도착한 조 이사가 공인중개사에게 상황을 설명하는지 "이 사람은 건물주 아들놈이고"라는 단어가 들려왔다. 솔 군을 지칭하는 듯했는데, '사람 없는 곳에서는 함부로 말하는구나'라고 실망했다.

잠시 후 임차인 두 사람과 '대박부동산' 중개사가 들어왔다.

임차인 중 한 사람이 "궁금한 것 몇 가지 물어보려구요?"라고 말하고 정화조 비용은 어떻게 하는지, 음식물 쓰레기는 어떻게 버리는지, 인테리어 기간을 줄 수 있는지 등을 물었다.

마이클이 "똥값은 아직까지 받은 적 없습니다. 내가 비용처리를 하면서 지불했습니다"라고 말하며, "난 기본적으로 임대료만 받고 살아갈 생각이 없습니다. 나의 활동으로 돈을 벌고자 노력합니다. 그래서 임차인들에게도 최대한 편의를 제공하는 편입니다. 참, 현장에 가보셨어요? 가서 기운을 느껴보세요. 편안하면 되는 겁니다. 불편하면 계약하면 안 됩니다"라고 말했다. 이에 살집이 좀 있는 임차인이 "제가 기 그런 거 좀 따집니다. 자리가 너무 좋았습니다. 그리고 결정적으로 사장님 기운이 장난이 아니십니다. 우리 기는 그대로 가져가고 사장님 기를 좀 뺏겠습니다"라고 말했다. 마이클이 "그래 보입니까?"라고 되물었고 "네. 그렇습니다"라는 대답을 들었다. 기분이 좋아진 마이클이 "그렇게 보아주시니 감사합니다. 제가 좀 기가 세긴 합니다"라고 웃었다.

그 뒤로도 임차인과 중개사들은 마이클의 몽블랑 만년필, 벼락 맞은 대추나무로 만들었다는 사각형 인감도장에 "정말 멋지십니다"를 연발했다. 마이클이 검은색 잉크가 든 몽블랑 마이스터스튁 149로 서명을 하며 "모두의 성공을 위해 멋지게 계약을 해야죠. 이 만년필은 1억 원 이상의 계약서를 쓸 때 씁니다. 나만의 의전행사죠"라고 말하고, 계약금 1,000만 원 영수증은 아랫급의 하늘색 잉크가 든 몽블랑 마이스터스튁 145로 서명했다.

계약을 마치고 삼성 R&D 부동산을 출발해 올림픽 공원을 지나며, 아침에 만난 남자에게 전화를 걸어 "아침에 만났던 피렌체 건물주입니다. 계약을 다른 사람과 하게 되었습니다. 미안합니다"라고 계약 사실을 알렸다. 전화하기 전까지 매우 미안한 마음으로 고민했었는데 남자는 의외로 단순하게 "네. 알겠습니다. 감사합니다"라고 대답했다. 그제야 더욱 분명해졌다. 계약할 마음은 처음부터 없었던 것이었다.

잠시 후 빨간색 벤츠 SLK 로드스터가 피렌체 빌딩 주차장에 들어왔고 뒤이어 조 이사의 프라이드, 임차인들의 프리우스 자동차가 연이어 도착했다. 임차인들이 사무실로 사용하고 싶다며 "지하도 보여주세요"라고 말했다. 마이클이 "지하 임차는 생각하지 않는데 한번 보기나 하세요"라며 문을 열었다. 공간을 둘러본 임차인이 "완전히 사장님 놀이터네요? 멋지세요?"라고 말했다. 마이클이 "남자들의 로망 아닙니까? 영화보고 드럼 치고. 그래서 한번 해봤습니다. 지금은 울란바트로에 있는 건물 관리를 하느라 사용하지 않지만"이라고 대답했다.

임차인이 "이곳을 사용한다면 얼마 정도 받을 생각이세요?"라고 물었다. 마이클은 "조용한 업종이어야 하고 보증금 2,000만 원에 월 120만 원 정도의 임대료를 받을 생각입니다"라고 말했다.

15

옥탑방은 원래의 주인에게 돌아갔다

2016년 5월 16일 월요일 맑음

새벽 5시가 조금 못 된 시각이었다.

따뜻한 물을 한잔 마시기 위해 주방으로 나갔고 같은 방 2층 침대 사다리 위치를 바꾸는 것으로 하루를 시작했다.

'17개의 방에서 30개, 35채의 주택… 객실 100개의 호텔… 20억 원이면 1년에 1억 원씩 쓸 수 있다?'

화장실에 앉아 이런저런 상상을 했다.

김밥 한 줄을 샀다.

랭글러 루비콘을 타고 서울로 출발할 때는 9시가 조금 넘은 시각이었다. 회색 바지에 카라가 없는 셔츠와 하늘색 재킷을 입었고 가방에 노트북과 공인인증서, 만 원권 지폐 한 다발을 담았다.

피렌체 빌딩 1층 상가 계약은 10시 30분에 있었는데, 조 이사가 '먼저 만나자'고 하기에 낙원교회 커피숍 주소를 찍고 갔으나 잘못 알려준 주소였다. 다시금 검색해서 도착했다. 커피숍 밖에서 통화하던 조 이사는 차가 바뀌자 알아보지 못했다.

마이클이 운전석에서 내리자 "사장님 차가 몇 대여요? 이 차 예쁘다"라고 말하며 "오늘은 권리금 3,000만 원과 보증금 6,000만 원 들어가고, 나머지 3,000만 원은 내일 입금한다고 합니다"라고 전달했다. 마이클이 "그러세요"라고 쿨하게 대답했고, 시간이 되어 '대박부동산'으로 자리를 옮겼다.

조 이사의 말에 마이클은 쿨하게 대답했고, 시간이 되어 '대박부동산'으로 자리를 옮겼다. 일전에 봤던 두 명의 임차인이 먼저 와서 기다리고 있었다. 살집이 있는 친구는 싱글벙글했는데 한 친구는 상당히 긴장하고 있었다. 스마트폰으로 송금을 한 후 "입금되었습니다"라고 말했다.

마이클이 "그래요? 저는 지금 확인이 안 됩니다. 매도자나 임대인은 그리 걱정할 게 없어요. 매수자나 임차인이 조심해야 하지요. 그런데 저와 거래하면 걱정 없습니다. 상식을 벗어나는 일들은 없을 테니까요"라고 말하고, 중개사가 건네준 영수증에 사인하고 일어섰다.

그런 후 다시 조 이사와 커피숍으로 갔고 중개수수료 중 100만 원을 만 원권으로 지불했다. 돈을 세던 조 이사가 "90만 원인 것 같은데요? 한 번 더 세어 볼게요?"라며 다시 세었다. 착오였다. 마이클이 말했다.

"어허? 구라 치다 걸리면 손목 날아가는 거 안 배웠나?"

피렌체 빌딩에 도착했다.

임차인들도 상가 청소를 위해 도착했다. 마이클은 "창고를 사용하려면 치워야 할 테니 청소 업자에게 뒤에 있는 것들을 모두 치워 달라고 하세요?"라고 부탁했었다. 솔 군은 주류를 담을 마대를 챙기며 "아빠, 포스랑 계약 해지해야 해서 위약금을 한 200 정도 물어야 할 것 같아요"라고 말했다. 마이클이 "하는 수 없지. 알았다. 내일 네 계좌로 권리금을 송금해줄 테니 그때 정리하자"라고 대답했다.

2016년 8월 24일 수요일 맑음

"아파트를 전세로 돌리고 우리가 피렌체 빌딩에 들어가 살아야 할 것 같은데?"

빌딩 리모델링 준공 후, 주인세대인 403호를 전세로 내놓았으나 6개월이 되도록 세입자를 구하지 못했다. 28억 8,000만 원 담보 채권 최고액 때문이었다. 궁여지책으로 크레타 아파트를 전세로 돌리고 이사 가는 것이 자금 면이나 관리 면에서 수월해보였다. 그러나 여자가 반대했다. 아파트살이를 고집했다. 그때부터 마이클은 오로지 자신의 능력으로 부채의 늪을 헤치고 나가야 했다.

옥탑방은 402호와 복층 형식으로 내부 계단을 이용하도록 지어졌으나 전 소유자가 철계단을 따로 낸 다음 월세를 받았는데 출입문은 다락방처럼 낮았다. 마이클은 사무용 공간으로 사용하기 위해 출입구를 높이는 리모델링을 했다.

출입문을 나무 계단으로 만들고 복층 출입구를 폐쇄했으며 싱크대 아래에 드럼 세탁기까지 넣은 빌트인 주방도 만들었다. 또한 아트월은 파벽돌을 붙였고 바닥에는 흰색 폴리싱 타일을 깔았다.

방은 싱글 침대와 벽면을 따라 붙박이 옷장을 설치했고 2m에 이르는 책상 상판을 얹어, 2대의 모니터, 스캐너, 프린터기까지 원스톱 작업이 가능하게 했다. 물론 모든 배선도 숨겼다.

자기만의 서재를 만들겠다는 욕망은 그렇게 실현이 되었고 다른 사내들과 짝을 지어 골프장에 간 여자에게 화가 난 어느 날, 여권까지 챙겨 아예 이사했다. 그렇게 몸이 떠나왔다. 물론 마음은 더 먼저 떠났었다!

울란바토르 피렌체하우스도 준공되었다.

이곳은 1층엔 주차장과 공동주방, 2, 3, 4층은 풀옵션 고시원, 5층은 펜트하우스로 만들어졌는데 그곳이 마이클의 또 다른 주거 공간이 되었다. 그래서 피렌체 빌딩 옥탑방은 세를 놓아야 했다.

"보증금 2,000만 원 월 68만 원 관리비 2만 원, 풀옵션 옥상 전체를 내 마당처럼…."

광각렌즈를 사용한 깔끔한 광고사진 및 예술적인 문구로 '피터팬 좋은방 구하기'에 광고를 올렸다. 신혼부부, 전문직 종사자 등 무려 5~6명의 입주 희망자들이 방문했다.

필립은 모델 출신으로 논현동에서 사진 스튜디오를 하고 있었다.

구경만 하러 왔다가 "집이 너무 마음에 듭니다"라며 바로 계약을 했었고 얼마 전 이사 갔다. 마이클은 월세 계산 내역과 카메라, 청소도구 등을 챙겨 호박마차에 싣고 피렌체 빌딩으로 향했다.

필립이 이사를 나간 옥탑방은 아들 솔 군이 거주하도록 하기로 했다.

어떻게 보면 애초의 주인에게 돌아가는 셈이었다. 어느 날 솔 군이 마이클과 술을 마시던 중 "아빠, 저는 친구들에게 여기 산다고 말도 못해요!"라고 말했었다. 1년이 넘도록 고시원 303호에 살면서 1층 상가에서 장사하고 고시원 관리까지 하는 중이었다.

마이클이 "돈이 없어서 고시원에 사는 것이라면 친구들에게 창피할 수 있지만 건물주 아들이 건물 관리하느라 사는 게 뭐가 창피하냐? 그리고 답답하면 크레타 아파트에 가면 되는 것이고!"라고 말은 했으나, 마음에 걸렸기에 원룸이나 옥탑방이 나오면 옮겨 주려고 마음먹고 있었다. 그러니 솔 군도 나름대로 고생하고 있었다.

호박마차는 남부 순환도로를 벗어났다.

탄천을 지나자 파란 하늘을 찌를 듯 송곳처럼 서 있는 제2롯데월드 빌딩이 눈에 들어왔다. 피렌체에 올 때면 이 풍경 때문에 '누구나 알몸으로 태어난다. 그리고 누구는 저런 건물을 지었다. 나는 몇 층까지 지을 수 있을까?'라는 상상을 하고는 한다. 그러나 빌딩 디자인에 대해서는 '꼭 송곳처럼 높게만 짓지 않아도 될 텐데'라는 생각에 닿았다.

필립을 만나 옥탑방으로 올라갔다. 2년 만의 방문이었다.

필립이 "LED전등으로 다 교체했어요. 구멍을 뚫지 말라고 하셨는데 외부 전등 하나 달았습니다"라고 말했는데, 깨끗하게 사용했고 청소도 한 듯했다. 마이클이 "보증금에서 체납 월세를 공제하니 1,160만 원이 남았어. 오늘까지 전기요금은 6만 2천 원이야?"라고 확인했다. 필립이 "6만 2천 원은 계좌로 입금해도 될까요?"라고 물었다. 마이클이 "그렇게 해!"라고 대답했다. 거래처에서 결제가 잘되지 않아 자동차까지 팔았음에도 이사하게 된 경우였다.

마이클도 보증금을 돌려주기 위해 아침부터 AIA 보험 약관대출 1,000만 원을 받았다. 그러나 빗투은행 대출 이자 5,551,192원을 송금하자 다시 마이너스 상태가 되어 금고문을 열게 되었다. '5만 원짜리로 4억 원을 모아보자'는 기세로 5,000만 원 정도 모았으나 건축자금으로 사용되는 바람에 1,000만 원만 남았고 필립의 반환 보증금으로 사용되었다. 당연히 금고는 텅 비었다. 떠나는 필립에게 "사업을 한다는 것은 이런 일이 다반사이니 좋은 날이 있을 거라고 믿고 자주 봐!"라고 격려했다.

오후 시간은 모두 솔 군의 옥탑방 이사에 쓸 요량이었기에 상의를 벗고, 옥상 한쪽에 말려진 인조잔디를 깔았다. 그러느라 잔디 일부가 사라진 것을 알았지만 필립에게 묻지 않았다. 필요한 만큼 다시 주문하기로 했다. 그 광경을 본 솔 군이 "뭐 혼자서 다 하네?"라고 말했다. 마이클이 "아빤 델타포스야! 3층 베란다에서 2층 침대 한 세트가 있어. 그걸 좀 옮겨와라. 조립해줄게!"라고 말했다.

잠시 후, 청소와 침대조립을 끝내고 다이소로 향했다.

옷이 많은 아들이기에 옷걸이도 20개를 샀고, 자축파티를 하려고 족발도 하나 샀다.

"식탁이 필요하구나. 급하면 지하실에 있던 테이블 가져다 쓰든지?"

필립이 남겨 놓고 간 밥상을 펴고 족발에 막걸리 한 잔을 마셨다. 아들 솔 군이 새로운 공간에서 새로운 꿈을 꾸기를 바라는 파티였다.

MONTH
17

제5장
홀리데이

1

홀리데이

2016년 8월 27일 토요일 맑음

"사장님, 너무 일찍 전화했죠? 내부 빈방을 보려면 몇 호실을 봐야 하죠?"

삼성 부동산 조 이사의 전화였다. 오전 10시가 갓 넘은 시각이었다.

다시 전화했을 때는 정오가 지났을 때였는데 "빈방도 봤구요. 마음에는 드셔 하세요. 사장님과 통화도 했대요. 그런데 35억 원까지 된다는 이야기를 했다고 하네요? 그 가격에 가능하세요?"라고 말했다.

"조 이사님! 35억 원에 판다는 말은 꺼낸 적이 없구요? 뭐 25억 원 말이 나왔다고 해도 이제는 내가 그 가격에 안 팔겠다는 겁니다. 그때 샀어야지요. 지금은 38억 원입니다. 만 원 한 장도 못 뺍니다. 모두에게 그렇게 말하고 있습니다. 그러니 조 이사님도 그렇게 알고 계세요. 물론 조 이사님께는 37억 원에 팔겠습니다. 거기서 만 원도 못 뺍니다. 그러니 조 이사님도 37억 원이 안 되면 전화를 할 필요가 없습니다. 아시겠죠?"

어제 강남부동산 중개사라는 사람과 있었던 이야기를 들려주며 그렇게 정리를 했는데, 새벽에 영화를 보면서 마신 캔 맥주 때문에 비몽사몽이었다. 기온은 하루 사이에 초가을 날씨가 되었다.

라면을 하나 끓여 먹고, 펜트하우스에 에어컨이 없는 탓에 폭염 피난처로 사용한 고시원 407호의 침대를 게스트룸으로 옮기고 기존 매트리스를 가져다 놓았다. 덕분에 방을 보러 온 학부모에게 보여줄 수 있었다.

2016년 8월 30일 화요일 맑음

"사장님, 1층 상가 영기입니다. 대출회사 직원과 10시 40분까지 만나기로 했는데 울란바토르역 어디로 가면 됩니까?"

며칠 전, 상가 공동사업자인 '마르코'로부터 '임대보증금을 담보로 돈을 빌리려고 하는데, 동의해줄 수 있느냐'는 전화를 받았다. 마이클이 "얼마나?"라고 묻자, "장사가 안 되는 것은 아닙니다. 매출은 뜨는데 돈이 들어가는 곳이 많아서 그렇습니다. 한 5,000만 원 정도요?"라고 대답했다. 그러나 보증금이 적었으므로 "5,000만 원은 좀 아닌 것 같아요? 그럴 일은 없겠지만 보증금이란 게 용도가 있는 거니까? 한 3,000만 원까지 해봐요?"라고 제안했다. 마르코가 "네! 그런데 사장님, 담보 대출 회사가 선릉에 있는데 건물주가 오셔야 한다는데 시간이 되실까요?"라고 되물었다. 이때 마이클은 동진신협에 '공사기성금' 대출 자서를 하고 아르헨티나로 향하던 길이었다. 그래서 "오늘은 이미 서울을 다녀왔고 목요일 오전에는 가능한데? 돈 급한가? 급하면 담보 대출 직원을 나에게 보내도 돼!"라고 말했다.

그렇게 되어 담보 대출 회사 직원과 공동사업자 영기가 롯데백화점 7층 고객 대기실에서 만나게 되었다. 전화를 받은 마이클이 샤워하고 하얀 린넨 셔츠를 차려입고 백화점으로 향했다. 백화점 7층엔 고객 휴게실 외에도 뒷쪽 엘리베이터 앞에 테이블이 있어서 서류 작업 하기에 좋았다. 마이클이 유리창 너머를 가리키며 "저기 빨간 파라솔에 인조잔디 깔린 건물 보이죠? 그게 내 건물이여. 돈 받으려면 저리 와!"라고 말했다. 영기가 "자리 좋은데요?"라고 말했는데, 대출받는 금액은 2,000만 원이었다.

"이자가 얼만가?"

대부업체 직원으로부터 이율을 듣고 '피식' 웃으며, "내가 제3채무자가 된 거네? 보증금 상환할 때 함께 와야 하네?"라고 말했다. 그러자 직원이 "저희가 서류를 보내드리겠습니다"라고 대답했다. 이렇게 되어 피렌체 빌딩 1층 상가 임대차보증금 1억 원 중 2,000만 원은 대부업체에 지급하게 되었다. 계약서를 사진으로 남기고 헤어졌다.

냉장고를 열어 캔 맥주 하나를 꺼냈다.

영화 채널에서는 〈홀리데이〉가 상영되고 있었다.

"랫미테크으- 포오러웨이---"

스물다섯,

노동운동과 국가보안법 위반 혐의로 수배 후 구속되었다.

1심에서 징역 1년 6개월, 집행유예 3년으로 감옥에서 풀려났으나, 국방부는 곧 '징집영장'을 보내왔고, 1개월 만에 두 번째 군에 입대했다. 4주간 신병훈련 교육을 수료하고 고향 마을 읍내 지서 무기고 경계병이 되었다. 그런 병사들을 '방위'라고 불렀다.

본부대대는 지역에서 경계 근무하는 병사들을 한 달에 한 번씩 불러 군기 사고 방지를 위한 정신교육을 했다. 잠깐의 휴식시간에 한 병사가 오른손을 머리 위로 흔들면서 노래를 불렀다. 스콜피온스의 〈홀리데이〉였다. 물론 노래 제목은 나중에 알았다.

그리고 또 하나의 〈홀리데이〉는 비지스가 불렀는데, 이 노래는 교도소 탈주 사건을 영화화한 〈홀리데이〉의 음악으로도 사용되었다. 이번 학기에 배우는 '영화기획제작'의 자료이기도 한데 우연하게도 '영화 채널'에서 상영되고 있었다.

추억에 젖어 보드카를 한잔 따랐다. 자정이 넘은 시각이었다.

2016년 10월 28일 금요일 흐림

반세기 살아오며 가장 비싼 의자를 두 개나 주문했다.

모두 빨간색으로, 안방 책상용은 도착했으나 서재용은 8일째 되는 날에 도착했다. 배송업체에서 며칠 묵은 모양이었다. 조립하고 앉아 보았다. 안락하다는 느낌은 없었다. 그저 서재의 그림이 약간 달라졌다는 것으로 만족해야 했다. 새 의자에 앉아 촬영 이야기를 페이스북에 올리고 있을 때 《바닥부터 시작하는 왕초보 부동산 경매》의 저자 '상식세상' 재용이 도착했다.

"거실에 가면 동그란 나무의자 있어. 가지고 와!"

의자를 가져와 옆에 앉혔더니, “형님 말씀 듣고 4개나 팔았어요. 그리고 이건 어때요?”라며 지난 부동산 경매 투자 이야기를 했는데, 크게 돈을 번 것은 없지만 많은 소송을 하며 경험은 쌓고 있었다.

마이클이 부동산 경매 사건을 검색하고, 항공사진과 지도를 비교하며 “근데 내 이야기가 본인의 재테크에 도움이 되나?”라고 물었다. 재용이 “아직 돈은 형님에게 비할 것은 못 되지만 마인드나 목표는 배우고 있습니다. 멘토시잖아요?”라고 대답했다. 마이클이 “그렇다면 다행이고. 도움이 되지 않는다면 여자도 아닌데 굳이 만날 필요가 없어서 말이야?”라고 말하자, “아닙니다. 도움이 됩니다. 형님을 처음 만난 게 지신모임, 그러니까 내가 왕초보 부동산 경매 책을 내고 만났으니 7년 정도 되나요? 어떠십니까? 지금 내가 그때의 형님 정도 되나요?”라고 되물었다.

2009년 여름이었다.

마이클이 《부동산 경매 비법》이란 불멸의 저서를 세상에 던지고 자기 세상인 양 떠들던 그 시절. 경매 카페모임 뒤풀이 자리에서 “내가 경매 책을 썼습니다”라고 들먹이던 사내가 있었다. 재용이었다. 그 재용이 지금, 당시 마이클 정도의 레벨이 되는지 묻고 있었다.

“어림도 없다. 난 그때도 이미 100여 건을 낙찰받고 몇십억 원을 굴릴 때였다!”

“그래요? 그때 전업 투자를 하는 형님이 부러워 전업하려면 얼마가 필요하냐고 물었더니 5억 원이라고 하셨어요. 그때 형님은 얼마로 경매 투자를 시작했어요?”

“5억 원.”

“경매 투자를 하지도 않았는데 그랬어요?”

“난 경매로 돈 번 거 그렇게 없어. 그저 먹고 살았지. 그 전에 내 사업으로 돈을 벌었고 그때 땅을 사둔 게 있었는데, 몇 년 지나 팔렸어. 그 사이 땅값이 많이 올랐지. 그 돈으로 경매 투자를 시작했어.”

이에 재용이 펄쩍 뛰며 “에이, 그럼 형님은 부르주아였네?”라고 말했다.

"누가 뭐래? 도박판에서는 판돈이 커야 해. 오늘은 왜?"

"네. 그동안 투자에 대해 검증도 받고 앞으로 내가 생각하는 투자가 옳은 방향인지 여쭙고 싶어서 찾아왔습니다. 4개 팔아서 양도세만 5,000만 원 내고 손해 몇천만 원보고, 1,000만 원 정도 남았네요. 형님 말씀대로 나도 십일조도 하려구요?"

"자잘한 것은 피곤하기만 해! 잘 팔았어. 판을 키워야 게으르게 살면서도 크게 먹지. 매일 풀 뜯어 먹고 사는 새끼가 되어야겠어?"

허세만큼은 누구에게도 지지 않을 자신이 있는 마이클이다.

어마어마하게 허세를 부리며 어둠이 내리기 시작한 밤거리로 나왔다. 택시를 잡으려고 인도에서 내려서던 재용이 "강남으로 갈까요?"라고 물었다. 마이클이 "아니, 강남은 안 간다. 술을 적게 먹기로 했거든. 지중해!"라고 말하자, "네? 지중해는 위험한데요? 차라리 스페인이 좋으실 텐데?"라고 되물었다.

"하하, 참치 횟집이야!"

2

전성기

2016년 11월 4일 금요일 흐림

K은행 신용조사부 팀장 용수는 본점 소속으로 거래 중인 사업장의 신용조사를 한다.

오늘은 피렌체 빌딩을 방문 조사를 하는 날이다. 주소를 검색해 근처까지 왔으나 도무지 회사 사옥으로 보이는 건물이 보이지 않아 대표자에게 전화를 걸어 “불타는 곱창집이 보이는데 어디로 가면 됩니까?”라고 물었다. 대표자인 마이클은 ‘온정’에서 백반을 먹고, 빌딩 지하 피렌체홀에서 노래방 기기를 작동하거나 드럼 세트를 점검하고 연주를 하며 시간을 보내던 중이었다.

용수의 전화를 받고 나가 보니 쥐색 슈트를 입은 50대 남자가 두리번거리고 있었다.

이윽고 두 사람은 명함을 주고받으며 통성명을 했고, 마이클이 “밑에 아무것도 없어서 따뜻한 음료라도 사 오겠습니다”라며 건너편 편의점으로 가서 베지밀 한 병을 사 왔다. 국화꽃 화분이 놓인 계단을 따라 피렌체홀로 내려갔다. 방송대 무역학과에서 스터디룸으로 사용하기 시작한 이후 멋스럽게 바뀌어 있었다.

마이클이 “이쪽이 밝으니 이쪽으로 오시죠?”라며 불빛이 밝은 곳의 테이블로 안내했다.

용수는 몇 장의 서류를 꺼내놓고 “그럼 이 건물도 경매로 낙찰받으신 것입니까?”라는 질문을 시작으로, 울란바토르 피렌체하우스, 아르헨티나 빌라 건축에 대해서도 물으며 "저도 내 집 마련 한번 해보려고 경매 공부를 좀 했는데 그거 어렵던데요?"라고 말했다. 마이클이 "아파트는 경쟁률이 높고 낙찰가가 높아서 재미가 없습니다. 특수 물건을 해야지요?"라고 말했다. 용수가 "그런 것은 어렵잖아요?"라고 되물었다.

마이클이 "어려우니 돈이 되는 것이죠? 여기까지 오셨으니 하나 팁을 알려드릴게요. 지분 경매라는 것이 있습니다. 아버지가 죽고 자녀들에게 상속된 것 중 일부나, 부부가 이혼하면서 아파트 반쪽만 경매로 나온 경우이지요?"라며 썰을 풀었다. 용수가 "아! 네! 그런 것 본 적 있습니다. 그건 골치 아픈 것 같아 넘기곤 합니다"라고 떡밥을 물었다.

마이클이 "맞습니다. 그런 물건은 다른 사람도 골치 아프다고 넘기니 돈이 되는 것이지요. 그런 물건을 낙찰받아야 합니다"라고 말하며, "그런 물건은 어떻게 처리하나요?"라는 물음에는 "낙찰받으면 상대편 지분권자와 함께 매매를 해서 나눠 갖든지, 아니면 서로 상의해서 지분을 한 사람이 사면 됩니다. 그런데 그게 쉽지 않죠? 그러면 '공유물분할청구소송'이란 게 있는데 소송을 합니다. 판사는 '두 사람이 합의에 이르지 못하였으므로 경매로 환가해 현금으로 분할하라'는 판결을 합니다. 그 판결문으로 지분이 아닌 부동산 전체를 경매로 팔아 돈을 나누는 겁니다"라고 말했다.

"오래 걸리겠네요?"

"네. 길면 2년 걸립니다. 그러기에 여러 건을 낙찰받으면 되겠죠?"

"아, 예? 마치 농사지을 때 밭을 건너뛰듯이 말이죠? 오늘 좋은 거 배우고 갑니다. 그럼 주로 경매로 재산을 마련하셨군요?"

"뭐 재산이라고 할 것까지 있나요?"

다시 업무로 돌아왔다.

용수는 필요한 부분을 확인하다 생년월일을 보더니 "사장님이 매우 유쾌하게 사시는 것 같아 젊으신 줄 알았는데 나이는 좀 있으시네요?"라고 놀라며 "직원은 없으신 거죠?"라고 물었다. 마이클이 "네. 1인 사업장입니다!"라고 대답했다. 그것으로 조사는 끝이었다. 용수가 음료수는 "마신 것으로 하겠습니다"라고 두고 일어서더니 "드럼도 연주하시나 봅니다?"라고 물었다. 마이클이 "네. 직장인 밴드를 하고 있습니다"라고 대답하자 용수가 "허, 멋지게 사십니다. 악수 한 번 더 합시다"라고 말하며 손을 내밀었다.

2016년 12월 2일 금요일 맑음

언젠가 한 번쯤 들어본 멜로디의 클래식 음악이 아침을 연다.

전기 주전자에 베지밀 하나를 담그고 전원을 켜고 바닥 걸레질을 하면서 어제 전화를 한 사냥 엽우 '우공'이 떠올랐고, 누구에게나 한 번쯤 있었던 '전성기'에 대해 생각했다.

"돈 사장이 말한 그 사업(고시원)이 괜찮은 것 같아서, 수수료도 줄 테니 경매로 한번 알아보고?"

'우공'의 제안에 마이클은 "나는 누구에게 수수료를 받고 경매를 해주지 않아요. 좋으면 해주는 거지!"라고 말하자, "그래도 그럴 수 있나? 알아보니 수수료를 받고 해주더구만"이라고 덧붙였다.

'우공.'

생면부지의 사내였다. 적어도 옥천에서 사냥하기 전까지는.

현재 수입이라고는 '카드 발급 기계 수리 계약을 한 수수료가 수입의 전부'이고, 나머지 시간에는 '농장'이라는 곳에서 리즈(Leeds) 시절을 회상하는 처지다. 우공의 리즈 시절은 아마 아랍에미리트 시절이지 않았을까? 스스로 "IMF 시절 회사들이 낡은 기계를 고쳐 쓰느라 잠시 돈을 벌었습니다"라고 했는데, 이제는 사냥터에서 잠시 만난 마이클의 '고시원' 썰에 매료되었다.

전화를 끊은 마이클이 고시원을 지을 만한 물건이 있는지 찾기 위해 경매 사이트에 접속했다. 망부석처럼 앉아 몇 시간 동안 검색을 하고 내린 결론은 '돈을 벌 만한 물건이 없다'였다. '우공'이 알면 펄쩍 뛸 노릇이었으나 사실이었다. 그래서 마이클이 말했다.

"여러 가지 사업 중 고시원이라는 것을 알게 된 것이 시작이죠. 이제는 길을 가다가도 고시원이 보일 것입니다. 그러면 들어가 '공무원 은퇴하고 고시원이나 해볼까 하는데 어떻습니까?' 하며 이야기도 들어보고 내부도 보세요? 또 부동산에 들러 지을 만한 땅이 있는지도 알아 보구요? 그렇게 시작하는 거지 바로 뭔가 해보겠다는 것은 위험한 발상입니다."

'우공'에게 필요한 물건이 있는지 검색을 하면서 꿈인 호텔 건축을 위한 자료로 호텔 매물에 대해서도 알아봤는데, 그것은 또 다른 고시원이라는 생각이 들었다. 전기 주전자가 끓기 시작했다. 홍삼 즙과 키노아 선식을 쉐이크해 마시고 두 대의 자동차를 세차하기 위해 주차장으로 내려갔다. 거리에 불어오는 바람이 상당히 매서웠다.

'세차를 꼭 해야 할 필요는 없잖아?'

상황을 합리화하며 다시 펜트하우스로 올라왔다.

2016년 12월 3일 토요일 맑음

방송대 기말시험일이다.

마이클은 미처 풀지 못한 기출문제 풀이를 시작했고, 한 장이 남았을 때 션 군이 게스트룸에서 나와 샤워를 하더니 "그때 먹었던 추어탕 먹자"라고 말했다. 마이클이 고개를 들어, "빨간 차냐 노란 차냐?"라고 타고 갈 자동차를 선택하게 했더니 "빨간 차!"라고 말했다. 그래서 벤츠 SLK 로드스터를 타고 '송담추어탕' 식당으로 향했다. 주차장은 텅텅 비어 있었다.

식사를 마친 두 사람은 그대로 피렌체로 향했다.

운전하던 마이클은 수시로 유리창을 내려 환기를 시켰는데 호르몬 냄새 때문이었다. 작은 차 내부에 두 홀아비가 있어 냄새가 심하게 났고 스스로 옷 소매를 코에 갖다 대며 냄새의 원인을 찾으려고 애썼는데, 지린내와 호르몬 냄새가 섞여 역겨운 냄새를 만들어내는 진원지는 션 군이었다. 아침에 샤워했음에도 냄새가 난다는 것은 옷을 너무 오래 입는 탓일 것이다. 그래서 "우리 나이 되면 호르몬과 분비물이 떨어진다. 그래서 자주 씻고 향수를 뿌려야 하는 거야?"라고 말했고, 그 뒤로는 자동차 센터박스에 향수병 하나를 넣어 놓는 버릇이 생겼다.

"커피는 내가 살게!"

션 군이 커핀GURUNARU 카운터로 가며 말했다.

마이클이 햇살이 들어오는 2층 창가에 앉아 성당 입구에서 누군가를 기다리는 미모의 여자에게 눈길을 던지다 말했다.

"여기에 앉아서 깨달은 것이 있어! 국가나 종교가 제일 부자라는 것이야. 저 건물이 피렌체 구민회관이고 이게 피렌체성당이야. 제일 좋은 자리이고 제일 큰 부지지. 그런데 개인은 아주 작은 건물을 40억, 50억씩 거래를 해 아주 미친 짓이야. 인민들끼리 아주 쓸데없는 짓거리를 하고 있다는 거야."

"야이, 너는 진짜!"

션 군이 할 말을 잃었는지 짧게 대답했다.

마이클의 주장은 그뿐이었다. 그 뒤로 션 군은 LG 광고 PD 시절로 돌아가 많은 추억을 이야기했다. 처음에는 참신했으나 몇 시간을 들으니 피곤해서 머리도 식힐 겸 '이제 학교에 가야 한다'라며 지하철역으로 향했다.

누군가가 "마이클 님의 리즈 시절은 언제였나요?"라고 물었었다.

마이클은 한 치의 망설임도 없이 '아직 오지 않았습니다'라고 대답했었는데, 지금 물어도 대답은 같을 것이었다.

3

인생에서 필요한 것은 이미 배웠다

2016년 12월 6일 화요일 흐림

7시에 93.1Mhz 클래식 방송이 시작된다.

음악을 들으며 '일어나야 할 이유'를 찾는다. 30분 동안 그렇게 시간을 보내고 일어나 세탁기 버튼을 눌러 작동을 시켰다. 두 번째 세탁물은 침대 매트리스 커버였다. 덕분에 침대가 다시 정리되었다.

음악 학원에서 드럼 연주 중 '강남부동산' 김 부장의 전화를 받았다.

피렌체 빌딩 매매 확인을 위한 전화에 "건물을 팔지 않을 생각이야. 개포동 빌라 부지도 평당 4,000만 원이라는데, 내 건물이 평당 5,000만 원이라면 싸다는 생각에 말이야. 차라리 옆 토지를 사서 신축을 해야 할 것 같아?"라고 허세를 부리며 전화를 끊었다.

그런 후, 피렌체 구청 건축과에 전화를 걸었다. 피렌체 빌딩 대지 72평과 옆 건물 대지 55평을 합해 건물을 짓는 수익성에 대해 분석하기로 한 것이다. 구청 건축 담당자는 "지구단위 계획에 묶여 있습니다. 담당 부서로 연결해드리겠습니다"라며 전화를 도시계획 부서로 돌렸는데, 어린 목소리의 여자 공무원이었다.

"지구단위 계획은 맞습니다. 그러나 단독 개발도 가능하십니다. 단 도로에서 1.5m 후퇴해야 하고요. 건폐율은 50%, 용적률은 250%이며 높이는 15m 이하입니다. 그리고 친환경 조경으로 대지면적의 20%를 해야 합니다. 근데 무엇을 지으려고 하시나요?"

여자 공무원의 물음에 "근린빌딩이나 다세대 건물을 지어볼까 합니다"라고 대답했더니, "네. 그건 가능하세요. 게임장이나 유흥시설은 안 되십니다!"라고 말했다.

팔리지 않는 빌딩에서 더 나아가 옆 토지를 매입해 도시형 생활주택을 지어 분양하겠다는 계획은 거의 '물타기' 수준이었고, 빌라나 도시형 생활주택을 지으려면 주차공간을 확보하는 어려움이 있기에 지금처럼 1층은 상가로, 2층과 3층을 원룸형 고시원으로 만들어 보는 것이 어떨지 다이어리에 스케치했다. 그러다가 '결국 또 고통을 짊어지려고 하는구나. 소유하지 말자 했으면서…'라며 그만두었다. 아마도 한참 동안은 이렇게 흔들리며 시간을 보낼 것이었다.

이때 거액의 채권자 K은행으로부터 "2017년 1월 10일로 24억 원에 대한 대출이 만기"된다는 내용의 안내문을 받았다. 당연히 가지고 있는 현금이 전혀 없기에 담당자를 만나 "돈 없으니 배를 째든지, 아니면 아르헨티나에서 분양 중인 빌라가 분양될 3월까지 기다리쇼?"라고 협박하기로 했다.

2016년 12월 7일 수요일 흐림

빨간 T2 보온병을 열어 크리스탈잔에 부었다.

녹차는 아직 온기가 남아 있었다. 과거를 회상하다 라디오 작동 소리를 들었다. 7시가 된 것이다.

'공업고등학교'는 이맘때 '현장실습'이라는 이유로 공장에 취직하게 된다.

'취직'이라고 해서 거창한 것은 아니고 배운 지식이 아무짝에도 쓸모없는 생산직 노동자가 되는 것이다. 즉 배울 필요가 없는 산업 노동자가 되는 것이다. 소년과 학생들은 값싼 노동력을 이용하는 작은 공장으로 취업을 했는데, 연탄가스 배출기와 도어락을 생산하는 공장이었다. 이곳에는 전북 '이례공고'의 학생들도 왔고 그중 키가 크고 마른 '점식'이라는 이름의 학생도 있었다.

월급은 한 달에 2번 받았는데 기숙사를 제공해주고 있음에도 저축은 전혀 할 수 없는 금액이었다. 그러니 여자 친구가 생기거나 하면 만남을 위해 친구들에게 돈을 빌려야 했다. 그런 저임금에도 소년은 받은 급여의 절반을 우체국에 저축했고 설날쯤에는 기숙사에서 가장 많이 저축한 학생이 되었다.

"나 집에 다녀와야 하는데 차비가 없다. 다녀와서 줄 테니 2만 원만 꿔주라!"

같은 방 기숙사에 사는 점식이 부탁을 해왔다.

집에 다녀올 차비가 없을 정도로 월급은 적었다. 그렇게 집으로 간 점식은 돌아오지 않았고, 얼마 후 어둠 속에서 움직이는 커다란 그림자를 보았다.

"너 이 자식, 내 돈 안 갚으면 못 가지!"

소년이 일어나 점식의 멱살을 낚아채며 엎어치기를 걸었다.

점식은 다른 곳에 직장을 구했고, 몰래 짐을 챙기려고 왔던 것이었다. 이때 동기생 종혁이 "내가 점식이 돈 갚아 줄 테니 보내줘라. 내가 책임진다!"라고 나섰다. 전문용어로 연대보증이었다. 나이에 비해 얼굴이 험상궂게 생긴 녀석이었다. 이들의 아름다운 우정에 잡은 멱살을 풀어 주었으나, 곧 종혁도 사라졌다. 한 달 월급이 10만 원이 채 안 되었을 시절의 2만 원은 그렇게 부실채권이 되었다.

월급날 기숙사 사감이 실습생들을 모아 놓고 "종혁의 월급을 누님이 받으러 왔는데 혹시 종혁과 정리할 일 있으면 말하고!"라고 전체공지를 했다. 채권자 소년이 손을 들고 일어나 "종혁에게 2만 원 받을 돈이 있습니다"라며 채권 원인과 보증을 서게 된 사연을 주장했다.

그러나 사감은 "무슨 말인지는 알겠는데 종혁에게 직접 준 것은 아니잖아? 그건 좀 어려울 것 같은데?"라고 판결했다. 소년의 패소였다. 추운 날씨에 몸을 얼어가며 노동한 대가 2만 원과 배신감이 눈물이 되어 소년의 얼굴을 적셨다. 소년은 다짐했다. 다시는 사람과 돈거래를 하지 않기로!

30년 후.

마이클은 사람과 돈거래를 하기 시작했다.

그중 한 사람은 공영순이라는 여자로 피렌체에 위치한 작은 근린빌딩을 소유한 건물주였다. 영순은 자신의 빌딩 한쪽에서 부동산 중개사무소를 운영했는데, 찍어 놓은 부동산들이 팔리지 않자 대출 이자를 내기 위해 사채를 끌어다 썼고 거기에는 마이클의 돈도 있었다.

대출에 앞서 현장 감정을 하던 마이클은 "건물 가격이 25억 원 정도밖에 안 되어 대출할 수 없다"라고 진단했다. 그러나 대출 브로커이며 영업을 크게 의지하던 베드로가 "에이 사장님, 25억 원은 말도 안 됩니다. 한때 잘나갈 때는 35억 원에도 도장을 안 찍었어요. 발로 차도 31억 원은 갑니다"라며 설득하자, 결국 2억 원을 빌려주게 되었다.

당연히 영순은 대출 이자를 체납했고, 담보물인 근린빌딩은 부동산 경매 절차를 밟게 되었다. 그리고 이때 알게 된 사실은, 소유자 겸 채무자인 영순이 '보증금 6,000만 원 전세 계약서 4건'을 '보증금 1,000만 원에 월세 50만 원'으로 위조해 마이클에게 제시했다는 것이었다. 사문서 위조 및 행사를 한 범죄를 떠나, 후순위 채권자인 마이클 앞으로 선순위 임차보증금 2억 원이 앞선다는 사실이 문제였다.

경매 절차가 진행 중인 빌딩의 감정 가격은 32억 원이었다.

다행히 마이클에겐 토지보상금으로 받은 12억 원의 현금이 있어, 채권 보전을 위한 방어 입찰을 한 후 경락잔금 대출만 일으키면 낙찰받는 데는 문제가 없을 것 같았다. 그렇게 2회차에 자신의 채권을 지키기 위한 입찰에 들어가 최고가 매수신고인이 되었으나 '경락 잔금 대출'을 해주겠다는 은행은 한 군데도 없었고, 겨우 주거래 은행인 K은행으로부터 24억 원을 대출받아 소유권 이전에 성공했다. K은행이 아니었으면 보증금 2억 5,000만 원은 몰수당할 뻔했다. 아니, 미회수된 채권까지 5억 원 이상의 손실을 볼 수도 있었다.

소유권 이전 후 쌓인 눈과 쓰레기가 산을 이루는 건물에 5억 원을 들여 건물 구조보강 및 리모델링을 마치고 '피렌체 빌딩'으로 명명했다. 금융가 메디치 가문처럼 자신이 일가를 이루겠다는 의미였다. 그리고 그때부터 마이클의 인생은 급류에 휩쓸려 내려가는 작은 돛단배 신세가 되었다.

K은행 24억 원의 대출 이자는 분당 410원이었다.

거액의 채무를 진 것은 처음 일이었다. 게다가 리모델링을 하느라 눈만 뜨면 몇천만 원씩 녹아 사라졌기에 편하게 잠을 이룰 수 없었다. 새벽이면 깨어 일어났다. 마치 오늘 아침처럼!

냉동 밥을 전자레인지에 해동하고 김치를 꺼냈다.

아침 식사였다. 식사를 마치고 블로그 관리를 하다 "남이 나를 알아주지 않는 것에 대해 알리려고 하지 말고 남을 알아보지 않음을 경계하라"는 글귀를 읽게 되었다. 요즘 자신을 알리려고 노력하는 마이클에게 꼭 필요한 말 같았다.

아침의 깨달음을 느끼고 있을 때, '정상에서 만납시다'라는 제목의 책을 쓴 슬램이 "형님 어디 계세요? 김치 좀 가지고 왔습니다"라며 전화를 했다. 공부의 흐름을 깨고 싶지 않아서 거절했음에도 "잠깐이면 됩니다"라며 작은 김치통을 들고 올라왔다.

녹차를 우려냈다.

슬램이 "내년에는 뭐 하실 계획이 있습니까?"라고 물었다. 마이클이 "(방송대 미디어영상학과)졸업했으니 좀 쉬어야지. 많이 놀고, 돈도 많이 벌려고. 그게 계획이야. 너는?"이라고 되물었다. 슬램이 "저는 흙집을 지으려고요. 너무 오랫동안 미뤄둔 것 같습니다. 이제 참을 만큼 참았습니다"라고 말했다. 이에 마이클이 "그래? 사실 나도 내 집을 짓고 싶다는 생각을 하고 있어. 지금까지 짓는 것은 상품이잖아? 나의 삶과 철학을 담는 그런 집을 말이야. 그래서 교통이 좋은 서울의 작은 땅에 지하에 집을 짓고 위에 주차장을 할까? 그런 생각도 하고, 하여간 그래"라고 동의했다.

4

가슴 아프게 살지 않기로 했다

2017년 1월 2일 월요일 흐림

어제저녁 먹고 남은 떡국에 육수와 재료들을 섞어 다시 끓였다.

이때 "K은행 개인팀입니다. 고객님 마이너스 통장 만료일이 20일입니다. 계속 쓰실 것인지요? 그런데 이번에 250만 원은 상환하셔야 하는데 괜찮으시겠습니까?"라는 전화를 받았다. 마이클이 "내가 K은행에 내는 이자가 월 800만 원이 넘는데 마이너스 통장이 1,000만 원이 못 된다니 좀 아니라는 생각이 드네요?" 라고 노골적으로 기분이 나쁘다는 것을 표현했다. 이에, "죄송합니다. 고객님 신용은 A등급이신데 작년에 담보 물건에 약간의 문제가…"라고 말꼬리를 흐렸다. 마이클은 조직의 최일선에서 싸우는 말단 직원이 무슨 죄인가 싶어 "알겠습니다. 10일에 대출 연장 자서를 해야 하므로 그때 가서 정리하겠습니다"라고 대답했다.

2017년 1월 9일 월요일 맑음

9시가 조금 넘어 일어났다.

걸려온 전화 중 K은행을 확인하고 AIA보험 약관대출을 신청해 이자 800만 원을 송금하고, 피렌체 빌딩과 고시원 전기요금 등을 납부하던 중 K은행 계장 민국의 전화를 받았다.

"사장님, 대출 승인을 위해 이자를 말씀드리겠습니다. 21억 원 대출금은

4.8%이구요. 작은 2억 9,000만 원은 4.3%이십니다. 괜찮으시겠습니까?"

그리고 얼마 후 대출 승인이 되었다는 문자를 받았다.

오른 금리로, 월 이자는 기존 800만 원에서 145만 원 정도 더 나가게 되었다.

첫 번째 한 일은 피렌체 빌딩 원룸 401호 입주자의 체납 임대료에 대한 것이었다.

거주자가 12월부터 임대료를 내고 있었으나 1회 체납한 사실이 있어 계약자와 통화를 하고 입금 약속을 받았고, 1층 상가는 12월 30일에 1개월분을 입금한 사실을 확인했다. 또 2개월간 거주하고 퇴실 한 204호 입주자에게 청소비를 뺀 보증금 17만 원을 송금해주었다.

며칠 전 주문한 이클라이너 소파도 배송되었다.

배송 기사가 직접 조립을 했는데 가성비는 무난했다. 소파를 들여놓고 보니 이번에는 거실 바닥이 허전했다. 안방에서 사용하던 빨간 원형 러그를 가져와 깔아 보았더니 괜찮아 보였으나 크기가 작아 새로 구매하기로 마음먹고, 서재로 가 컴퓨터를 켜 광명 이케아 홈페이지에 접속해 러그를 검색했다. 여러 가지 제품이 보였다. 쇠뿔도 단김에 뽑으라는 말이 있듯이 아르헨티나 건축현장을 다녀오는 길에 쇼핑하기로 했다.

이케아 쇼룸.

아이들 방과 주방, 거실을 꾸밀 수 있는, 상상하지도 못했던 제품들이 즐비했다. 이런 세상이 있다는 사실을 모르고 살아온 세월이 서러웠다. 러그 제품은 15번 쇼룸에 있었다. 가는 도중 주방코너에서 싱크대에 걸쳐 놓고 쓰는, 물이 빠지도록 구멍이 뚫린 플라스틱 용기도 하나 샀다.

러그는 색깔, 무늬, 크기, 가격이 천차만별이었다. 양탄자 무늬의 제품이 마음에 들어 상표를 사진 찍어 직원에게 보여주었다. 가격은 99,999원이었다. 직원이 "결제하고 밖으로 나가 오른쪽으로 가시면 물품을 받을 수 있습니다"라고 안내했다.

어둠이 내리기 시작했다.

황량하던 거실 바닥에 페르시아 양탄자 무늬의 러그가 깔리고 그 위로 싸구려 침대 겸 소파와 이클라이너 소파도 자리했다. 러그의 촉감을 느끼며 소파에 등을 기대었다. 노곤한 육신이 평안을 찾는 듯했다. 행복하고 서러운 감정이 다시 밀려왔다.

'돈 몇 푼에 이렇게 행복한데, 그걸 못하고 살았구나.'

몸을 일으켜 어두워진 거리로 나섰다. 이때 노마드의 전화를 받았다.

"토요일 뭐 하세요? 저하고 어디 좀 가요?"

마이클이 "나 그렇게 한가한 사람 아니에요. 노마드 님이나, 양평대첩 사람들은 오래전에 만나서 이렇게 지내지만, 그 외에 지금 노마드 님이 만나는 사람들은 꿈도 없고 생산물도 없이 지나온 가오로 시간만 죽이며 살아가는 노인네들이기에 아주 싫어하는 부류입니다. 그러니 자꾸 그런 곳에 가자고 하지 마세요"라고 거절했는데, 다소 격양된 목소리였다.

그럼에도 노마드는 "아니 나도 알아요. 나도 돈 없고 생각 없는 사람들은 안 만나요. 그런데 이번에는 달라요. 퇴촌의 농장을 5,000평 상속받은 사람인데 돈도 많아요. 나처럼 미국 영주권자인데 농장을 어떻게 할지 고민하기에 만나보게 하려구요. 웨딩 촬영 공간으로 쓰기도 하고 그랬대요?"라고 설득을 멈추지 않았고, 기어이 "그래요? 그럼 이번만 한번 만나보죠"라는 대답을 들었다.

통화를 끝낸 마이클이 잠시 '노마드'의 정체성에 대해 생각했다.

'그녀는 무엇 때문에 사람들을 만나러 다니고 엮으려고 하는가?', '그녀의 그림은 무엇인가?', '그녀에게 마이클은 어떤 효용 가치를 가지고 있는가?'

2017년 1월 10일 화요일 맑음

거부처럼 거들먹거리며 백화점 7층 중국요리 식당을 찾은 시각은 오후 2시였다.

테이블을 차지하고 몇 가지 생각을 끄적이던 중이었다. 물병과 메뉴판을 들고 온 종업원이 "원고지네요? 오랜만에 봐요?"라고 알은체했다. 마이클이 "네. 출판사하는 친구가 만든 것이에요. 날로 먹는 아이디어죠? 이게 책이랍니다"라고 말하며 메뉴판을 훑었다.

'동파육'이라는 음식을 알게 된 것은 20년 전 압구정 현대백화점 중식당에서였다.

당시 마이클은 신사동 신구초등학교 근처, 3층 건물 1층 점포 한 칸에서 오토바이 수리점으로 생계를 유지하고 있었다. 그러다가 더는 발전할 수 없다는 것을 깨닫고 부동산 경매 투자를 하기 위해 폐업하기로 하고 임대인인 건물주에게 사실을 알렸다.

건물주가 "계속하지? 기술도 좋다고 소문이 났던데?"라고 만류했다.

마이클이 "이제는 다른 일을 좀 해보려구요!"라고 대답하자, "이거 섭섭해서 어떡하나. 그동안 많은 임차인들을 겪어 봤지만 돈 사장 같은 사람은 처음이었네. 그나저나 내가 점심 한 끼 대접해도 되겠지?"라고 제안했다.

임대인 건물주는 서울법대를 나왔고 신문사 주간까지 지냈으나 호인인 탓에 지하 세입자를 다루지 못했다. 그래서 부인에게 '에그, 법대까지 나온 양반이 그것 하나 못 하고… 돈 사장 아니면 어쩔 뻔했어요?'라고 구박당하곤 했다. 세입자 명도를 비롯해 건물의 유지 보수에 신경 써준 것에 대한 감사 표시였다.

"게살 볶음밥 주세요."

식사를 마치고 에스컬레이터를 이용해 아래층으로 내려가며 진열된 상품들을 구경했다.

포근한 침구류, 원목의 무늬가 아름다운 식탁, 쓸데없이 비싸 보이는 침대, 번쩍이는 냄비, 손자가 생기면 입히고 싶은 앙증맞은 아기 옷에 핏이 살아 있는 아웃도어…!

어제 이케아에서 느꼈던 서러운 감정이 다시 살아났고, 룸싸롱에서 "난 차암 바아보처럼 사랐군요오~ 난 차암~"이라고 목청이 터지도록 노래를 부르던 늙은 토지주의 이야기가 생각났다.

필립(옥탑방 필립과 동명이인) 일행이 자카르타에 건축하고 있는 빌라 토지의 주인은 땅값 일부만 받고 건축부지로 내어놓았다. 덕분에 필립 일행은 아주 적은 돈을 투자해서 큰 수익을 앞두고 있었기에, 토지주 처지에서 보면 노래 가사가 자신의 심정이었다. 게다가 자신의 토지에 빌라 건축을 한 젊은 사내들은 건물 준공도 내기 전에 벤츠 까브리올레나, 렉서스 SUV를 타고 다녔기에 더욱 그랬다. 노래를 다 부른 토지주가 "이게 요즘 내 심정이네"라고 자책했다.

마이클도 더는 가슴 아프게 살지 않기로 했다.

피렌체 77부동산 실장의 전화에 생각이 멈추었다. 며칠 전 "피렌체 빌딩 매매 가격을 36억 5,000만 원 불렀는데. 그 가격에는 안 돼요?"라며 묻더니 오늘 다시 전화를 걸어와 "사장님 가격을 좀 내리면 안 될까요?"라고 물었다.

마이클이 "안 됩니다. 다른 부동산에는 물건 거둬들였다고 말하고 있습니다. 그리고 말했다시피 빌라를 지을 땅도 한 평당 4,000만 원입니다. 그것도 개포동이요. 그런데 피렌체의 땅값이 4,000만 원이라면 말이 안 되지요. 5,000만 원을 받는다고 해도 72평이면 36억 원입니다. 게다가 건물은 또 어떻습니까? 건물 구조보강에 심지어 배수펌프까지 모두 새로 바꿔 신축에 버금가는 리모델링 비용까지 들었습니다. 이런 건물을 깎겠다면 지방 가서 큰 빌딩 사라고 하세요? 실장님이 거래를 해보려고 하도 노력하기에 37개에 계약서 쓰겠다는 것입니다"라고 말하자, 더는 어쩌지 못하고 힘차게 "예, 알겠습니다"라고 대답했다.

37억 원에 매매를 원하는 피렌체 빌딩, 23억 원에 미도D&C와 매매 계약을 한 울란바토르 피렌체하우스 건물주의 저녁 식탁은 쌈 채소와 캔 참치가 전부였다. 식사 후 잠들 때까지 이클라이너 소파에 앉아 무릎 담요를 덮고 영화를 시청했다.

'52세에 90억 원의 자산을 만들겠다'는 오래된 목표가 한 걸음 더 가까워짐을 느끼며!

5

금으로 된 수갑과 롤렉스 시계

2017년 2월 16일 목요일 흐리고 밤늦게 비

'백합'을 들으며 회색 스리피스 양복을 꺼내 입었다.

어제저녁 피렌체 77부동산 실장이 "사장님 1시 30분에 계약하자고 합니다"라고 피렌체 빌딩 매매 계약 약속을 잡았기 때문이었다. 롤렉스 데이저스트 시계를 보니 식사를 할 시간은 없었다.

피렌체 빌딩에 도착했을 때는 11시가 채 안 되었다.

특별 주문으로 만든 빌딩 로비를 배경으로 사진을 한 장 찍고 '온정'으로 가서 백반을 시켰다. 여주인이 "오랜만에 오셨네요?"라며 상을 차렸다. 그렇게 식사를 한 후 곰팡이 냄새가 스멀스멀 피어나는 401호 원룸으로 들어가 책상 위에 노트북을 펼쳤다. 의자 유압 실린더가 고장인지 자꾸 내려앉았다. 어깨에 냉기도 느껴졌다. 보일러를 작동시켰다. 집을 담보로 1억 원을 대출받아 마이클에게 빌려준 채권자의 전화를 받은 때도 이때였다.

몇 년 동안 매월 10일에 입금되던 100만 원의 이자가 들어오지 않자 채무자의 근황이 궁금한 모양이었다. 매사를 오픈하고 살아가는 마이클은 경제적으로 힘든 상황을 숨김없이 밝히며, 준공 후 분양 중인 아르헨티나 피렌체하우스 사진 몇 장을 문자에 첨부했더니 "멋져요. 항상 활기 넘치고 의욕 있는 패기와 열정을 가진 마이클 님에게 힘과 박수를 보내요. 멋있어요. 파이팅! 요"라는 답장을 보내왔다.

줄자로 침대 크기와 도배를 할 면적을 측정하고 커핀GURUNARU로 향했다.

빌딩 계약 시간이 다가오자 몸의 근육들이 긴장했고 한기까지 느꼈기 때문이었다. 2층 창가에서 성당을 내려다보며 캐러멜마키아토를 홀짝였다. 햇살이 좋았다.

1시 28분.

다 마시지 못한 커피를 들고 77부동산 문을 밀고 들어갔고 뒤이어 매수자가 도착했다. 50대 후반으로 보이는 미모의 여자였다. 친척에게 관리를 맡긴다고 하더니 옆에 있는 남자가 그 역할인 듯싶었다.

계약은 일사천리로 진행되었다. 다만 매매 가격이 37억 원에서 2,000만 원이 빠졌다.

마이클이 77부동산 사장과 실장을 쳐다보며 "37억 원에서 천 원도 못 빼준다고 했는데?"라고 말하자 사무실은 잠시 긴장이 흘렀다. 그렇다고 판을 깰 것은 아니었다. 사채 3억 원을 빌리려고 해도 수수료로 1,500만 원이 뿌려지는 현실 앞에서 2,000만 원쯤 깎는다고 문제가 될 것은 아니었다. 그저 매수자의 기분을 좋게 하려는 브레이크였다.

매수자는 58년생 재외국인으로 한국과 일본을 오가며 생활하는 듯했는데 다른 빌딩도 소유한 것으로 보였다. 중개사는 '대박컨설팅' 중개사무소 대표로 작은 체구의 중성적인 사람이었다. 아무리 봐도 여성 같아서 "여자죠?"라고 물었더니, 마흔두 살의 여자였다.

탁! 타다-- 탁!

2년 전 매매의뢰를 할 때 "35억 원이 적당해!"라고 했던 77부동산 중개사 형환은 심각한 비만이다. 먼저 대출 은행과 통화를 했는지 "여기 사장이 사업을 크게 해요. 건축도 하고. 동진신협 본점에서 여기 지점으로 확인서를 보내준다고 했으니 가서 확인하면 됩니다"라고 안내하고 검지를 세워 키보드를 찍어 나갔다. 그런 후 출력한 계약서에 당사자들의 도장을 찍었다. 그중 1부를 77부동산 여 실장이 부동산 업소명이 찍힌 파일에 넣어 주려고 했다. 마이클이 "내 계약서는 그냥 주세요? 멋진 계약을 하면 담는 봉투가 있습니다"라고 말하며 빨간 가죽 봉투를 내밀었다.

"역시 우리 사장님은 멋쟁이셔!"

77부동산 여실장의 말에 매수자도 웃음을 흘렸다.

계약서를 작성한 일행은 동진신협 피렌체지점 2층으로 올라갔다. 마이클이 "내가 신협 최고의 채무자 마이클입니다"라고 직원에게 자신을 소개했다. 이어, 매수자가 3억 7,000만 원짜리 수표를 입금하고 "당 조합은 위 담보물건의 근저당권자로서 본 물건에 관한 매매 계약금과 매매 잔금이 당 조합 마이클 님의 자립예탁금통장으로 입금될 시 위 부동산에 한해 근저당권을 일부 말소를 하도록 하겠습니다"라는 내용의 확인서를 받았다. 작성자는 현 팀장이었다.

마이클이 영수증의 금액란에 몽블랑 마이스터스튁 149 만년필로 '삼억칠천만원정'이라고 썼다. 이것으로 계약은 성사되었고 신협 직원이 "대출 이자는 연체 없이 정상으로 처리될 것입니다"라고 말했는데, 현 팀장에게 전화를 걸어 "내일 은행에 갈 것입니다"라고 일러두었다.

2015년 12월 28일 피렌체 빌딩이 경매에서 낙찰되지 못하고 유찰되자 "커다란 바위를 질질 끌고 가는 거지. 가다 보면 내가 죽든지 바위가 닳아 작은 돌멩이가 될 거야"라고 체념하듯 말하며 법원 경매계에 '경매 취하서'를 접수했었다. 그렇게, 인생의 바위이며 수갑이기도 했던 빌딩을 58년 개띠 여인에게 넘겨 주었다. 금으로 된 수갑을 벗은 기쁨은(?) 수표 사진과 함께 여러 사람에게 전송되었고, 아들 솔 군도 당구장 아르바이트를 하고 돌아와 "아빠 축하해요!"라고 말했다.

"그럼 축하할 일이지. 3월 30일까지 옥탑방과 지하도 비워줘야 하는데 아직 시간이 있으니 네가 거주할 곳과 스터디 장소를 어떻게 해야 할지 고민을 좀 해야겠어? 그리고 오늘은 피곤하니 그냥 간다!"

피곤함과 서러운 감정이 왈칵 몰려왔다.

고통을 벗으려는 몸부림 때문이었다. 랭글러 루비콘 핸들을 잡고 밴드합주실로 향하는 내내 감정은 사그라지지 않았다.

봄비가 조용하게 내리기 시작했다.

극심한 피로감에 한숨 자고 합주실로 향했으나 집중이 되지 않았다. 홀로 생각할 시간이 필요했기에 합주 뒤풀이도 사양하며 울란바토르 피렌체로 향했다.

회를 주문하기 위해 전화를 했다.

'여자수산' 사장이 "요즘은 방어지 뭐!"라며 추천을 했다. 식탁에 회를 내려놓고 고통의 허물을 씻어내기라도 하듯 샤워를 했다. 그리고 〈파리 5구의 여인〉이라는 영화를 보며 술잔을 들이켰다.

마음껏 취해도 좋을 밤! 취해도 될 권리가 있는 밤! 이었다.

2017년 2월 17일 금요일 맑음

빨간 벤츠 SLK 스포츠카가 피렌체 동진신협 앞에 나타났다.

돈이 없어 죽을 처지에서 빌딩이 매매되어 가까스로 살아난 마이클이었다. 주차장 입구를 배달 오토바이가 가로막고 있었다. 오토바이에 대해 박사급인 마이클에겐 문제가 되지 않았다. 기어 체인지 페달을 밟아 중립으로 하고 인도 한쪽으로 이동시켰다. 그런 후 뚜벅뚜벅 은행 창구로 향했다.

통장에는 어제 수표로 입금된 3억 7,000만 원이 현금화되어 있었다.

현 팀장에게 잘못 작성한 전표 하나를 써 주고 "현 팀장! 2억 원만 남겨 둬도 되지?"라고 물었다. "그럼요"라는 시원한 대답이 돌아왔다. 1억 7,000만 원 중 34,022,755원은 1.7%의 이자를 추가해 필립의 계좌로, 1억 원은 K은행 마이너스 통장으로, 나머지 금액은 인민은행 개인계좌로 송금하도록 했다. 뒤편에서 동갑내기 강 상무가 얼굴 근육을 끌어 올리며 웃었다. 마이클이 오른 주먹을 쥐며 "내가 럭키가이야!"라고 말하고, 현 팀장에게 "연체이자는 없는 것으로 계산했지? 무슨 3일 연체했다고 100만 원의 연체이자를 물려?"라며 현 팀장을 압박했는데 "사장님, 이자는 6천 원입니다"라는 대답이 돌아왔다. 마이클이 "그래? 그러면 커피 샀다고 생각할 테니 처리해"라며 꼬리를 내렸다.

2017년 2월 18일 토요일 흐림

"롤렉스 청색 서브마리너 얼마입니까?"

압구정동 드림워치에 전화를 걸었다.

"1,270만 원이며 예약하셔야 합니다"라는 대답을 듣고 "계좌번호와 직접 연락할 전화번호 주세요"라고 말했더니, "주문 후 일주일 소요됩니다. 총 1,270만 원. 계약금 10만 원입니다"라며 입금할 계좌번호를 문자로 알려왔다. 입금 후 스마트폰 위시리스트 목록에 있던 롤렉스 서브마리너 사진과 함께 "계약금 10만 원 입금했습니다"라고 문자를 보냈다. "네. 감사합니다. 좋은 상품 준비해드릴게요"라는 답장이 왔다. 다시 마이클이 "직접 만드시면 안 됩니다. ^-^"라고 답장을 하자 "그런 재주 없습니다. ~~~^-^"라는 답장이 왔다. 이때가 오후 4시 47분이었는데, 방송대 졸업 선물이라고 해도 좋았고 피렌체 빌딩 매매 기념 선물이라도 해도 좋았다. 그렇게 위시리스트 하나는 삭제되었다.

6

마지막 도배와 빌딩 매매로 인한 인연 정리

2017년 2월 24일 금요일 맑음

새벽잠이 없는 '옹'급 나이가 된 탓인지 오전 6시가 되기도 전부터 부산을 떨며 해가 뜨기를 기다렸다. 이윽고 등산바지와 군화 차림으로 랭글러 루비콘의 뒷좌석을 접고 도배와 청소를 할 장비들을 싣고 피렌체 빌딩으로 가는 도중 1층 상가 임차인 영기와 통화가 되었다.

그동안 외국에 나가 있었다는 임차인에게 "내가 전화한 이유는 2가지입니다. 하나는 임대로 체납 문제이고 하나는 지하 누수 문제여요?"라고 말했다.

임차인 영기가 "네 사장님. 누수는 오늘, 내일 사이 사람이 오기로 했고요? 임대료도 이번 달 말까지 정리하도록 하겠습니다"라고 대답했다.

빌딩 매매 계약이 체결되었다고 해도 체납 임대료 및 건물에 대한 하자, 보수는 게을리하지 말자는 것이 마이클의 생각이다. 그런 까닭에 401호 원룸도 도배와 청소를 하러 왔다. 도배지를 찢어내고 도배 준비를 하며 옥탑방에서 낮잠을 자는 아들 솔 군을 불렀다. 별로 도움이 되지 않음에도 부른 이유는 '부분 도배' 방법을 알려주려는 목적이었다.

3월 30일로 피렌체 빌딩이 매매되면, 4월부터는 울란바토르 피렌체하우스 관리를 맡아야 했기 때문이다. 도배 후, 가스레인지와 싱크대의 찌든 때도 철 수세미를 이용해 밀어냈고, 냉장고의 성애도 물을 부어 녹여 제거했다.

2017년 2월 25일 토요일 흐림

"보일러가 찜질방처럼 뜨거워요!"

피렌체 빌딩 3층 고시원 304호 입주자의 문자를 받은 것은 어제저녁이었다.

과열된 난방 때문에 바닥 타일이 팽창해 깨지는 문제가 발생했다. 솔 군이 "창고에 타일 재고는 있어요. 네 장 정도 깨졌어요"라는 내용의 문자와 사진을 전송해왔다.

마이클이 아르헨티나 피렌체하우스 건축 현장소장 준열에게 전화를 걸어 "전 소장, 피렌체 고시원 타일을 몇 장 깔아야 하는데…!"라고 말했고, 타일 공사를 하는 업자는 집에서 쉬다가 피렌체 빌딩으로 출발해야 했다. 덕분에 보수공사는 바로 이뤄질 수 있었다. 솔 군이 "아빠 대단해요"라며 보수하는 사진을 전송해왔다.

2017년 3월 8일 수요일 맑음

매매 계약금을 받은 피렌체 빌딩의 2, 3층 고시원은 거의 매일 새로운 입주자를 맞이하고 있다. 관리하는 아들 솔 군과 통화하면서 "평생 금맥을 찾다가 포기하고 금광을 팔아버렸는데 새로운 주인이 30cm를 더 파자 금맥이 나왔다는 말처럼 내가 그런 것 같다. 하! 하!"라고 유쾌하게 웃었다.

새로운 주인도 빌딩을 방문해 2층 바닥 타일 하나가 흔들리는 것을 고쳐 주었으면 했다.

솔 군에게 "순간접착제를 틈새로 넣어 붙이면 된다"고 알려 주었더니 "내가 현란한 에드리브로 마음에 들게 했어요"라고 말했다.

2017년 3월 20일 월요일 맑음

새벽에 일어나 일기를 쓰다 아침을 맞았다.

K은행 기업대출 담당자에게 "담보 제공된 빌딩이 매각되었습니다. 30일 잔금인데 대출금 상환에 대해 물으려고 전화했습니다. 빌딩에 21억 원, 아파트에 3억 원 해서 24억 원이 설정되어 있는데 아파트에 설정된 3억 원도 갚아야 되는지 알려주세요"라고 말했다.

"사장님, 빌딩 파셨어요? 피렌체에 있고 경매로 낙찰받으셨네요? 많이 남으셨겠네요? 좋으시겠다. 근데 사는 사람은 대출이 필요하지 않대요?"

계장은 여성이었는데 빌딩이 팔렸다는 부러움과 거액의 대출금 상환의 아쉬움이 뒤섞인 감정을 나타냈다.

"감사합니다. K은행 덕분에 조금 남았습니다. 매수자가 대출에 대해 별다른 말이 없는 것으로 보아 다른 곳에서 대출을 하는 것 같네요?"

빌딩을 매각하며 대출금 24억 원, 정확하게는 23억 9,000만 원을 모두 상환하려고 했으나, 투자 원금 보존 차원에서 아파트에 설정된 3억 원은 남겨 두기로 했기에 은행에 의사를 타진한 것이다. 계장은 "괜찮으실 것 같은데, 정확하게 알아보고 오후에 전화드릴게요?"라고 말했다.

2017년 3월 23일 목요일 맑음

피렌체 빌딩 매매와 관련해 지하실을 스터디로 사용하는 방송대 무역학과 전세권자에게 문자를 보내 약속을 잡고, 임대료 6개월분이 체납된 1층 상가 임차인 영기와도 통화했다. 명도소송을 해도 몇 번을 했을 텐데, 뭐가 그리 바쁜지 세월을 그렇게 보내버렸다. 어쨌거나 임차인이 새로운 임대인과의 관계가 좋으려면 어떻게든 해결을 해야 할 것이었다.

2017년 3월 25일 토요일 맑음

10시가 조금 넘어 피렌체로 향했다.

재즈 아카데미 모임이 있을 지하 피렌체홀을 점검한 후 '대박부동산'에 들려

"사업자를 인수인계하려면 소방교육을 받아야 할 텐데?"라고 말했다. 그랬더니 중개사가 "벌써 준비하고 있습니다"라고 대답하며 "잔금은 일자별로 나누기를 원하십니다. 만나는 시간은 언제가 좋으세요?"라고 물었다.

그렇게 정한 시각은 오후 1시였으나 매수자와 통화 후 오전 11시로 변경되었다.

동그란 안경을 쓴 처녀 중개사가 다가와 앉으며 "차 한잔하시죠?"라고 말하고 "사장님 건물은 시간이 지나도 노후가 되지 않을 정도로 잘 지었다는 것입니다. 지금도 깨끗하잖아요? 그래서 1년 동안 봤던 매수자도 계약을 한 것입니다. 또 사장님에 대한 좋지 않은 소문도 들었는데 모두 걸러 듣습니다. 하! 하!"라고 유쾌하게 웃으며 뒷이야기를 들려주었다.

마이클이 "하하! 내가 그 사람에게 나쁘게 했다면 그 사람은 그럴 이유가 있을 겁니다"라고 대수롭지 않게 대답했다. 중개사도 "제 말이요. 그래서 걸러 듣지요"라고 말했다.

피렌체홀의 마지막 파티는 '현정'의 재즈 모임이었다.

재즈 보컬 아카데미 선생인 '현정'은 1월에 제자들과 파티를 기획했었다. 그러나 급한 가정사로 미뤄졌고 소진되어야 할 술들은 냉장고에 묵혀 있었다. 피렌체 빌딩 매각으로 더는 피렌체홀을 사용할 수 없다는 말에 서둘러 파티를 하기로 했고 음식도 주문했다.

'현정'을 처음 만난 것은 함 장군과 함께한 술자리였고, 그 뒤로 피렌체홀에서 보컬 레슨을 지도할 때 몇 번 부딪쳤다. 서구적인 얼굴의 '현정'은 조명 때문에 조각 같은 명암을 보였는데, 오늘 낮에 남편과 함께 인사를 할 때는 또 다른 사람이었다. '현정'은 밤 조명에 빛났다.

2017년 3월 28일 화요일 맑음

전도사가 꿈인 청년이 꽤 오랜 시간을 살다 퇴실한 306호를 청소하고 샤워를 했다.

그런 후 피렌체 빌딩과 고시원 임대 내역을 기초로 1일 임대료를 표로 만들어 '대박부동산' 중개사에게 메일로 보냈다. 실제 수령할 금액은 843,226,314원이었다.

우려했던 문제도 현실로 나타났다.

1층 상가의 체납 임대료가 문제였다. 중개사가 "1층 상가 임대료가 6개월이나 밀렸다고 명도를 해달라고 하는데요?"라고 말했다. 매수자 처지에서 보면 불량 임차인이었기에 중개사를 못살게 구는 모양이었다.

마이클이 "소유권이 이전되면 내가 건물 소유자가 아니므로 명도소송을 할 수 없는데 변호사 선임 비용을 낼 테니 걱정 말라고 해! 그리고 그때까지 한 매매대금 중 5,000만 원 정도는 나에게 미지급하고 잡고 있으면 될 거고, 전화를 받는 내가 다 귀찮네!"라고 대답했는데, 아무래도 명도 대마왕인 마이클이 정리를 해야 할 것 같았다.

그렇지 않아도 어제 임차인과 통화했었고 "같이하는 친구가 연락이 안 되어서요. 어쨌든 내일까지는 연락을 드리도록 하겠습니다"라는 대답을 들었었다. 그럼에도 또 다른 문제는 임차인이 임차보증금을 담보로 대부업체에서 2,000만 원을 차용한 것이었다. 대부업체와 통화를 했는데 '건물 매수인이 인정하고 나중에 줘야 합니다'라는 원론적인 답변을 들었다. 그러니 이런 복잡한 것을 해결하려면 '명도소송'이 답이었다. 선무에게 맡기기로 했다.

7

빌딩 매매 파티

2017년 3월 30일 목요일 맑음

11시가 되어가자 77부동산엔 매수자 일행과 '대박부동산' 중개사, 대출을 실행해주는 은행 지점장, 소유권 이전 및 말소 등을 담당할 3명의 법무사 사무장이 차례로 도착해 매도인을 기다리고 있었다.

마이클은 모닝콜 소리에 일어나 서재의 컴퓨터를 켜고 월세 입금 안내문자를 보내거나 매매를 위한 계약서 등을 준비하다 보니 약속한 11시를 조금 넘기게 되었다. 게다가 피렌체홀 전세권 설정자인 방송대 무역학과 대표 종섭이 "사장님 12시가 조금 넘어 도착할 것 같습니다"라는 전화까지 받았다. 종섭의 위치는 강화도였다.

그르렁거리는 랭글러를 피렌체 빌딩에 주차했다.

문을 열고 내리는 마이클에게 새로운 성주가 "오, 차가 너무 예뻐요"라고 말했다. 부동산 사무실에서 기다리다 온 모양이었다. 함께 다시 부동산 사무실로 갔고, 문을 열면서 "이렇게 늦을 줄 알았으면 어젯밤 퇴근하지 않고 기다리는 건데 죄송합니다"라고 사과를 하고, "인감증명을 발급받지 못했습니다. 곧 다녀오겠습니다"라며 동사무소로 향했다.

동그란 뿔테 안경을 쓴 똘똘한 '대박부동산' 중개사가 엑셀로 정리한 표를 각각 나눠 주며 "매매 가격은 36억 8,000만 원이고요, 계약금 3억 7,000만 원? 상가보증금 1억 원, 1층 상가체납금으로 잡은 5,000만 원, 403호 전세금 2억

6,500만 원, 403호 수도세는 사장님 계좌로 직접 이체하셨고요, 2층 고시원 보증금 140만 원, 월세반환 91만 5천 원… 잔액 28억9천2십8만3천3백 원입니다. 확인해주세요?"라고 설명했는데, 표에 따르면, K은행 대출금 및 이자를 제외한 금액은 784,116,394원이었다.

매수자는 꼼꼼한 성격답게 500원짜리 하나까지 지불했고, 1층 상가 임대료 체납 문제에서 더욱 그랬다. 1층 상가 6개월의 임대료를 체납 및 계약서를 담보로 대부업체에서 빌린 2,000만 원에 대해 "계약할 때 그런 내용 알려주시지 않았잖아요? 그러니 저는 인정할 수 없습니다. 명도해주세요"라고 요구했다.

물론 마이클은 이 정도 사정은 예상했기에 임차인을 동석시켜 상황을 이해시킨 후 "체납 임대료 해결 후 재계약할 것이니, 며칠 늦어지더라도 돈을 만들어 정리해? 내가 그 정도는 기다릴 수 있어"라고 말했다. 이에 임차인이 "그래도 죄송해서. 저 때문에 돈을 못 받고 계시잖아요?"라고 미안해했다. 마이클이 "뭐 한국의 관행을 인정하지 않으니 할 수 없지. 앞으로 힘들겠어? 흐흐"라고 흘려 넘겼다.

지하 피렌체홀 방송대 무역학과 스터디 전세권자 종섭도 "스타벅스가 보입니다!"라며 근처에 다 왔음을 알렸다. 마이클이 마중 나가 만나, 함께 인민은행으로 가 남은 전세금 1,600만 원을 계좌이체했다.

이때 종섭이 "건물을 얼마에 파신 겁니까?"라고 물었다. "마이클이 36억 8,000만 원입니다"라고 대답하자, 가는 숨을 쉬면서 "서민은 평생 벌 수도 만져 볼 수도 없는 돈이네요"라고 말했다.

마이클이 "그렇죠!"라고 맞장구치더니 "산술적으로는 벌 수 없는 금액입니다. 은행에서 빌릴 수 있기에 가능한 금액이죠. 지금까지 살아보니 신용도 자산이라는 생각을 합니다. 또 환경도 중요하고요. 특히 부모의 역할이 중요한 것 같습니다. 뛰어난 부모를 만나는 것이 제일 좋고, 그렇지 않으면 아예 아무것도 모르는 무식한 부모를 만나는 것도 나쁘지 않으나, 어설프게 아는 부모가 자녀의 성장을 가로막는다고 생각합니다. 그런 부모는 빚은 무조건 나쁜 것이라고 가르치기 때문입니다. 빚도 좋은 빚이 있고 나쁜 빚이 있거든요"라고 말했다. 이에 종섭이 "맞습니다. 그렇고 말고요"라고 격하게 동의했다.

77부동산 중개사무소로 돌아온 마이클이 "전세권말소 신청은 이쪽, K은행 말소는 이쪽, 건축물 정정 등기 비용 5만 원은 여기… 그리고 매수인은 1층 상가 체납 임대료가 정리될 때까지 5,000만 원을 가지고 계시니 나에게 5,000만 원짜리 현금 보관증을 써주세요?"라고 요구했다. 이에 매수자가 어리둥절했으나, 중개사와 친척 된다는 남자가 "써주시는 게 맞습니다"라는 말에 겨우 동의했는데, 이번에는 중개사 형환의 타이핑 속도가 문제였다.

성질 급한 마이클이 "컴퓨터 켜졌어요? 내가 쓸게요"라며 의자를 뺐더니, "상기인은 피렌체 빌딩 매수자로서, 1층 상가가 마이클에게 미지급한 체납 임대료가 납부, 또는 명도가 완료되면 보관한 금5,000만 원을 마이클(인민은행 381802-04-23455)에게 즉시 지급하기로 하고 현금 보관증을 발행함"이라고 전광석화 같은 타이핑을 한 후 프린트했다.

내용을 읽던 매수인이 "대부 보증금도 포함하고 매수인이 확인한다는 내용도 넣어 주세요"라고 말했다. 마이클이 몽블랑 마이스터스튁 145 만년필로 '(1층 대부 보증금 포함)'이라는 문구를 삽입했는데 파란 잉크였다. 매수인도 검은 볼펜으로 "매수인 내용 확인함"이라고 적고 잔금을 지불했는데, 수표와 현금이었다. 그래서 매매대금이 마이클 통장으로 입금되지 않았음에도 동진신협은 근저당 설정을 말소해버렸다. 실수였는지 믿음이 있는지는 알 수 없었으나, 신용의 아이콘 마이클이었기에 문제가 되지 않았다.

동진신협 현 팀장은 본점에서 피렌체지점으로 옮긴 상태였다.

마이클이 더 브릿지 닥터 백을 들고 피렌체지점에 나타났다. 현 팀장에게 7억 8천1백만 원, 1백1십7만5천 원짜리 수표와 10만 원 수표 14장을 내밀었더니, "크레타 아파트 설정도 없어진 거죠?"라고 물었다.

이에 마이클이 "아니! K은행에서 21억 원만 갚아 달라고 해서 3억 원은 남겨 두었어"라고 대답하자 "아이, 그러시면 안 되는데? 그게 갚아진다고 결재 올렸거든요"라고 난감해했다. 마이클이 "현금을 이렇게나 입금하는데 그게 무슨 소용

이야?"라고 되묻자, "그럼 다 입금하실 거예요?"라고 반가워했다.

"그렇게는 못 하지? 아르헨티나 건축공사비도 일부 줘야 하고 개인 빚도 좀 갚아야 하거든?"

마이클의 말에 현 팀장이 "공사비가 아직도 남았어요?"라고 되물었다. 마이클이 "그럼 그 큰 공사가 동진신협에서 빌린 돈으로 다 되는 줄 알았어? 아직도 몇억 남았어. 다만 14세대가 사전 분양되어 걱정은 줄었지만!"이라고 대답했다. 그러자 "한 채 팔릴 때마다 얼마나 상환하실 생각이세요?"라고 되물었다. 마이클이 "70%? 그 정도면 되겠지?"라고 제안했다. 현 팀장이 "네, 좋아요. 그렇게 보고 올릴게요"라고 말했다. 즉, 동진신협에서 대출을 받은 아르헨티나 피렌체하우스 건축자금 28억 원은 1세대가 분양될 때마다 분양 대금의 70%씩 상환하기로 한 것이다. 계산대로라면 24세대가 분양되면 전액 상환되고 마이클에게도 10억 원 정도 회수되는 구조였다.

마이클은 자신의 인민은행 계좌로 3억 원을, 아르헨티나 피렌체하우스 계좌로 5,000만 원을 이체하도록 하고, 나머지는 동진신협 계좌에 남겨 두었더니, 현 팀장이 "이거 상환하실 수 있으세요?"라고 탐을 냈다.

마이클이 "무슨 소리, 일단 가지고 있어! 토지를 계약할 수도 있어서 말이야. 좀 더 기다려 보자고?"라고 말하자, "그럼 1억 원이라도…"라고 욕심을 거두지 않았다. 그러나 마이클은 "상환은 안 되고 잠궈 놔"라고 말했다. 이렇게 티격태격하며 100만 원권 수표 12장을 출금했는데, 77부동산 실장도 수수료를 주지 않고 도망가지 못하도록 지키고 있었다.

중개사 형환이 마이클이 내민 수표 더미를 보고 "이게 얼마야?"라고 물었다.

마이클이 "1,000만 원!"이라고 대답하자, "뭔 말도 안 되는… 못해도 0.5%는 줘야지?"라고 말했다. 이에 마이클이 "37억 원에서 천 원도 못 빼 준다고 했는데 2,000만 원을 뺐으면 수수료가 적어지는 게 당연한 거죠? 그래도 내가 계약에 응해서 거래되었으니"라고 말했다. 이에 형환이 "아니 그래도 사장, 매매 금액과 상관없이 거래가 되었으니 복비를 줘야 하는 거지. 안 그래?"라고 불만을 토로했다. 마이클이 "좋아요. 이건 술 마시려고 챙겨 놨는데"라고 말하며 검정색 루이비통 장지갑에서 100만 원짜리 수표 두 장을 꺼내놓았다. 그럼에도 형환이 "에이 아니라니까?"라고 손사래를 쳤으나 "영수증이나 써주세요"라고 말하며 더는 지급하지 않았다. 그러나 형환도 영수증을 써주고 싶지는 않았다.

물론 마이클은 영수증과 상관없이 중개사무실을 나갔고, 잠시 후 여실장이 "사장님, 부가세라도 좀 주셔야…"라고 전화했으나, "효탄참치에서 아우들과 술 한잔할 터이니 오세요"라고 끊었는데, 다음 날 '대박부동산' 중개사가 "사장님이 중개료 깎았다고 저에게 내놓으라고 해 300 줬어요"라고 제보했다.

같은 시각, 전국 곳곳에서 암약하는 정, 재계 및 부동산 경매 투자 선수들은 피렌체로 향했다. 피렌체 빌딩 매매를 자축하는 마이클의 십일조 파티 초대장을 받았기 때문이었다. 그러나 정작 주인공은 아무것도 먹지 않고 하루를 보내고 있었다. 시간이 되자 사내들이 하나, 둘 '효탄참치'로 들어왔고 솔 군과 슬기, 77부동산 실장까지 9명이 자리했다. 잠시 후, 캐빈에게 용돈 5만 원을 수금한 슬기가 "아빠, 저는 이제 가볼게요?"라며 마이클의 볼에 뽀뽀를 해주고 자리를 떴다. 딸 셋을 두고 이혼을 한 인동초가 "뽀뽀도 해주고, 하!"라며 시린 감정을 표현했다.

이렇게 마이클 때문에 한자리에 모인 이들은 오랜 시간 묵혀 좋은 술이 된 것처럼 지난 이야기와 현재, 미래를 꿈꾸며 술잔을 거듭 부딪쳤고, 인동초의 연애 이야기 또한 모두의 이목을 끌기 충분했다.

인동초가 "에에, 중개사하는데 처녀여. 술을 못해서 나를 데리러 온다니까?"라고 행복해하자, 마이클이 "흐흐, 5년 동안 밥솥을 따로 썼다는 동초가 이번에는 행복하기를!"이라며 진담인지 농담인지 모를 이야기와 함께 술잔을 들자, 다들 뒤집어지도록 웃었고, 캐빈 또한 "꽃뱀에 낚여 피 뽑히고 보험까지 가입한 동초가 이번에는 진짜 사랑을 하기를!"이라고 기름을 부어 한 번 더 뒤집어졌다.

2차는 '태민양꼬치'였다. 양꼬치에 칭따오 맥주를 주문했다.

2013년 1월 14일. 매각대금 납부와 함께 시작된 피렌체에서의 마지막 밤이었다. 함께한 모두에게 행운이 함께하기를!

8

사업자 폐업신고와 하자 보수에 대해서

2017년 4월 17일 월요일 오전 비 오후 흐림

2013. 1. 14. '매각대금 완납증명서'

4년이 지난 서류들을 아일랜드 식탁에 펼쳤다.

공씨 성을 가진 여자가 내민 가짜 월세 계약서를 믿고 대출을 한 것이 사건의 시작이었다. 빌딩이 경매 진행되자 빌려준 돈을 떼일 수 없어서 어쩔 수 없이 낙찰을 받았는데, 세무서는 원금 이외의 금원을 소득으로 간주해 '소득금액 누락에 대한 세금납부 고지서를 발송'한다는 전화를 했다.

낙찰만 받으면 곧 되팔아 원금을 회수할 줄 알았었다.

그러나 대한민국 어느 은행에서도 낙찰 잔금대출을 해주지 못했고, 겨우 토지보상금을 입금해놓은 K은행 하남지점장이 밀어줘 납부했다. 그때부터 일이 꼬였고 매수자 또한 당연히 없었다. 그래서 결국 리모델링을 하게 되었고, 고시원까지 운영하며 수익률을 올리기 위해 고군분투했다. 그리고 강제 매각을 하려고 '경매'까지 진행했으나 낙찰되지 않아 고통은 계속되었다.

취등록세, 공사 계약서 등을 일자별로 정리한 후 PDF 파일로 만들었다.

그러자 초라한 투자 성적이 한눈에 보였다. 양도차익은 86,329,519원이었다. 신고 과정에서 깐깐한 세무법인 '정상'의 최 과장이 몇 개의 항목을 뺀다면 조금 더 늘겠지만 말이다.

홈텍스에 접속해 피렌체 빌딩 임대사업자와 피렌체하우스 고시원 폐업을 위한 '매입 매출 세금계산서'도 다운받고, 통장 계좌도 정리해 최 과장에게 메일로 전송했다.

2017년 4월 19일 수요일 맑음

벚꽃은 바람이 불면 잎을 날렸다.

상쾌한 기분은 벤츠 SLK 로드스터의 지붕을 열고 싶은 마음이 간절했으나 몸 상태가 완전하지 않고, 태양 또한 뜨거웠으므로 창문을 내리는 것으로 만족해야 했다. 정체된 순환도로를 벗어나 올림픽도로에 올랐다. '더 브릿지 닥터 백' 잠금장치가 말썽이기에 스타필드 하남점 매장으로 가는 길이었다.

"중요한 계약을 할 때 도장을 꺼낼 수 없어서 쪽팔린 적 있어요? 이거 잠금장치가 불량입니다."

돌아오는 길에, 피렌체 세무서를 방문해 '피렌체'와 '피렌체하우스' 사업자 폐업신고를 했다.

채 5분도 걸리지 않았다. "종합소득세 예정 고지 금액은 납부할 필요가 없고 '확정신고'로 납부하면 됩니다"라는 안내를 듣고 나오는 길에 세무서를 배경으로 셀카를 찍었다.

2017년 5월 30일 화요일 맑음

피렌체 빌딩 양도세는 36,485,280원이었다.

양도세액의 10%인 주민세는 3,648,520원이었다. 세무법인 '정상'의 최 과장은 '분납 납부 고지서'를 메일로 보내면서 "세무조사를 받으실 수도 있어요?"라고 말했다.

"받아도 돼! 비용 지출이 모두 사실이니까?"

매각을 염두에 둔 경매 낙찰 및 리모델링을 했기에 공사비 등 모든 자료를 만들어 보관해두고 있었기에, 양도세 신고서 작성도 그리 어려울 것이 없었다. 그럼에도 최 과장은 "원래 80만 원 받아야 하는데 60만 원만 청구했어요. 부가세까지 66만 원 보내주시면 됩니다"라고 못 박았다.

생각도 하고 햇살도 즐길 겸 인민은행까지 걸었다.

"국세는 여기서 납부가 가능하신데 지방세는 그 지역에 가시거나 우체국에 납부를 하셔야 합니다."

VIP룸 여직원의 말에 "그러면 우체국에 가야겠네요, 3,000만 원 현금으로 인출해주세요"라고 출금 내용을 변경했다. 분납으로 오늘 내야 할 세금은 21,891,160원이었으나 더 인출한 것은 "쓸려구요!"라는 것이 이유였다.

여직원이 "현금 1,000만 원 이상은 보고가 되는데…!"라고 말꼬리를 흐렸다. 마이클이 "나쁜 돈은 아닌데 세금 내는 만큼 나도 써야 하거든요. 그러면 수표 몇 장 해주시고 나머지는 현금으로 주세요?"라고 말했다. 여직원은 지방세 금액은 따로 봉투에 담아주는 센스를 발휘했다.

매각한 피렌체 빌딩 1층 임차인들이 체납한 임대료를 받기 위해 준비한 소송자료를 선무에게 건넸다. 오전에 대박부동산 경주와 통화를 하던 중 "새 주인에겐 밀리지 않고 임대료를 내고 있어요?"라는 소식을 들었기 때문이었다.

"이거 소송을 어떻게 진행할까?"라는 마이클의 말에, 선무는 "새로운 주인이 원고가 되어야 할 거 같아요. 계약서는 포괄적 양도 양수이므로 보증금도 인수되었다고 보는 것이 맞고요. 그러니 형은 주인에게 청구하고 주인은 세입자에게 명도소송을 해야 하는데 월세를 받았다니 또 그러네요?"라고 대답했는데, 일리는 있었다.

마이클이 "임차인도 나쁜 친구들은 아닌 것 같고, 전세방도 내놓았다는 말은 했는데, 지금은 전화도 받지 않으니 뭔가 하긴 해야지"라고 말하자, "형, 그러면 내가 소송을 한다고 하면서 한번 만나볼게요"라고 말했다. 마이클이 "그래라. 소송하지 않고 받아내는 것이 최선이지. 알았어"라고 승낙하며 소송은 잠시 미루기로 했으나, 새로운 소유자가 임차인에게 보내야 할 내용증명 문서는 만들었다.

선무를 보내고 금고 내부를 정리했다.

800만 원이 넘는 현금을 넣었다. 아르헨티나 빌라 건축으로 털린 금고에 첫 현금이 들어왔다. 내는 세금 금액과 똑같은 금액을 현금으로 인출해 금고를 가득 채우기로 했다.

2017년 6월 28일 수요일 맑음

모터사이클 할리데이비슨 로우라이더 '로시난테'는 오후 5시경 아르헨티나 피렌체하우스에 배송되었다. 마이클이 복싱 체육관에서 행복한 땀을 흘리고 아지트로 돌아와 샤워를 막 끝냈을 때였다. 피렌체 빌딩 관리자의 전화를 받은 때도 이때였다.

관리자는 "사장님 바쁘신지 전화가 안 되네요?"라고 서두를 꺼내며 화장실 변기가 막혔다거나, 수도꼭지가 고장이 나 통째로 교체했다거나, 환풍기가 고장이 났다거나, 지하실 입구 안쪽이 낮아 물이 들어와 타일을 올려 수리를 했다는 등 이야기를 꺼내며 "403호 쓰리룸 복도 페인트도 대충 칠만 하셨나 봅니다"라고 말했다. 이에 마이클이 "그렇게 말씀하시면 곤란합니다. 건물의 구조나 안전 등 다른 문제라면 몰라도 유지, 보수에 대한 것을 언제까지 매도자에게 요구할 수 있다고 생각하세요?"라고 되물었다. 그러자 관리자가 "부동산에서는 6개월까지 된다고 했는데요? 말 안 하던가요?"라고 말했다. 마이클이 "네. 아무런 연락이 없었습니다. 왜 연락이 없었다고 생각하세요?"라고 되물었다.

"글쎄요?"

"말도 안 되는 주장이기 때문에 말해봐야 본전도 못 찾기에 그런 겁니다. 현 상태의 매매 계약이란, 사소한 고장은 매수자가 해야 한다는 뜻이기 때문이죠. 지금 말씀하신 것들은 제가 해드릴 이유가 없습니다. 또한, 문제가 생기면 저에게 사실을 알리고 수리를 해달라고 해야지, 마음대로 수리하고 돈을 요구하는 것도 인정되기 어렵습니다. 왜냐하면, 나는 건물 유지 보수 경험이 많아 간단하게 수리를 할 수 있는데, 경험이 없는 그쪽은 비싼 수리비를 지불할 수 있기 때문입니다. 특히 지하실 입구가 낮아 비가 들이치는 부분도 임차인을 데리고 온 부동산 중개사에게 인테리어할 때 안쪽을 높여라! 라고 분명하게 말했습니다. 403호

페인트 또한 결로 현상으로 곰팡이가 핀 것이므로 페인트칠로 충분합니다. 업자를 보내 직접 보수를 하도록 했습니다. 내가 해야 할 것이라면 당연히 해드립니다. 그러므로 단순한 유지 보수에 들어간 수리비는 지급할 수 없습니다. 그런데 수리비가 얼마나 나왔습니까?"

"네 사장님. 영수증은 다 있는데요. 40~50 정도 나왔습니다."

"그렇군요. 복잡한 거 싫으니 20만 원 인정하겠습니다. 나머지 금액은 안 됩니다!"

"환풍기도 고쳤는데요?"

"아 진짜, 매도한 지 3개월이 지났습니다. 고시원 물품 등은 당연히 고쳐서 써야지요. 환풍기는 옥션에서 사면 만 원입니다. 보내드려요?"

"다른 제품으로 1만5천 원 들었습니다."

"알았습니다. 21만 5천 원 인정하겠습니다."

그렇게 정리가 되었는데, 여차하면 팔았던 빌딩에 '가압류'를 할 뻔했다.

9

재회

2017년 6월 29일 목요일 맑음

"사장님 늦어서 죄송합니다. 그리고 감사합니다."

피렌체 빌딩 관리자의 문자를 받았다.

상가 임대료 체납 해결, 또는 명도를 위해 담보로 잡고 있던 5,000만 원을 입금한 모양이었다. 드림학원에서 돌아와 인터넷을 접속해 입금 내용을 확인했다. 어제 건물 관리자와 통화를 하며 건물 유지 보수에 들어간 비용 중 '21만 5천 원'도 빼지 않고 전액이 입금되어 있었다. 별다른 언급 없이 "감사합니다. 편안한 시간 되세요"라고 문자를 보냈다.

피렌체 빌딩은 이름이 없는 건물이었다.

2011년 9월, 공 씨 성을 가진 소유자에게 돈을 빌려주고 회수하지 못해 저당권에 기한 '부동산 임의경매'를 신청하고, 채권 손실을 방어하기 위해 입찰에 참가, 최고가매수신고인이 된 후, 2013년 1월 20일 생애 최고의 대출 24억 원을 포함해 매각대금을 납부하며 소유자가 되었다.

원하지 않는 빌딩 낙찰은 좋든 싫든, 심리적 경제적으로 많은 부분을 변화시켰으며 잃고 얻음이 분명했다. 게다가 형편에 비해 과도한 대출을 벗기 위해 리모델링을 하고 수익률을 높인 후 법원 경매를 통해 재매각을 시도했으나 실패하자, 평생 보유하는 것으로 가닥을 잡아가던 중 우연하게 매각의 기회가 왔다.

어쨌거나 덕분에 옭아매고 있던 구속의 밧줄 하나를 자르게 되었다.

그날이 3월 30일이었다. 그럼에도 5,000만 원의 잔금은 남아 있었는데, 1층 상가의 임대료가 6개월이나 체납되었기 때문이었다. 다행히 임차인이 6월 9일, 체납 임대료를 마이클에게 입금했기에, 빌딩 매수자에게 '현금보관증'을 받고 담보금조로 남겨두었던 5,000만 원을 돌려받을 수 있었다.

어려움 속에서도 절망하지 않고 '빌딩을 본진으로 삼아 피렌체 가문을 만들겠다'며 명명한 '피렌체 빌딩'과의 인연이 완전히 끝난 날이었다.

"굿바이 피렌체 빌딩!"

피렌체 빌딩은 그렇게 떠나보냈으나, 또 하나의 꿈인 피렌체하우스는 계속되고 있었다.

아르헨티나에 지어진 지하 1층 지상 6층 35세대 피렌체하우스는 내일 2세대, 화요일에 2세대가 분양을 위한 대출자서를 한다.

또 자카르타에도 4개 동 32세대의 피렌체하우스를 건축하기로 했다. 그래서 피렌체 빌딩까지 팔았음에도 당분간 돈 가뭄은 계속될 것이었다.

2020년 8월 6일 목요일 폭우

지하 1층, 지상 5층, 4개 동 단지를 이루는 자카르타 피렌체하우스 201동 501호.

건축주 마이클은 금주 4일을 달성했다. 하루하루 승리하며 산다는 것이 힘들다는 것을 인정하며 일어났고, 첫 번째 한 일은 단지 앞산 아래 배수로 물꼬를 확인하는 일이었다. 거실 창을 통해 내려다보는 배수로는 흙탕물이 불어나 있었다. 굵은 빗방울을 피하려고 우산을 쓰고 장화 차림으로 보강토로 쌓은 화단에 올랐다. 배수관 주위로 막아 놓은 철망에 낙엽 등 이물질이 많이 붙어 배수가 원활하게 되지 못하고 있었다.

202동 402호 거실에서 비가 샌다는 연락도 받았다.

"그래요? 장마가 끝나면 작업을 할 예정입니다. 지금은 불편하시더라도…."

그렇게 넘어가나 싶었는데, 이번에는 502호 성호가 "사장님, 장화 있으세요?"라고 전화해, "아내가 출산하느라 병원에 갔는데요, 와보니 옥상 테라스에 빗물이 가득 찼어요. 문이 안 열려요"라고 말했다. 마이클이 "그래? 내가 한번 가서 보지"라고 대답하고 방문한 502호에는 막 딸을 출산한 산모가 소파에 앉아 인사를 했다.

마이클이 신생아가 있다는 사실에 당황하며 "고생하셨습니다. 잠깐. 고추 금줄이라도 걸어야 하는 것 아닌가? 가만, 내가 부정한 곳을 갔나… 아, 그렇지 않네요"라고 인사를 하고 복층으로 이어지는 나무 계단을 올랐다.

낙엽 등으로 배수로가 막힌 옥상 테라스는 물 높이가 한 뼘도 더 넘었다.

그래서 문을 열고 나가면, 물이 일시에 문턱을 넘어올 수밖에 없었다. 성호도 그 때문에 "501호 담을 넘어가려고 했어요"라고 말했는데, 마이클이 "그러다 떨어지면 죽어! 차라리 물을 닦아내는 게 낫지"라고 말하며 문을 밀고 테라스로 나갔다.

꾸쿠쿠쿠쿵—

막힌 배수관을 열자 물은 굉음을 내며 빨려 들어갔다.

그러나 문을 열 때 실내로 들이친 물의 양 또한 많았다. 성호와 함께 수건을 이용해 물을 닦아내고 신생아 얼굴도 보았다. 산모가 잘 먹은 탓인지 이목구비가 뚜렷한 얼굴이었다. 수건을 짜던 성호가 공사비를 벌 요량에 "사장님 저 돈 벌어야 해요. 언제 또 일해요?"라고 묻자 마이클이 말했다.

"그거 네 욕심이야? 자기 일정이 바쁜 사람이 무슨 다른 일을 하나? 하나를 얻으면 하나를 내려놓아야지. 시간은 네가 만드는 거야. 만들면 이야기해!"

502호 테라스 배수 작업을 하고 한숨을 돌리려는데, 이번에는 402호에서 다급한 듯 "사장님, 저희 집 텔레비전이 망가지겠어요"라고 문자가 왔다. 그러니 아니 가볼 수 없었고, 방문했을 때는 남편이 식탁 의자를 딛고 올라가 거실 전등을 분해하는 중이었다. 물이 외부에서 들어오는 것이 아니라 거실 천정에서 떨어지고 있었다.

"엉? 가운데서 물이 새요?"

당연히 놀라지 않을 수 없었으나 원인은 알 수 있었다.

502호 복층 테라스에 잠긴 물이 콘크리트 층을 뚫고 내려온 것으로 생각되었다. 남편에게 전등 커버 벗기는 법을 가르쳐주고 커버에 담긴 물을 쏟게 했다. 그런 후 "502호 테라스가 물에 잠겨 있어서 그 물이 벽을 타고 내려온 것 같네요. 좀 시간이 지나면 마를 것입니다"라고 말했다.

전쟁 같은 건축주의 일상을 치르고 호박마차에 오른 시각은 오후 3시 무렵이었다.

크레타 아파트 주차장에 주차한 후 우산을 챙겨 크레타역으로 가는 길에 일공이 미용실에 들렀다. 다행히 손님이 없어서 바로 이발을 할 수 있었는데, 아내가 운영한다는 안경점이 빠졌기에 "안경점은 안 하던데?"라고 물었더니 "네. 이전했어요"라고 대답했다.

산뜻한 헤어스타일로, 젊고 발랄한 허벅지들이 즐비한 지하철 2호선에 올랐다.

피렌체역 4번 출구 방향은 공사로 막혀 있었다. 1번으로 나와 횡단보도를 이용해 피렌체 빌딩으로 향했다. 불과 몇 년이 지났을 뿐인데 많은 점포의 간판이 바뀌어 있었고 피렌체 빌딩도 마찬가지였다. 액션 캠 앞에서 잠시 소회를 녹화하고 1층 '오돌' 식당으로 들어갔다.

"몇 분이세요?"

청년에 가까운 주인장의 물음에 "다섯 명 정도 됩니다"라고 대답하자 원형 테이블로 안내했다. 피렌체 빌딩의 새 주인을 위해 등받이가 있는 의자로 옮기려고 했으나, 주인장은 고집스럽게 "거기는 좁습니다"라고 뜻을 굽히지 않았다.

잠시 후 피렌체 빌딩의 새 주인이 화투장에서 나올 법한 꽃무늬 셔츠 차림으로 등장했다.

뒤이어 곱슬한 파마머리의 무빙디자인 대표 재훈과 한결같은 모습의 최 실장도 들어왔다. 피렌체 빌딩을 만든 사람들과 새로운 주인이 된 성주(城主)가 모두 자리한 것이다.

두툼하게 구워지는 돼지고기를 앞에 두고, 건물 천장을 가로지르는 두꺼운 철판과 고정한 굵은 리벳에 대한 이야기를 했고, 2차 장소인 지하 '뒷문'이라는

BAR에서도 함께 고생했던 추억거리는 넘쳐났다. 당연히 생생한 리모델링 이야기를 듣는 새 건물주는 행복했다. 빌딩 매수자와 매도자의 흔하지 않은 만남이었다.

좌르르르르르-

지하철을 타고 크레타역에 도착했다.

역무원들이 통로의 셔터를 내리고 있었다. 막차였다.

추천사 1

네이버 '부동산 스터디' 카페 운영자 강영훈(붇옹산)

안녕하세요?

'부동산 스터디' 카페 운영자 붇옹산입니다.

2000년대 중반, 디씨인사이드 부동산 갤러리에서 처음 알게 된 '트리플' 님.

존경해 마지않는 전설적인 실전 투자자, 마이클 김경만 형님께 이 책에 대한 추천사를 요청받고서 알았습니다. 블로그에 연재했던 그 이야기를 묶어 책으로 내시는구나!

노련한 협상가이자, 수많은 경험을 토대로 위기와 역경이 오더라도 항상 자신만만하게 돌파구를 찾으셨던 형님의 모습이 녹아 있던 그 당시의 블로그 글들을 떠올렸습니다. 다만, 블로그에 올려주시던 내용을 끝까지 모두 읽어보지는 못했기에 그 결과는 어떻게 마무리되었는지 잘 알지 못했습니다.

그리고 이번에 원고를 받아 처음부터 끝까지 꼼꼼하게 읽어 보았습니다. 어찌 보면 한 실전 투자자가 경매를 통해 상가건물을 취득하고, 수익성 개선을 한 후, 처분하기까지의 이야기를 담은 논픽션 드라마이지만, 개인적으로 정말 많은 생각이 들게끔 하는 책이었습니다.

최근 부동산 투자로 수십억, 아니 수백억 원을 벌었다며 자랑해대는 그

검증도 할 수 없는 갑툭튀 자칭 부동산 전문가들의 '나처럼 부동산 투자해라' 식의 허황된 책들 속에서는 찾을 수 없는 성찰과 자기반성, 그리고 질문을 던지는 책이었습니다.

'조물주 위에 갓물주'라는 말이 있죠.

건물만 있으면, 세상 평지풍파 없이 마냥 장땡일 것 같은 세상에서 많은 사람의 부러움과 시기가 함축된 말입니다만, 이 책 속에는 'No pain, No gain!' 고통 없이 그냥 주어지는 것이 없음을 여실히 보여주는 세상의 쓴맛들이 여과 없이 소개되고 있습니다.

이 책을 읽으면서 비슷한 시기, 저의 힘들었던 시절들이 오버랩되며 아픈 상처들이 다시금 쑤셔오더군요. 세상에 그냥 주어지는 것은 없으며, 세상은 만만치 않고 냉정하며, 내가 생각했던 대로 흘러가지 않습니다. 항상 Plan B, Plan C를 준비해야 하며, 생각할 수 있는 최선과 최악의 시나리오를 고민해서, 그러한 상황이 왔을 때 어떻게 대처해야 할 것인가에 대해 고민하고 대비해야 합니다.

이 책은 한 전설적인 부동산 투자자가 부동산을 취득해, 처분하는 과정에서 발생한 정말 세세하고도 많은 이야기를 치밀하게 기록해놓은 역사입니다. 이 흔적들 속에서 어떤 예상치 못했던 일들이 발생했는가, 그리고 그는 어떻게 그 위기를 돌파하려 했는가 곱씹어보고, 무엇을 잘했는지, 어떤 부분이 잘못되었는지, 독자 스스로가 돌이켜보는 과정에서 굉장히 훌륭한 성찰의 기회를 제공할 것입니다.

얼마 전, 강남의 국민주택규모 전용 85㎡ 이하의 아파트 한 채가 42억원에 실거래되면서 이슈가 되었습니다. 강남만 그런 게 아니죠, 여러 가지 이유로 인해 전 세계의 통화량이 급증했고, 전국 아니 전 세계의 실물 자산,

부동산 가격이 폭등했습니다.

그러한 현실 속의 이야기들을 마주하는 상황에서 이 책의 시기적 배경이 된 2012~2017년까지의 이야기들은 굉장히 낯설 수도 있는데요. 특히 책에서 언급되는 찬바람 쌩쌩 불던 시절의 믿기지 않는 부동산 가격들까지도 읽으면서 다시 한번 제 뒤통수를 후려치네요. 그런 측면에서도 이 위대한 기록은 독자 여러분에게 많은 시사점을 드리리라 생각합니다.

이 책 속에서의 마이클은 부동산 투자를 통해서 무엇을 꿈꿨을까요?
극한직업 건물주의 자리를 지키기 위해서 무엇을 지불해야 했을까요?
그럼에도 불구하고 우리는 왜 투자해야 할까요?

책을 다 읽고 나서, 저 또한, 제 스스로에게 다시금 질문하게 됩니다.

붇옹산

추천사 2

'김종율 아카데미 원장' 김종율

김경만 저자의 《부동산 경매 비법(2009. 04. 매일경제 刊)》을 읽은 것이 벌써 10년이 다 되어간다. 《부동산 경매 비법》 이전 책들은 법률 해설에 치중한 나머지 투자를 배우기에는 2% 부족한 감이 있었다. 그러던 시절, 김경만 저자의 《부동산 경매 비법》을 접한 후 나의 부동산 경매는 엄청난 속도가 붙었다. 그의 책에서 배운 기술과 정신으로 큰 성과를 낸 덕에 오늘의 '김종율 아카데미 부동산 투자 학원'을 하고 있다고 해도 과언이 아니니 말이다.

그런 저자가 10년이 넘은 은둔(?) 생활을 접고 세상에 두 번째 책을 낸다고 하니 그 소식만으로도 가슴이 뛰었다. 이번에는 또 어떤 실전 사례로 독자를 감동하게 할 것인지 기대가 되었는데 원고를 받아보니 '역시나'였다.

흔히들 건물주라 그러면 최고의 자리에 있다고 생각한다. 또 시중의 많은 책도 건물주가 되길 동경하는 사람들의 마음을 자극할 요량으로, 건물주만 되면 돈이 아무 노력 없이 흘러들어 오는 것처럼 쓰였다. 그러나 건물을 짓는 것은 물론, 건물을 유지하는 것도 여간 많은 애를 써야 하는 것이 아니다. 당장 나만 해도 옆 건물이 내 땅에 침범해서 내용증명이 오가다 소송을 앞두고 있으니 말이다.

《극한직업 건물주》는 저자가 경매를 통한 건물 매입 시점부터 리모델링,

세입자 맞추기와 관리 등 건물을 소유하면서 경험하게 된 많은 것이 빼곡히 기록되어 있다. 참 쉽게 이야기체로 쓰인 내용이 참 쉽게 알려주지 않는 건물 관리의 내용으로 정말 알차게 채워져 있다. 쉽게 읽힌다고 건물주란 직업을 쉽게 보진 마시라.

'김종율 아카데미' 원장 김종율

백만장자 라이프

극한직업 건물주

제1판 1쇄 2021년 12월 15일

지은이 김경만
펴낸이 서정희 **펴낸곳** 매경출판(주)
기획제작 ㈜두드림미디어
책임편집 이규재, 최윤경 **디자인** 얼앤똘비악earl_tolbiac@naver.com
마케팅 강윤현, 이진희, 장하라

매경출판㈜
등록 2003년 4월 24일(No. 2-3759)
주소 (04557) 서울시 중구 충무로 2(필동1가) 매일경제 별관 2층 매경출판㈜
홈페이지 www.mkbook.co.kr
전화 02)333-3577
이메일 dodreamedia@naver.com
인쇄·제본 ㈜M-print 031)8071-0961
ISBN 979-11-6484-344-2 (03320)

책 내용에 관한 궁금증은 표지 앞날개에 있는 저자의 이메일이나 저자의 각종 SNS 연락처로 문의해주시길 바랍니다.

책값은 뒤표지에 있습니다.
파본은 구입하신 서점에서 교환해드립니다.

매일경제신문사 부동산 도서 목록

'발칙한 발상'이
부동산 성공 투자를
부른다
토지, 상가의 성공 투자법

미니
재개발·재건축의
모든 것

당신의 경제 탈출구가 되어줄
이기는
부동산 경매의
비밀

종부세
핵폭탄 대비하는
완벽 솔루션

신방수 세무사의
이제 부동산 세금을 알아야
주택 보유&
처분 할 수 있는
시대다

투자 전, 꼭 알아야 하는
상가임대차법

Real Estate Auction
부동산 경매,
초보에서
탈출하라

초규제 시대,
부동산 투자의 정석

신방수 세무사의
2021
확 바뀐
부동산
세금
완전 분석

돈이 되는 부동산
VS
돌이 되는 부동산

신방수 세무사의
양도
소득세
완전
분석

사례로 풀어보는
지분경매
지분경매 해결 TWO 기둥
= 소송+협상

자금출처조사
무시했다가는 큰일난다!
신방수 세무사의
부동산 거래 전에
자금출처 부터
준비하라!

부동산 관리도
경영의 시대

부동산 관리와
종합서비스

신방수 세무사의
상속분쟁 예방과
상속
증여
절세 비법

김 과장도 돈 버는
셰어하우스
SHARE
HOUSE

내 생애 짜릿한
대박 상가
투자법

신방수 세무사의
주택임대사업자
등록과
절세 비법

나는 장애를 딛고
부동산 경매로
성공했다

불황에도 매출 10배 올리는
상위 1% 공인중개사의 마케팅 비법

GTX 시대, 부동산 투자 비법은 따로 있다!
아파트는 살고 땅은 사라

부동산 투자를 시작하기 전에 꼭 읽어봐야 할 실전 기술
부동산 상식을 돈으로 바꾸는 방법

해외 부동산 투자,
나는 말레이시아로 간다
MALAYSIA
투자자에게 알려주고 싶은 부동산 블루오션

당신도 건물주가 될 수 있다!
원룸 마스터

부동산 투자자, 계약자가 꼭 알아야 하는
부동산 실무 法 용어사전 1,000
부동산 거래의 핵심 단어 1,000개!

부자로 환승하라
머니트레인
부동산 투자, 이제는 지하철이 핵심이다!

부동산 투자
인사이트

그는 어떻게
부동산 1인 창업으로 10억을 벌었을까?
부동산! 투자의 숨겨진 진실!

절세미남 이상욱 세무사의
절세의 모든 기술 부동산 법인에 있다!
부동산 법인 A to Z

돈 버는 주택임대 관리기법
주택임대관리업은
복합적인 관리업무와 경영활동이다!!

10%대 수익률을 위한
최고의 부동산 재테크
P2P 투자의 정석

부동산으로 이룬 지유의 꿈
잘 키운 아파트, 직장 퇴사 안 무섭다!

아파트 경매,
지역 분석이 먼저다!

대박 친 빌딩 투자의 비밀

부자가 되기 위한 부동산 요리법
정준환의 부동산 레시피

초보를 위한 취업과 창업 완벽 가이드
잘나가는 공인중개사의 비밀노트
한 권으로 정리한 단기 속성 실무전략

新
명품 토지 중개 실무
다양한 사례와 함께 살펴보는 실무 노하우

실패 없는 부동산 패러다임
돈 길 따라가는 부동산 투자

부동산 세무
Real estate Tax Guide Book
가이드북
실전편
2019

지식산업센터 투자 실전 편
부동산 투자,
아파트형 공장이 틈새다

개념부터 쉽게 배우는 부동산 필수 상식
돈 되는 부동산은 따로 있다
300채 팔아본 베테랑 저자가 전하는
부동산 투자 비법

2달 만에 월세 200만 원 받는
월세 부자 레시피
이제 당신도 부자가 될 수 있다!

직장인들도
쉽게 따라할 수 있는
新 부동산 공매 가이드북
실전편

양도·증여·상속의 모든 것
기막힌
부동산 절세의 비밀
생활 속의 세금 상식을 담은
절세 필독서

부동산
매매·임대사업자
세무
Real estate
Business
Tax
Guide Book
가이드북
실전편

나는
부동산 투자로
파산자에서
100억 부자가
되었다

경쟁하기 싫은 경매 투자자들의 신세계
지분경매,
공유지분,
독점경매
남들과 경쟁하기 싫고,
혼자 전부 독식하고 싶다!

대한민국 1%만 알고 투자하는
신神의 재테크
GPL 투자의
기적
은행 금리보다 10배 이상
고수익 가능한 재테크의 발견

입찰에서 취득까지, 배당에서 명도까지
부동산 경매의 모든 것
이것이 진짜
성공 경매다
가치 투자로 승부하라

부동산 전문 아나운서의 재테크 실천법
결혼은 선택이지만
부동산
투자는
필수다

부자 되는
주택
임대사업
이제 대세는 수익형 부동산이다
평생 돈 걱정 없이 사는 월세 부자 되기

돈 버는
공인중개사는
따로 있다

부동산 정책 분석
시장을 이기는
정책은 없다
부동산 정책을 알면 시장이 보인다!

수익형 부동산 건축과 재테크 투자 비법
헌집 살래
새집 살래
건축을 알면
알짜 부동산이 한눈에 보인다!

전세가를 알면
부동산 투자
가 보인다
시장 심리를 파악하면, 투자 흐름이 보인다!

서울시 공정경제과
주무관이 알려주는
부동산
거래와
판례

스타들의
부동산
재테크
스타가 좋아하는
부동산은 따로 있다?

지분 경매로
토지 개발업자 되기

부동산 재테크
역세권이
답이다
철도 & 역세권 15년 경력의 노하우

세무조사
대비의 모든 것

향후 5년 부동산 정책 핵심 공략
문재인 시대
부동산 트렌드

서울시 공정경제과 주무관이 알려주는
상가임대차
분쟁 솔루션

주택 연출가
무조건 따라하기

커피 한 잔 값으로
초대형 오피스 주인 되기
리츠
얼리어답터

고수익을 안겨주는 블루오션 토지 경매
신의 한 수
금맥
경매
토지 경매로 금맥을 캐다!

주택
아파트
세무 가이드북
실전편

권리분석
완전정복으로
10년 안에
10억 벌기
"치열한 경쟁에서
투자 성공률을 높여라"

대한민국을
움직이는
땅 투자 법칙 100

땅투자
10단계 절대불변의 법칙
매일경제신문사

흔한 직장인의 흔하지 않은 투잡 경매 성공기
돈의 보감
평범한 샐러리맨, 투잡 경매로
5년에 10억 벌다
경매로 재테크하고
NPL로 두 번째 월급 받다

나는 갭 투자로
300채 집주인이
되었다
아파트 300채 부자
박정수가 공개하는
화제의 투자법 대공개!
실전편

토지
세무
가이드북
실전편
Land
Tax
Guide Book

新상가
투자
보물
찾기

상가
세무
가이드북
실전편
Shopping
center
Tax
Guide Book

NPL
가격 산정의 비밀
정확한 NPL 가격 산출 시스템 특허출원!

응답하라!!
위기의
부동산

시크릿
부자경매
나는
토지 경매로
금맥을 캔다

NPL과 경매, 토지보상이 하나로!
토지보상경매
실전활용

세무조사
실무
가이드북
실전편
Tax investigation
Practical affairs
Guide Book

㈜두드림미디어 카페(https://cafe.naver.com/dodreamedia)
Tel : 02-333-3577 E-mail : dodreamedia@naver.com